别怕，就这样玩转淘宝网开店

淘小二 / 编著

清华大学出版社
北京

内 容 简 介

本书完全从“读者自学”的角度出发，力求解决读者“学得会”与“用得上”，并且还要“玩得转”3个关键问题，针对准备在网上开店做生意的新手，或已在网上开店但缺少经营技巧与经验的用户，从零开始，系统并全面地讲解了在淘宝网上开店的方法与准备、网店推广与经营的业务流程、以及网店运营思路和操作技巧等内容。全书共分为11 章，内容包括：淘宝网上开店的各种准备工作，物流的选择方法与技巧，淘宝网上开店流程与申请方法，店铺的设计与装修，宝贝的拍摄与美化，店铺的管理、宣传与营销推广，售前售后的服务技巧，以及网店的安全保障等知识。

本书的配套光盘光盘超值赠送：《网上开店》视频教程 12 个、660 款设计精品水印图案、150 套 VIP 旺铺模板代码、淘宝相关营销活动报名地址及入口手册以及全国商品批发信息手册。力求帮助店家从众多网店中脱颖而出，并最终成为皇冠卖家。

本书非常适合网店新卖家自学使用，也可作为相关职业院校、电脑培训班的教学用书。

图书在版编目（CIP）数据

别怕，就这样玩转淘宝网开店 / 淘小二编著. -- 北京 : 清华大学出版社，2015
ISBN 978-7-302-39738-0

Ⅰ. ①别… Ⅱ. ①淘… Ⅲ. ①电子商务－商业经营－中国 Ⅳ. ①F724.6

中国版本图书馆 CIP 数据核字（2015）第 068038 号

责任编辑：陈绿春
封面设计：潘国文
责任校对：徐俊伟
责任印制：刘海龙

出版发行：清华大学出版社
网　　址：http://www.tup.com.cn，　http://www.wqbook.com
地　　址：北京清华大学学研大厦 A 座　　**邮　　编**：100084
社 总 机：010-62770175　　**邮　　购**：010-62786544
投稿与读者服务：010-62776969，c-service@tup.tsinghua.edu.cn
质 量 反 馈：010-62772015，zhiliang@tup.tsinghua.edu.cn

印 刷 者：清华大学印刷厂
装 订 者：三河市溧源装订厂
经　　销：全国新华书店
开　　本：188mm×260mm　**印　　张**：17　**字　　数**：702 千字
（附光盘 1 张）
版　　次：2015 年 8 月第 1 版　**印　　次**：2015 年 8 月第 1 次印刷
印　　数：1 ～ 3500
定　　价：39.00 元

产品编号：060596-01

前　言

随着互联网的发展，网络已经深入我们生活的方方面面，给人们的生产、生活带来了巨大的影响，人们的消费观念也在不断地转变，国内电子商务进入了一个快速发展的阶段，并且已经成为国民经济发展中的亮点之一。

致读者

网上购物的兴起带来了巨大的网络商机，人们纷纷加入到网上开店的行列中，梦想成为成功的网上淘金客。创业需要理智而不是冲动，需要冷静而不是狂热，所以要想网上开店并取得成功，必须要做好开店前的充分准备。

想要经营好网店，不仅需要经营者的一腔热情，而且需要熟悉开网店的基本流程，掌握科学的管理方法，懂得有效的营销技巧。只有做好充分的准备，了解开网店的各种知识，才能让自己的网店从众多的网店中脱颖而出，赢得顾客和市场，最终走向成功。为了让想开网店或已开网店的人全面系统地掌握经营网店的必备知识、经营技巧及策略，让读者少碰钉子、少走弯路，我们策划并编写了这本《别怕，就这样玩转淘宝网开店》图书。本书的编写目的是帮助网上开店初学者了解网上开店的流程、推广方法、运营思路与经营技巧等知识，从而最终实现自己的目标：开设一家成功、赚钱的网店。

本书内容介绍

全书分 11 章，从零开始，系统并全面地讲解了在淘宝网上开店的方法与准备、网店推广与经营的业务流程，以及网店运营思路和操作技巧等内容。具体章节安排如下。

第 1 章　网上开店先知，轻松做好开店准备工作

第 2 章　商品运输渠道，选择最佳物流降低成本

第 3 章　入住淘宝网，轻松当上店铺掌柜

第 4 章　优化店铺管理，好淘宝“两宝”

第 5 章　提升店铺魅力，精美装修网上店铺

第 6 章　提升购买欲，设计商品展示效果

第 7 章　购物换位体验，从购物中分析卖家的秘诀

第 8 章　及时沟通，成交店铺的第一笔生意

第 9 章　营销决定成败，给力的宣传迅速提升成交量

第 10 章　吸引回头客，做好淘宝服务工作

第 11 章　安全最重要，为网店备一份保险

为什么能玩转

◆全程图解，阅读直观，易学易懂

为了方便初学者学习，本书采用“详细的步骤操作讲述 + 图上操作位置与步骤序号标注”。读者只要按照步骤讲述的方法，对应图上标注的位置去操作，就可以一步一步地做出与书中相同的效果来，真正做到简单明了，直观易学。

◆精心的内容安排，让你快速学会并轻松玩转

本书完全从“读者自学”的角度出发，力求解决读者“学得会”与“用得上”，并且还要“玩得转”3个关键问题，针对准备在网上开店做生意的新手，或已在网上开店但缺少经营技巧与经验的用户，从零开始，系统并全面地讲解了在淘宝网上开店的方法与准备、网店推广与经营的业务流程，以及网店运营思路和操作技巧等内容。

本书既为那些准备开网店的人提供了基本的知识和经营方法，让其经营之路变得顺畅，迅速实现当老板的梦想，也为那些已经开网店，但由于各种原因经营不善而面临困境的店主提供了扭转局面的思路，让其从中得到灵感，从而改变网店的经营状况，实现赢利。

本书由淘小二主笔，参与编写的还包括：陈忠华、钟万华、潘贺财、刘洪云、谢金兰、王帆、郑红、金阳美、张辉华、王冬夏、董召奇、杨成明、刘浪、杨英、王容等。

凡够买本书的读者，即可申请加入读者学习交流与服务QQ群（群号：363300209），而且还为读者不定期举办免费的IT技能网络公开课，欢迎加群了解详情。

最后，真诚感谢读者购买本书，你的支持是我们最大的动力，我们将不断努力，为你奉献更多、更优秀的计算机图书！由于计算机技术发展非常迅速，加上编者水平有限，书中疏漏和不足之处在所难免，敬请广大读者及专家批评指正。

编 者

2015年7月

目 录

1 网上开店须知——轻松做好开店准备工作

网上购物的盛行，为人们带来了很多购买物品上的便利，同时网上开店创业也受到不少人的青睐。网上开店看起来简单，但要将一家网店开好非易事。那么，如何才能开好网店呢？开好网店的前期我们需要做好哪些准备呢？这就是本章要讲述的内容，其中包括：了解网店有哪些优势、分析自己是否适合开网店，以及网上开店该卖什么商品等。如果没有货源，还需要了解如何寻找货源。考虑并解决了上述问题后即可着手开设自己的网上店铺了。下面就为大家介绍开网店前需要进行的准备工作。

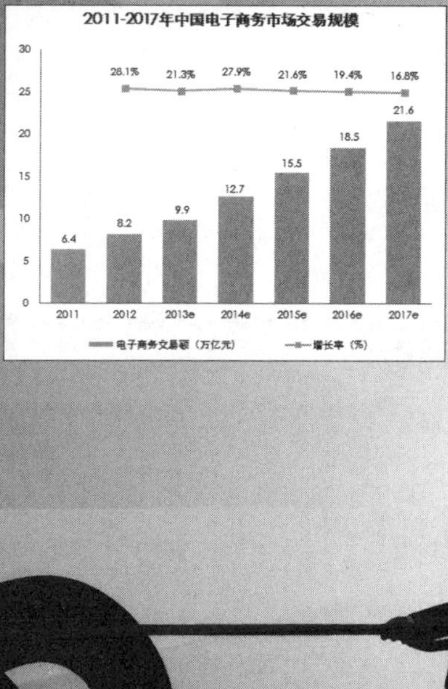

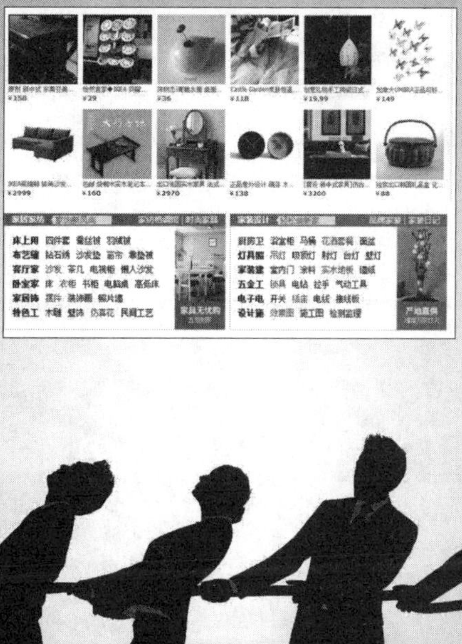

通过本章内容的学习，读者能够学习到网上开店的一些基础入门知识，并了解开店前需要做的准备工作，其中包括：网上开店的方式、开店流程，以及了解网上热卖商品等。本章需要掌握的相关技能、知识如下：

※ 了解网上开店的优势
※ 网上最热卖的商品
※ 分析网民在网上消费的情况
※ 了解网上开店的必备条件
※ 网上开店的基本流程
※ 分析自己是否适合开网店

1.1 清楚认识网上开店

网络购物的流行催生了一批批创业者将实体店铺搬到了互联网上。网上店铺与实体店铺相比，节约了成本，而且在商品进货、出售、管理等诸多方面也要明显优于实体店铺。不过，对于初涉网上店铺的创业者来说，还是要先清楚地认识什么是网上店铺。本节主要介绍什么是网上店铺，并帮助网上开店者分析网店有哪些优势、是否有利可图，以及网上开店需要哪些条件等。

1.1.1 什么是网上店铺

所谓“网上店铺”，简单来说就是经营者自行搭建或在相关网站平台上（如淘宝网）注册一个虚拟的网上商店（以下简称“网店”），然后将待售商品的信息发布到网页上，而其他对商品感兴趣的浏览者通过浏览这些商品信息进行查阅，并通过线上或线下的支付方式向经营者付款，最后经营者通过邮寄等方式，将商品发送至购买者手上。

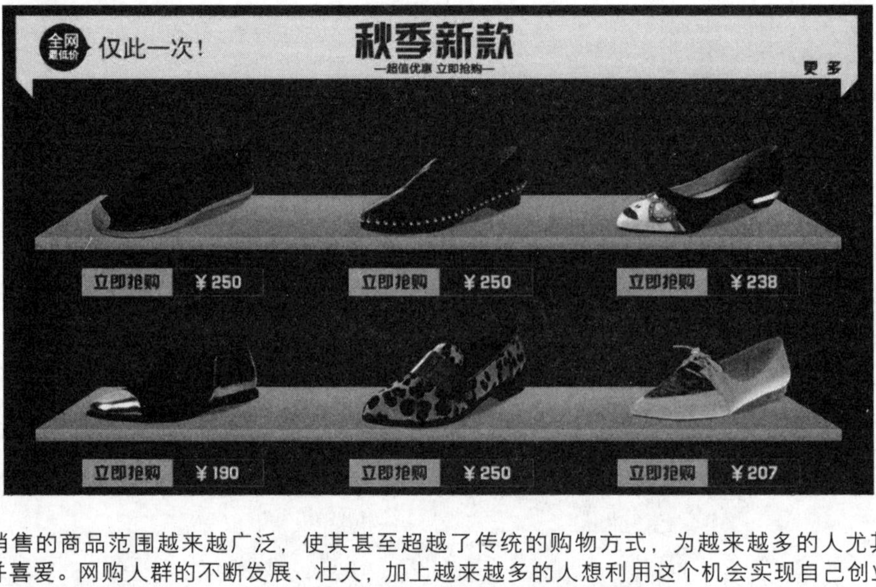

网上销售的商品范围越来越广泛，使其甚至超越了传统的购物方式，为越来越多的人尤其是年轻一代所接受并喜爱。网购人群的不断发展、壮大，加上越来越多的人想利用这个机会实现自己创业的梦想，在这两方面因素的共同作用下，近年来网上店铺十分火爆。淘宝商从最早的集市卖家一天几单、几十单到现如今的动辄几千单，甚至上万单的规模，真是让人难以想象。

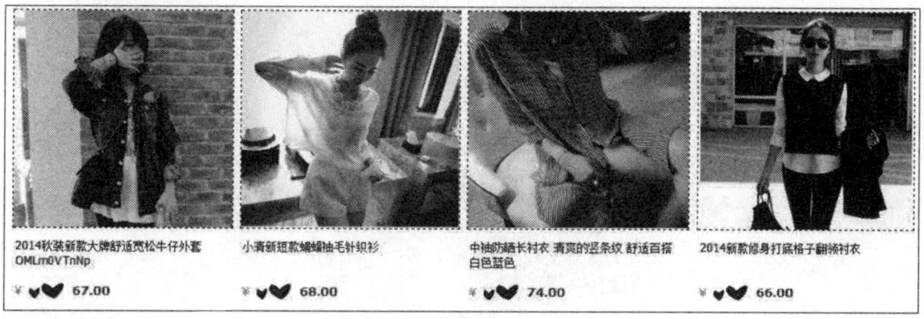

1.1.2 网上开店的优势

我们知道，在所有 C2C 交易网站（如淘宝、拍拍网）中，各种商品基本都是个人开店并用于销售的。以淘宝为例，其中就有数万个卖家开设了自己的店铺，并且很多卖家通过对网店的运营和管理都赚取了一定的收入。同时随着电子商务的快速发展，网上购物群体的逐渐壮大，网商企业的规模不断扩大，网店的生意也呈现出越来越好的趋势。那么，相对于实体店铺而言，开网店有哪些优势呢？下面就来做详细的分析与介绍。

1. 网上开店前景广阔

网上开店是一种风险很小却大有前途的创业方式。据中国互联网络信息中心统计，我国的网民规模增长迅猛，互联网用户规模稳居世界第一位。在这个庞大的群体中，有超过一半的人在最近一年中存在通过互联网购买过商品或服务的行为。而在欧美和韩国等互联网普及率较高的国家，每 3 个网民中就有 2 个人在网上购物。中国网络购物的潜力还远未被释放，可以想象，在这个大背景下投身网上店铺，真是“赶早不如赶巧”。

艾瑞咨询机构统计数据显示：2013 年全年，网购交易额占社会消费品零售总额的比重将达到 7.8%，较去年提高了 1.6 个百分点。如下图所示为 2011-2017 年中国电子商务市场交易规模及展望。2013 年电子商务市场细分行业结构中，中小企业 B2B 电子商务占比 51.7%，规模以上 B2B 占 26.2%，B2B 电子商务合计占 77.9%；网络购物交易规模市场份额达到 18.6%；在线旅游交易规模占比为 2.3%，O2O 占比 1.2%。如下页上所示。

2013年中国电子商务市场细分行业构成

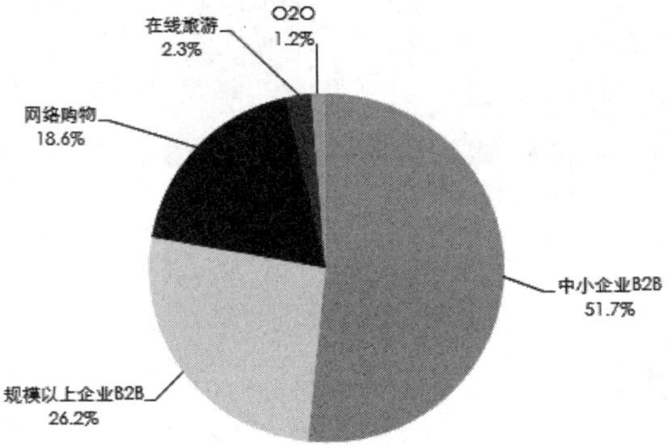

在互联网时代，越来越多的人离不开网络，于是在网上开店做“掌柜”，便成了很多年轻人的创业选择。在网上开个小店不用辞掉现有的工作，也不用花费太多的时间，最重要的就是投资少而且风险低，这对于那些刚刚毕业走上工作岗位的大学生或有很多闲暇时间的上班族来说不失为一个好的选择。作为一种时髦的创业模式，它已经逐渐发展起来，其优势明显、前景广阔，更是众多无本创业者的绝佳选择。

2. 资金投资少

与实体店铺对比，网店最明显的优势就是没有店铺租金、员工费用，以及各种日常开销（如水电费、店铺装修费用等）。这对卖家而言，无疑节约了很大一部分资金。另外，若经营合理，在商品库存方面控制得好，也会减少商品库存的资金压力。对于没有一定资金积蓄，同时想要尝试做生意的朋友而言，网店无疑是最好的选择。一般来说，筹办一家网上的商店投入很小，不用去办营业执照，不用去租门面，不用囤积货品。许多大型开店平台基本免费提供服务，网店可以根据顾客的订单再去进货，不会因为积货占用大量资金；基本不需要水、电、管理费等方面的支出；不需要专人时时看守，节省了人力成本。

资金项目	网店	实体店
店铺租金	少（可自行决定是否开通“消保”）	高昂（视位置而定）
店铺招牌	无	需要通过广告公司付费制作
内部装修	少（可自行决定是否开通“旺铺”）	需要通过装修公司付费装修
商品陈列（货架、展柜等）	无	需要付费订做
日常开销	少（可自行决定是否付费推广）	开销数额视店铺规模与位置
员工工资	少（可自行决定是否招聘客服）	每月需要支付一定工资
商品库存	无，或库存量少	需要具备一定库存

通过上表可以看出，相对实体店铺而言，网店仅仅需要支出商品的进货费用，而其他都是免费的。当然，具备一定规模的网店，可能需要聘用员工，而支出一定的员工工资，但一般的网店只要自己利用空闲时间经营即可，基本上不需要投入太多的人力。

至于网店的进货与库存资金方面，我们知道网店中所展示的只是商品的图片，这就可以等待买家下订单后，再去进货，只要进货渠道方便并控制得好，网店甚至可以做到零库存。

3. 经营范围更广

如果说一个实体店铺，其购买群体仅限于店铺周边的人群，那么网店就完全没有地域的限制，网店中所针对的购买群体，可以是自己所在城市之外、省外、全国，甚至全世界。可以说，只要我们的商品有吸引力，那么，就只要做好随时接待来自各地买家的准备即可。

由于无地域限制，以及购买群体的广泛分布性，我们在开网店后，可以将自己所在地的特色商品、特色小吃等在网店中销售，这样其他地区的人群，也就能够方便地买到卖家所在地的各种特产了。

4．营业时间比较灵活

实体店铺往往要受到营业时间、地点、店铺面积大小等因素的限制。例如，在某个时间段打烊可能会错过很多生意；店铺位置如果人流量小，生意也不会景气；碰上生意兴隆，又有可能因为自己店面太小失去许多本该属于自己的生意。

网店则完全不受这些条件的限制。经营者可以全职经营，也可以兼职经营，只要有一台能上网的计算机就可以开网店并经营，而且营业时间也比较灵活，只要可以及时查看浏览者的咨询并给予及时回复就不会影响生意。卖家不必 24 小时守在店铺中，买家在任意时间浏览了你的店铺，并且看上了店中商品，可以直接下单。如下表为网店和普通实体店的经营优势对比。

比较项目	网店	实体店
营业时间	24小时全天候接受顾客订单	正常的开门营业时间
营业地点	不受限制，选择买家较多的购物平台网站就好	店铺位置与客流量、投入资金有非常密切的关系
店铺面积	店铺实际销售额一般不受店面大小的影响	面积大小影响商品展示，扩大面积需要投入资金

网上商店节省了人力方面的投资，不用雇佣帮手，店主完全可以在享受生活的同时把自家的网上小店打理得井井有条；还避免了因为来不及照看店铺而带来的损失。同时，营业时间不受限制，消费者可以在任何时间登录、购物。

5．网店的消费群体广泛

传统店铺在店址的选择上很受限制，位置好的店铺人流量大，但相应的租金就比较高；人流量小的店铺虽然租金较低，但店铺的营业额一般不高。在网店中这些都不是问题，只要开设了网店，潜在客户基数庞大，全国几亿上网用户，都可能成为网店的潜在客户，全球更大数量的买家，也可能看中店里的某件商品。如此巨大的客户群体，谁还怀疑是否能产生交易呢？所以只要网店的商品有特色、宣传得当、价格合理、经营得法，网店就会有不错的访问流量，继而大大增加销售机会，取得良好的销售收入。

高手指引

网上购物更偏重于年轻一族

通过分析不难看出，年轻一族是网购最大的群体，他们将其视为时尚的象征。出现这种情况是因为，一方面网购需要互联网知识；另一方面也与年轻人追求新鲜事物的心理有关。

1.1.3 网上开店是否有利可图

随着网上购物的流行，网上开店也成为了一种时尚。无论是自主创业的专职卖家，还是利用闲暇时间做点兼职的上班族，网上开店都是他们实现创业梦想、提高收入水平切实可行的手段。然而，网上开店是否有利可图？这是准备网上开店的人都迫切想要了解的一个问题。但实际上回答这个问题和回答开实体店能不能赚钱其实是一样的，谁都不能给出一个绝对的答案。

开网店明显有很大的利润空间，不然为什么那么多卖家会蜂拥而至。但无论在哪个平台上做生意总是有人赚有人赔，永远都维持着优胜劣汰的规律，所以，有无利可图，最终还是掌握在自己手中。我们可以告诉你的是，客观来说，它有着很大的潜力。

高手指引

开店过程中随时保持警醒

强烈的成功欲固然能够增加做事情的积极性，使我们每天都保持充沛的精力与昂扬的斗志为自己的目标不懈努力，但也要避免被这种欲望冲昏了头脑，盲目地决策、行动。有人说网上开店赚钱，也许真的有人因此赚到了钱，但你不假思索地投身进去，最终却可能要落得个自欺欺人的下场。

另外，网购商品目前的发展也不均衡，有的商品充斥着大量卖家，而有的商品则只有少量卖家介入，也不排除有些现在不能在网上销售的商品，在未来条件改变之后能够打开网络市场，只要抓住机遇，网上开店还是有很广阔的前景、很丰厚的利润的。

1.1.4 网上开店必备条件

网店是一个虚拟商店，不需要支付昂贵的店面租金，不需要自己或雇佣营业员进行销售。可以说，只要具备网上开店的最基本条件，任何人都可以在网上开店。

1．硬件准备

尽管网上开店投资少、操作简单，但是也需要具备一些最基本的条件。其中网上开店需要的硬件主要有以下设备。

（1）计算机与便捷的网络

拥有一台计算机是进行网上开店最基本的条件，也是必不可少的。最好是一台方便携带、随时随地都能投入工作的笔记本电脑。用笔记本电脑可以更加快速、方便地与自己的客户和厂家进行沟通，还可以及时查看和回复买家的留言，此外，它还可以起到移动硬盘的作用。当然，如果没有条件，也可以配一台台式计算机，只要时间分配适当，同样可以达到事半功倍的效果。

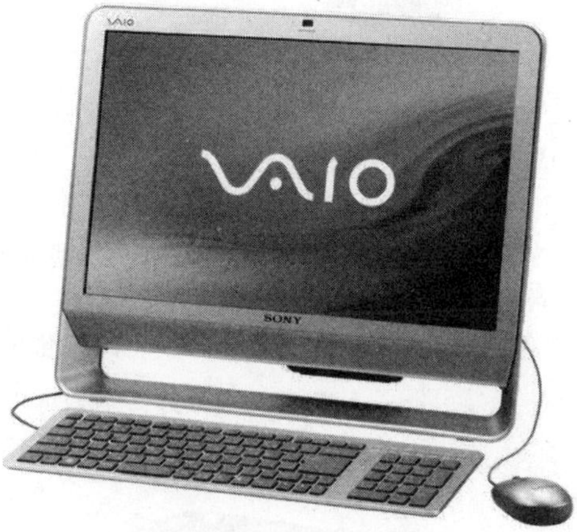

拥有了计算机后，便捷的网络也是非常重要的。网上开店，顾名思义就是需要选择一个提供个人或企业店铺平台的网站进行开店。同时，需要利用网络查询一些资料，也需要利用网络与客户或厂家联络，所以，便捷的网络也是进行网上开店的必要条件之一。

（2）联系电话

有时网上联系并不能解决全部问题，还需要电话来帮忙。网络有时并不能随时使用，而固定电话、手机则可以解决这个问题。

配置一部电话，能便于店主与客户联系，客户打电话来询问，那就说明客户有一定的购买意向。客户也希望老板能很好地解答自己的问题，所以准备一部能方便联系客户的电话是很重要的。

（3）数码相机

对于很多店铺而言，数码相机也是基本的装备。因为大部分的买家都是通过图片和文字描述了解商品的。有了自己的数码相机，就可以自由地将自己的产品多角度地拍下来，展示在买家面前，使买家更加直观地感受和了解物品。如果没有货物的实物图片，商品就很难引起买家的注意和购买欲望，而且还会让买家怀疑该物品是否存在。因此，好的数码相机和娴熟的拍摄技术就显得尤为重要。

当然，在拍摄技术方面，可以多请教一下相关的专业人士，也可以通过网络搜索一些拍摄方面的技巧，帮助自己快速掌握，以免出现高质量的数码相机拍摄出低水准照片的尴尬。

（4）打印机和传真机

当自己的网店进入实际操作阶段，小店发展成为大店时，商家可以通过传真机来接收一些订单或文件。另外，很多资料的收发也离不开传真机，所以传真机是很重要的一项设备。

在开店前期，打印机可能并不常用，但业务发展到一定程度时，可以选择使用打印机打印发货单，这相比手写的发货单要更为正规和专业。

2. 软件准备

网上开店在初期准备中，除了投入必要的硬件外，还需要相应的软件。掌握基本的网上操作技术并学习一些相关的软件操作知识，将更有利于开展网上销售工作。

以下是网上开店应该具备的一些软件和相关的操作知识。

（1）熟练的网上操作技能

熟练的网上操作有利于开展网上销售，如果连自己网店的网页都不会打开，那么即使具备了开网店的一切硬件条件也没有能力把生意做好，网上开店也将成为空谈。

（2）收发电子邮件

电子邮件是互联网应用最广泛的服务之一，它是一种通过网络与其他用户进行联系的简便、迅速、廉价的现代通信方式。它不但可以传送文本，还可以传递多媒体信息，如图像、声音等。在通常情况下，一个独立的网络中，邮件在几秒钟之内就可以送达对方邮箱。同时，还可以得到大量免费的新闻、专题邮件，轻松地实现信息搜索。

（3）使用聊天软件

如果卖家能够熟练地运用一些网上即时聊天工具，如千牛、微软 MSN、腾讯 QQ 等，或者使用其他网站平台自带的聊天工具，将有助于卖家与买家的沟通。如下页左上图所示为千牛聊天软件；下页右上图所示为 QQ 聊天软件。

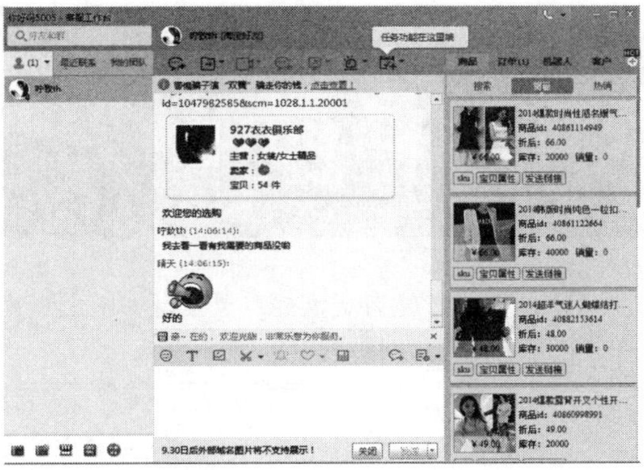

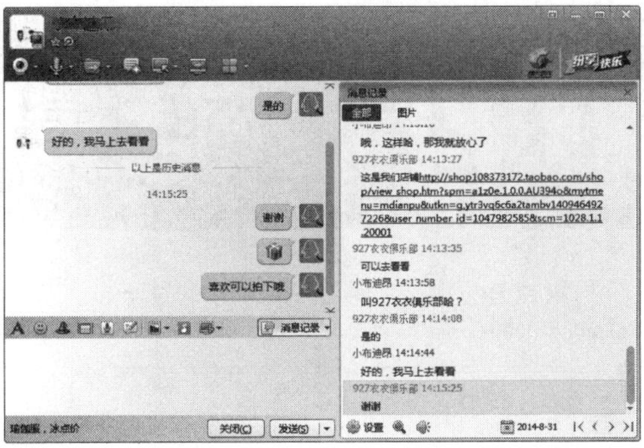

另外，在与买家聊天时打字要熟练，否则买家会误认为卖家怠慢了他，没有很认真地在与他交谈。

（4）学会网站设计软件

学会网站设计的相关软件可以为自己的店铺设计几个漂亮的广告宣传页面。通常，为自己的店铺添加一些人性化的页面，效果会更好。需要学习的网站设计软件主要是 Dreamweaver，它是专门的网页设计软件。

（5）图像处理软件

在网上店铺中，客户主要是通过图片来判定产品的，所以精美的商品图片和宣传图片尤其重要。精美的图片往往会吸引客户的眼球，而质量差的图片将会使买家望而却步。通过数码相机拍摄的照片，可能会存在拍摄中的各类问题，如曝光不足、反差过高等情况。因此是否能做出漂亮的商品图片，对网上开店来说也是一个至关重要的因素。现在的绘图软件有很多种，而我们所需要学会的也就是最简单的绘图方法，所以只要能熟练使用一款绘图软件即可。这里推荐一个非常有用的图像处理软件——Photoshop。如下图所示为使用 Photoshop 软件处理图像的效果。

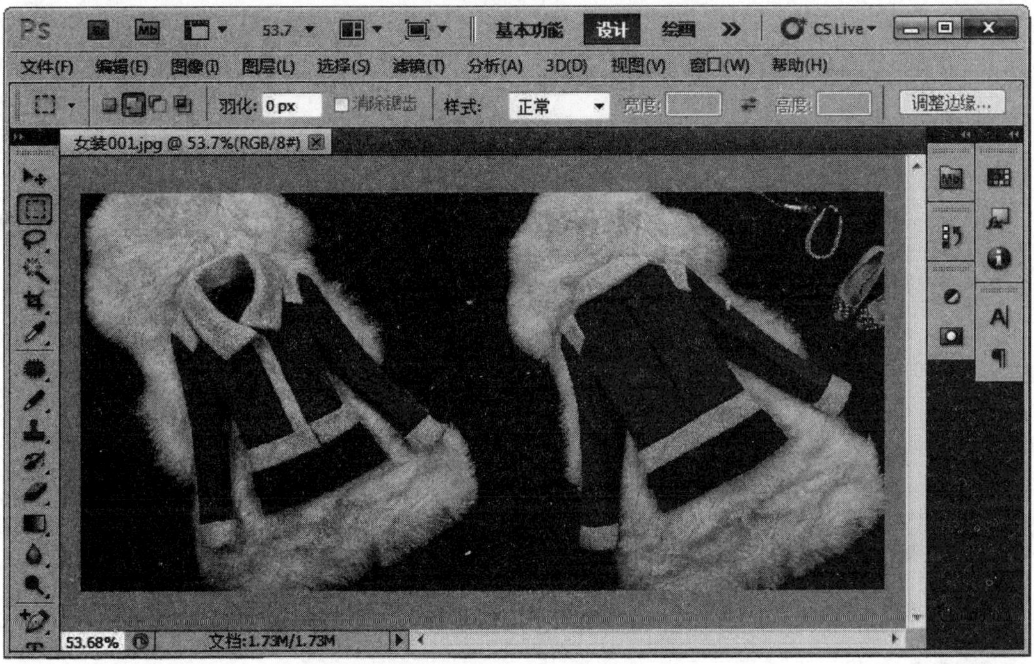

1.2 网上最热卖的商品

选择合适的商品是网上开店成功的第一步，只有选择合适的商品才能有更大的发展空间，网上销售的商品每天都在扩充，绝大多数在实体商店中销售的商品，在网上也能购买到。

高手指引

网上热销商品的特点

1. 质量容易控制

质量容易控制的商品，如书籍、音像制品及标准化的商品等，更适合在网上销售。

2. 新产品

新产品由于刚推出，缺乏大规模推广的效应，不易在传统店铺销售。

3. 附加值高的产品

尽量选择利润率比较高，能够给顾客提供较大折扣的商品。

4. 手工产品

手工产品受限于生产能力，产量小，通过网络销售，成本可以降到最低，而且可以接触到最广泛的客户群。

5. 具有独特性、时尚性的商品

6. 消费者有购买保障的商品

7. 针对特殊人群的商品

针对某一特殊人群使用的商品，更适合在网上销售。某一特殊人群在整个消费者群体中比例是较小的，而对于整个网络世界的网民来说其数量是较大的，传统店铺受到位置局限，可能顾客很少，而放在网上，就可以不受到位置区域的限制，面对更广阔的消费者。

据统计，2013 年度“女装”居淘宝各平台交易份额首位，女鞋、手机、美容护肤、数码产品、男装、箱包、流行饰品也均在各平台中排在前十名内。

很多在淘宝网上开店的新手往往有一个让他们很迷惘的问题——我该在网上卖什么呢？ 让我们来看看适合在网上销售的几大类商品。

1.2.1 首推赚钱最快的女装

在众多从事网上开店的个体中，赚钱最快的当属女装店铺。五彩缤纷的时装在给人们生活带来美和享受的同时，也给店主带来了不菲的收入。如下页左上图所示为近一周女装热销品类；下页右上图所示为女装热销品牌。

1.2.2 通信工具之手机

手机不仅是一种通信工具，还是时尚的代表，拥有一部或几部“很炫”的手机是一件“很酷”的事。所以，网上推出的最新款式手机永远不会缺少年轻人的追捧，并由此带动了相关彩铃、配件、充值卡等

高手指引

热卖1：服装

服装店铺的商品图片不仅要吸引人、清晰、漂亮，还要向买家传达丰富的商品信息，如商品的大小、感觉等这些看不准、摸不着的信息。

优势：消费群体极大，需求量大。

劣势：存在尺码问题，对款式和品牌的要求高，需要卖家独具慧眼。

商品的销售。如左下图所示为近一周手机及附件热销品类；右下图所示为手机热销品牌。

高手指引

热卖2：手机

网上卖手机类商品，一定要有价格优势。一般买家在网上购买此类产品时都很谨慎，在网上搜索、比较后才会去购买，同样品牌的商品价格是很重要的因素。

优势：消费群体极大，需求量大。

1.2.3 为女性打造的美容护肤品

人们爱漂亮是从古到今都没办法改变的事实，并且有愈演愈烈之势。因此，化妆品市场的前景极其开阔。越是有钱的女人越想留住青春年华，所以在化妆品方面的消费舍得花大价钱。还有，化妆品是天天都要用的东西，所以会经常购买。一旦觉得你店里的哪一款好用，一定会继续在你店里买的。化妆品不像别的东西，效果好的就是好产品，而不是所谓的名牌。如左下图所示为近一周护肤品类；右下图所示为护肤品热销品牌。

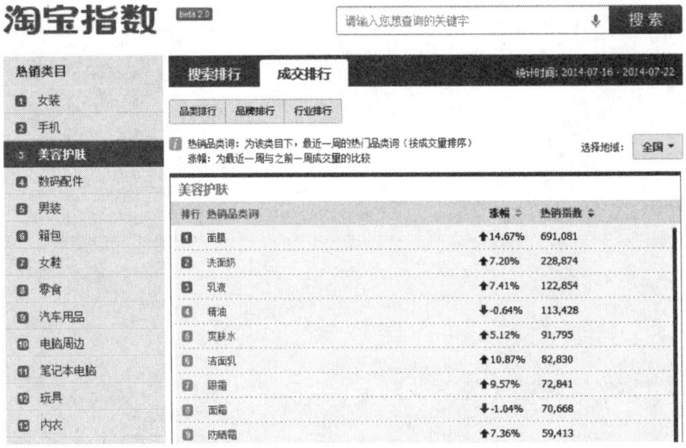

高手指引

热卖 3：美容护肤品

女士们是这种商品的主要消费者。女士们除了看衣服，其次就化妆品、护肤品，这是女人的天性。当然，男士们也不会有意见，尽管都是用在女士的脸上，但男士们也会获得视觉上的愉悦。

优势：消费群体极大，需求量大，回头客多，任何时间都有畅销的产品，不存在尺码的问题。

劣势：存在过期变质的问题， 玻璃瓶子运输起来不是太方便。

据了解，网上化妆品店的 80% 利润来自于 20% 的老客户。由于化妆品是日用品，用完了还要消费，因此，在经营时应该努力去抓住每一个买家，让买家踏踏实实地成为回头客。

1.2.4 网上热销之数码产品

在网上购买数码产品及相关配件的人也越来越多。因为此类产品一般都具备一定的品牌因数，所以大家只要选好品牌和参考价格后就可以选择是否要购买，而不需要去考虑其他的生产日期和尺寸大小之类的问题。一般买家在网上购买此类产品时都很谨慎，比较以后才去购买，同样品牌的商品价格是很重要的因素。

高手指引

热卖 4：数码产品

数码产品市场的火爆主要原因是价格优势，在淘宝网上的价格远低于市场上的价格，并且数码产品或配件的消费群体也很大。

优势：消费群体极大，需求量大。

劣势：售后服务的问题突出，部分产品也存在运输问题。

1.2.5 销售口碑较好的男装

在网上卖男装与女装相比，男装店铺有着更好的口碑。即便是 A 货，它们也绝不会看上去有丝毫粗制滥造的现象。尽管其数量还是不能与女装店比肩，但是论起个性来还是比较突出的，不像女装店鱼龙混杂。通常有两类店铺是此时男装店里最具投资价值的，一种是外贸店；另一种是专卖大牌尾货店。

> **高手指引**
>
> **热卖 5：男装**
>
> 我们知道，淘宝网男士服装的店铺有成千上万家，很多男士服装有着抢眼的设计感，大气的格调感。服装店铺的商品图片不仅要吸引人、清晰漂亮，还要向买家传达丰富的商品信息。

1.2.6 热销的商品之箱包类商品

箱包类也是淘宝上非常热销的商品。每个女孩至少有两三个包包，上课的大包、逛街的斜跨包、约会的精致小包等。箱包运输方便，不会过期，优势差不多与服装相同。而且箱包作为礼物赠送给亲友同学的也很多。如下页左上图所示为近一周箱包热销品类；下页右上图所示为箱包热销品牌。

> **高手指引**
>
> **热卖 6：箱包**
>
> 优势：消费群体极大，需求量大，没有尺码、生产日期、颜色搭配的问题，且运输方便。
> 劣势：对款式和品牌的要求高，需要卖家独具慧眼

1.2.7 流行饰品销售市场也非常大

流行饰品的市场非常大，女孩子的饰物真是数不胜数，送礼时人们也往往先想到送饰品。但是打算销售饰品的人，一定要紧跟时尚的步伐，不可脱离最新、最流行的产品。只要商品款式足够新颖、时尚，买家一般只要看上就会依依不舍。

对于高价值的首饰，因为有了安全的支付宝，安全交易也不成问题。无论是在易趣网，还是在淘宝网，首饰（尤其是水晶、翡翠类首饰）一直都是卖得最好的商品之一。

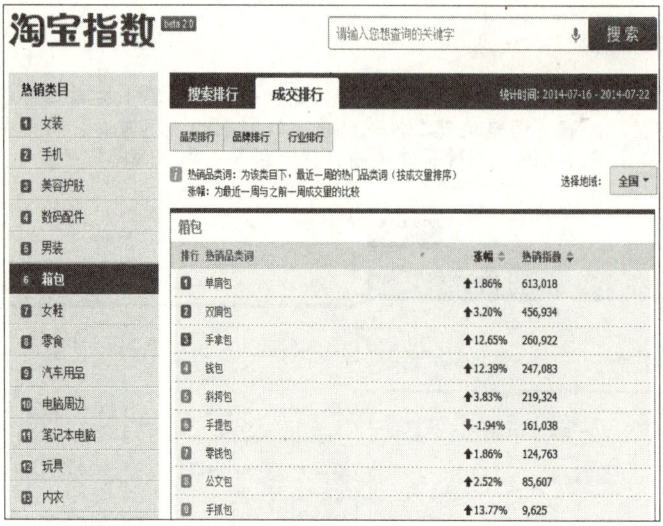

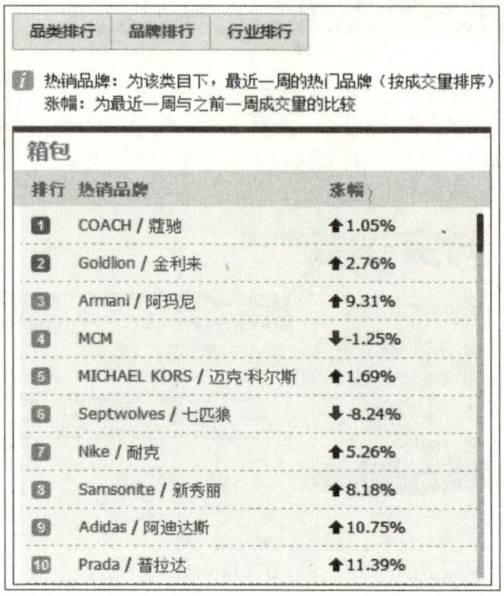

1.2.8 生活必备的居家日用品

居家日用品的销售面也非常广，每个家庭都少不了使用家庭用品，所以市场比较大。但是所销售的商品一定要有特色，并且有一定的价格优势。

1.3 分析国内网上消费的情况

目前，随着商家对网上销售的重视程度和消费者网上购物的接受程度在不断提高，网上购物市场正逐渐成为国内社会消费品零售市场中不可小觑的力量，传统企业开始拿出更多的精力从事网上经营，同时也取得了显著的效果。与此同时，更多的互联网企业也准备踏上网上交易市场的征程，百度、迅雷等中国互联网巨头相继推出自己的网上交易平台。

1.3.1 了解网上顾客群的特点

据报告显示，截至 2013 年 12 月，中国网民规模达 6.18 亿，全年新增网民 5358 万人。互联网普及率为 45.8%，较 2012 年底提升了 3.7 个百分点。随着中小企业电子商务的应用趋向常态化，网络零售业务日常化，网络购物市场主体日益壮大。

1. 网络消费者的性别结构

网络消费者主要以女性消费者为主。喜欢购物是女性的天性，像淘宝网、天猫、京东商城等大型网站的浏览量和成交量中，女性消费品占大多数。可见，女性消费者将是未来网络营销的主要对象。

但是，方便、快捷作为网络购物的一大优点，越来越多地被男性消费者所推崇。男性消费者更不愿意把时间花在购物上，而网上购物恰恰满足了这部分人群对于购物时间的苛刻要求。所以，如何有效地捉住这部分男性消费者，是日后购物网站营销策略的重点。

2．网络消费者的年龄结构

网络消费者主要以 18 ～ 35 岁的中、青年为主，这部分消费者对网络的依靠性强、在网上停留的时间较长，他们易接受新鲜事物、比较喜欢超前和新奇的商品，也比较容易被新的消费动向和商品所吸引。大型购物网站推出的主打商品大多面向年轻人，有的网站甚至还有专售稀奇古怪的玩意儿的店面，专门吸引年轻消费者，据调查，销售业绩还不错。

但是，从近几年来看，30 岁以上各年龄段网民比例均有所上升，这主要是由于互联网的门槛降低，网络渗透的重点从低龄群体逐步转向中高龄群体所致。由此可知，中老年网络消费者也会日趋增多，中国网络消费者的年龄结构也会日渐成熟化。

3．网络消费者的学历结构

经常在网上消费的人群的学历相对较高，这类人群相对容易接受新事物、购物比较理性，且对网上购物也有一个比较全面、系统的了解。其中大学生、自由职业者和白领阶层占了网络消费者的一大部分。这类人群接受过更多的关于网络的教育，有更多的时间接触网络，并且网上销售商品的优惠力度大、更个性、品种繁多、省时省力等优点也捉住了他们的注意力。网上购物越来越成为为他们的主要购物方式。

4．网络消费者的职业结构

我国网络消费者主要由学生、自由职业者和上班族组成。学生消费者比重较大，这是由于学生占我国整个网民群体比重大，而且这类学生一般家庭收入比较稳定，自己虽没有经济收入，但却有一笔稳定的零花钱或生活费，可以作为网上购物的资金。

支付宝公司在 2013 年 5 月发布了一项最新统计结果，对全国大学生群体网购的情况做了分析：过去 12 个月内，全国超过 55% 的在校大学生都已加入网购大军，平均年消费额超过 4000 元。但目前真正的网络消费的“中流砥柱”还是有一定经济收入的上班族和自由职业者，这类人群往往有比较稳定的收入，对网上购物这种方式比较推崇，是现阶段网络营销的主要目标。

5．网络消费者的城乡结构

网络消费者现阶段仍然主要以城市消费者为主，原因是农村网民受制于经济社会发展水平滞后、互联网接入条件不足、硬件设备落后等因素，导致占整体网民的比例较小。

但是，值得期待的是，目前“三网融合”方案已经获得批准，并在部分农村地区开始试点、推广，这将会为农村互联网的发展带来质的变化，所以未来农村网民规模会加快增长。而且，随着物流基础设施规模的扩大、物流技术装备水平的进步，相信农村网络消费者占总消费者的比重也会有所增长。

1.3.2 从网民购物心理分析

如果卖家经销的商品能满足顾客的需求，成交的几率就很大。要想使销售量大增，还必须要将网民的心理摸透，这样才能“对症下药”。从购买动机表现来看，可以将网民的购买动机归纳为两大类——理智动机和感情动机。

1. 理智动机

实用：实用即求实心理，是理智动机的基本点，即立足于商品的最基本效用。消费者在选购商品时不过分强调商品的美观悦目，而以朴实耐用为主，在适用动机的驱使下，顾客偏重产品的技术性能，而对其外观、价格、品牌等的考虑则在其次。

经济：经济即求廉心理，在其他条件大体相同的情况下，价格往往成为左右顾客取舍某种商品的关键因素。折扣券、拍卖之所以能牵动千万人的心，就是因为“求廉”的心理。

可靠：顾客总是希望商品在规定的时间内能正常发挥其使用价值，可靠实际上是“经济”的延伸。名牌商品在激烈的市场竞争中具有优势，就是因为具有上乘的质量。所以，具有远见的商家总是在保证质量的前提下拓展产品销路。

安全：随着科学知识的普及、经济条件的改善、顾客对自我保护和环境保护意识的增强，对产品安全性的考虑越来越多地成为顾客选购某个商品的动机。“绿色产品”具有十分广阔的前景就是适应这一购买动机来促进销售。

美感：爱美之心人皆有之，美感也是产品的价值体现之一。消费者在选购商品时不以使用价值为宗旨，而是注重商品的品格和个性，强调商品的艺术美。

使用方便：省时省力无疑是人们的一种自然需求。尤其是技术复杂的商品，使用快捷、方便，将会更多地受到消费者的青睐。带遥控器的电视机、只需按一下的“傻瓜”照相机，以及许多使用方便的商品走俏市场，正是迎合了消费者这一购买动机。

售后服务：产品质量好，是一个整体形象。有无良好的售后服务往往成为左右顾客购买行为的砝码。为此，提供详尽的说明书、进行指导、及时提供免费维修、实行产品质量保险等都成为商家争夺顾客的手段。

2. 感情动机

感情动机不能简单地理解为不理智动机。它主要是由社会和心理的因素产生的购买意愿和冲动。感情动机很难有一个客观的标准，但大体上是来自于下述心理。

好奇心理：所谓“好奇心理”，是对新奇事物和现象产生注意和爱好的心理倾向，或称之为“好奇心”。

古今中外的消费者，在好奇心理的驱使下，大多喜欢新鲜的消费品，寻求商品的新功能、新款式。

求新心理：消费者在选购商品时尤其重视商品的款式和眼下的流行样式，追逐新潮。对于商品是否经久耐用、价格是否合理则不太考虑。

炫耀心理：消费者在选购商品时，特别重视商品的威望和象征意义。商品要名贵、牌子要响亮，以此来显示自己地位的特殊，或炫耀自己的能力非凡。这多见于功成名就、收入丰盛的高收入阶层，也有其他收入阶层中的少数人，他们是消费者中的尖端消费群体。购买倾向于高档化、名贵化、复古化，几十万乃至上百万美元的轿车、上万美元的手表等的生产正迎合了这一心理。

攀比心理：消费者在选购商品时，不是由于急需或必要，而是仅凭感情的冲动，存在着偶然性的因素，总想比别人强，要超过别人，以求得心理上的满足。人家有了大屏幕彩色电视机、摄像机、金首饰，自家没有，就不管是否需要，是否划算，也要购买。

从众心理：女性在购物时最容易受别人的影响，例如，许多人正在抢购某种商品，她们也极可能加入抢购者的行列，或者平常就特别留心观察他人的穿着打扮，别人说好的，她很可能就下定决心购买，别人若说不好，则很可能放弃。

尊重心理：顾客是商家的争夺对象，理应被商家奉为“上帝”。如果服务质量差，即使产品本身质量好，顾客往往也会弃之不顾，因为谁也不愿花钱买气受。因此，应该真诚地尊重顾客的经济权力，有时尽管商品价格高一点，或者质量有不尽如意之处，顾客感到盛情难却，也乐于购买，甚至产生再光顾的动机。

总之，仔细分析顾客的心理需求，察觉到顾客想要什么，然后投其所好，便能大大激发顾客的购买欲望。

1.4 熟悉网上开店的流程

网上开店主要分为两种形式，一种是自己设立专门的网站作为销售平台，从网站的维护、更新，到宣传、销售都要自己一手包办；而另一种则是利用其他网站提供的平台来销售自己的商品，如现在比较流行的淘宝、天猫、京东商城等网站就是为人们提供的销售平台。本节将大致介绍如何在网上开店。

1.4.1 网上开店一般流程

各大购物网站申请与开通店铺的方法大致相同，无论是想由买家成为卖家，还是一开始就希望成为淘宝网卖家，当你注册成为淘宝网会员之后，按照如下图所示的流程，做好每一步，你就能正式开办属于自己的店铺，成为淘宝网的一名卖家。

1.4.2 店铺开张流程

虽然现在互联网上有多个网购平台，不过想要在这些网购平台上开设自己的网上店铺，所要进行的流程操作大多是类似的。主要包括：店铺定位规划、选择开店平台、提出开店申请、进货与发布商品、营销推广、交易与售后服务，这六个方面。

1. 店铺定位规划

要在网上开店，首先就要有适宜通过网络销售的商品，这就是对自己网上店铺定位的前期规划。并非所有适宜网上销售的商品都适合个人开店销售，例如，可以利用地区价格差异来赚钱，因为许多商品在不同的地区，价格也会相差很多。

2. 选择开店平台

目前可供店主选择的网上开店平台比较多，比较常见的包括淘宝网、天猫、京东商城等。目前，不管是知名度还是安全性，淘宝网是最适合个人开店的平台。因此，很多新开店的卖家都选择淘宝网作为首选阵地。

3. 店铺的申请与装修

确定开店平台以后，就需要了解该平台的开店申请规则。例如：淘宝网规定，注册账号并通过实名认证即可免费开店，个人店铺也会自动生成。同时，还应该通过各种途径来学习如何装修自己的店铺，将自己的店铺打造得更有特色。

4. 进货与发布商品

最好是从熟悉的渠道和平台进货，了解质量和低价进货是关键。有了商品就准备发布到自己的网店，注意要把每件商品的名称、产地、所在地、性质、外观、数量、交易方式、交易时限等信息填写清楚，最好搭配商品的图片。商品名称也要尽量全面，突出其优点。

5. 营销推广

为了提升自己店铺的人气，在开店初期适当地进行营销推广是非常必要的，而且最好是店内、店外一起推广。例如，通过购买“热门商品推荐”的广告位、与其他店铺和网站交换链接等方式，来扩大自己店铺被消费者关注的可能性。当然，如果有条件，最好的推广方式还是使用如淘宝网提供的直通车、阿里妈妈推销等手段。

6. 售中服务

顾客在决定是否购买的时候，很可能需要很多你没有提供的信息，他们随时会在网上提问，应及时并耐心地回复。但是需要注意，很多网站为了防止卖家私下交易以逃避交易费用，会禁止买卖双方在网上提供任何个人的联系方式，如邮箱、电话等，否则将予以处罚。

7. 交易

成交后，网站会通知双方根据约定的方式进行交易。可以选择见面交易，也可以通过转帐、快递的方式交易，不管怎样，交易都最好及时完成，以免对方怀疑你的信用。至于是否提供其他售后服务，应视双方的约定情况而定。

8. 评价或投诉

信用是网上交易中双方非常看重的因素，所以交易完毕，买卖双方应互相给予对方评价。如果交易满意，最好给予对方好评，并且通过良好的服务获取对方的好评。如果交易不满意，则给予差评，或者向网站投诉，以减少损失，并警示他人。如果对方投诉，则应尽快处理，以免给自己的信用留下污点。

9. 售后服务

完善、周到的售后服务是使生意保持兴隆的重要手段，要随时与客户保持联系，做好客户服务工作，这会给你带来源源不断的生意。

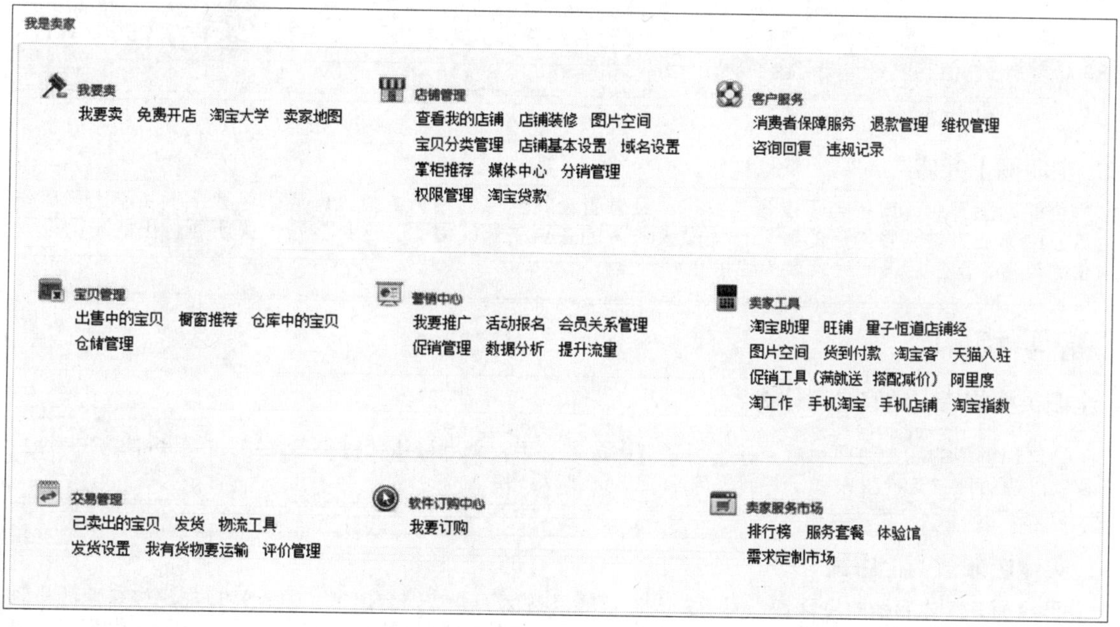

1.5 把握网店每一项经营决策

如果你正在考虑网上开店，应根据个人的实际情况，选择一种合适自己的经营方式。本节将会讲解网上开店的各种经营方式。

1.5.1 网店的多种开店方式

网上开店有多种方式，不同的开店方式需要的开店成本也不同，对销售盈利的结果也会产生一定的影响。要选择适合自己的开店方式，首先需要对各种不同的网上开店方式进行性价比的分析和比较。

1. 兼职网上开店

兼职网上开店是最易实施的一种经营方式。经营者将经营网店作为自己的副业，以增加更多的收入来源为目的。例如，现在许多在校学生就喜欢利用课余时间经营网店，也有不少上班族利用工作的便利开设网店。

> **高手指引**
>
> **兼职类型的店主适宜经营什么？**
>
> 这种兼职类型的店主由于时间少，所以最适合经营虚拟类的物品，只需要很少的时间进行店铺打理、上货、充值、收账，即可全面实现店铺的运转。

2. 全职网上开店

全职网上开店，就相当于投资创业了，经营者会将全部的精力都投入网店的经营上，将网上开店作为自己的事业来做，将网店的收入作为个人收入的主要来源。因此，这种经营方式所要付出的精力及财力也比较多，网上店铺的经营效果也会更好一些。

> **高手指引**
>
> **全职类型的店主适宜经营什么？**
>
> 这种类型的店主时间比较充裕，为了节约成本，可以考虑网络代销和实体批发相结合的方式来经营自己的店铺，这样就做到了时间和成本的双重保障。

3. 实体店兼营网上店铺

已经拥有实体店铺的经营者，为了扩大生意的受益面而兼营网上店铺，这也是现在比较普遍的一种开店模式。此类网店因为有实体店铺的支持，在商品的价位、销售的技巧方面都更高一筹，也容易取得消费者的认可与信任。

> **高手指引**
>
> **实体兼网店类的店主该如何经营？**
>
> 这种类型的店主通常都有自己的固定货源，所以最缺少的不是本钱，而是时间，通常可以请专业的客服来打理自己的店铺，只需要定时收账即可。

综合对比了解以上几种网店经营方式，再结合自身的情况，就能轻易地判断出自己适合选择哪种。而经营者不管是基于哪种方式来经营自己的网上店铺，把网店经营好才是最主要的。因此需要经营者在考虑适合自己的经营方式时，也别忘了切合实际地做好开店前的市场调查、商品定位分析等工作。

1.5.2 货源始终是网店的生命线

货源是开网店的最大问题所在，如果自己没有熟悉的货源渠道，那么就很难找到合适的货源。下面，我们就来分别针对几种不同的商品货源渠道进行分析。

1. 实体批发

要进行实体批发，首先需要了解实物商品，它的含义是目前市场上所能够看到，并且能够通过交易进行正常接触使用的商品。它的范围很广，基本覆盖了所有人们生活的方方面面。大到汽车、电器，小到螺丝刀、铆钉；从米盐油酱醋，到衣食住穿行都囊括其中。

而要进行实体批发，一般是有实体店铺，或者全职从事淘宝店铺经营的用户。通过去批发市场或者直接从网络批发中心购买需要的实体货物，然后进行拍照、上传商品到店铺的方式进行网店经营。

一般实体批发完全是由自己找货、定价、上货的，这种方式需要一定的资金和库存，占用时间较多，也比较辛苦，但是经营利润也是最大化的。目前皇冠级别的大卖家大多是采用这种销售模式。

> **高手指引**
>
> **拿货时应注意什么**
>
> 如果你是外地用户，可以先在网络中查询所在省级批发点位置，是否有官方网站介绍。如果有，最好直接按批发城中对应的店铺号、店主联系方式，对接批发的商品。

2. 网络代销

网络代销与实体批发一样，也是经营实体货源，但是它不需要自己批发货源，而主要是去相应的平台申请分销商资格，然后通过帮助供应商销售他们的商品，自己从中赚取利润差价，如下图所示为代销流程图。

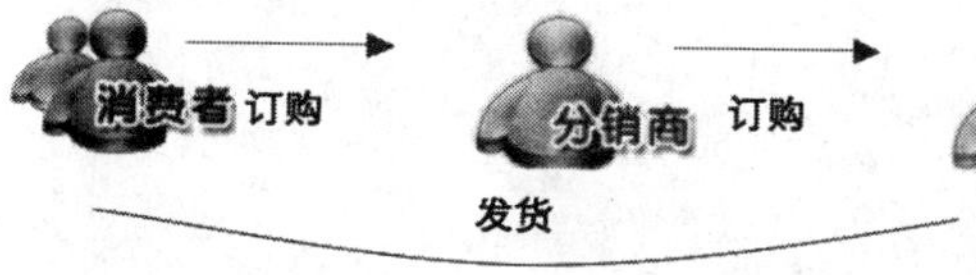

分销商销售属于零投资零库存的销售方式，专门的供应商为分销卖家提供了商品货源、商品发货，以及商品售后的服务，分销卖家只要在自己的店铺中发布所代理商品的信息即可，当有买家下单后，分销卖家同步与供应商下单，供应商就会根据分销卖家提供的地址将商品发送给买家。而这个过程中产生的利润差价，就是分销卖家所能够赚取的利润。

> **高手指引**
>
> **网店代销的注意事项**
>
> 虽然代理销售的卖家无须投入任何成本，但代理销售还是存在一定风险的，因为在销售过程中，货物是不经过卖家的，卖家同样只能通过代理商提供的商品图片和描述来了解产品，而无法看到最终发给买家的商品实物，因此代理销售中，卖家可能对自己销售的商品不是很了解。
>
> 另外，一些不稳定的代理商可能让卖家网店无法正常经营，如卖家根据代理商提供的商品信息在网店中上架后，有买家对指定商品下单购买，但卖家联系代理商时却告知缺货，这对卖家来说是非常致命的，不但需要和买家解释协商，而且可能因此获得差评。需要知道的是，在网店中差评的出现，将意味着卖家将无法给买家提供一个基本的信任。

另外，网络代销模式适合以下人群。

- 上班人士：固定的工作场所与工作时间，能够经常上网但没有足够的时间寻找货源及发货。
- 货运不便的地区：城市郊区、小县城等快递不愿去接件或接件费用较高的地方。
- 不具备商品拍照条件的卖家：网店中商品照片是非常重要的，如果卖家没有相机、不具备拍照技术，以及不会处理图片，那么就无法展示出逼真的商品图片。而代理销售就不用考虑这个问题了，卖家只要将代理商提供的图片放到自己网店中即可。

高手指引

选择怎样的供货商最合适？

如果要代理销售商品，最好选择一些规模较大的供应商，并尽可能选择同城的供应商。这样卖家可以与供应商面谈并了解他们的具体情况，以后发生纠纷时，由于在同一个地区，相对来说也更便于解决。

3. 虚拟代理

所谓“代理虚拟产品”，就是货源不能实际接触到，却是现实生活中比较常用的物品，如手机话费、游戏账号、QQ 产品等，这类商品的买家需求量很大，同时操作简便、投资少、风险小，因此很多网上开店的新卖家通常会销售虚拟货物。

目前虚拟货源主要有两种代理方式，一种是网站提供虚拟货源，如卡盟，它的方式主要是去网站缴纳保证金，并申请成为代理，如下图所示。

另外一种是虚拟平台软件，直接通过代理该软件，获得相关的代理资格，如目前最流行的捷易通、第五代平台等，它们同时支持移动、电信、联通话费；各种主流的游戏点卡；QQ 相关的产品充值。而最大的特色是可以直接绑定淘宝店，实现自动上传商品、自动充值、自动发货、自动评价等诸多功能，所有充值交易全部自动化，完全无须占用人力资源，相比网站更加方便、快捷。

高手指引

经营虚拟类产品的优、劣势

对于新开店的卖家，可以通过销售虚拟商品来积累人气与信用，并了解与熟悉网店的经营流程。经过一段时间后，正式转向经营其他实物商品。因为淘宝网虽已将虚拟商品交易信用与实物商品交易信用分开计算，却都会同时体现在信用等级中。其次，虚拟类商品利润虽少，但薄利多销，销路宽了，还是能赚取一定的利润。

由于虚拟物品一般不会涉及到质量、售后等因素，所以竞争的关键是价格。虚拟物品本身利润空间非常小，有很多卖家甚至是以“赔钱赚人气”的心态来经营的，因而对于准备经营虚拟物品的卖家来说，必须慎重考虑。当我们找到货源后，可以先在购物网站中看看其他同类商品的售价，与自己拿到的进货价进行对比，了解自己的货源有多大优势。

目前国内最主流的代充值平台主要有“捷易通”和“第五代”两种，它们都是淘宝特约合作的充值平台，其大体功能上相同，都分为普通版、代理版，以及 VIP 版三种，而价格也一样，都是 50、300、500，用户只要拥有了代理权限，就能够为自己、家人、朋友，以及网上店铺的客户代购各种虚拟产品，实现离线快速充值等诸多种功能，快速提高自己的店铺信誉等级，从而轻松创业。

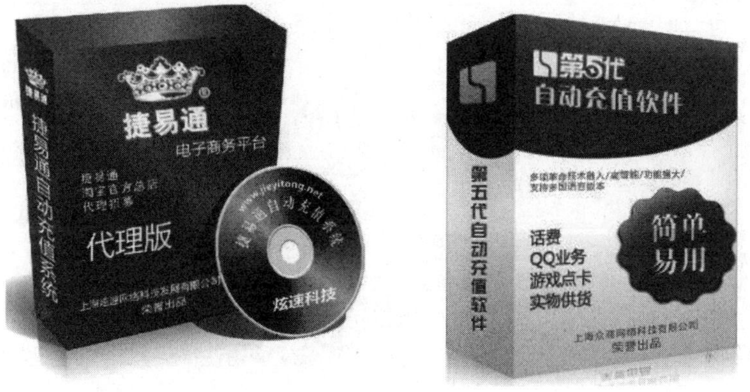

高手指引

淘宝上其他便宜的虚拟平台好不好？

代理充值软件最重要的是安全性高，目前很多网站和私人提供许多免费或者低价的代理充值软件，它们虽然功能齐全，但是使用人数不多，未经过用户验证，对于新入行的朋友来说，最好谨慎使用。

下面以“第五代”智能代充平台为例，向大家说明代理充值软件的基本操作流程。首先卖家在自己的店铺中上传“第五代”官方的虚拟商品数据包，当有买家购买自己店铺中的产品，如 30 元手机话费时（拍下并付款），平台即会自动为当前买家的手机充值 30 元话费，自动完成交易。此过程完全无人值守（卖家在线与不在线均可，即使计算机没有启动也可以），只需闲暇时登录自己的淘宝支付宝账号提取货款即可，如右图所示。

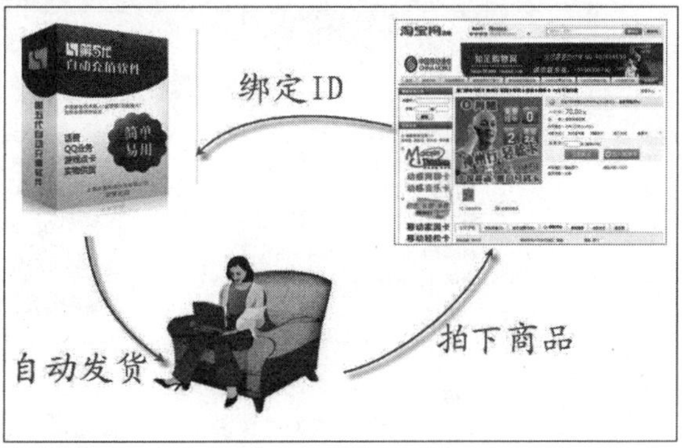

另外，由于目前基本上所有的代充值软件都是上级扶持下级的机制，一般情况下出现任何问题都是寻找上级代理来做解答的。因此寻找一名好的上级代理非常重要，新手用户千万不要贪图便宜随便选择一个代理，到时候得到软件却不知道怎么使用，或者在开店中遇到什么问题却得不到服务，往往得不偿失。

1.5.3 选择合适的网上开店平台

网上开店需要一个好的平台，一般是通过大型网站注册会员进行售卖，创业者通过注册成为网站会员，然后依靠其网站开设店铺。在人气高的网站上注册、建立网店是目前国内最常用的开店方式，目前常见的网上开店四大平台分别是淘宝、天猫、京东商城、拍拍网。

1. 淘宝网

淘宝网（www.taobao.com）是目前国内最大的个人电子商务平台，由著名的 B2B 网站阿里巴巴所投资创办。已成为国内最成熟的购物网站，汇聚了数千万家网上店铺，以及数以亿计的商品。可以说，只要是用户需要的商品，就能够在淘宝网上购买到。并且淘宝网采用了“支付宝”付款模式，为广大购物用户提供有效、安全的保障。在国内，淘宝网基本成为网上购物的代名词，只要说到网上购物，广大上网用户自然而然就会想到淘宝网，如下图所示为淘宝网的主页面。

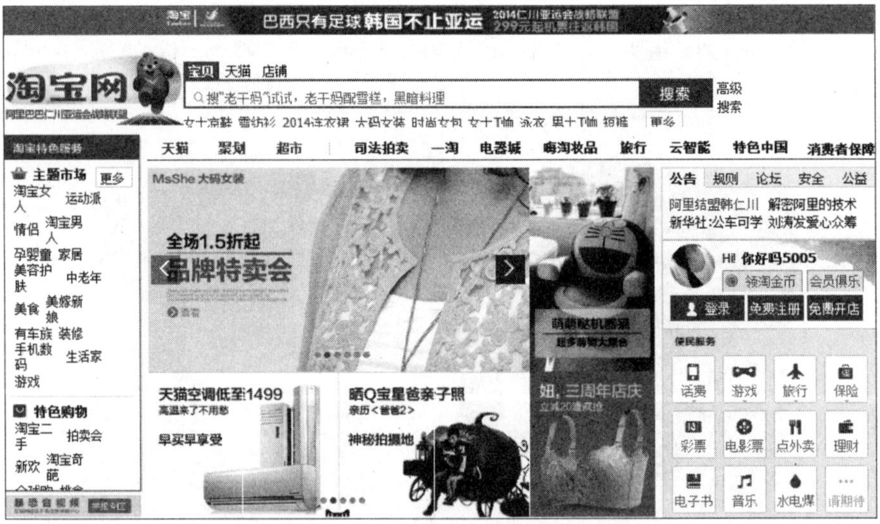

据淘宝网数据显示，2013 年，淘宝网拥有近 5 亿的注册用户数，每天有超过 6000 万的固定访客，同时每天的在线商品数已经超过了 8 亿件，平均每分钟售出 4.8 万件商品。随着淘宝网规模的扩大和用户数量的增加，淘宝也从单一的 C2C、B2C 网络集市变成了包括 C2C、团购、分销、拍卖等多种电子商务模式在内的综合性零售“商圈”，已经成为世界范围的电子商务交易平台之一。

淘宝网的成功源于其比较好的用户体验和布局分明的页面，商品分类清晰而且提供多种搜索方法，如下图所示。而且淘宝网的商品资讯及网购社区等周边服务也做得比较好。

2. 天猫

天猫，中国线上购物的地标网站，亚洲最大的综合性购物平台，拥有 10 万多品牌商家，每日发布大量国内外最新商品和独家商品。

“天猫”（英文：Tmall，也称“淘宝商城”、“天猫商城”）原名“淘宝商城”，是一个综合性购物网站。2012 年 1 月 11 日上午，淘宝商城正式宣布更名为“天猫”。2012 年 11 月 11 日，天猫借光棍节大赚一笔，宣称 13 小时卖 100 亿，创世界纪录。天猫是马云淘宝网全新打造的 B2C（Business to Consumer，商业零售）网站。其整合数千家品牌商、生产商，为商家和消费者之间提供一站式解决方案，其还提供 100% 品质保证的商品，7 天无理由退货的售后服务，以及购物积分返现等优质服务。2014 年 2 月 19 日，阿里集团宣布天猫国际正式上线，为国内消费者直供海外原装进口商品。

3. 京东商城

京东是中国最大的自营式电商企业，在线销售计算机、手机及其他数码产品、家电、汽车配件、服装与鞋帽、奢侈品、家居与家庭用品、化妆品与其他个人护理用品、食品与营养品、书籍与其他媒体产品、母婴用品与玩具、体育与健身器材，以及虚拟商品等 13 大类 3150 万种优质商品。

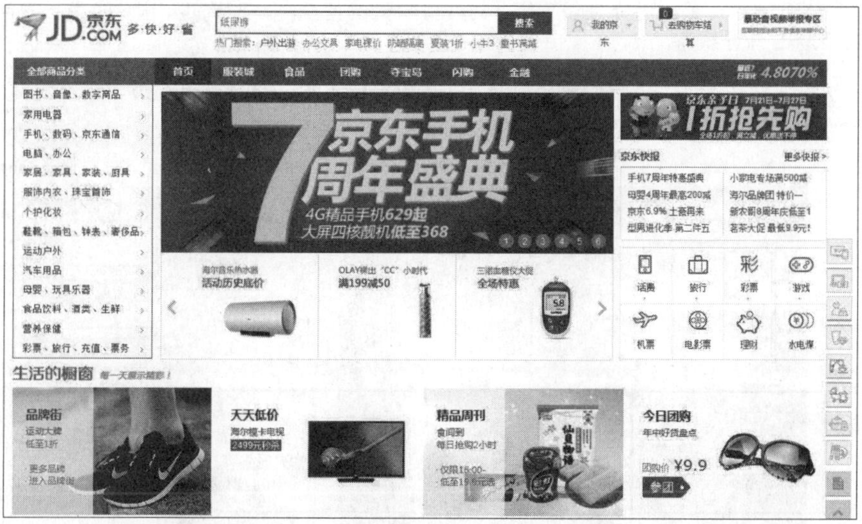

作为中国 B2C 市场的 3C 网购专业平台，京东商城无论在访问量、点击率、销售量，以及业内知名度和影响力上，都在国内 3C 网购平台中具有较大的影响力。2007 年京东商城销售额超过 3.5 亿元人民币，实现了连续三年 300% 的增长。在 2008 年北京奥运会到来之际，京东商城的销售额突破 12 亿元人民币。2013 年，活跃用户数达到 4740 万人，完成订单量达到 3233 亿单。

未来，京东商城将坚持以“产品、价格、服务”为中心的发展战略，不断增强信息系统、产品操作和物流技术三大核心的竞争力，始终以服务、创新和消费者价值最大化为发展目标。

4. 拍拍网

拍拍网（www.paipai.com）原是腾讯旗下知名电子商务网站。于 2005 年 9 月 12 日上线发布，依托于腾讯 QQ 超过 7.417 亿的庞大用户群，以及 3.002 亿活跃用户的优势资源，拍拍网具备良好的发展基础。

2013 年 3 月 10 日腾讯宣布与京东建立战略合作伙伴关系，京东收购拍拍网的权益、物流人员和资产。2014 年 5 月京东上市后将其设立为旗下子公司。

2014 年 7 月 17 日，京东旗下购物网站拍拍网在北京宣布正式上线运营，并首次对外公布了新拍拍网在流量分发、用户分享、平台规则等多个方面的举措，并称，3 ～ 5 年内不以盈利为目的。

5. 国美在线

国美电器网上商城是国美电器在网上销售的平台，在国美电器实体店能够买到的商品都能在网上商城中买到。这是大品牌企业走向网络的一种新的经营方式。该类商城的独特之处在于有强大的实体店作为依托，既有实体店商品货源的可靠性做保障，又具备网购的便捷性与时尚性。国美电器以这种经营方式，扩大了自己的市场占有份额。

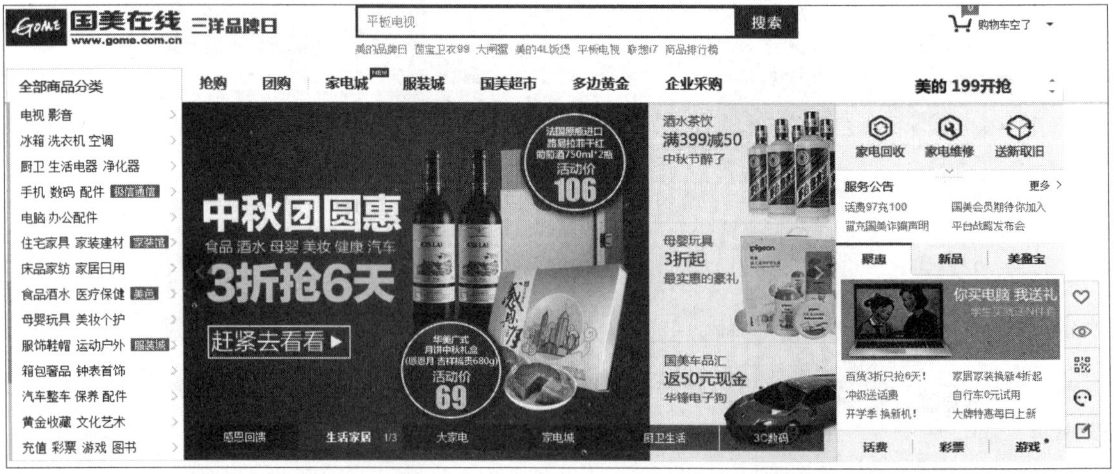

1.5.4 分析自己是否适合开网店

网上开店有赚钱的，也有不赚钱的。其实，并不是每个人都适合开网店，也就是说，不是每个开网店的人都能赚到钱。而若是想把网上开店当成自己的第一职业，就更加需要根据实际情况而定。那么，究竟什么样的人更适合网上开店呢？

1．企业管理者

对于小型企业，网上开店无可厚非是一种必然的选择，过去，那些名不见经传的中小企业，要想把产品送进百货商场的大门简直比登天还难，可如今网络店铺给他们提供了一个广阔天地，解开了中小企业产品“销售难”的死结。不受地理位置、经营规模、项目等因素的制约，只要能上网就能资源共享，中小企业在网络店铺上与知名大品牌实现了平等，如在淘宝网女鞋页面中，一同销售的有达芙妮、卓诗尼品牌，还有另一些不知名的品牌。

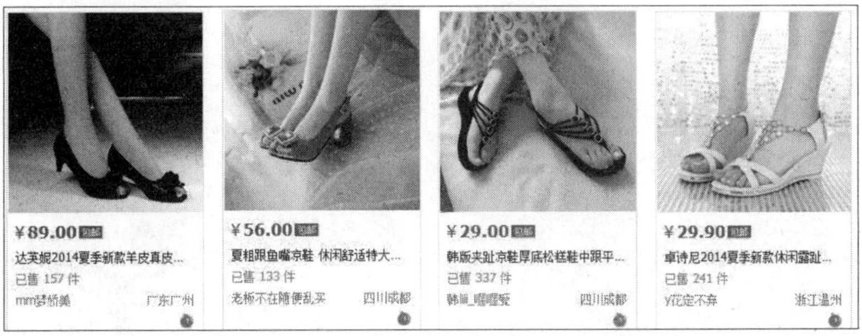

2．拥有货源的人

无论是网络店铺还是实体店，货源都是最主要的。拥有货源的商户可以通过网上商店进行更好的销售推广，一次投资，多方推广，马上就可以得到立竿见影的效果。

3．需要处理手中旧货的人

每个人都会有一些物品像鸡肋一样，食之无味，弃之可惜。对于他们来说，网上商店就像以往的跳蚤市场，只不过是用来交易各种旧东西的而已。当然以前的跳蚤市场是面对面的，而现在科技进步了，跳蚤市场改称“网上商店”，开始采用网上交易。在所有的网上开店的卖家中，这类人群应该占有不少的比例。

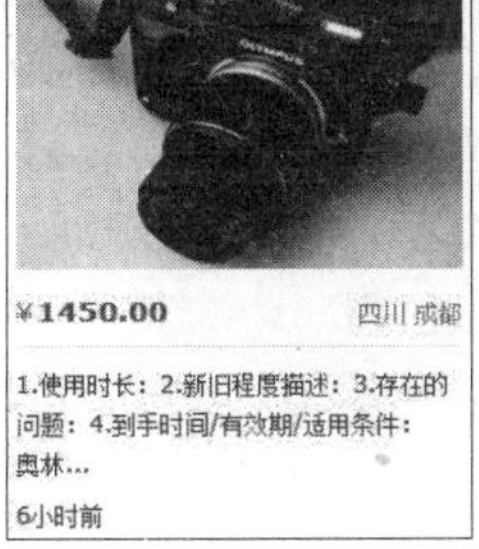

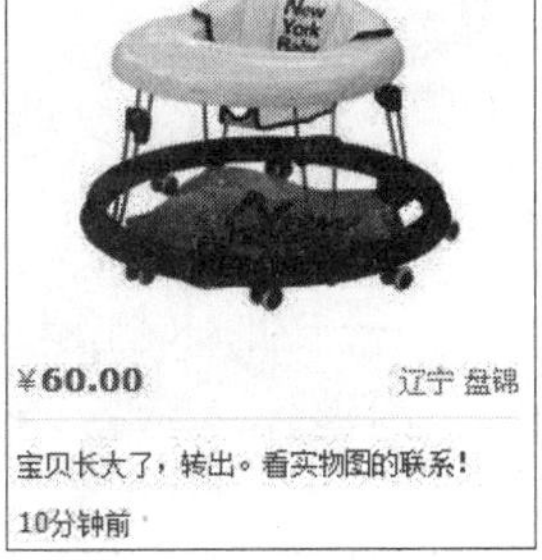

4．初次创业者

现代社会中，很多人都梦想自己创业，但面对形形色色的压力和风险，往往又望而却步。对于这类人群而言，通过网上开店开始自己的创业生涯，无疑是一个很好的选择。

网上开店资金要求低，风险小，经营十分灵活，而且经营得好不但可能会赢得第一桶金，而且有可能真正利用网络创出一片天地。即使无法通过网上开店获得理想的利润，也可以从中获取宝贵的创业经验，为将来的发展奠定基础。而且，经过一段时间的网上开店，会结识很多人，获得很多信息，可能还会对以后有所帮助。

5. 全职企业白领

每天有固定工作时间的企业白领，也是可以网上开店的。在晚上或休息时间照顾自己的网店，是一件非常有意义的事情，不仅可以给自己多赚些零花钱，还可以缓解白天紧张的情绪。并且在这里可以体会当老板的感觉，还可以结识更多志趣相投的朋友。

6. 拥有实体店的人

许多有实体店面的经营者在网上开设分店，把潜在客户拓展到网上，增加一个销售渠道。网上开店为这类人群提供了一个广阔的天地，不受地理位置、经营规模、项目等因素制约，只要上网就能资源共享，实体店在网络上与知名大品牌实现了平等，而且还可以开展以前想都不敢想的全球经营。

7. 大学生

一些大学生平时的功课比较轻松，有较多的空余时间，而利用这些时间上网玩游戏的人也不在少数，其实，与其将时间浪费在玩游戏上，还不如在网上尝试一下创业的滋味。由于大学生接受新事物的能力较强，对网络的应用更是得心应手，所以上网开店不失为赚钱的另一种手段。现在很多大学生在做网络销售，而通过网上开店获得人生第一桶金的更是数不胜数。

8. 绝对网虫型

假如你是一个绝对的网虫，那也是一种有利的资源，有时间又努力，就一定会有所收获。通过网络可以学到更多先进的技术，可以把自己的网店打理得更好，花大量的时间来推广自己的网店是绝对值得的。

网上购物是未来发展的一个必然趋势，如果你喜欢网络，有精力长时间面对计算机，并希望过着属于自己的 IT 白领生活，那么，开网店就绝对是一个很不错的选择。

9. 自由职业者

年轻人越来越追求独立自主的生活方式，不喜欢被束缚，希望通过自身的奋斗，摆脱给他人打工的状况，即所谓的自由职业者。现在不少的自由职业者喜欢上网冲浪，他们开设网络店铺并不在意自己的东西能卖多少钱，而是希望那些平时逛街所购买的东西同样会有人欣赏和喜欢，其目的是通过开店来充实生活，寻找一些志趣相投的朋友。通常这类朋友多会将此作为拓宽社会圈子的一种有利方式，为今后的发展打下坚实的基础。

本章小结

本章详细介绍了在网上开店的入门知识，先带领读者认识网上热卖商品并分析网民网上购物的情况。接着详细地介绍了网上开店的方式、与实体店相比的经营优势、网店的主要销售模式，以及常用的网店平台。学习本章内容后可以全面系统地了解如何网上开店，知道要做足哪些准备工作，以为后续实际的开店操作打好基础。

2 商品运输渠道——选择最佳物流降低成本

随着网上购物的盛行，在淘宝网上的产品价格越来越透明，但是掌握运输环节的技巧可以为你节省不少费用。开网店除了要考虑货物的成本及推广的费用之外，物流成本的费用也是要列入考虑范围的，对于如何包装好商品、降低物流成本，是很多卖家需要了解的至关重要的一个环节。否则，辛辛苦苦从产品成本上省下来的利润就算是交给运输公司了。有很多卖家都说“成也物流，败也物流”，此话虽有一些片面，但还是有一定道理的。本章将详细为大家介绍物流的相关知识，以降低卖家的成本。

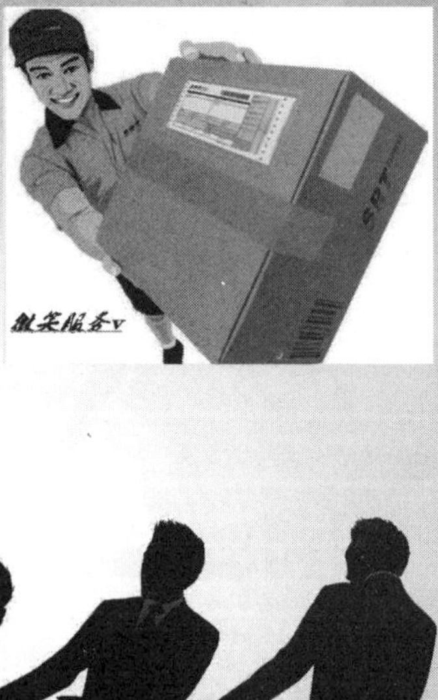

通过本章内容的学习，读者能够学习到如何选择合适的物流送货方式，以及商品的包装方式。本章需要掌握的相关技能知识如下：

※ 选择合适的送货方式
※ 常见的快递公司
※ 节省快递公司邮费的方法
※ 商品的包装
※ 跟踪货物运输进度

2.1 选择合适的商品物流

开网店，每个月都有很大一笔邮寄方面的开销，虽说羊毛出在羊身上，但如果质量相同，价格一样，我相信买家会选择邮费更低的，可见降低了运费将使你产品更具竞争力。生意好的卖家，单是一个月的邮费，保守估计都要花上两三千，相当于一个实体店铺门面的月租了。目前网上购物使用的物流主要有平邮、快递公司以及EMS三种。而且不同地区不同物流的收费也不同，对于卖家来说，由于经常需要通过物流发货，因此需要对不同的物流方式、资费标准进行相应的了解，从而选择最适合自己的发货方式。

2.1.1 邮局运输

几乎每个卖家都有使用邮局发货的经历，有的卖家认为邮局平邮价格偏高，有的卖家就认为邮局平邮非常便宜，而且商品的安全指数也高。事实上，在邮局发货有很多小窍门，如果店主都掌握了，那么就可以省下不少钱，如果没有学会，那可能真的比快递还贵。下面介绍常见的邮政邮寄方式。

1．平邮

平邮是比较常见的一种邮寄方式。由于平邮的价格便宜，所以一般不急需、追求经济实惠的买家都会选择它。平邮是去邮局发的，发的时候要向邮局买一张绿色的平邮单。邮局的包装材料比较好，但是价格比较贵，如果卖的东西可以赚很多钱，当然无所谓。可以自备剪刀、胶带制作一个包装材料。能够不超过500克的东西，尽量不让它超过。

邮资包括以下几项。

（1）挂号费：3元，全国统一，一定收取。

（2）保价费：可以选择不保价，不保价的包裹不收取保价费。

（3）回执费：可以不要回执服务，不用回执的包裹不收取回执费。

（4）资费：视距离远近每千克资费不同。商品包装的包裹纸箱、布袋、包装胶带等，以及邮局的纸箱、布袋等是要收费的。也可以自己找纸箱，缝制布袋进行包装，但是必须符合规定。

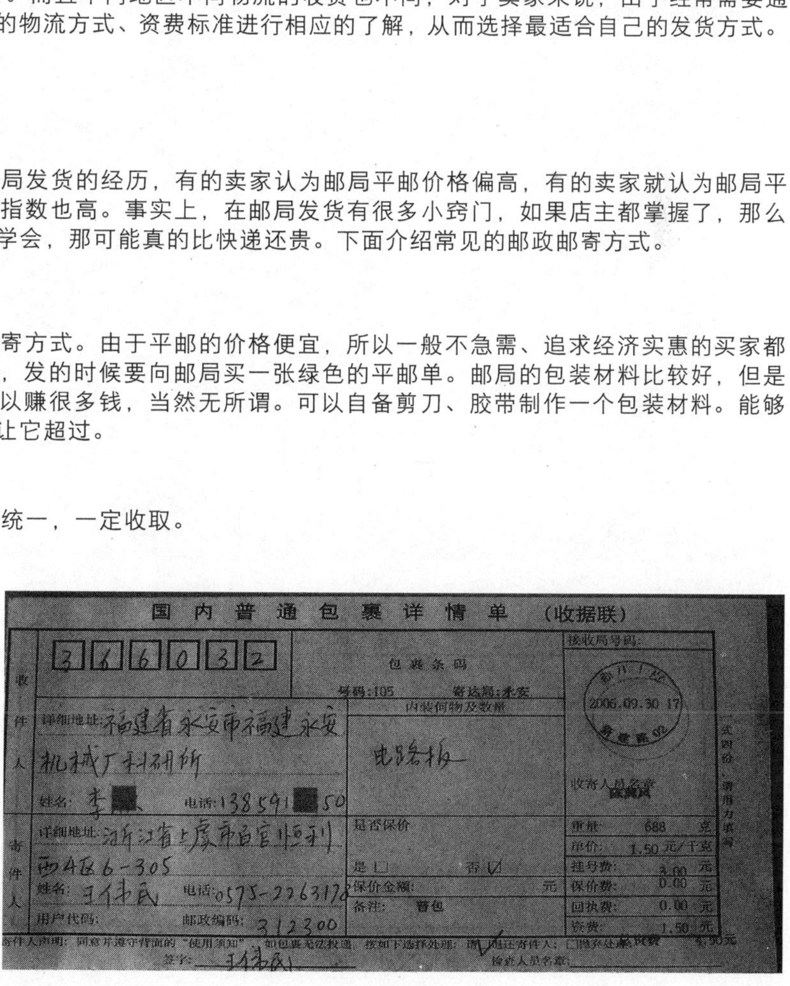
国内普通包裹详情单 （收据联）
收件人 366032 包裹条码 号码:105 寄达局:永安
详细地址：福建省永安市福建永安机械厂科研所
姓名：李[redacted] 电话：138591[redacted]50
内装何物及数量 电路板
寄件人 详细地址：浙江省上虞市百官恒利西4区6-305
姓名：王伟民 电话：0575-2263178
用户代码： 邮政编码：312300
是否保价 是□ 否☑
保价金额： 元
备注： 普包
接收局号码：
2006.09.30 17
收寄人员名章
重量 688 克
单价 1.50 元/千克
挂号费 3.00 元
保价费 0.00 元
回执费 0.00 元
资费 1.50 元
寄件人声明：同意并遵守背面的“使用须知”，如包裹无法投递，按如下选择处理：
签字：王伟民
检查人员名章：

（5）持续时间：视距离远近一般 5 ～ 30 天不等，速度比较慢。

（6）安全保障：每个包裹都有单号，可根据单号查询投递状况。如果邮寄时进行保价，在包裹丢失后可以按保价金额进行赔偿；如果邮寄时没有进行保价，在包裹丢失后按照最高不超过邮费的两倍进行赔偿。

2．快递包裹

快递包裹是中国邮政为适应社会经济发展，满足用户需求，于 2001 年 8 月 1 日在全国范围内开办的一项新业务，它以快于普通包裹的速度、低于特快专递包裹的资费，为物品运输提供了一种全新的选择。

3．EMS

EMS 就是邮政特快专递服务，是中国邮政的一个服务产品，主要是采取空运方式，加快运输速度。一般来说，根据地区远近，1 ～ 4 天即可到达。安全可靠，送货上门，寄达时间比前两种方式都要快，运费也是这三种方式中最贵的，比较适合顾客对于收到商品有较高的时间要求或国际商务包裹的派送。

EMS 业务在海关、航空等部门均享有优先处理权，它以高速度、高质量为用户传递国际、国内紧急信函、文件资料、金融票据、商品货样等各类文件资料和物品。

EMS 适用范围为中国大陆地区，按中国邮政 EMS 快递标准执行，即包裹重量在 500 克以内收 20 元，超过部分每递增 500 克按所在地区的不同收费标准而有所不同。

优点：时间快，可以上网查询，送货上门，安全有保障。

缺点：收费高，部分地区邮局人员派送物件前不先打电话联系收件人，有可能导致收件人不在指定地点，而耽误时间。

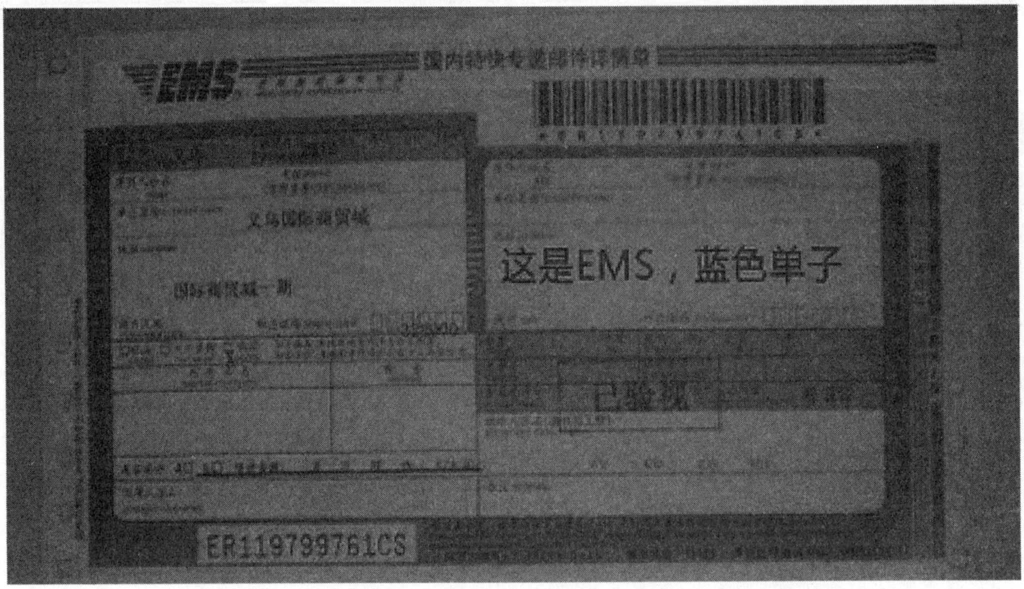

4．E 邮宝

“E 邮宝”是中国速递服务公司与支付宝最新打造的一款国内经济型速递业务，专为中国个人电子商务所设计，采用全程陆运模式，其价格较普通 EMS 有大幅度下降，大致为 EMS 的一半，但其享有的中转环境和服务与 EMS 几乎完全相同，而且一些空运中的禁运品将可能被“E 邮宝”所接受。“E 邮宝”的发货地目前已开通九大省市，送达区域覆盖全国。双方合作之后，目前在阿里巴巴和淘宝，以及外部千余家网店用户可轻松选用 EMS 标准服务（简称 E-EMS）和 E 邮宝作为物流形式。2009 年已经采用全程空运模式，液体，膏状物体等才采用陆运模式。

优点：便宜，到达国内所有地区，运输时间快，只比 EMS 慢 1 天左右，可以邮寄航空禁寄品，派送上门，网上下订单，有邮局工作人员上门取件。

缺点：部分地区还没有开通此项目。如果邮寄别的快递公司送不到的地区，强烈推荐使用 E 邮宝。

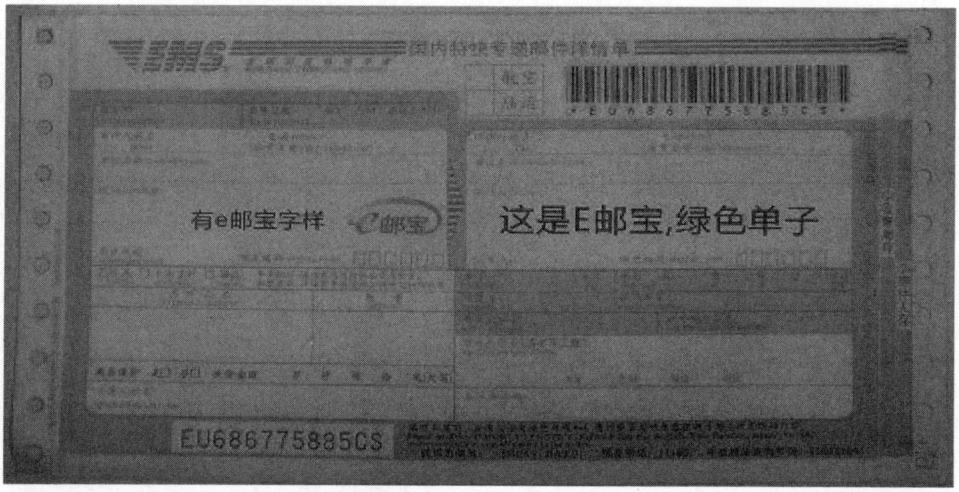

2.1.2 普通快递公司

在网上开店的卖家，大多都会与快递公司打交道，市场上主要的快递公司有顺丰快递、宅急送、圆通快递、申通快递、天天快递、中通快递等。

如何选择快递公司，下面有几项需要卖家考虑与注意的。

1. 安全度

无论选择什么运输方式，都要考虑安全方面的问题。因为不管是买方还是卖方，都希望通过一种很安全的运输方式把货品送到买家手上。如果安全性不能保障，那么一连串的问题都将困扰着你，所以在选择快递公司的时候，一定要选择一个安全性较高的公司进行合作。

2. 诚信度

选择诚信度高的快递公司，能够让你更有安全的保障，能让买卖双方都放心。选择快递公司的时候，首先可以在网上先看看网民的评价。

3. 价格

对于卖家来说，找到一家价格合适的快递公司也不容易。价格如果比较便宜，将省下一笔不小的开支，特别是新开店的卖家。但是不要一味地追求价格低廉，至少要在安全和诚信的基础上选择。如果前面两点都无法保障，那么仅仅价格便宜也是起不了作用的。

高手指引

快递公司与邮局对比的优势

普通快递公司可供选择的多达数十家，最常用的有顺丰、申通、圆通、中通、韵达、天天等。下面介绍一些快递公司和邮局对比的优势。

（1）上门取货随叫随到，而且比邮局下班晚。

（2）速度一般都与 EMS 差不多，甚至比 EMS 快。

（3）一般是 1kg 起步，而不是 EMS 的 500g。

（4）快递对于检查比较松，一般不需要检查。

（5）寄的次数越多就越能砍价。

（6）服务态度比邮局好，业务员和公司都能提供比较好的服务。

（7）快递单和包装不收费。

高手指引

发货时的注意事项

选择好快递公司，在发货时有两个方面需要注意，一是包裹丢失的问题，对于贵重物品，可以考虑保价。如果是长期合作的快递公司，则可考虑签订丢失照价赔偿的协议；二是对于液体商品，液体商品是不能空运的，在发货时，必须向快递员说明或者在快递单中注明。

2.1.3 托运公司

如果店主们要发出的商品数量比较多且偏重时，平邮或特快专递会非常贵，此时店主不妨考虑托运。在托运前将货物的包装和标记严格按照合同中有关条款、国际货协和议定书中的条项办理。

1. 汽车托运

买家如果离卖家不远，可以使用短途客车托运货物，但是这种客车一般会要求寄送方先付运费。店主一定要及时通知买家收货，并且在货物上写好电话和姓名。货物到了之后可能会再向收货方收 1 ～ 2 元的卸货费。一般的汽车托运不需要保价，当然，有条件最好还是保价，一般是 4‰的保价费。收货人的电话最好能写两个：一个是手机号码，一个是固定电话号码，确保买家能接到电话通知。

2. 铁路投运

铁路托运一般费用较低，速度也较快，但是只能送到火车到达的地方。火车站都有价格表。如果包装得好，他们一般不打开检查，现在一般还会贴上“小心轻放”的提示标签。如果是价格比较高的货物，一般需要拿传真件和身份证提货。

3. 物流公司

物流公司如德邦、华宇等，他们的发货方式是与其他托运站不太一样的，托运站一般是点对点的。但物流公司不同，他们可以转到一个城市中的几个货运点。速度很慢，中转次数很多，要求货物事先包装好，因为中转次数较多，避免造成破损。

2.2 一些常见的快递公司

由于地域限制，很多买家往往在本地找不到和心意的产品，而很多卖家却因为某些本地特产不能开拓销路而发愁，此时网络交易就发挥了其重要作用，交易双方在网络上进行面对面的交流，一笔交易的完成，最终的流程都是由卖方将货物通过第三方托运至买方处，在这里就体现了物流环节的重要性了。在这里快递公司是指目前国内市场上除了邮政之外的其他快递公司，他们也是运用自己的网络进行快递服务的。

2.2.1 国内常见的快递公司

全国有数千家快递公司在开展业务，国内快递公司主要有：韵达快递、中通快递、申通快递、圆通快递、顺丰快递、天天快递等。

1. 韵达快递

韵达是具有中国特色的物流及快递品牌，结合中国国情，用科技化和标准化的模式运营网络。也是一家具有国资背景的民营快递公司。已在全国拥有 3000 多个服务规范的服务站点，致力于不断向客户提供富有创新和满足客户不同需求的解决方案。

科技的投资和推进，以优化内部管理和客户服务，提高客户满意度；建立了多方位的、多层次的运送保障体系，提供比较适合客户需要的产品。如下图所示为其官方网站。

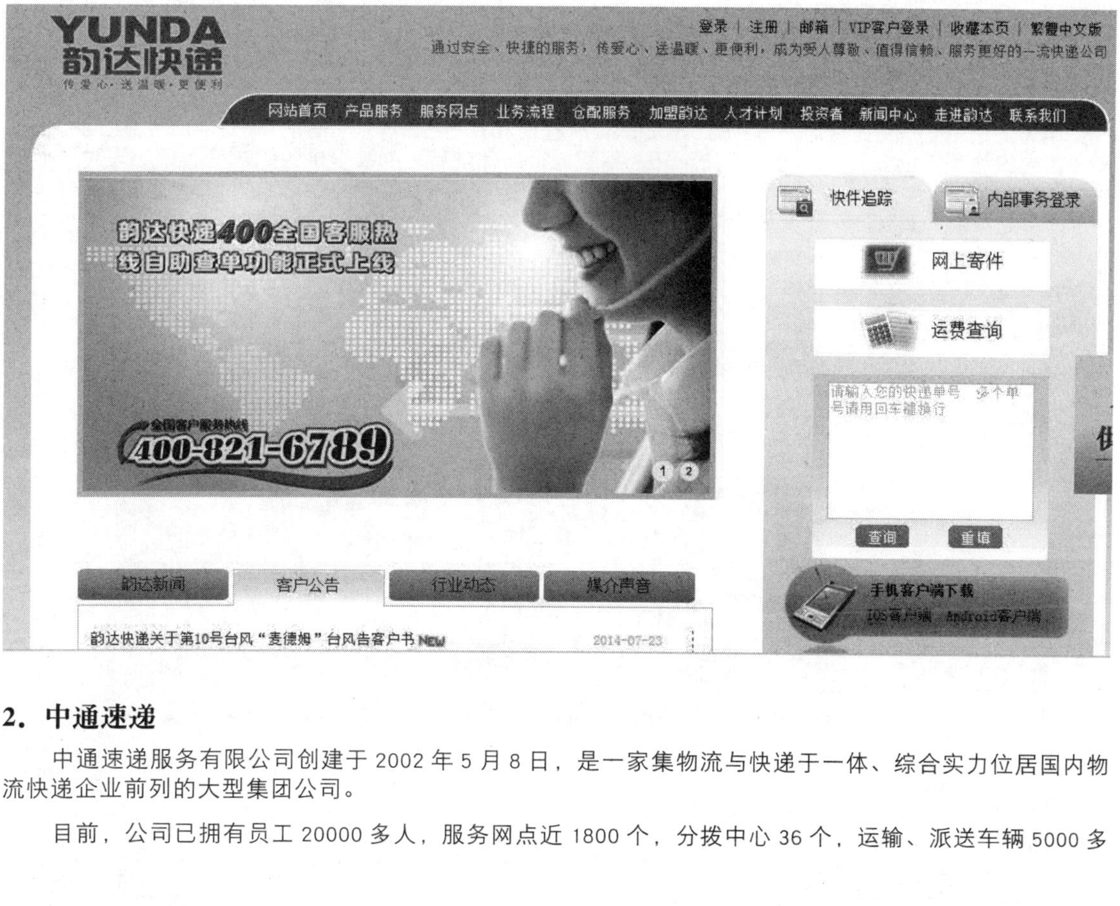

2. 中通速递

中通速递服务有限公司创建于 2002 年 5 月 8 日，是一家集物流与快递于一体、综合实力位居国内物流快递企业前列的大型集团公司。

目前，公司已拥有员工 20000 多人，服务网点近 1800 个，分拨中心 36 个，运输、派送车辆 5000 多辆。公司的服务项目有国内快递、国际快递、物流配送与仓储等，提供“门到门”服务和限时（当天件、次晨达、次日达等）服务。同时，开展了电子商务配送、代收货款、签单返回、到付和代取件等增值业务。如下图所示为其官方网站。

3．申通快递

申通快递品牌创建于 1993 年，是国内最早经营快递业务的品牌之一，经过十多年的发展，申通快递在全国范围内形成了完善、流畅的自营速递网络，基本覆盖到全国地市级以上城市和发达地区县级以上城市，尤其是在江浙沪地区，基本实现了派送无盲区。申通快递在全国各省市有 600 多个一级加盟商（包括西藏拉萨等偏远地区）和 2000 多个二级加盟商、4000 多个门店，50 多个分拨中心，全国网络共有从业人员 40000 多名，上万辆干线和支线网络车，日均业务量近百万单，年营业额超过 40 亿元，成为国内快递网络最完整、规模最大的民营快递体系。

申通快递主要提供跨区域快递业务，市场占有率超过 10%，使公司成为国内快递行业的龙头企业之一。随着国内快递需求的多样化，公司紧贴市场，不断进行产品创新，继续提供传统快递服务的同时，也在积极开拓新兴业务，包括电子商务物流配送服务、第三方物流和仓储服务、代收货款业务、贵重物品通道服务等，目前已经成为国内最重要的电子商务物流供应商。如下图所示为其官方网站。

4．圆通快递

上海圆通速递有限公司成立于 2000 年 5 月 28 日，是国内大型民营快递品牌企业。公司立足国内，面向国际，致力于开拓和发展国际、国内快递、物流市场。公司主营包裹快递业务，形成了包括同城当天件、区域当天件、跨省时效件和航空次晨达、航空次日下午达和到付、代收货款、签单返还等多种增值服务产品。公司的服务涵盖仓储、配送及特种运输等一系列的专业速递服务，并为客户量身定制速递方案，提供个性化、一站式的服务。如下图所示为其官方网站。

5. 天天快递

天天快递创建于 1994 年 10 月，是国内著名快递企业，公司品牌被誉为“中国驰名商标”。2010 年 5 月 10 日，海航集团北方总部与詹氏兄弟签约重组天天快递，正式组建海航天天快递有限公司。

天天快递目前拥有北京、上海、南京、杭州、东莞、武汉 6 个全资子公司，200 余家加盟企业，20 多个集散中心，2000 多个网点，网络遍布国内 1200 多个城市，形成了以长江三角洲、珠江三角洲、环渤海地区为重点的快递网络布局。目前全国从业人员 20000 多人，拥有各种快件提送车辆 6000 多辆，主干线班车运输线路近 400 条，国内航空快件业务全线实行直达。公司目前拥有客户 250000 余家，其中世界 500 强 100 多家，客户群体遍及电子产品、医药产业、高科技 IT 产业、货代企业、贸易公司、电子商务、进出口制造等多个领域。如下图所示为其官方网站。

6．顺丰快递

顺丰速运，于 1993 年 3 月 27 日在广东顺德成立。初期的业务为顺德与香港之间的即日速递业务，随着客户需求的增加，顺丰的服务网络延伸至中山、番禺、江门和佛山等地。在 1996 年，随着客户数量的不断增长和国内经济的蓬勃发展，顺丰将网点进一步扩大到广东省以外的城市。至 2006 年初，顺丰的速递服务网络已经覆盖国内 20 多个省及直辖市，101 个地级市，包括中国香港地区，成为中国速递行业中民族品牌的佼佼者之一。如下图所示为其官方网站。

2.2.2 不同物流的发货方式也不同

各物流企业采用不同的物流方式，其发货手续与流程也是不同的，下面分别介绍平邮（普通包裹）、EMS，以及快递公司的发货流程，卖家在发货时可作为参考。

1．平邮发货

采用平邮方式发货，买家需要自己到邮局办理，首先需要购买并填写邮寄单，约 0.5 元每张，然后填写发货信息，如果商品没有打包，还可以在邮局购买包装箱并由工作人员代为打包，但需要支付包装与打包费用；如果自己已经包装好，那么这个费用就省了。

邮费方面，目前部分地区可以直接贴邮票，而部分地区会直接收取邮寄费用，卖家可向当地邮局咨询。如果经常采用平邮方式发货，那么我们可以购买一些邮寄单，这样以后发货时，就可以直接填写并贴到商品包装上了。

2．EMS 发货

采用 EMS 发货时，卖家可以拨打邮政服务电话 11185 联系上门取件，注意部分偏远地区或者城郊，EMS 是不会上门取件的，之后需要填写发货单，EMS 发货单的费用大约是 1.5 ～ 2 元每张，我们同样可以多购买一些以方便日后发货。

EMS 采用航空邮递，一般省内 24 小时到达，省外 48 小时达到，全国范围内最多 72 小时达到。另外，EMS 除了重量外，还会根据运输里程来计算费用，对于不是很重、运输里程不是很远的货物，可以采用 EMS 发货。

E 邮宝的发货方式与 EMS 大致相同，不过 E 邮宝采用陆运方式，价格低于 EMS 但运输时间较长，在资费出入不大的情况下，建议选择快递公司。

3．快递公司

目前快递公司的运输网络也非常完善，而且服务态度更好，是网上交易首选的物流方式，除以下两种情况外，一般建议采用快递公司发货。

贵重类商品：对于较为贵重的商品，为了避免运输过程中损坏或丢失的情况，建议选择 EMS，一是 EMS 运输安全系数较高；二是即使出现运输问题，解决起来也较为方便。

快递公司无法到达的地区：一些小城市、乡镇或者偏远地区，可能快递公司无法达到，此时就必须选择邮政来发货了。

2.3 节省快递邮费的方法

选择快递公司发货，是目前多数网店卖家主要采用的物流方式。对于卖家而言，尤其是生意较好的卖家，每个月在运费上的开销也是非常多的，因而卖家有必要考虑如何有效降低快递运费，从而降低网店开支。

2.3.1 选择快递公司

因为如果是一些不负责的小公司，那么我们的商品在运输途中或在买家发起物流投诉时会显得很被动。选择的原则大致包括以下几方面。

1. 看评价

选择快递公司的时候，首先可以在网上先看看其他网友的评价，这会对选择有基本的帮助。网上有各种各样的针对快递服务的调查，如易递网（http://www.exdak.com/）就提供了一个国内快递公司动态评价板块，用户可以在这里查看有没有比较可信的、安全的，并且离自己比较近的快递公司，然后进行筛选。

> **高手指引**
>
> **认准评价**
>
> 国内类似易递网的快递服务网站有很多，它们不但提供了各家快递公司的信誉评价，还提供了快递公司查找、快递服务价格查询、发件地址动态跟踪等功能，大家可以根据自己的需要来选择合适自己的服务。

2. 看规模

在查看快递公司信誉的时候，大家应该选择至少两家以上的快递物流公司来进行比较，看其在全国的网点覆盖率如何，因为这直接影响到我们的营业范围。而如果是同城则建议找一些本地的快递公司，优点就是同城速度极快，而且有很大议价空间。

3. 看特点

依照快递公司的特性来选择快递，例如申通快递走江浙沪效率很好，那如果自己的商品都是发到那个范围就可以考虑。DHL 则有“限时特派”这样的紧急快递业务；中国邮政 EMS 则具有最大的地域送达优势。

2.3.2 多联系几家快递公司

不同快递公司的资费标准各不相同，一般来说，收费越高的快递公司，货物运输速度也就越快。很多卖家在选择快递公司发货时，往往习惯选择一个快递公司，这样不但无法了解到其他快递公司价格，并进行参照与对比，而且由于所选快递不存在竞争，在运费上也不会让步太多。

我们在发货时，可以同时联系多家快递业务员上门取件，故意让快递业务员知道存在竞争，有些情况下，快递业务员之间的价格竞争，最终受益的就是发货人。

2.3.3 快递公司议价技巧

目前，基本所有的快递公司都可以灵活议价，不过要想成功降低快递费用，我们还需要了解与快递公司的一些议价技巧，下面介绍常用的一些议价方法，卖家可根据实际情况作为参考。

- 直接找快递业务员议价，而不要找快递公司客服或前台人员议价。
- 在议价过程中，适当夸张自己的发货量，因为如果发货量较大，业务员为了稳定业务，一般会在价格上有一定的让步。
- 用其他快递公司价格对比，在议价时可以与业务员谈及其他快递公司要低多少，即使是虚构的，也要表现出很真实的样子，一般还是可以讲下一定价格的。
- 掌握议价幅度，如同日常购物砍价，假如 15 元的快递费用，我们想讲到 12 元，那么要与业务员先砍到 10 元，这样即使不同意，但最终可能就以 12 元的折中价成交。

2.3.4 降低物流成本

如何省邮费，一直是众多卖家关心的问题。节约下来的是成本，省出来的就是利润。现在就来教大家如何省邮费，降低物流成本。希望对大家有所帮助，特别是刚刚起步的新手卖家们。

中国邮政绿色的国内普通包裹单，邮局价格为 0.5 元 / 张，而如果通过淘宝网购买则只需要 0.20 元 / 张，节约成本高达 60%，这对于网店规模大每天都有商品售出的卖家来说，可以节省一笔可观的费用。

普通包裹的邮费并不算贵，主要还是贵在包装箱上，最便宜的也要 2 元。建议用布袋，或在专卖纸箱公司购买邮局允许的纸箱。一般网上购买 12 号箱子只要 0.6 元。

现在的很多快递公司都有 EMS 代理业务，快递公司和中国邮政 EMS 谈下的合作价，快递公司一般拿到的是 5 折，代发价一般是 7～8 折，而且不收单据费，建议大家使用。最主要的是省时省心，不用自己跑邮局。

高手指引

选邮寄的必知项

1. 准备好纸箱。邮局的纸箱价格有点贵，使用自己的盒子包装商品也是可以的，鞋盒就是很好的包装箱。必要时要根据商品的大小适当地改改盒子的大小，动动剪刀而已。如果不想自己制作，还可在网上买，网上的就便宜很多，节省很多费用；也可以选择到超市收购，而且也很结实。
2. 准备好箱内的填充物。如果邮寄的东西没有占满纸箱或者防止不当操作对商品造成损坏，要对商品进行保护处理，否则到了邮局，邮局又要让你买包装材料了。
3. 准备好打折邮票，这是省钱的好方法。邮票在网上可以买到，在当地的邮品市场有时候也能买到。一般都是 7 折以下，买的时候要注意各种面值搭配，还要有 1 角面值的用来补零。

一些快递公司，在不同时期的价格可能会有所调整，如春节前、后等，有时候为了推广，快递公司还会与当地的一些论坛或者网站合作来推广各种优惠，如某快递公司曾推出过 300 元包 100 件的服务，这样算来下只要 3 元一件，非常划算。广大卖家在上网的同时，可以利用空闲时间多看看快递公司网站，或者当地知名度较高的交易网站或论坛，一旦有优惠活动就能第一时间掌握。

2.4 商品的包装

包装是网购商品的重要组成部分，它不仅在运输过程中起到保护的作用，而且直接关系到商品的综合品质。包装最主要的功能是保护商品，其次还有美化商品和传达信息的作用，所以包装材料的选择尤其重要。

2.4.1 商品包装的一般原则

作为一个成功的卖家，衡量的指标之一就是体现在包装细节上。当你和别的卖家产品同质量时，包装是否具有鲜明的特色就是取得成功的关键。在包装产品上要注意两点——完整性和美观性。

1．包装的完整性

所谓"完整性"就是产品经过包装，能够在送至顾客手中时，与你在产品描述中的一样，如产品的重量、规格、颜色、质量等。这就要求我们在包装时注意包装盒是否结实，因为产品通常需要经过长途运输后才能到达顾客的手中，如下图所示的较为结实的包装盒。

2．包装的美观性

如果我们随便用报纸包装产品，当买家拿到货品时，也可能因心理感受造成负面的评价。除了商品本身的完整性之外，包装精巧的商品必然能博得顾客的喜爱，如下图所示的较为美观的包装盒。

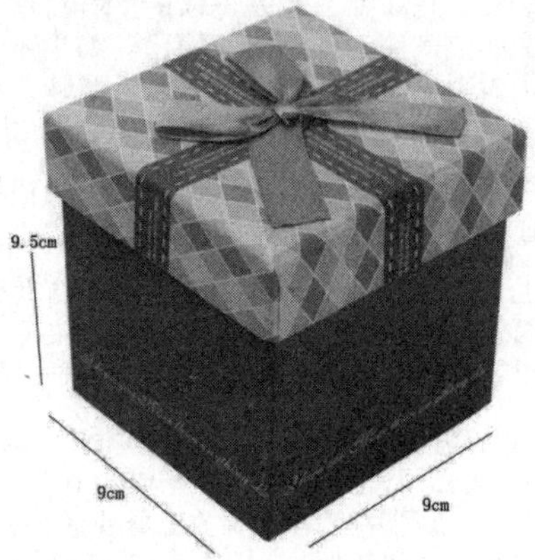

2.4.2 商品常用的包装方法

当买家拿到商品时最先看到的是包装，所以要给买家留一个非常好的印象，减少他们挑毛病的机会。美观大方、细致入微的包装不但能够保护商品安全到达，而且能够赢得买家的信任。下面介绍一下常见的商品包装方法。

1．礼品饰品类

礼品饰品类商品一定要用包装盒、包装袋或纸箱来包装。可以去当地的包装盒、包装袋批发市场看看，也可以在网上批发。使用纸箱包装时一定要有填充物，这样才能把礼品固定在纸箱中。还可以附上一些祝福形式的小卡片，有时还可以写一些关于此饰品的说明与传说，让一个小小的饰品显得更有故事和内涵。如左下图所示的礼品包装盒。

2．衣服、床上用品等纺织类

如果是衣服、床上用品类商品，就可以用纸盒、布袋来装，用布袋包装服装时，白色棉布或其他干净、整洁的布最好。淘宝上有专卖布袋的店，大小不同，价格也不同，如果家里有废弃的布料，也可以自己制作布袋。在包装的时候，一定要在布袋里再包一层塑料袋，因为布袋容易进水和损坏，容易弄脏了商品。也可以使用快递专用加厚塑料袋，这个可以在网上买，价格不贵，普通大小的一个 0.3 ～ 0.7 元，特点是防水、防辐射，用来邮寄纺织品确实是个不错的选择，经济实惠，方便安全。如右下图所示的布袋、塑料袋。

3. 电子产品类

电子产品在各行各业中算得上是上等产品，这么精密的产品，包装也要很讲究，通常是用纸箱、托盘。在货物比较轻的情况下可以用纸箱，但纸箱的质量一定要好。包装时一定要用泡膜包裹结实，并在外面多套几层纸箱或包装盒，多放填充物。而买家收到商品后，一般会当面检查确定完好再签收。因为电子类产品的价格一般比较高，如果出现差错也是比较麻烦的事。如下图所示为电子类产品采用的填充物及包装纸箱。

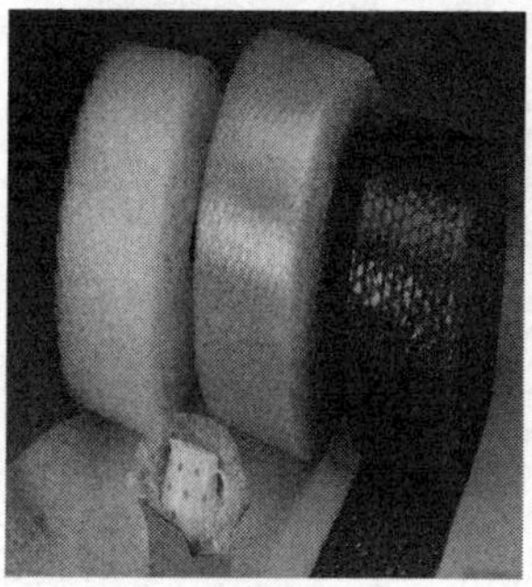
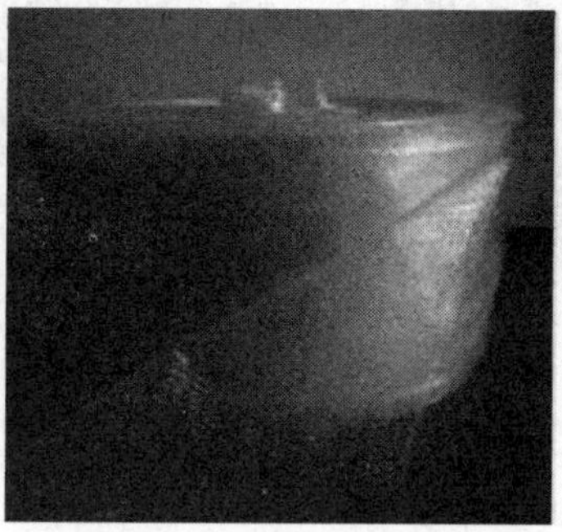

4. 易碎品的包装

易碎品的包装一直是一个难题，特别是易碎品的运输包装。这一类产品包括玻璃饰品、CD、茶具等。通常要求易碎品外包装应具有一定的抗压强度和抗戳穿强度，可以保护易碎品在正常的运输条件下完好无损。

对于这类产品，包装时要多用些报纸、泡沫塑料或者泡绵、泡沫网，这些东西重量轻，而且可以缓和撞击，如左下图所示的充气塑料袋。另外，一般易碎怕压的东西四周都应用填充物充满空隙。

如果有碎物品标签就贴上，箱子四周写上碎物品勿压、勿摔，提醒在装卸货过程中避免损坏。如右下图所示为易碎物品标签。

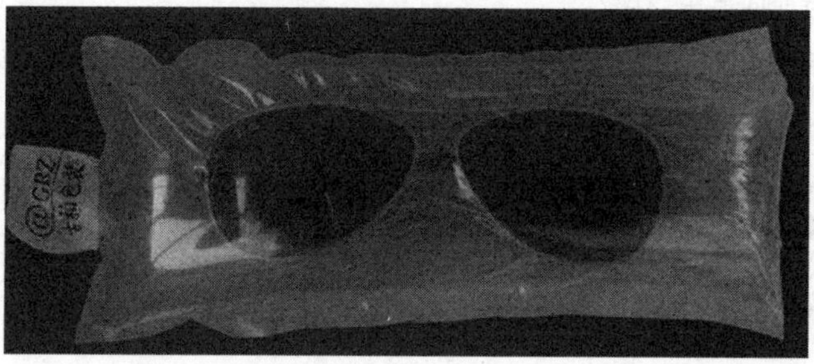

5. 书刊类

书刊类商品的具体包装过程可以这样进行。

（1）书用塑料袋套好，以免理货或包装的时候弄脏，也能起到防潮的作用。

（2）用报纸中夹带的铜版纸做第二层包装，以避免书籍在运输过程中被损坏。

（3）外层用牛皮纸、胶带进行包装，如下页左上图所示。

（4）如打算用印刷品方式邮寄，用胶带封好边与角后，要在包装上留出贴邮票、盖章的空间；如打算用包裹邮寄方式则要用胶带全部封好，不留一丝缝隙。

6. 数码产品

这类产品需要多层“严密保护”。包装时一定要用胶布包裹结实，如下页右上图所示。并在外面多套几层纸箱或包装盒，多放填充物。

7. 食品

易碎食品、罐装食物宜用纸盒或纸箱包装，让买家看着放心，吃着也放心。在邮寄食品之前一定要确认买家的具体位置、联系方式，了解运送到达所需的时间。因为食品有保质期，而且还与温度和包装等因素有关，为防止食品运送时间过长导致变质，所以一般来说，发送食品最好使用快递。

8. 香水等液体产品

香水、化妆品大部分是霜状、乳状、液体状，多为玻璃瓶包装，因为玻璃的稳定性比塑料好，化妆品不易变质。但这一类货物也一直是查得最严的，所以除了包装结实，确保不易破碎外，防止渗漏也是很重要的。最好是先找一些棉花来把瓶口处包严，用胶带扎紧，用泡膜将瓶子的全身包起来，防止洒漏。最后再包一层塑料袋，即使漏出来也会被棉花都吸住并有塑料袋作为最后的保障，不会漏出污染到别人的包裹。

9. 钢琴、陶瓷、工艺品

钢琴、陶瓷、工艺品等偏重或贵重的物品采用木箱包装。美国、加拿大、澳大利亚、新西兰等国，对未经过加工的原木包装有严格的规定，必须在原出口国进行熏蒸，并出示承认的熏蒸证，进口国方可接受货物进口。否则，罚款或将货物退回原出口国。

按上述的方法，针对不同的商品，采用不同的包装方法，这样既能保证商品在包装运输途中的安全，也能尽量减少在商品包装中的支出。

2.4.3 如何使包装更有吸引力

所有的买家都希望收到一个完好无缺的商品，那么卖家该如何利用商品包装来吸引买家呢？下面介绍几点建议。

1. 发送店铺名片卡

在发送商品的时候，可以在内包装里塞上几张名片，名片中要印上自己的网店名、掌柜名、电话，以及 QQ 等联系方式。一般来说，买家如果觉得你的商品不错，都会留下你的名片以便下回购买，或是将把你的名片发给其他需要此类商品的好友，这样一来你也就多了许多隐性顾客。

2. 赠送小礼品

许多买家都希望得到一些小赠品，即使这些东西对他们来说没有多大作用，但是收到的时候仍然会很高兴，所以卖家在采购商品的时候，记得多留意一些小物件，例如，头饰或者小发卡之类，价格越便宜越好，但是质量不能太差。一个质量好的赠品可以起到画龙点睛的作用，但是如果买家收到的是一个粗制滥造的商品，那么对卖家的好印象也会大打折扣。此外还要注意控制赠品的成本。

3. 赠送问候卡

现代社会通信发达，人们的沟通方式已经从过去的信件、电话扩展到短信、电子邮件、视频等。很多人已经好多年没有收到过信件了。所以，在邮寄商品的同时，附送一张温馨的贺卡，必定会唤起很多人熟悉的感觉，增加顾客对卖家的好感。

4. 不要擅自带有价格标签

不要自作主张，把商品的价格标签放入包装箱内。因为有些买家购买商品是用来送礼的，而他们一般是不愿意让朋友知道这件礼物的价格是多少、是在哪里买的。

5. 商品包装要干净整洁

无论你用什么包装寄东西，都应把盒子弄得干干净净，破破烂烂的包装会让人怀疑里面的东西是不是已经压坏了，甚至怀疑产品的质量问题。所以包裹一定要干净整洁，在不超重的前提下尽量用硬壳包装。

6. 热卖产品介绍

不是每个买家都会十分耐心地看卖家店里的所有商品，所以在快递商品时，可以送上一份店铺的产品介绍。可以是店铺里最热销的商品或新上架的商品，整理一个小小的推荐表即可。

2.5 跟踪商品运输进度

通过任意一种物流发货后，都会留下一份发货单，在买家收到货物并确认之前，我们必须将发货单保存好，以便于处理发货后期出现的纠纷。而且一般发货后，买家都会关心发货进度，我们就可以通过发货单号来跟踪货物的运输进度并告知买家。

2.5.1 在线跟踪 EMS 运输进度

采用 EMS 发货后，通过货单号即可在线跟踪商品的运输进度，EMS 的货单号一般为 13 位数字与字母组合的形式，通常最前面与最后面 2 位为字母，中间为数字，如 Ek369684521CN。

1．EMS 货单的填写

下图为 EMS 货单的填写示意图，下方的数字即为货单号，一般位于发货单的底部。

2．EMS 快递的查询

邮政 EMS 快递查询的网址为 http://www.ems.com.cn，我们只要进入到该网站，通过货单号即可查询商品运输进度，具体操作方法如下。

第 1 步：打开浏览器，在地址栏中输入邮政 EMS 网址，打开 EMS 查询站点；输入货单号和验证码；单击“查询”按钮，如下图所示。

第 2 步：在打开的页面中即可显示当前快递到达的运输环节，如下图所示。当运输环节显示为已经签收后，就表示商品已送到。

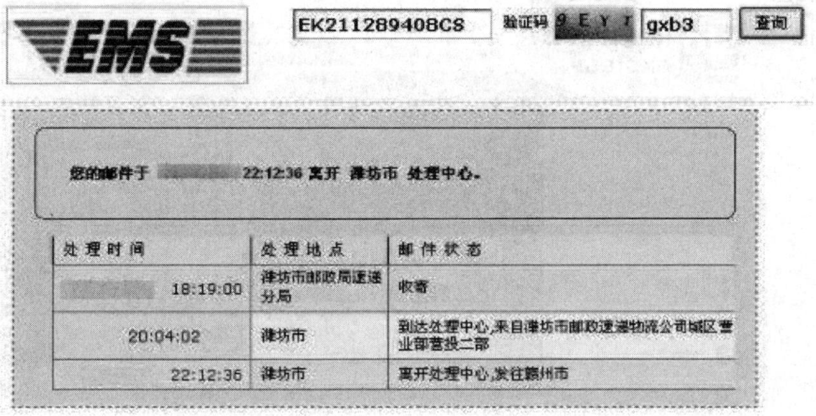

2.5.2 在线跟踪快递公司运输进度

目前基本所有的物流公司都提供了在线跟踪运输进度的服务，当我们通过快递公司发货后，也可以登录到相应快递公司的网站，跟踪货物运输进度。

1．快递单号

通过快递公司发货后，同样可以从发货单中获取货单号，不同快递公司单号的位置可能略不同，但一般都位于快递单顶部的条码位置或快递单底部，如下图所示为申通快递单，单号一般为 12 位数字和字母的组合形式。

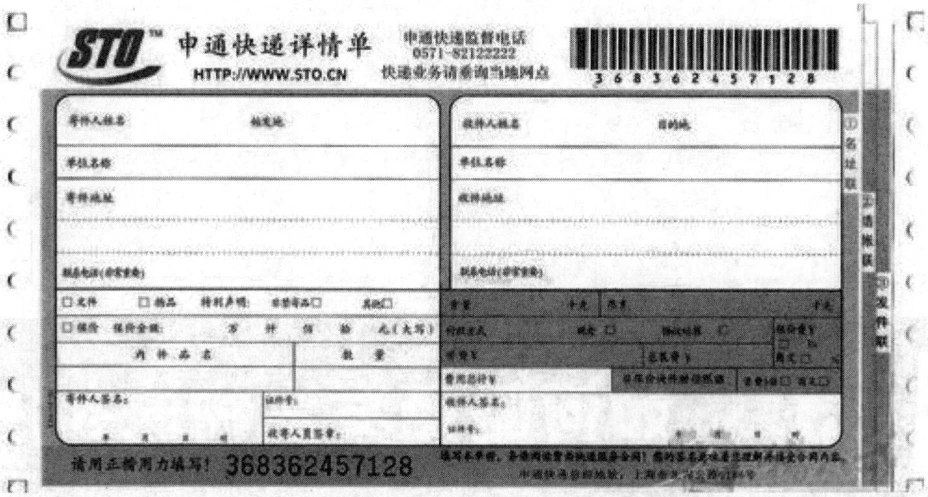

2．在线跟踪快递

登录到对应的网站中使用货单号即可跟踪运输进度，例如，在线跟踪申通快递，具体操作方法如下。

第 1 步：在浏览器中输入申通快递网址 www.sto.cn，进入到申通快递网站；在页面左侧的“查询”框中输入快递单号；单击下方的“查询”按钮，如下页上图所示。

第 2 步：在打开的页面中即可显示当前快递到达的运输环节，如下图所示。

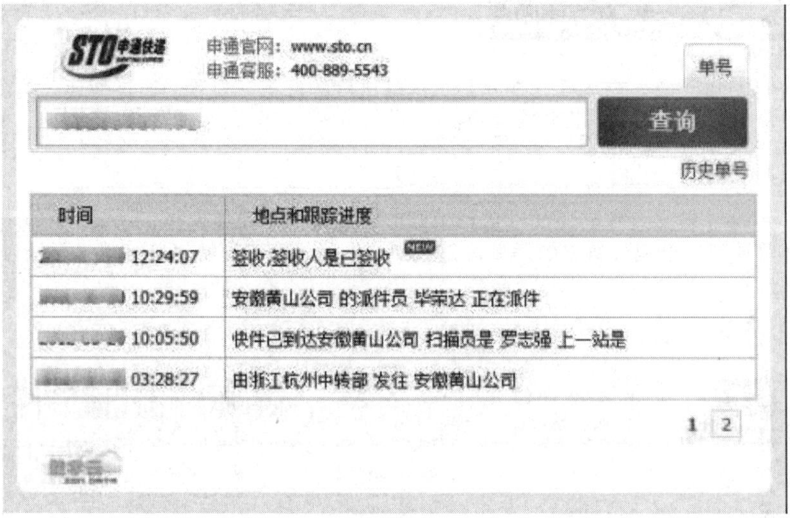

2.6 如何避免发生物流纠纷

作为新手卖家，除了保证商品质量外，拼的就是服务和价格。无论售前还是售后，卖家都应该能够做到对买家热情相待，但也不能保证将货品交给快递公司后会有什么事情发生，能做的就只有尽量避免。

2.6.1 运输过程中的货物损坏

通常来说，如果快递公司在运输过程中损坏商品，那么买家是无论如何也不会签收的，因为一旦买家签收，就意味着快递公司已经完成本次运输，不再负担任何责任，因此对于易碎类商品，卖家在销售前有必要告知买家“货品损坏拒绝签收”。如果一旦在运输过程中商品发生损坏，那么就可以与快递公司协商赔偿的问题。

视不同情况，与快递公司协商赔偿是一件非常费时费力的事情，如果发货方没有对商品进行保价，那么最终争取到的赔付金额也不会太多，对于没有保价的商品，赔付是根据运费的倍数来计算的，而这个赔偿数额可能远远低于商品价值。由于快递公司损坏货物的几率非常低，因而多数卖家在发货时，一般都没必要对商品保价，而一旦出现货物损坏情况，也只能尽力与快递公司周旋，争取到尽可能多的赔付金额。

另外，物流公司对运输过程中的商品损坏是不予赔偿的，如玻璃制品等，此时卖家在发货时就需要对一些易碎商品加固包装，在最大程度上防止运输过程中出现商品损坏的情况。

2.6.2 运输过程中的货物丢失

运输过程中丢失货物的情况也比较少见，一旦丢失货物，那么买家也就无法收到货物了，此时卖家一方面需要与快递公司协商解决；另一方面需要为买家补货或者以其他方式处理。

货物丢失的赔偿，也根据是否保价而决定，如果没有保价，那么快递公司的赔偿方法有两种，一种是按照运费倍率赔偿；另一种是根据商品来酌情赔偿。但是最终不论采取哪种赔偿方式，可能也不足抵付商品的价值，而且快递公司的赔付流程相当繁琐，也会消耗卖家的更多精力。一般来说，如果本身商品价值不太高，不值得花费太多精力用于赔付时，只要快递公司能给一个合理的赔付就可以考虑解决；但如果商品价值较高，而且快递公司赔付太低，就可以考虑通过法律等手段来解决。

总之，为了避免商品在运输过程中出现不可预料的情况，卖家在选择快递公司时，应该选择规模较大，口碑较好的快递公司，而不能为了低价选择小快递公司来发货，否则一旦出现损坏或丢失等情况，就因小失大了。

2.6.3 物流纠纷解决办法

物流纠纷大家都会遇到，那么物流出现问题后，怎样才能得到一个双方都满意的解决方案呢？

首先要注意心态，经常发货出现问题在所难免，要有这个心理准备。出现问题也没什么大不了的，解决问题就是了。好多卖家不能以一个平和的心态来对待问题，买家跟卖家是平等的，同样卖家跟物流也是平等的，不能总认为物流公司是自己花钱请的贷运服务，用这样的态度来解决问题就不会有什么好结果。

其次，注意买家方面。一般买家都会问几天能收到货，现在的快递基本上全国范围内 2 ～ 4 天到货，偏远一点的要 4 ～ 5 天，同城的是今天发明天到。可以这样回答买家：一般是 3 ～ 5 个工作日收到，因为快递周末派件都不是很积极的，给自己留下最大的余地，不要把自己逼得一点点意外的时间都没有，那就太被动了。要知道快递晚点的可能性是很大的，时间说长点，一是给买家一个心理准备；二是如果晚到自己也不至于太被动；三要是如果提前到买家会很高兴。

再次，注意物流方面，跟物流方面谈好出现问题后怎么解决，遵循平等合作和谐的原则。晚到的情况怎么解决，磕碰碎裂的情况怎么解决，态度不好怎么解决，都达成文字协议更好，这样出现问题都按协议来办理。

让合作的业务员帮忙，因为业务员比较熟悉公司的具体运作，而且他们的公司到底哪个方面出问题，他们也比较容易知道内情，方便追回货物。

建议向买家提供两种以上的解决方案（退款或重寄等）供其选择，这样可以有效改善买家的感受并提高解决问题的效率。

高手指引

买家在签收时应该注意什么呢？

目前淘宝的新买家太多，也有很多没有签收验货的经验，在收货后造成很多纠纷，买家签收时需注意如下事项。

1. 确定自己提供的收货地址本人能够亲自签收货物，注意单位地址与家庭住址要区分开。
2. 确认自己提供的收货地址是否会有保安 / 门卫 / 前台签收。
3. 代别人签收快递：签收时首先注意货物外包装是否有破损 / 重复包装痕迹，然后再核对内件货物。在对快递包裹有怀疑时，送件快递员又不愿意配合的情况下，可拒收。
4. 本人签收快递：签收时同样先注意外部包装完整情况，然后签名前可以向送件员要求验货，发现货物有问题直接拒收。
5. 所有快递公司的免费派送次数是两次正常派送，对于所有送一次就拒绝派送的快递包裹完全可以投诉。

本章小结

本章先系统地介绍了为商品选择合适的物流，以及一些常见的快递公司，其次深入介绍商品的包装和如何节省快递公司邮费的方法，最后对快件的进度查询做了介绍。卖家在通过学习本章内容后，不仅能够掌握如何选择物流公司及如何包装商品外，还能选择最优快递和省钱的方法等，使自己的发货环节更加简单、省心。

3

入住淘宝网——轻松当上店铺掌柜

做好前期工作之后，我们就可以在淘宝网中申请开店例了。店铺开张后，将自己的商品图片发布到店铺中，一个基础网店就算开张了。在开店过程中，需要申请相关联的账号，并开通相关账号认证，在本章中将为大家详细讲解其中的方法和注意事项。

通过本章内容的学习，读者能够学习到网上开店所需要的账号申请及认证开店方法。学习后需要掌握的相关技能、知识如下。

※ 申请免费的邮箱
※ 注册为淘宝网会员
※ 正式开设自己的淘宝网店
※ 管理淘宝网店铺
※ 进行实名认证让交易更安全
※ 管理支付宝及支付宝数字证书
※ 网上银行的一般办理流程

3.1 注册为淘宝网会员

注册淘宝网会员时，用户需要通过手机或邮箱进行注册，由于电子邮箱更便于接收来自淘宝的各种信息，因此推荐使用邮箱注册淘宝账户。

3.1.1 选择适合的邮箱

电子邮件一般被称为 E-mail，是一种用电子手段提供信息交换的通信方式。用户可以在几秒钟之内，发送文字、图像、音视频等内容到世界上任何一个邮箱。

而免费邮箱则可以为任何人免费提供这种电子邮件传输服务。当然，作为交换，在服务商提供的邮箱页面中，一般会显示一些广告，如下图所示。

目前提供免费邮箱服务的网站很多，如网易邮箱、新浪邮箱、QQ 邮箱、雅虎邮箱等。对于邮箱的优劣，相信不同的用户都有自己不同的答案，而对于普通用户而言，选择使用人数最多的、人气最高的邮箱无疑是很好的选择。

现在有 76.3% 的用户选择使用免费邮箱，例如，申请 126 免费邮箱，具体操作步骤如下。

第 1 步：启动 IE 浏览器，在地址栏中输入 http://www.126.com/ 网址，进入 126 邮箱主页面注册首页，①单击“注册”链接，如下左图所示。

第 2 步：在申请的邮箱页面，②单击选择注册字母邮箱；③输入用户名、密码、验证码；④勾选“同意‘服务条款’和‘隐私权相关政策’”复选框；⑤单击“立即注册”按钮，如下右图所示。

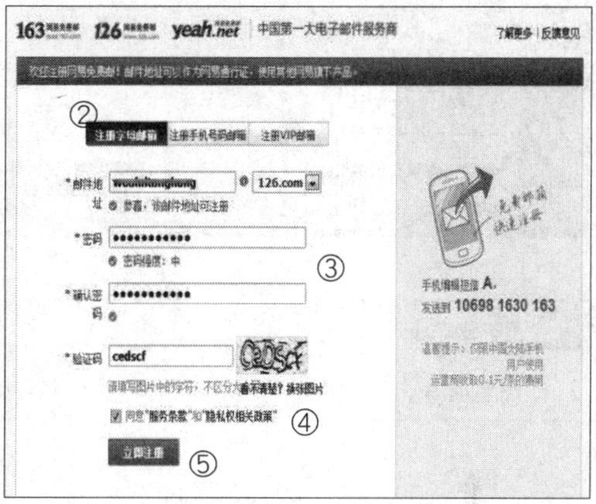

第 3 步：①输入注册验证码；②单击“提交”按钮，如下图所示。

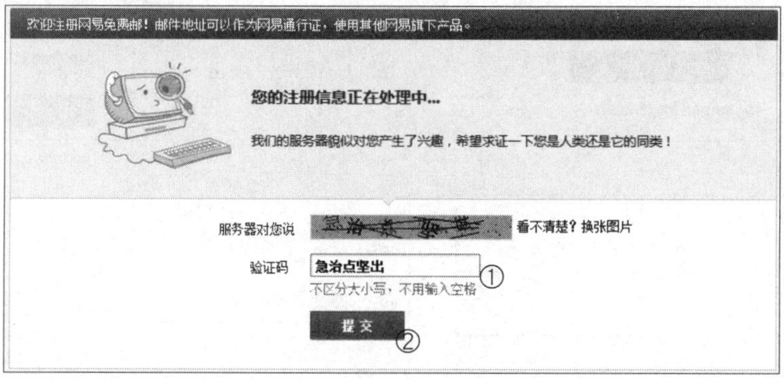

第 3 步：稍等片刻，网站自动进行邮箱的注册，完成后会弹出提示注册成功页面，让用户牢记自己设置的邮箱信息。

3.1.2 注册自己的淘宝账号

我们要在淘宝网上开店，当然需要先注册成为淘宝会员，然后再以注册会员身份登录后才能申请开店。注册淘宝会员，具体操作方法如下。

第 1 步：启动浏览器，在地址栏中输入 http://www.taobao.com/，打开淘宝网首页，①单击“免费注册”按钮，如下页左上图所示。

第 2 步：进入淘宝网账户注册界面，可以使用手机号码注册，在“手机号码”文本框中输入你的手机号码，单击“提交”按钮。也可以使用邮箱注册，②单击“使用邮箱注册”链接。如下页右上图所示。

第 3 步：①输入电子邮箱地址及验证码；②单击“下一步”按钮，如下页左中图所示。

第 4 步：③输入手机号码；④单击“免费获取校验码”按钮，如下页右中图所示。

第 5 步：淘宝网即可发送短信到所输入号码的手机上一个 6 位数的校验码，①输入短信中的校验码；②单击“下一步”按钮，如下页左下图所示。

第 6 步：提示验证邮件已发送到邮箱，③单击“立即查收邮件”按钮，如下页右下图所示。

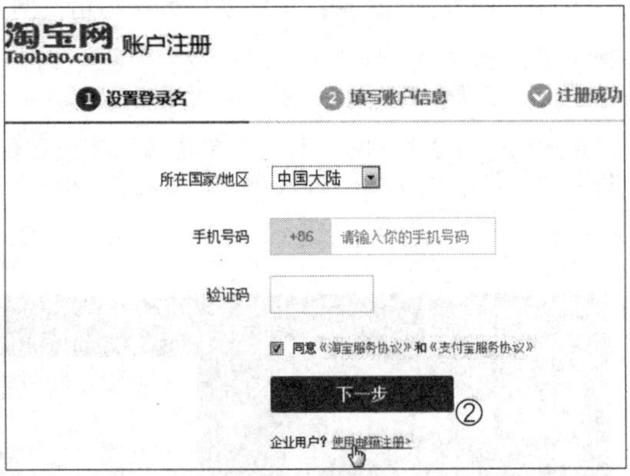

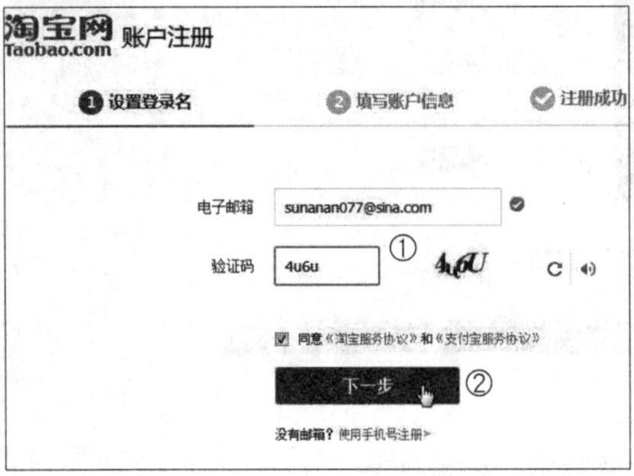

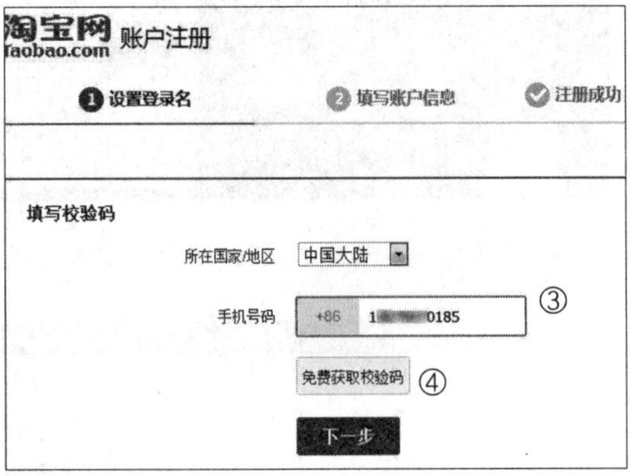

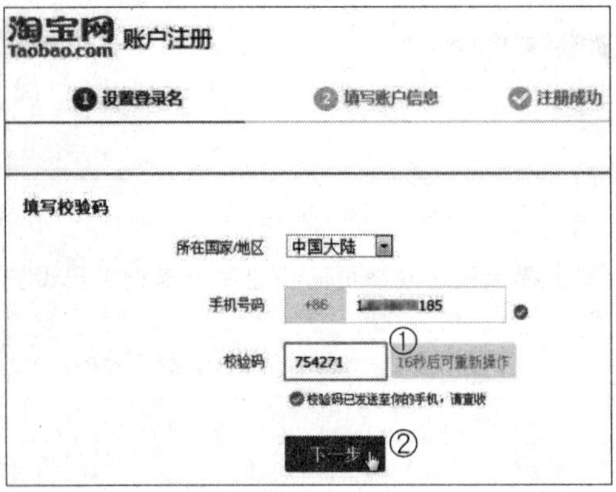

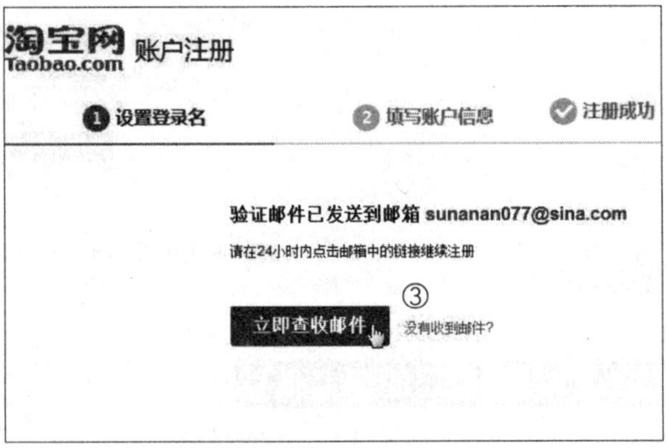

第 7 步：进入邮箱登录页面，①输入邮箱地址及登录密码；②单击“登录”按钮，如下页左上图所示。

第 8 步：进入邮箱首页，③单击“网站通知”链接，如下页右上图所示。

第 9 步：单击打开“淘宝网新用户确认通知信”邮件。

第 10 步：单击“完成注册”按钮。

第 11 步：进入“填写账户信息”界面，①设置输入登录密码及会员名；②单击“确定”按钮，如下页左中图所示。

第 12 步：即可注册成功，如下页右中图所示。

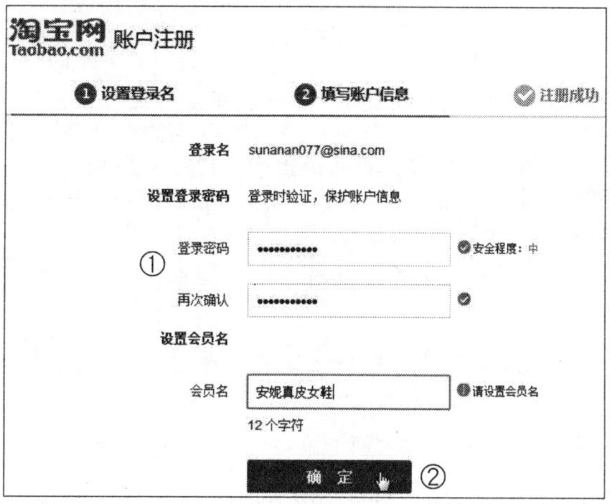

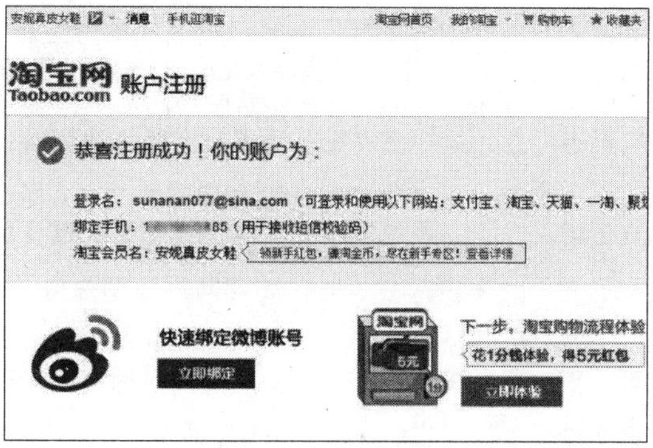

3.1.3 登录淘宝网

当完成淘宝会员注册后即会自动登录淘宝。当我们再次进入时，就需要重新登录，具体操作方法如下。

第 1 步：在浏览器中输入 http://www.taobao.com/ 网址，进入淘宝官方主页面，①单击 “登录”按钮，如左下图所示。

第 2 步：进入登录界面，②输入账户和密码；③单击“登录”按钮即可，如右下图所示。

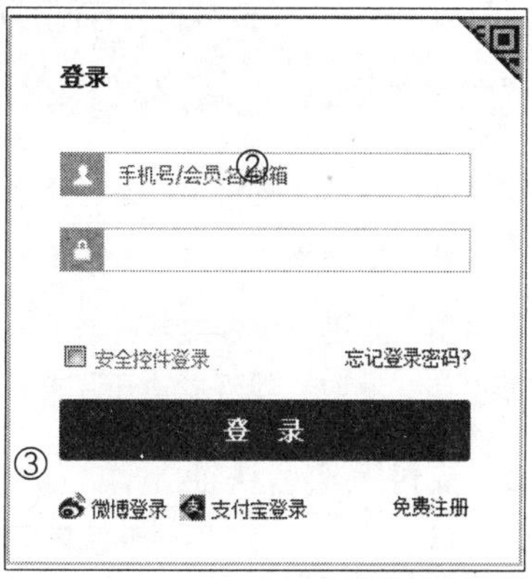

3.2 创建淘宝店铺

开店之前。首先要做的是向淘宝申请开通店铺营业资格，而同时这也就需要完成身份信息认证，再免费开通店铺即可。

3.2.1 淘宝身份信息认证

现在淘宝规定，除了支付宝认证外，还额外增加了用户个人信息认证，而用户必须通过此认证才能进行开店操作。

1. 激活支付宝账户

支付宝是淘宝网用来支付现金的平台，买家看中商品以后，把钱付到支付宝，然后淘宝通知卖家发货，买家收到货后通知淘宝，淘宝再把钱从支付宝转给卖家。用支付宝进行交易，用户就可以放心地在网络上进行购物活动了。支付宝庞大的用户群吸引了越来越多的互联网商家主动选择集成支付宝产品和服务，目前除淘宝外，使用支付宝交易服务的商家已经超过几十万家，涵盖了虚拟游戏、数码通信、商业服务、机票等行业。这些商家在享受支付宝服务的同时，更拥有了一个极具潜力的消费市场。

支付宝作为国内领先的独立第三方支付平台，致力于为中国电子商务提供简单、安全、快速的在线支付解决方案，是淘宝网及其他在线交易的重要媒介。

注册为淘宝网会员时，淘宝网将为用户自动创建一个以注册邮箱为账户名的免费账号。激活支付宝账户的具体操作步骤如下。

第 1 步：登录淘宝网以后，①单击“我的淘宝”链接，如左下图所示。

第 2 步：进入“我的淘宝”页面，②在页面中单击“实名认证”链接，如右下图所示。

第 3 步：进入“支付宝注册”页面，①填写身份信息；②单击“确定”按钮，如下页左上图所示。

第 4 步：③设置支付方式；④单击“同意协议并确定”按钮，如下页右上图所示。

第 5 步：①输入手机收到短信中的校验码；②单击“确认，注册成功”按钮，如下页左中图所示。

第 6 步：此时，即可成功开通支付宝服务，如下页右中图所示。

2. 支付宝实名认证

支付宝认证后，相当于拥有了一张互联网身份证，可以在淘宝网等众多电子商务网站开店、出售商品。下面来看看新的支付宝认证系统有什么优势。

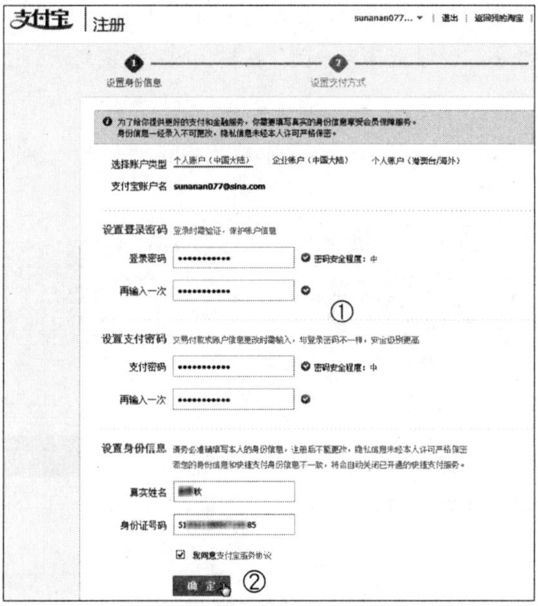

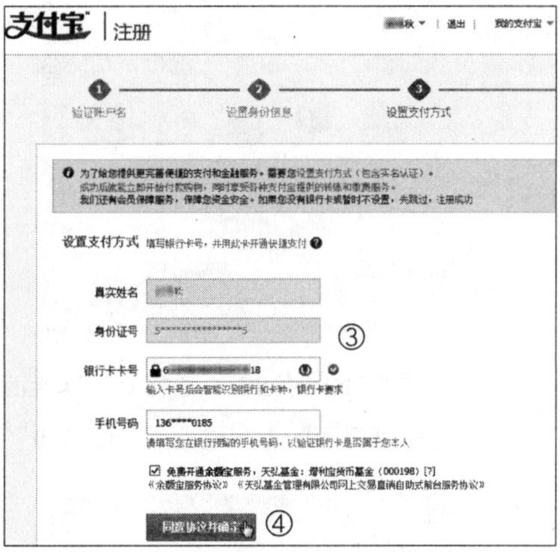

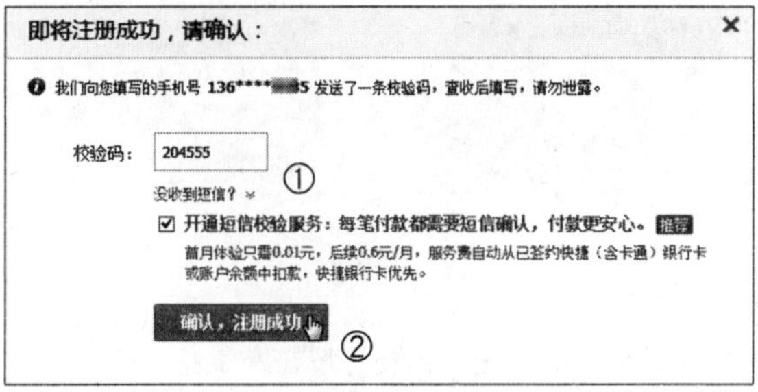

· 支付宝认证为第三方认证，而不是交易网站本身认证，因而更加可靠和客观。

· 由众多知名银行共同参与，更具权威性。

· 除身份信息核实外，增加了银行账户信息核实，极大提高其真实性。

· 认证流程简单并容易操作，认证信息及时反馈，用户实时掌握认证进程。

申请支付宝实名认证，具体操作方法如下。

第 1 步：登录支付宝，在首页单击“账户设置”选项卡。①在该界面中单击左侧的“基本信息”选项；②单击“实名认证”栏中的“升级”链接，如左下图所示。

第 2 步：进入到“实名认证”页面，③单击“个人信息所在面”右侧“单击上传”按钮，如右下图所示。

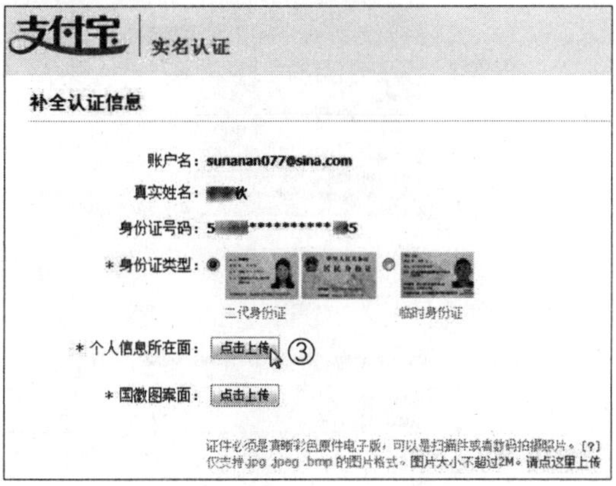

第 3 步：①在打开的对话框中选择身份证正面图片；②单击“打开”按钮，如左下图所示。

第 4 步：开始上传，③上传成功后，在弹出的对话框中单击“继续上传另一面”按钮，如右下图所示。

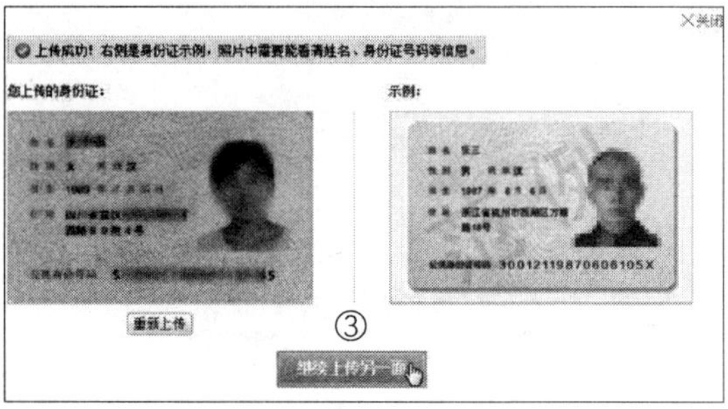

第 5 步：①在打开的对话框中选择身份证背面图片；②单击“打开”按钮，如左下图所示。

第 6 步：身份证背面的上传成功后，③单击“确定”按钮，如右下图所示。

第 7 步：①返回认证界面，填写身份证到期时间及个人常用地址；②单击“提交”按钮，如左下图所示。

第 8 步：证件进行人工审核，需要等待，如右下图所示。

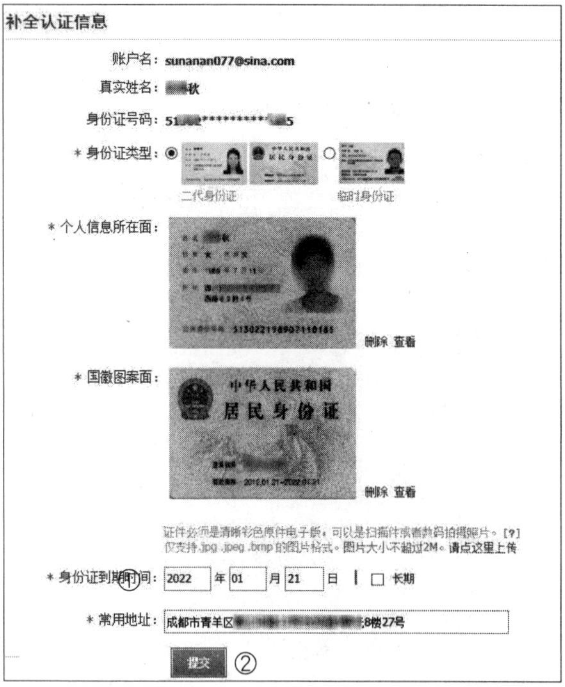

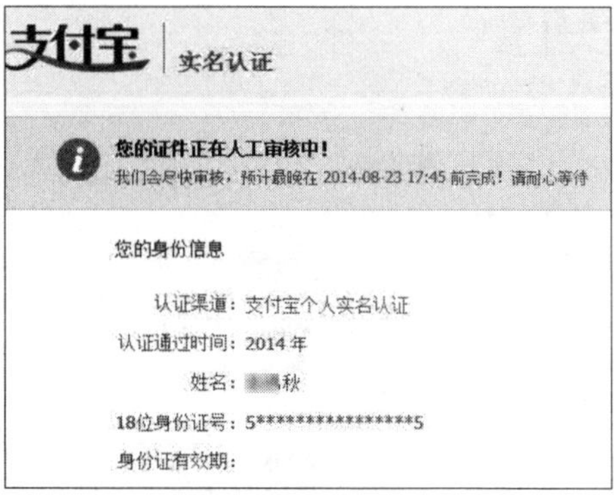

第 9 步：38 小时之内会收到支付宝发来的手机短信，提示证件审核通过，在支付宝查看详情。此时，在基本信息选项下，单击“实名认证”栏中的“查看”链接，如左下图所示。如果超过 38 小时没有收到短信提示，那么需要重新扫描身份证图片上传。

第 10 步：查看到实名认证已通过，如右下图所示。

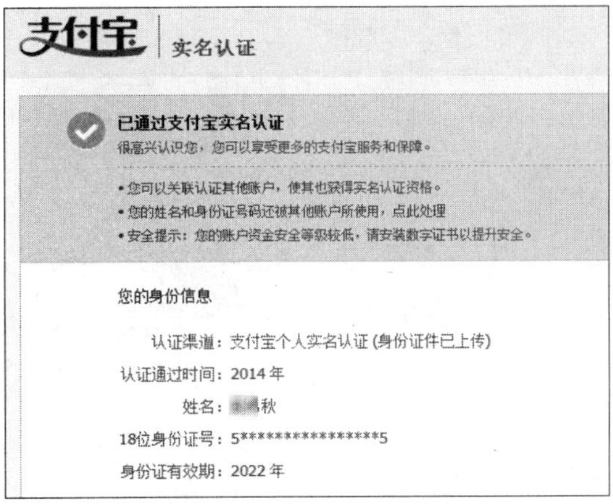

3．淘宝开店认证

在淘宝店开店之前，必须先完成支付宝实名认证和开店认证，淘宝开店认证的具体操作步骤如下。

第 1 步：登录淘宝网，进入到卖家中心。①单击“马上开店”按钮，如左下图所示。

第 2 步：进入“免费开店”界面，②单击“淘宝开店认证”右侧的“立即认证”链接，如右下图所示。

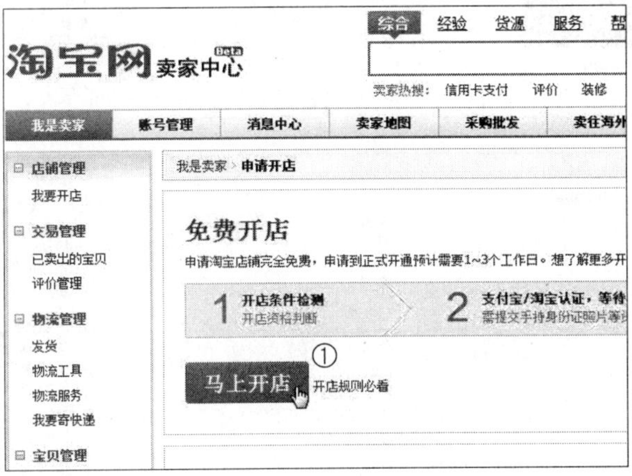

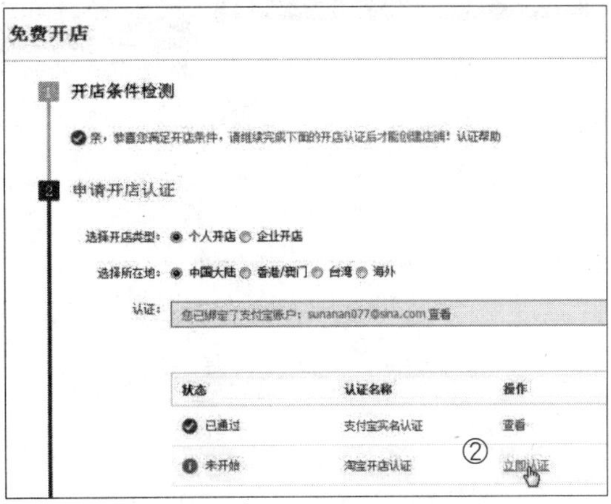

第 3 步：进入“淘宝开店认证”界面，①填写与支付宝认证一致的真实姓名和身份证号码；②单击“手持身份证照片”中的“上传并预览”按钮，如下页左上图所示。

第 4 步：③在打开的对话框中选择事先拍好的手持身份证上半身照片；④单击“打开”按钮，如下页右上图所示。

第 5 步：①在弹出的对话框中拖动浮框至身份证处，预览证件信息是否清晰；②单击“确认”按钮，如下页左中图所示。

第 6 步：继续上传身份证正面，如下页右中图所示。

第 7 步：①填写联系地址、手机及短信验证码；②单击“提交”按钮，如下页左下图所示。

第 8 步：弹出提示对话框，③单击“确定”按钮，确认在认证过程中不修改本人真实资料，如下页右下图所示。

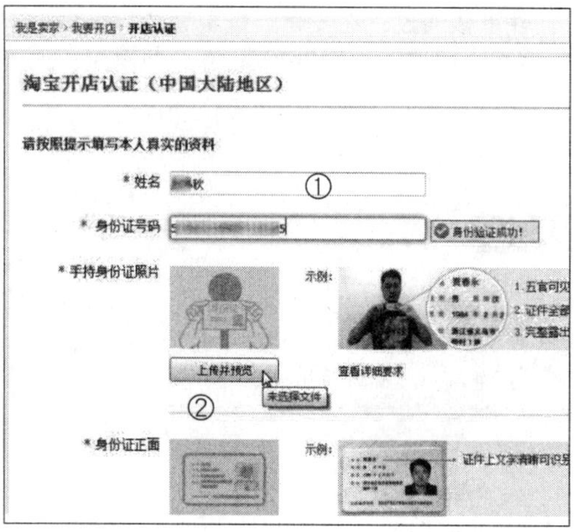

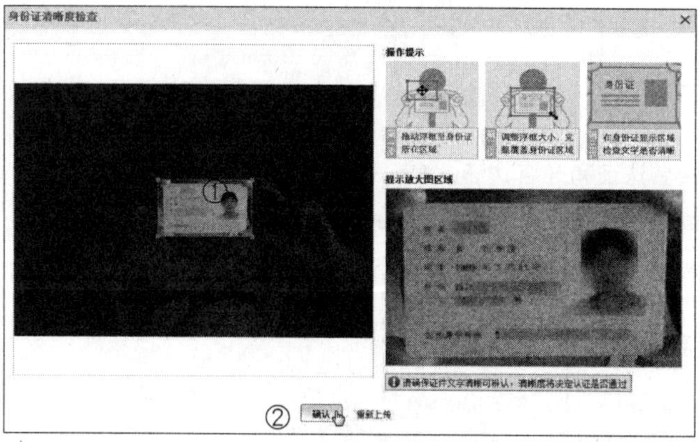

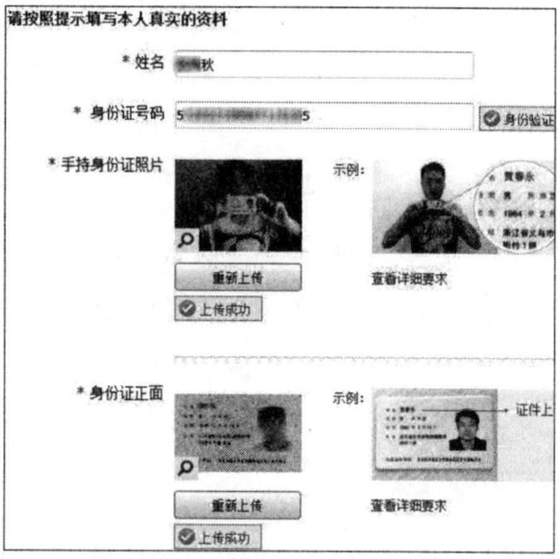

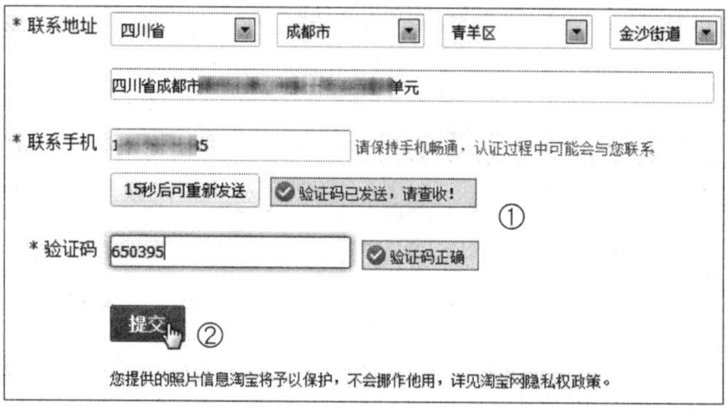

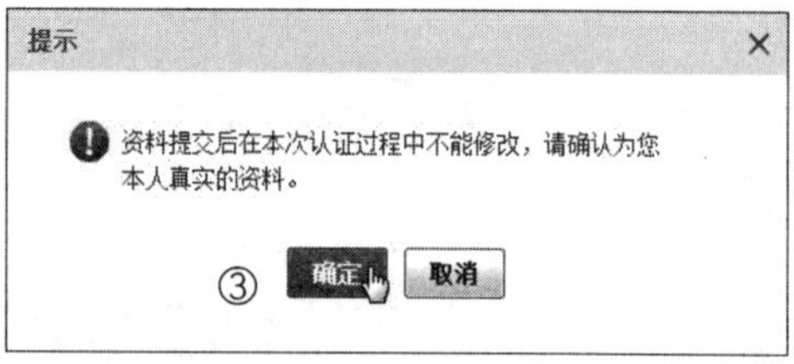

第 9 步：等待人工审核，如下页左上图所示。

第 10 步：审核完成后，即可查看到淘宝开店认证已通过，如下页右上图所示。

3.2.2 申请店铺

具备开店条件后，即可登录淘宝网开通店铺。具体操作方法如下。

第 1 步：进入到淘宝网卖家中心界面，①单击“免费开店”选项下的“马上开店”按钮，如下页左中图所示。

第 2 步：进入免费开店页面，②单击“创建店铺”按钮，如下页右中图所示。

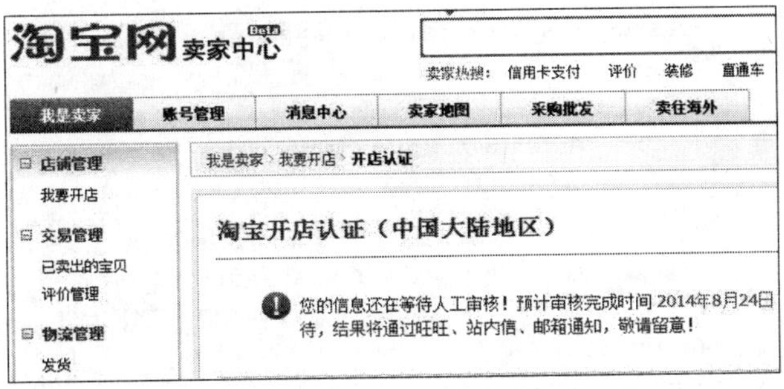

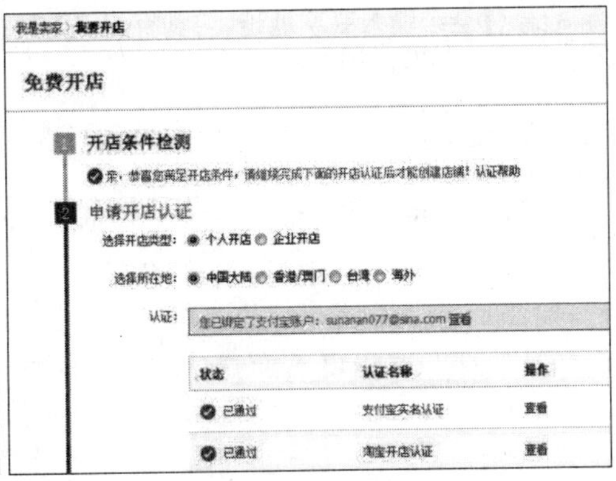

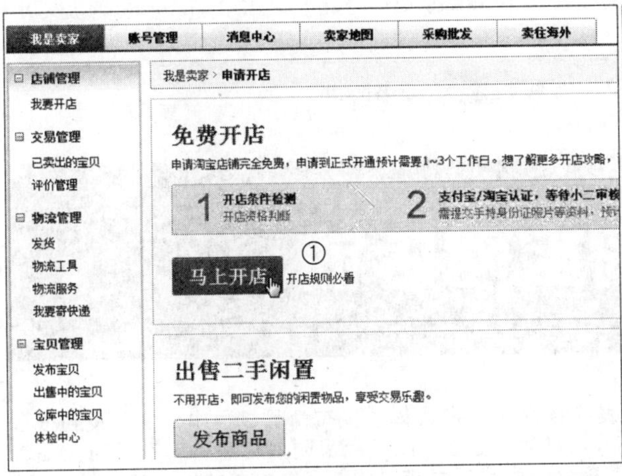

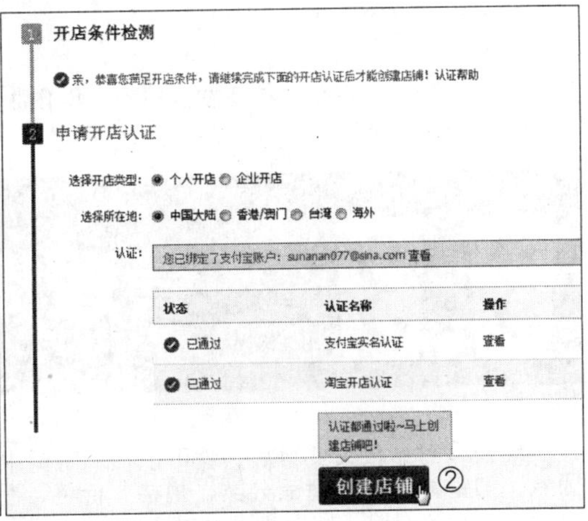

第 3 步：弹出“签署开店协议”对话框，①单击“同意”按钮，如左下图所示。

第 4 步：此时，即可成功创建店铺，②单击“完善店铺基础信息”按钮，如右下图所示。

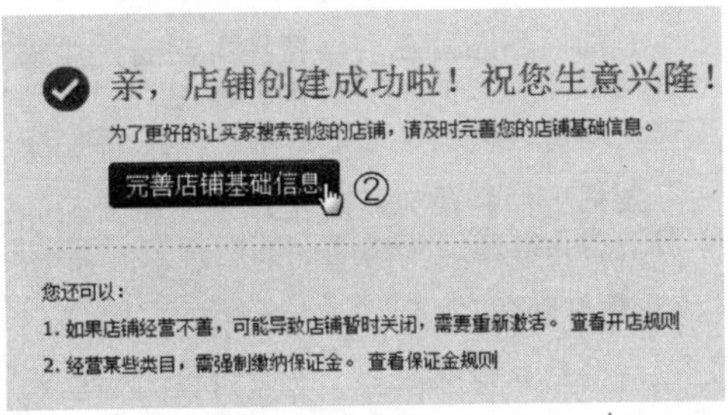

第 5 步：进入店铺基本设置界面，①输入设置店铺名称、店铺简介；②选择经营类型，如下页左上图所示。

第 6 步：③继续输入联系地址、店铺介绍；④单击选择主要货源、是否有实体店、工厂等单选按钮；⑤单击“保存”按钮，如右下图所示。

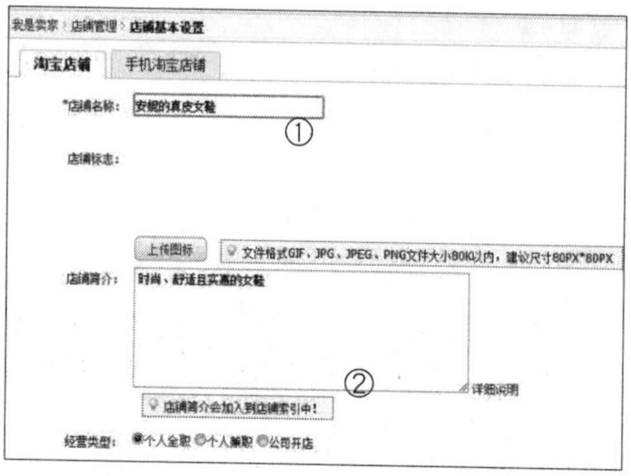

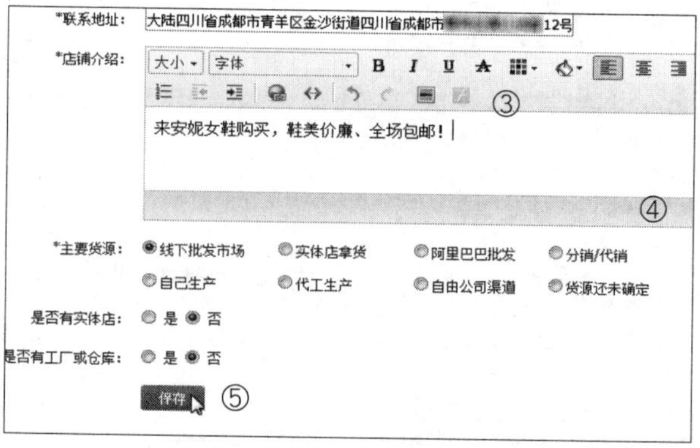

第 7 步：此时，“保存”按钮右侧出现“操作成功”字样 。

3.3 管理淘宝网店铺

准备好商品相关资料后，就可以在淘宝网中发布商品了。在具体的发布商品过程中，会涉及到很多因素，如销售方式、商品分类、规格、价格、图片与描述、运费，以及商品附属信息等，在发布商品的过程中，必须同时了解各种商品发布知识，下面就来介绍商品的发布过程并了解相关的发布知识。

3.3.1 发布更具有吸引力的商品

买家在网络上购买商品的缺憾是无法真实地查看欲购买的商品，只能通过卖家的商品描述来了解相应信息。而卖家要想使买家一眼看中自己的商品，就往往需要使自己的商品描述具有相当吸引力。

开店成功后，就可以向店铺发布商品了。在商品发布过程中，我们需要先准备商品的实物图片与资料，然后逐步发布商品，同时为了使自己的商品更加吸引买家，也应该掌握如何对商品命名的技巧，以及如何合理对商品定价。

1. 准备商品与相关资料，一定要配有清晰的图片

无论是网店代销，或者是自己进货在网店中销售，上传商品之前，我们首先需要准备好商品的资料。包括已经拍摄并处理过的商品实物图片、对应的商品描述内容、商品的规格信息等。

好的商品图片在网络营销中起着至关重要的作用，不但可以增加在商品搜索列表被发现的几率，而且直接影响买家的购买决策。那么，什么是好的商品图片呢？好的图片起码应该能反映出商品的类别、款式、颜色、材质等基本信息。在这个基础上，要求图片要拍得清晰、主题突出、颜色还原准确。

要把一件商品完整地呈现在买家面前，让买家对商品在宏观上、细节上有一个深层次的了解，刺激买家的购买欲望，一件商品的图片至少要有整体图和细节图。

（1）整体图

通过商品整体图片，买家可以对商品有一个大致的总体了解。特别是卖服装的，可以先用 1～2 张整体效果图去告诉买家，穿上这件衣服的整体感觉，包括正面、侧面、背面整体效果。只有整体上吸引了买家，才会产生下一步的行动。如下页上图所示为衣服整体效果图。

- 注意背景问题。在拍摄照片时，适当加个背景可以更好地展示商品。但图片的背景要尽可能简单，能够让买家一样就看出你卖的是什么。如左下图和右下图所示分别为添加了适当背景的商品图片。

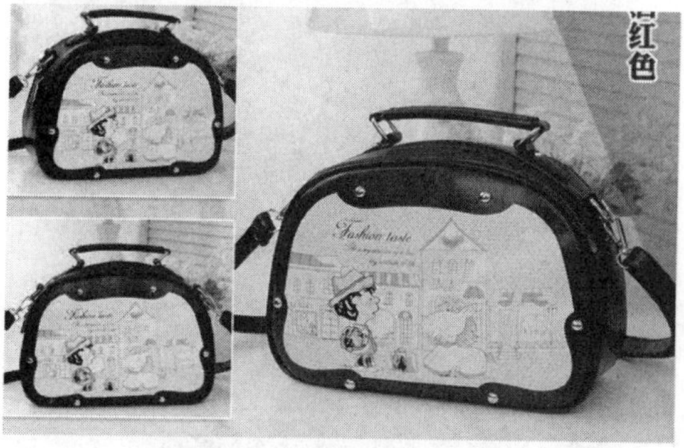

- 商品照片的配件，顾名思义就是配合点缀、衬托商品的小东西，所占图片的面积不能太大，不然就可能喧宾夺主。
- 有条件的卖家推荐用真人模特，因为以上两点只是给买家一个纯物件的概念，真的佩带穿着起来是什么概念，买家心理没底，不知合适不合适。如果有真人示范，这其实就是给买家最好的定心丸。如下图所示为模特多角度展示衣服。

- 可以把其他买家对该商品的评价截图后直接放到商品详情中，这样更直观，对于那些新手买家可能更有冲击力。如下页左上图所示。
- 如果店铺很有规模，或者有自己的工厂或仓库，或者有漂亮的办公环境，则可以用 1 ～ 2 张图片展示。当买家看到后，一定会增加对店铺的信任感。

（2）细节图

因为上面的几点说到的图片只是宏观上的概念，买家可能有购买意向，缺乏对细节上的概念，有可能放弃，所以适当加入一两张商品的细节图有助于买家对商品的细部认知。如右下图所示为商品细节图。

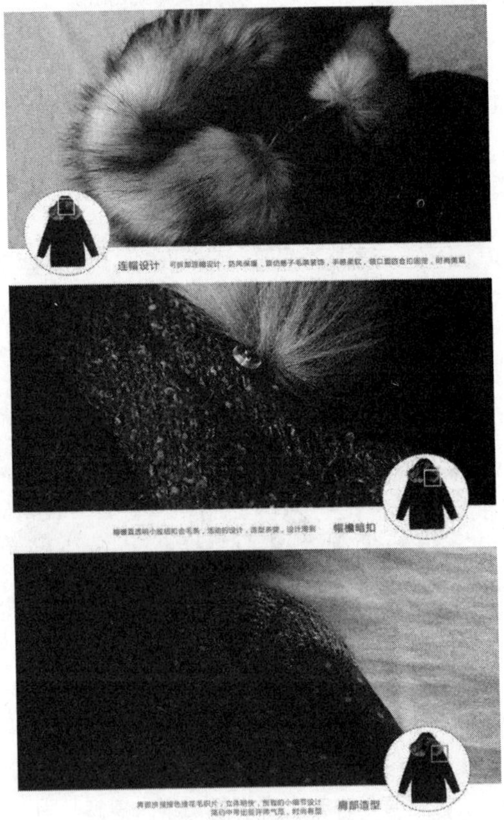

2．写好商品介绍，勾起买家的购买欲望

在网上做生意，最重要的是如何把商品信息准确地传递给买家。图片传递给买家的只是商品的形状和颜色的信息，对于性能、材料、产地、售后服务等，必须通过文字方面的描述来说明。文字描述中又包括商品名称和商品详情描述。

（1）吸引人的商品名称

淘宝将商品名称的字数规定在30个汉字（60个字符）以内，关键字越多被搜索到的可能性越大。一般商品名称使用关键字主要有下面几种组合方式。

- 品牌、型号＋商品关键字
- 促销、特性、形容词＋商品关键字
- 地域特点＋品牌＋商品关键字
- 店铺名称＋品牌、型号＋商品关键字
- 品牌、型号＋促销、特性、形容词＋商品关键字
- 店铺名称＋地域特点＋商品关键字
- 品牌＋促销、特性、形容词＋商品关键字
- 信用级别、好评率＋店铺名称＋促销、特性、形容词＋商品关键字

（2）详细的商品描述

在网上购物，影响买家是否购买的一个重要因素就是商品详情描述，卖家在填写商品描述信息时要注意如下几个方面。

- 首先要向供货商索要详细的商品信息，对于相对于同类产品有优势和特色的信息一定要详细地描述出来，这本身也是产品的卖点。如下页上图所示为商品详情及规格参数。

宝贝详情 | 评价详情(2) | 成交记录(43件) | 掌柜推荐 | 售后服务 | 留言簿

货号：11521	性别：女	款式：单肩包
背包方式：单肩斜挎手提	背包部位：肩部	质地：PU
PU特征：软面	肩带根数：双根	提拎部件：软把
箱包开袋方式：拉链	内部结构：拉链暗袋 手机袋...	外袋种类：挖袋
流行元素：镂空	风格：欧美时尚	箱包外形：水饺形
箱包图案：纯色无图案	颜色分类：流行橘色 气质卡其...	有无夹层：有
硬度：软	有无拉杆：无	可否折叠：否
价格区间：100元以下	成色：全新	箱包场合：休闲/街头
包袋大小：中（最长边30-50cm）	品牌：其它品牌	

规格	尺寸约为： 上宽36cm 下宽44cm 高35cm 厚11cm 手提把高16cm 斜背带长120cm（可调）
面料	PU皮+亮片
里布颜色	深色 (因包包颜色、出厂批次不同,里布可能会有不同)
结构	主袋拉链封口，内含1个拉链暗袋，2个小插袋，1个拉链夹层暗袋，袋背1个拉链暗袋。
用途	手提/单肩/斜挎 三用
容量	可放入A4纸

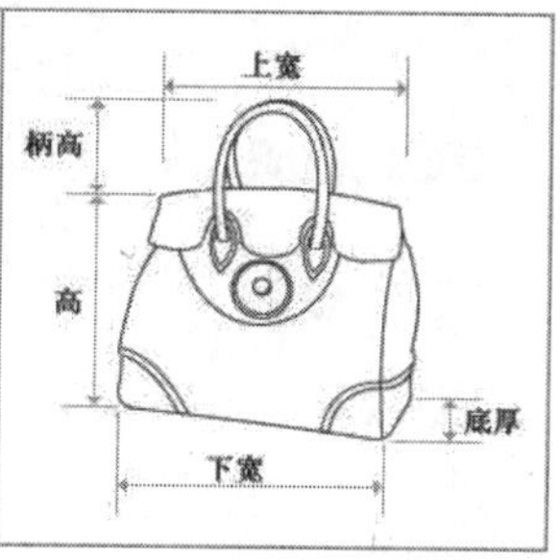

- 商品描述一定要精美，能够全面概括商品的内容、相关属性，最好能够介绍一些使用方法和注意事项，更加贴心地为买家考虑。
- 为了直观性，商品描述应该使用文字 + 图像 + 表格的三种形式结合来描述，这样买家看起来会更加直观，增加了购买的可能性。如下图所示，商品的描述采用了表格结合文字的形式。

品牌	华硕1215B 参数
处理器	AMD 双核 E450（华硕上网本目前最强处理器）
处理器主频	1.65G
二级缓存	1MB （华硕上网本目前最大缓存）
处理器描述	双核心
主板芯片组	AMD
内存容量	2GB
内存类型	DDR3 1333(目前内存频率最高)
内存描述	两个内存插槽
最大内存容量	8GB（华硕上网本目前最大扩展容量）
硬盘容量	500GB SATA接口，5400转（华硕上网本目前最大硬盘）
光驱描述	无
屏幕尺寸	12.1英寸（华硕上网本目前最大屏幕）
标准分辨率	1366×768 16:9（华硕上网本目前最高高清标准）
背光技术	LED背光
显卡型号	集成AMD Radeon HD6320（华硕上网本目前最强性能显卡）
显存容量	共享系统内存
流处理器个数	80
DirectX 11	DirectX 11
扬声器	内置扬声器
摄像头	30万像素
麦克风	内置麦克风

无线上网	802.11b/g/n(300Mbps 目前最强无线信号)
有线上网	内置网卡
蓝牙	蓝牙3.0（目前最高蓝牙标准）
数据接口	1个USB3.0（最高USB标准，理论值：10倍USB2.0速度），2个USB2.0)
视频接口	HDMI（外接高清显示设备，唯一尊享1080P高清小本），VGA
音频接口	音频输出，麦克风输入
网络接口	RJ45网线接口
读卡器	多合1读卡器
指取设备	触摸板
安全功能	安全锁孔
电池规格	6芯5200毫安 锂电池（华硕上网本目前最大容量电池）
机身材质	复合材料
机身颜色	可选颜色：拉丝银，格纹红，磨砂黑
长度*宽度*厚度	296毫米*203毫米*37毫米
重量	1.45千克
操作系统	LINUX或DOS(我们可以代为安装WIN7系统及常用软件)
随机配件	6芯5200毫安 锂电池，电源适配器，说明书，驱动光盘
保修	两年主要部件全国联保，电池一年质保（需在官方注册）

- 在商品描述中注意服务意识和规避纠纷，一些平时买家都很关心的问题、有关发票、包装、保修、物流等都要有。如下页上图所示的买家须知。

3.3.2　对商品名称与价格的合理制定

在发布商品过程中，我们需要完善商品的各种资料，其中商品的名称与价格是吸引买家最关键的因素，所以卖家在对商品的命名及价格制定上，还应该掌握一定技巧。

1. 具备吸引力的商品名称

我们知道，买家在购物网站中浏览商品过程中，首先关注的就是商品缩略图片与商品名称，一个诱人的商品名称，不仅能增加商品的浏览量，而且还能激起买家的购买欲望。在对商品的命名上，提供以下几点建议。

（1）在商品名称前加上自己店铺的名称，建立自己的品牌形象。

（2）知名品牌商品，建议在商品名称前添加品牌名称，从而通过品牌自身的影响力来吸引买家。

（3）尽可能在商品名称中添加能表现商品特性的内容，如“新款上市”、“商品质地”、“商品风格”等信息。

（4）对于一些商品，尽可能在名称中表现出个性、时尚、潮流等特性；季节性或者时间性强的商品，也可以在商品名称中展现出来。

（5）实时掌握热门关键词语，并将其与商品名称关联起来，增强买家的关注程度。

（6）最后也是最重要的一点，就是商品名称的独特性，在购物网站中可能有很多商家都销售同类商品，那么我们为自己的商品赋予一个独特的名称，不但能在同类商品中彰显出来，而且可以避免买家通过商品名称与同类商品价格对比。

2. 合理的商品价格

商品的价格也是影响买家购买的重要因素之一，网店商品的竞争是非常白热化的，往往一件商品有很多卖家在销售，如果商品其他方面相同，那么价格低的卖家，就更容易把商品卖出去。这里我们并不是建议绝对低价，价格太低，反而会让买家产生怀疑。针对商品定价，提供以下几条建议。

（1）多对比同类商品不同卖家的价格，定价不宜与平均定价差异太大，而从中找到最佳切入点。

（2）运费与定价合理中和，在商品销售总价不变的情况下，巧妙把握买家心理，降低商品价格、提高运费；或者降低运费、提高商品价格。

（3）对于一些采用计量单位的商品，可以采用较小的单位来计量，如茶叶商品的价格为 200 元 / 千克，那么可以改为 10 元 /50 克。

（4）掌握买家的价格心理，如定价 200 元与 198 元，只悬殊 2 元，但从买家心理而言，198 元属于“100 多”，就更容易让买家购买。

3.3.3 商品发布所涉及的范围

在具体的发布商品过程中，会涉及到很多因素，如商品分类、商品规格、商品价格、商品图片与描述、运费，以及商品附属信息等。

1. 选择商品类型

绝大多数买家在淘宝网中选择商品时，都会通过商品类别来一步步进行浏览，因此广大卖家在设置商品类别时，必须要设置得细致、准确，这样被买家搜索到的几率就会大大增加，同时也在一定程度上增加了商品的销售几率。

相反，如果商品的类别没有设置准确，那么在买家浏览的过程中，会很直接地将商品排斥到购买意向之外，如我们将“男士西服”分类到“女装”中，那么浏览女装的买家，就会完全忽略这件商品。

选择商品分类，具体操作方法如下。

①打开“商品类目”页面，在该页面中需要选择将要发布商品的细致类别，在列表区域中选择方式为从左到右，先选择商品大类，然后进一步选择细致分类、品牌等；②选择完毕后，单击“好了，去发布宝贝”按钮，如下图所示。

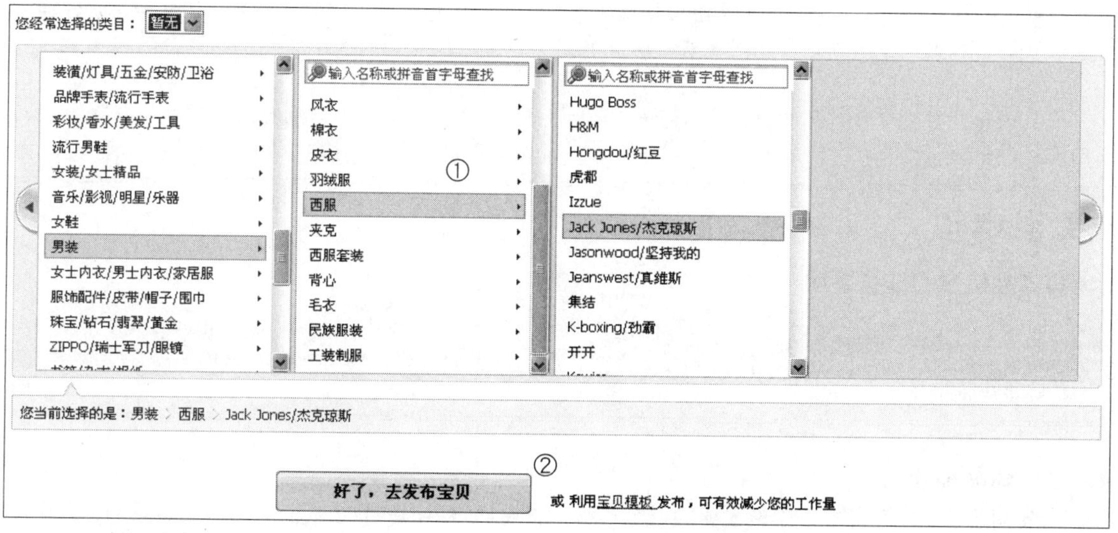

2. 设置商品属性

打开“填写商品信息”页面，在页面中首先需要对商品的基本信息进行设置，不同类别的商品，可供选择的属性是不同的。在商品类型中，需要选择商品是全新、二手，还是个人闲置。在接下来的选项中，根据自己的商品情况，正确选择关于商品的各个属性即可，如下页左上图所示。

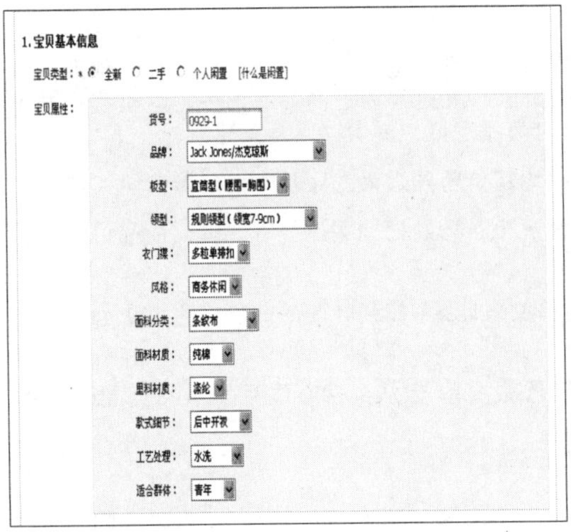

高手指引

“属性”设置的重要性

这里所选择的各项属性，最终将以表格的形式显示在商品销售页面的上方，买家也会在一定程度上根据卖家所提供的商品属性决定是否购买商品。因此，卖家必须对自己的商品全面了解后，再设置商品属性，从而避免以后由于商品与描述不符而造成交易纠纷。

3．设置商品信息

设置商品属性后，接下来输入商品的名称、价格、颜色、规格，以及库存信息，在该区域中不同信息的设置方法如下。

（1）商品名：在“商品标题”一栏中输入商品名称，商品的命名也是有技巧的，我们要尽量赋予商品一个具备吸引力的名称。

（2）销售价格：在“一口价”栏中输入商品的销售价格，在定义价格时，最好能与其他卖家相同商品的价格进行对比与衡量，从而定出一个具备竞争力的商品价格。

（3）详细商品规格：对于不同的商品，下面显示的属性也不同，如服装类商品，将显示“颜色”与“尺码”两个选项，在其中可以选择商品的颜色与尺码，选择颜色后，还可以自定义颜色名称。

（4）特殊规格的定价：根据商品属性的不同，选择后下方会显示所选的属性，如服装类显示“颜色”与“尺码”组合列表。我们已经定义了商品的价格，这里可以对特殊规格（如加大码等）的价格重新设定，如果没有特殊要求，则可以保持默认。

（5）商品库存：最后根据“颜色”与“尺码”组合列表来设定不同颜色、不同尺码商品的库存数量，库存数量表示商品的可销售数量。对于卖家而言，就等于该商品自己可以进货的数量，如开始进货 5 件，但供货商能够长期提供货源，那么这里就可以多填写一点，避免在网店中由于库存数目不足而无法实现销售。

商品信息在很大程度上影响着商品的销售，因此设置上述信息时，广大卖家应该力求做到细致、精确，从而能够将当前商品的详细信息提供给买家。如下页上图所示为“男装”商品的设置信息。

高手指引

填写商品信息的注意事项

在商品信息区域中，“货号”与“商家编码”两项内容可以任意填写，只要能便于自己区分商品与商家来源即可。如果是网店代销，那么货号就最好与代销商提供的货号一致，这样便于以后联系代销商发货或询问是否有货等。

4．进行商品描述

商品描述是发布商品过程中最重要的一个环节，将要销售商品的特色完全是在这里体现的，其中包括设置商品的缩略图片、具体的商品描述内容，以及提供全面的商品实物图片等。设置商品描述的具体操作方法如下。

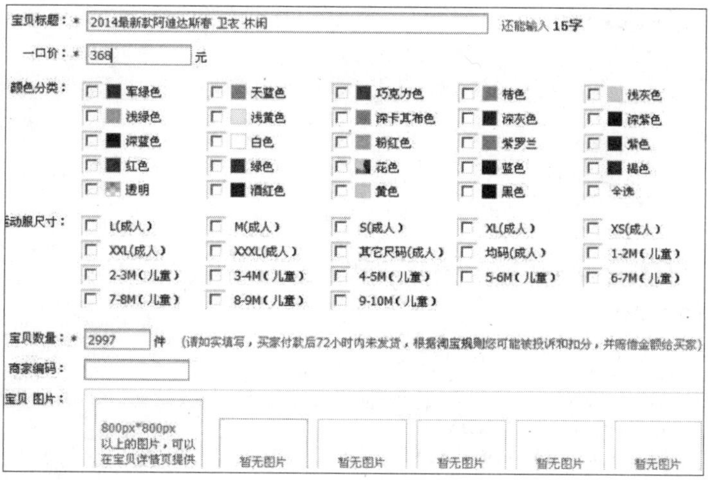

第 1 步：先提供商品的缩略图，①单击“宝贝图片”中的“文件上传”按钮，如左下图所示。

第 2 步：②在打开的对话框中选择要最合适的商品图片；③单击“打开”按钮，如右下图所示。

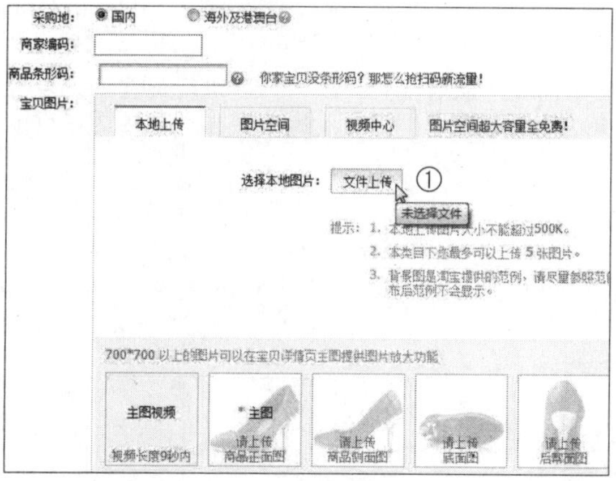

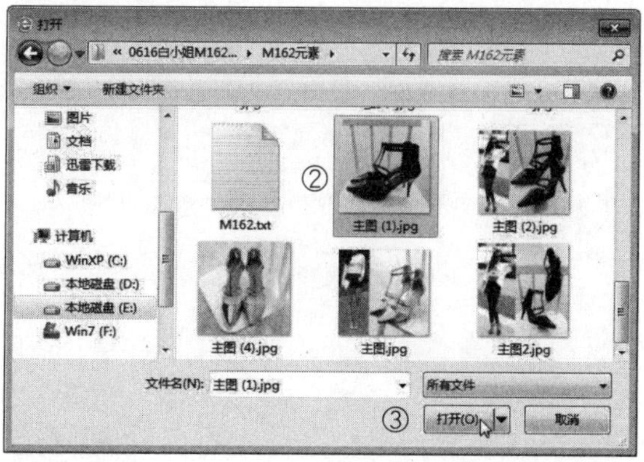

第 3 步：此时即可插入商品缩略图，采用同样的方法插入多张图片，在下方的“宝贝描述”文本框中输入对商品的描述信息，并通过文本框上方的工具栏对内容的字体、字号、颜色、对齐方式等格式进行综合设置即可。

高手指引

淘宝图片空间的正确使用

所有的淘宝卖家都会获赠每月 20M 的免费图片空间（钻石以上会员 1G 图片空间），如果商品种类较少，同时卖家有足够时间，那就可以一直使用淘宝赠送的空间；反之，如果商品种类较多，同时卖家又不愿意在发布商品中花费太多时间，就可以花钱购买更大的淘宝空间。

5. 设置物流信息

我们开网店后，往往会发布很多商品，这些商品在运费上大致是相同的，为了以后方便，这里可以建立一个针对某一类商品的运费模板，这样以后发布商品时，只要使用运费模板即可，而不用逐个设置运费。建立运费模板的具体操作方法如下。

第 1 步：①在“宝贝物流及安装服务”区域中选择“请选择运费模板”选项；②单击“新建运费模板”按钮，如下页上图所示。

第 2 步：进入“运费模板设置”界面，①输入当前运费模板的名称；②设置宝贝地址、发货时间和计价方式等。如下页中图所示。

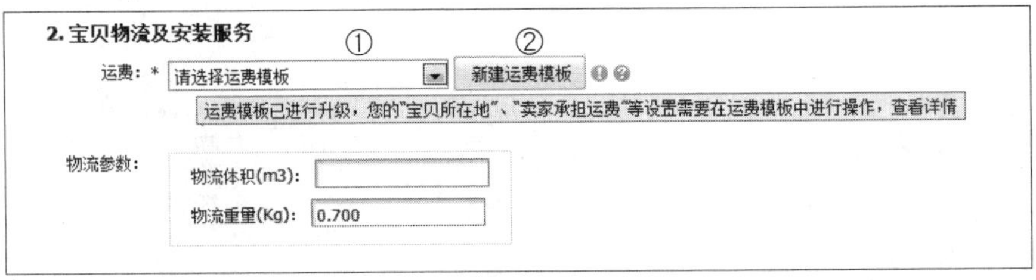

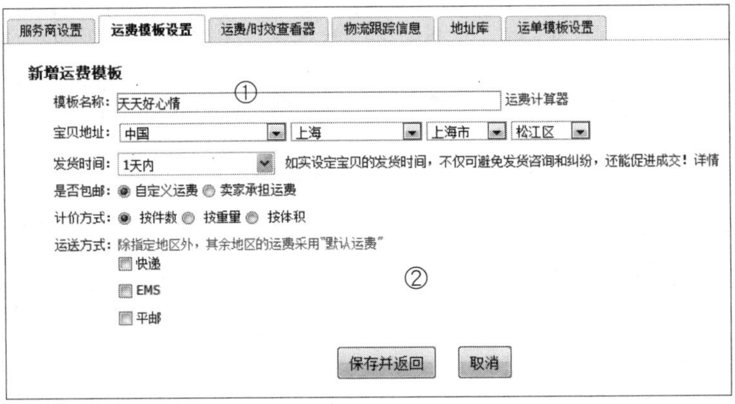

第 3 步：接着设置快递运费，由于不同地区的快递价格不同，所以需要针对不同地区进行设置。①单击勾选“快递”复选框；②输入默认运费为 10、加件运费为 5；③单击下方显示出的“为指定地区城市设置运费”链接，如下图所示。

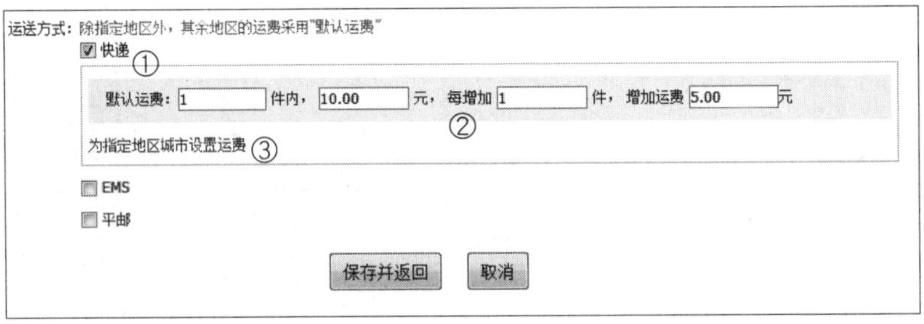

第 4 步：展开地区可看到没有添加的地区，①单击“编辑”按钮；②设置自己所在地的快递费用，如在浮动框中选中并单击“北京”地区；③单击“确定”按钮，如下图所示。

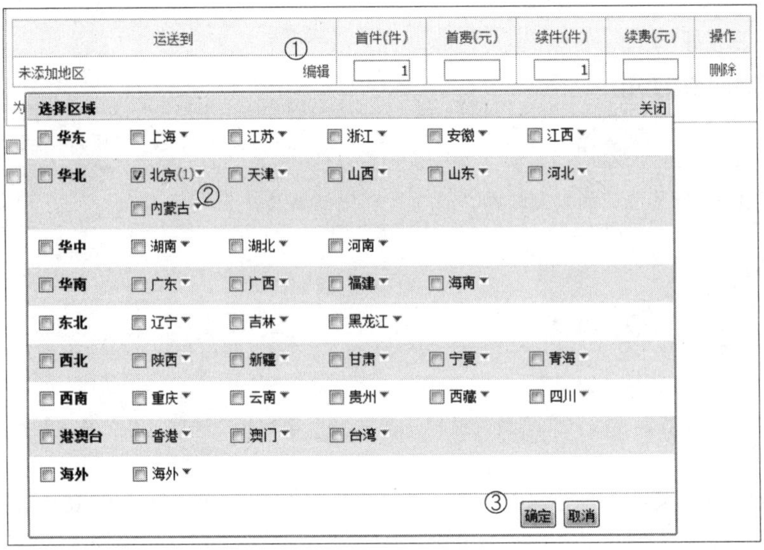

第 5 步：返回后，在新增的北京地区后面的“首费以及续费”条目中，分别输入默认运费与加件运费；使用同样的方法，继续为其他地区设置费用模板。单击“保存并返回”按钮返回到商品发布页面，可以看到“运费”中显示了建立的“天天好心情”运费模板，单击“确认”按钮，完成设置。如下图所示。

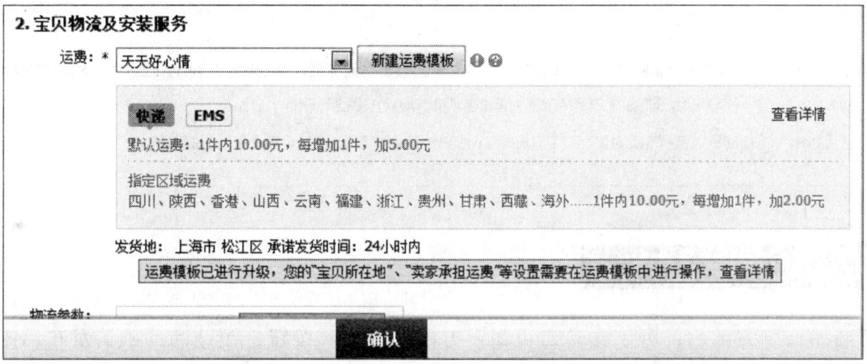

高手指引

邮局和快递公司针对不同地区的价格不同，我们应该怎样统一设置呢？

通过运费模板就可以解决这个问题，运费模板中可以根据不同物流公司针对不同地区的价格来分别设定运费。如针对卖家所在省市，运费较低；对于其他省市的运费就稍高点。注意平邮、快递，以及 EMS 都可以根据地区设置不同的运费标准。

6. 设置其他信息

最后需要设置的是关于商品发布与销售的其他信息，其中各个选项的含义如下。

（1）有效期

当前发布商品的有效时间，可以选择 7 天或 13 天，因为淘宝搜索排行会受到上架时间影响，因此建议选择 7 天以增加商品上架频率。

（2）开始时间

包含“立刻”、“设定”及“放入仓库”三个选项，“立刻”表示发布商品后马上上架销售；“设定”表示并不会立即上架销售，卖家可以在右侧设置商品发布后的自动上架时间；“放入仓库”表示商品发布后不上架销售，而是放入仓库中，当需要上架时，卖家可进入到仓库中将商品上架。如下图所示。

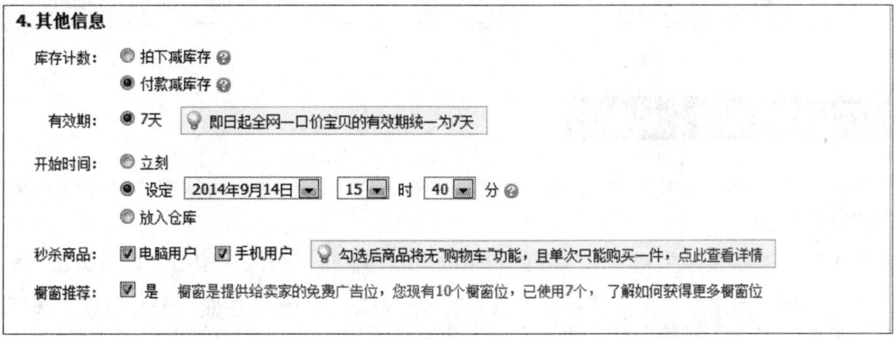

（3）发票与保修

当前商品在销售时，是否能提供发票及保修服务，须如实填写，如下图所示。

（4）橱窗推荐

普通店铺拥有 5 个橱窗推荐位，将商品放到橱窗推荐位，买家可以更优先看到商品信息，我们可以将最合适的商品放到橱窗推荐位中。也可以先不设置，以后需要时再进入到“我的淘宝”中进行设置。

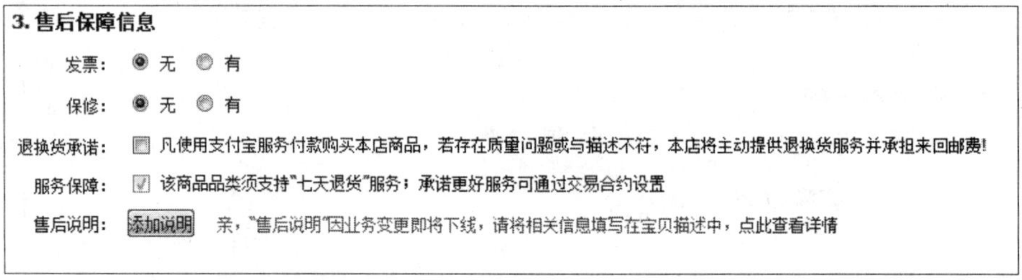

3.3.4 商品信息的确定与发布

将所有商品信息完善后，可以先单击页面下方的“预览”按钮，预览商品确认发布后的效果，如下图所示。

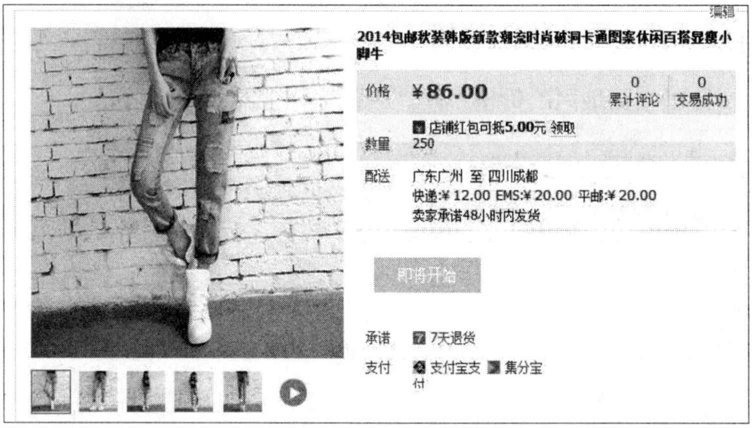

> **高手指引**
>
> **查看商品链接**
>
> 如果不查看发布的商品，而继续发布其他商品，那么可以在发布成功页面中单击“继续发布宝贝”链接，将自动转到商品发布页面。

3.3.5 设置并修改淘宝会员密码

在淘宝的使用中，修改不安全的密码或定期更改密码都可以减小密码被盗的可能性。修改淘宝会员密码的具体操作步骤如下。

第 1 步：打开淘宝登录网页，①输入淘宝会员名和密码；②单击“登录”按钮，如下页左上图所示。

第 2 步：进入到“我的淘宝”页面，③单击“账号管理”选项；④单击左侧“安全设置”选项；⑤在“登录密码”右侧单击“修改”链接，如下页右上图所示。

第 3 步：弹出“业务名称”对话框，系统即可自动发送给指定的手机一个验证码，①输入验证码，②并单击“确定”按钮，如下页左中图所示。

第 4 步：③输入“当前密码”、“新密码”和“确认新密码”；④单击“确定”按钮，即可修改成功，如下页右中图所示。

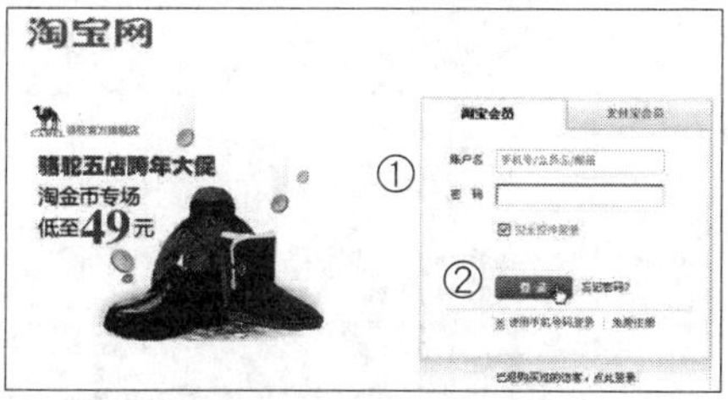

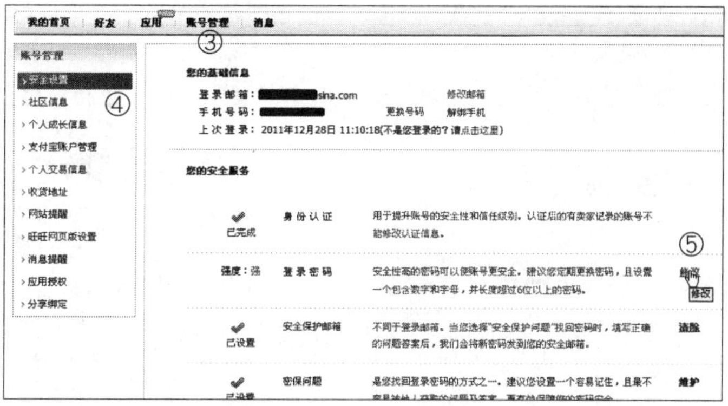

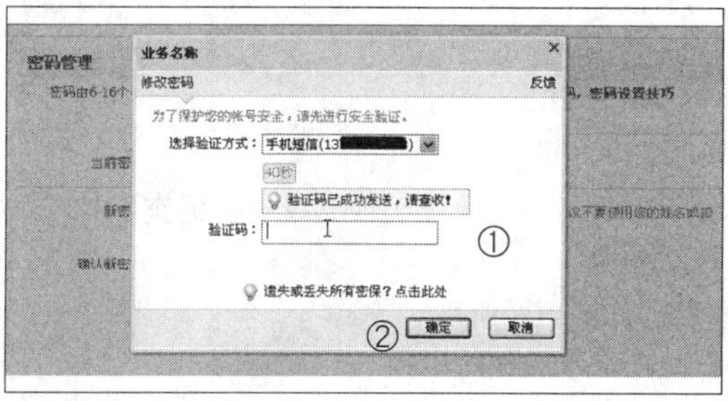

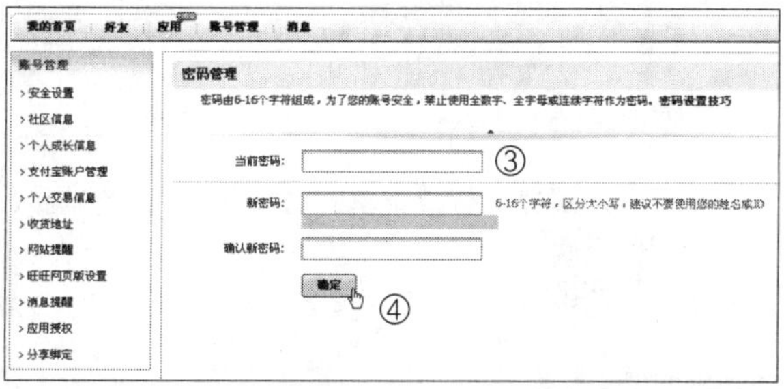

3.4 对支付宝进行管理

随着交易的增多，卖家要对自己的支付宝账户进行账目管理，如支付宝充值、从支付宝中提取现金、进行账户明细的查询等。

3.4.1 为支付宝充值

为支付宝充值也就是将银行卡中的资金转移到支付宝中，便于日后的交易使用。不过我们一般无须对支付宝进行大额充值，只要够自己的近期交易就行。给支付宝账户充值的具体操作步骤如下。

第 1 步：打开支付宝首页，①输入账户名、登录密码、验证码；②单击“登录”按钮，如左下图所示。

第 2 步： 进入到“我的支付宝”页面，③单击“充值”按钮，如右下图所示。

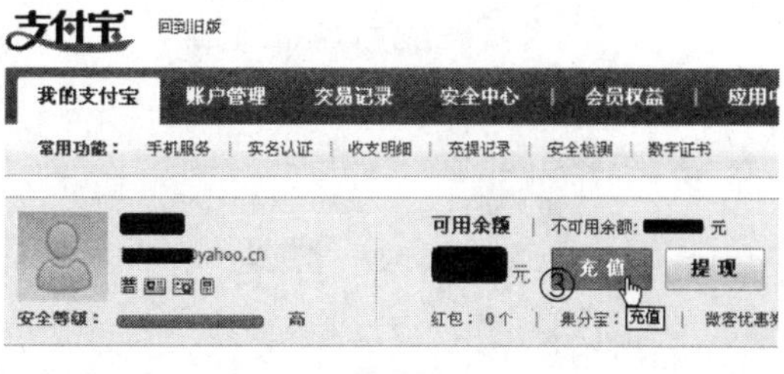

第 3 步：①进入到“充值”界面，在“请选择充值方式”列表中选择网上银行充值选项；②单击“下一步”按钮，如左下图所示。

第 4 步：③输入“充值金额”；④单击“登录到网上银行充值”按钮，如右下图所示。

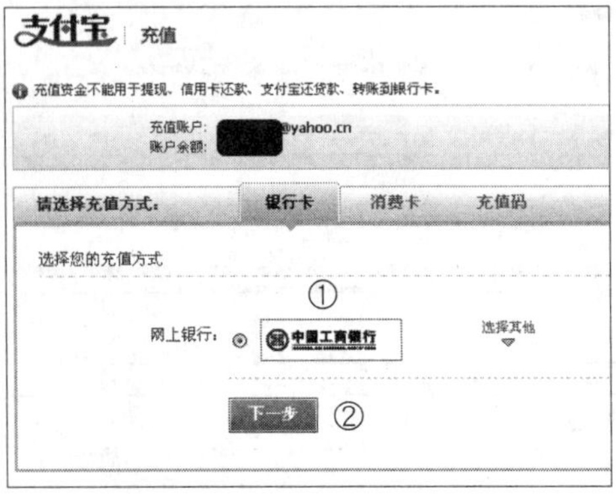

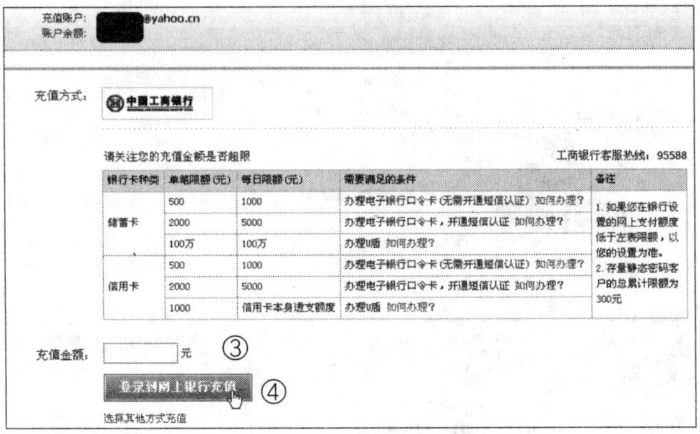

第 5 步：进入到银行客户订单支付服务页面，①输入支付卡（账号）、验证码；②单击“提交”按钮，如左下图所示。

第 6 步：提示银行预留信息，③单击“全额付款”按钮即可，如右下图所示。

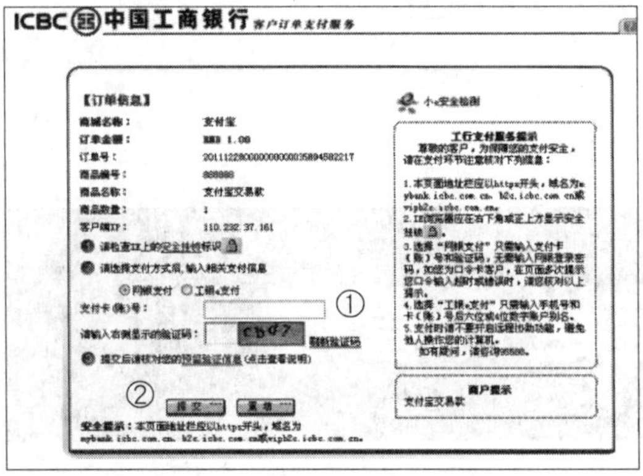

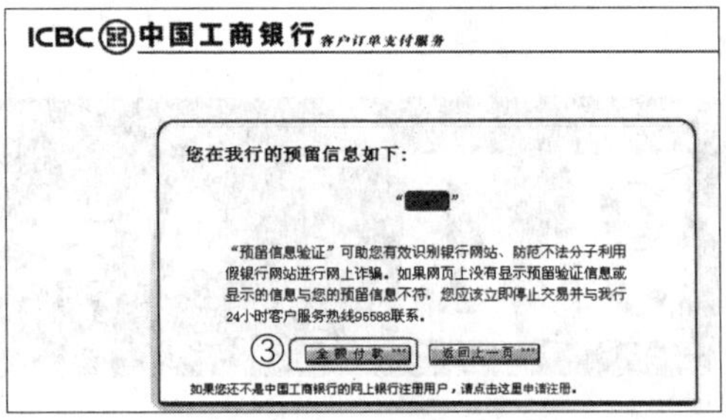

3.4.2 查询支付宝账户余额

登录支付宝，在页面的左侧可以看到支付宝上的余额，如下图所示。

3.4.3 修改支付宝账户密码

在使用支付宝的过程之中，难免会对支付宝的密码进行修改，具体操作步骤如下。

第 1 步：登录支付宝账户，①单击“安全中心”按钮，如左下图所示。

第 2 步：进入“安全中心”页面，②在“登录密码”右侧单击“修改”链接，如右下图所示。

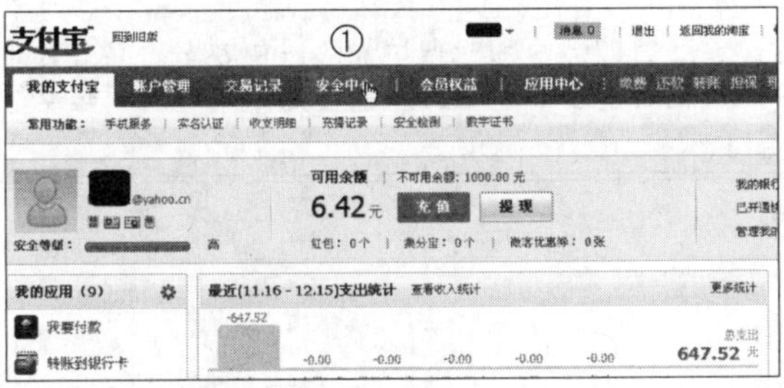

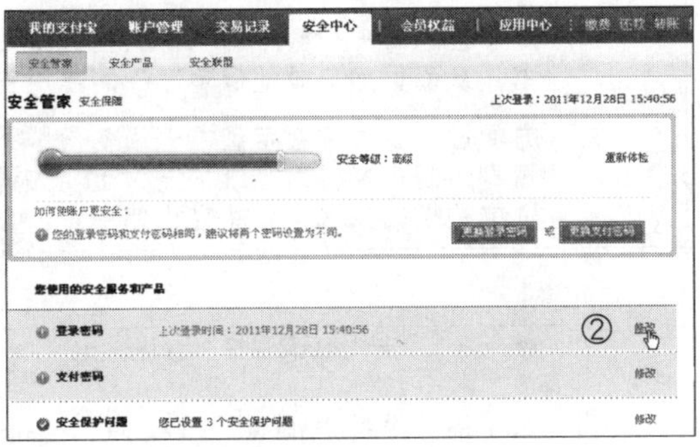

第 3 步：打开修改登录密码页面，①输入当前密码、新密码及确认新密码；②单击“确认”按钮，如左下图所示。

第 4 步：同样还可以修改支付密码，③输入当前密码、新密码及确认新密码；④单击“确认”按钮，如左下图所示。

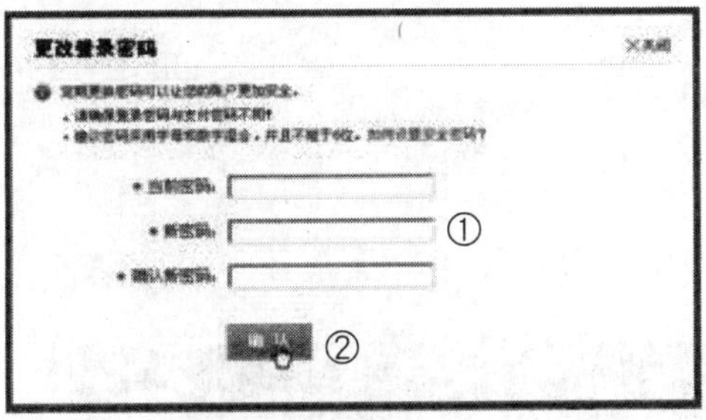

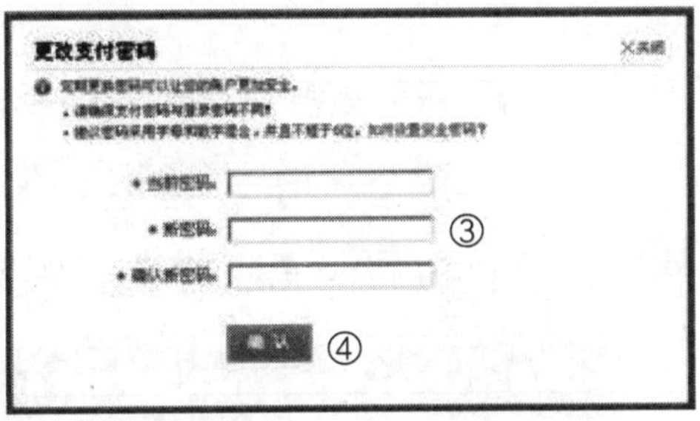

3.5 管理支付宝数字证书

支付宝数字证书是为了保障用户支付宝账户安全而采用的数字认证方式，可以在经常登录支付宝的计算机中安装数字证书，最大限度地确保支付宝账户资金的安全。

3.5.1 申请与安装数字证书

只要是开通了支付宝账户的用户，都可以申请并安装支付宝数字证书，具体操作方法如下。

第 1 步：登录支付宝页面，在“安全中心”页面下单击“数字证书”右侧的“申请”链接，如下页中图所示。

高手指引

支付宝数字证书的三大特点

1. 安全：支付宝数字证书根据用户身份给予相应的账户信息和资金操作权限。数字证书用户如果在其他计算机登录支付宝账户，在该计算机没有安装数字证书的情况下，只能查询账户，不能进行任何操作。
2. 唯一性：每一个数字证书都有自己唯一的身份标识无法被复制，别人也无法安装你的数字证书，从而更加有效地保障了你的账户安全。
3. 方便性：支付宝数字证书无须备份，即时安装、即时取消、即时保护你的账户安全。并且其量身定制了多种途径维护支付宝，如通过手机短信、安全问题等。不需要用户掌握任何数字证书的相关知识，也能轻松使用。

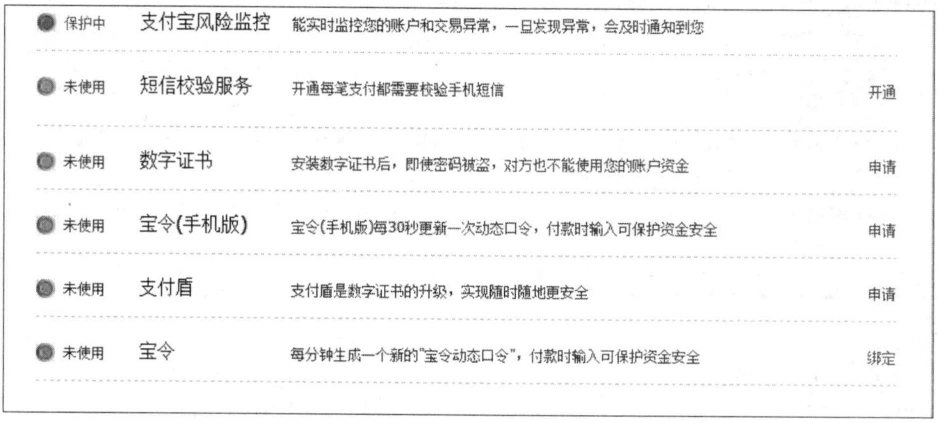

第 2 步：在打开页面中，单击下方的“申请数字证书”按钮，如下图所示。

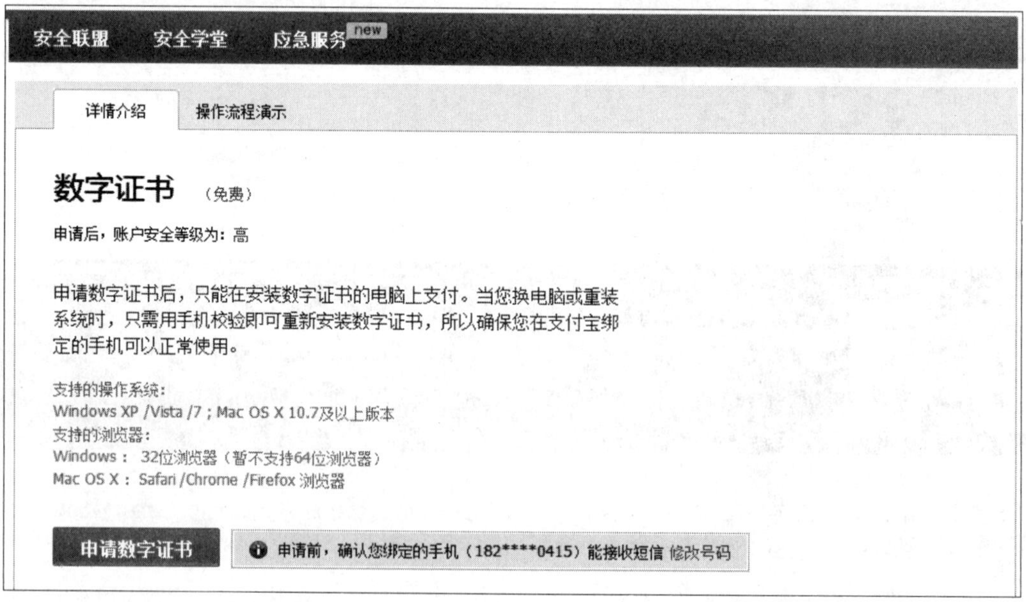

第 3 步：自动进入申请数字证书页面，①输入身份证号，选择使用地点并输入验证码；②单击“提交”按钮，如下页上图所示。

第 4 步：①输入手机接收到的校检码；②单击“确定”按钮，如下页中图所示。

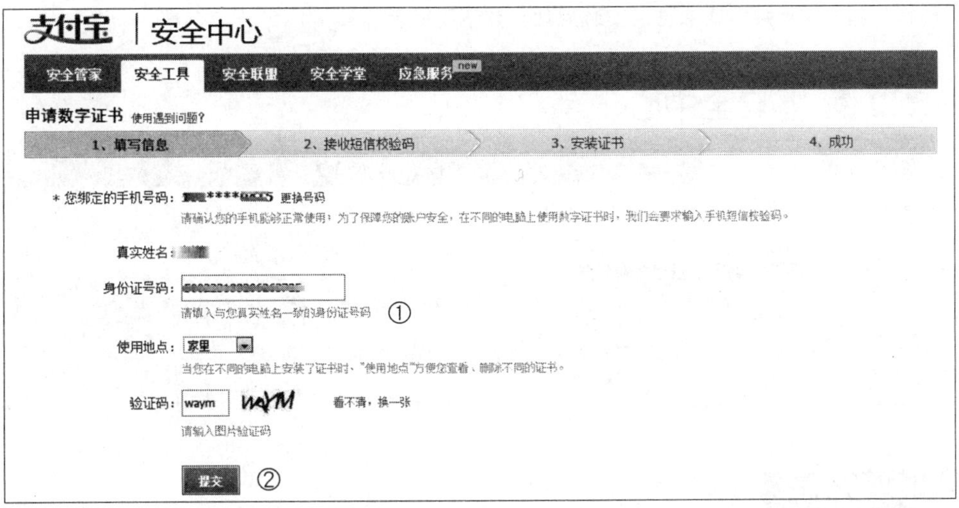

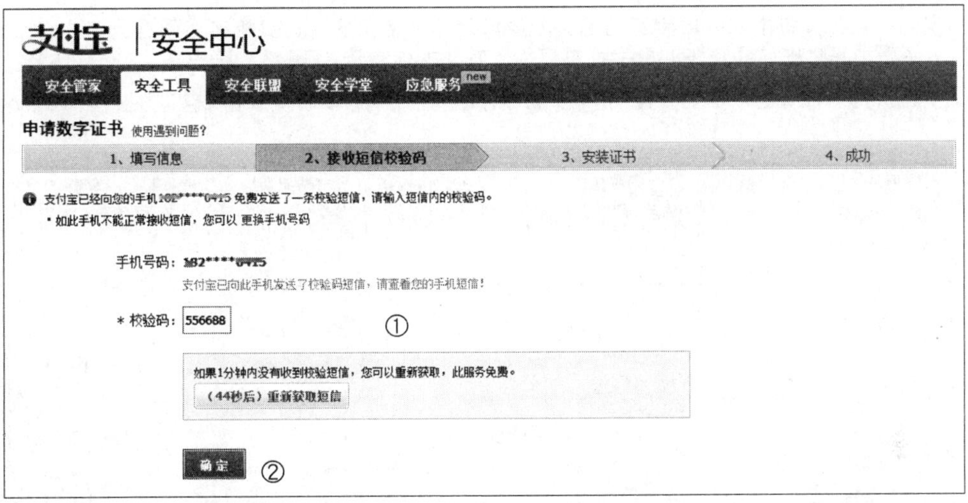

高手指引

计算机系统重装了，无法正常使用支付宝进行交易该怎么办？

如果计算机系统重装或想在其他计算机上对账户资金进行操作，只需在“安全中心”重新安装或取消数字证书后即可。

第 5 步：开始安装数字证书，如下图所示。

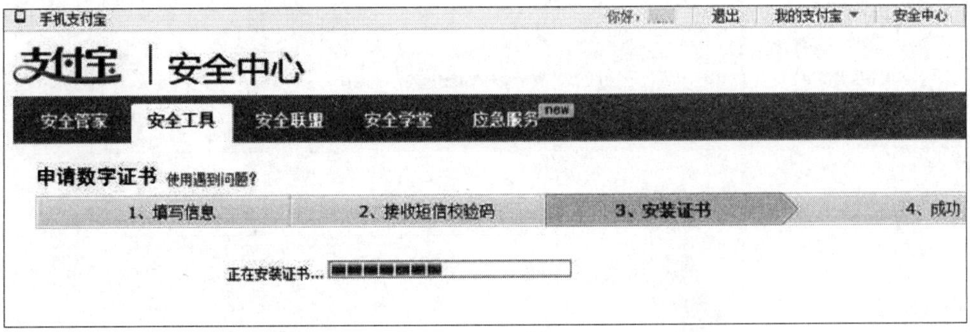

第 6 步：稍等片刻，提示数字证书已经安装成功，如下图所示。

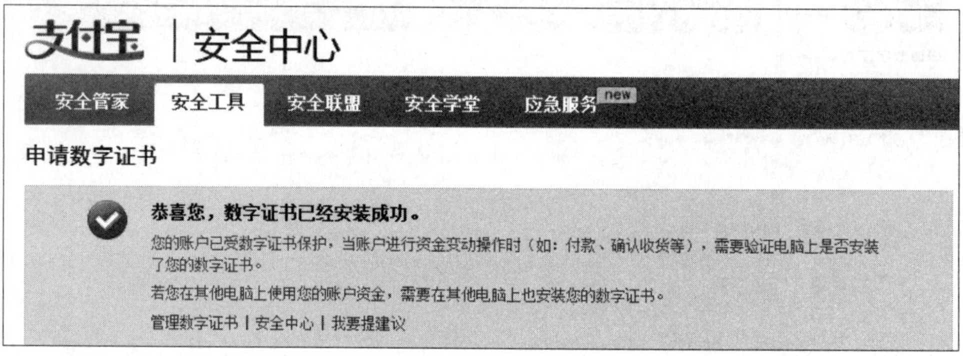

3.5.2 删除数字证书

在指定的一台计算机中安装数字证书后，如果以后不再使用这台计算机了，那么为了支付宝账户的安全，就应当将计算机中已经安装的数字证书删除，具体操作方法如下。

第 1 步：进入支付宝；①单击“安全设置”选项；②在“数字证书”选项右侧单击“管理”链接，如下图所示。

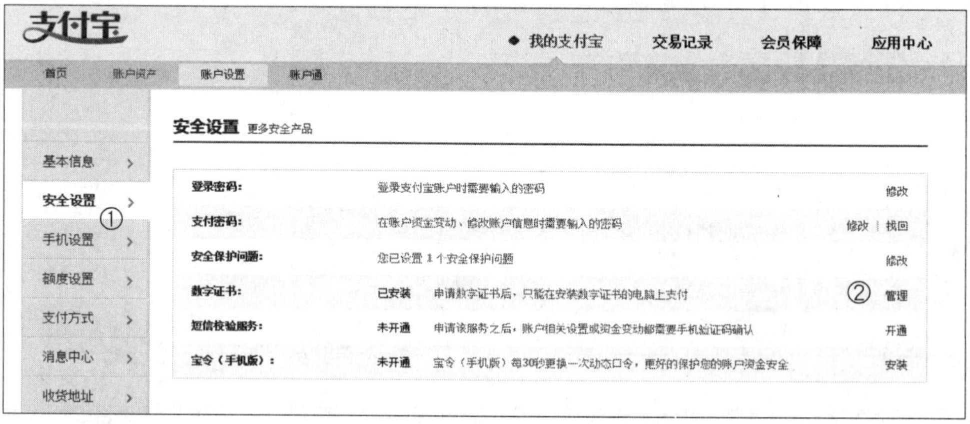

第 2 步：打开页面，显示最近的证书使用情况，单击右侧的“删除”按钮，如下图所示。将其删除即可。

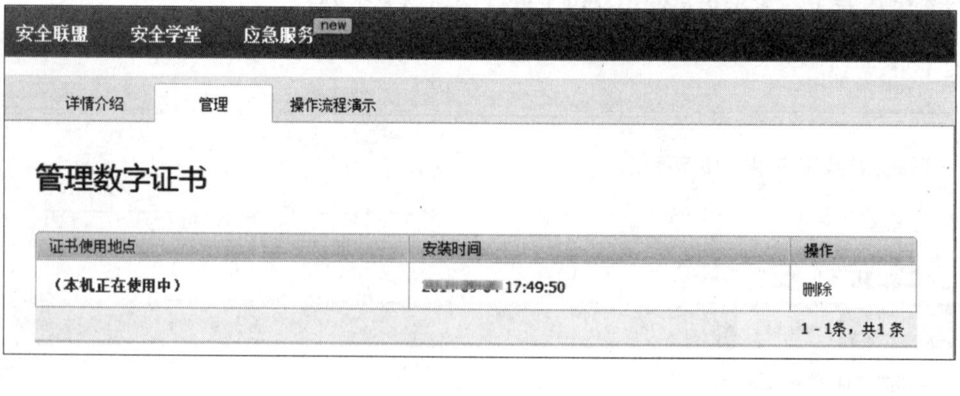

3.6 开通网上银行

“网上银行”（Internetbank or E-bank）简单地说，就是银行提供的让客户能够在网络中自助查询、办理各种金融业务的服务。而要开网店，就要拥有一张银行卡，并且申请开通网上银行功能。

3.6.1 开通网上银行的好处

网上银行又被称为“网络银行”，指银行通过信息网络，向客户提供的金融服务，包括传统银行业务和因信息技术应用带来的新兴业务。目前在网络电子商务中，通过网络银行，用户可以享受到方便、快捷、高效和可靠的全方位服务。任何需要的时候都可以使用，不受时间、地域的限制。

高手指引

网上银行与支付宝账户的关系

我们可以把支付宝账户理解为要去网上买东西时，必须要带上的电子钱包。这个电子钱包里必须有钱，足够支付自己拍下商品的货款。支付宝账户里的电子钱，是从网上银行里存进去的，这一过程称为“充值”。支付宝账户里的电子钱，也可以方便地回到网上银行，这一过程称为“提现”。

3.6.2 银行办理网上银行

目前基本上国内的所有银行都推出了网上银行业务，优点各不相同，但是它们的开通申请流程基本上都是一样的，即直接到柜台向银行申请开通网上银行及电子支付功能，具体操作方法如下。

第 1 步：先到银行申办银行卡，如左下图所示。

第 2 步：银行柜台填写网银开户申请，如右下图所示。

第 3 步：与银行签署网上银行服务协议，如左下图所示。

第 4 步：登录网上银行进行注册，如右下图所示。

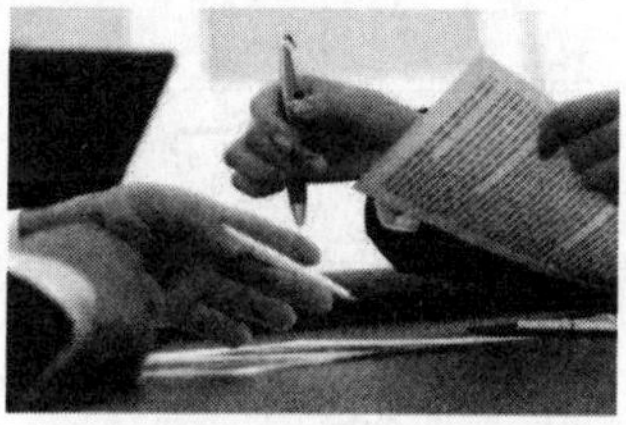

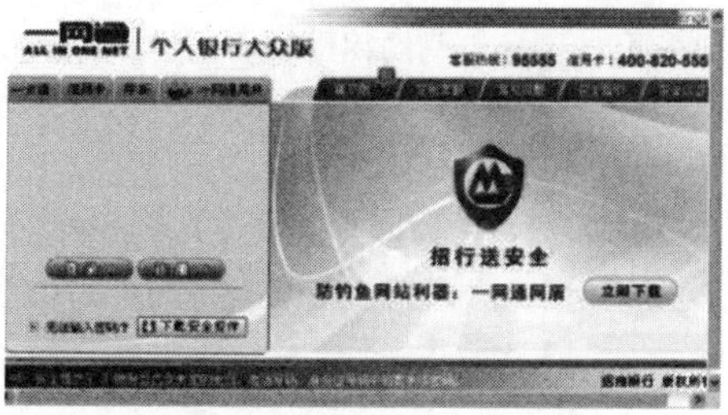

3.6.3　在线申请开通网上银行

申请开通网银，也可以直接在该银行卡所在银行官网办理，例如，开通交通银行卡的网上银行，具体操作方法如下。

第 1 步：打开浏览器，①输入地址 www.bankcomm.com，按 Enter 键进入交通银行官方网站；②在“个人网银”选项卡中单击“登录”按钮，如左下图所示。

第 2 步：③打开登录页面，单击“新用户单击这里注册”链接，如右下图所示。

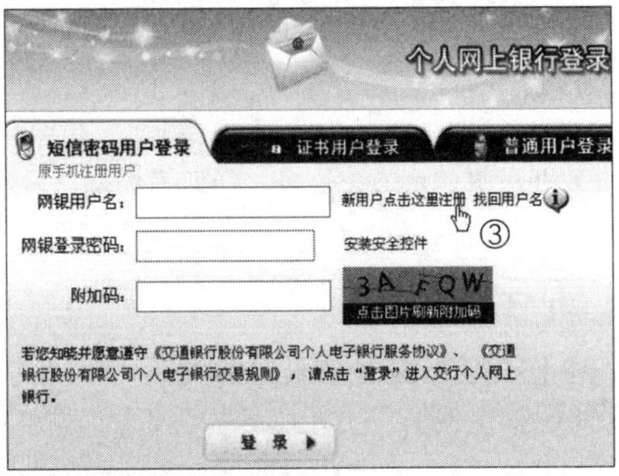

第 3 步：①填写银行卡号、查询密码及附加码；②单击“确定”按钮，如左下图所示。

第 4 步：③填写证件号码、查询密码等确认信息；④单击“确定”按钮，如右下图所示。

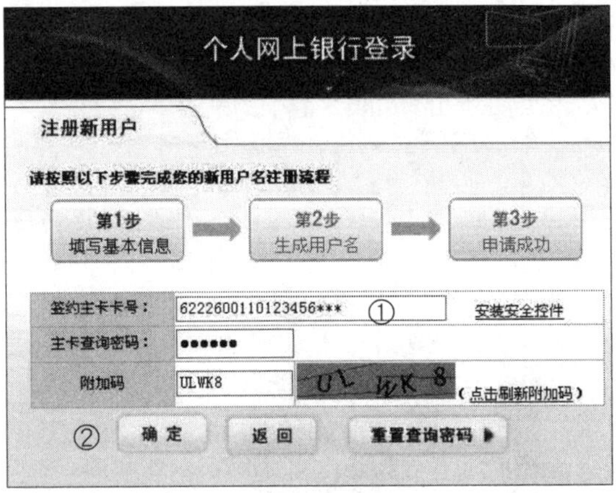

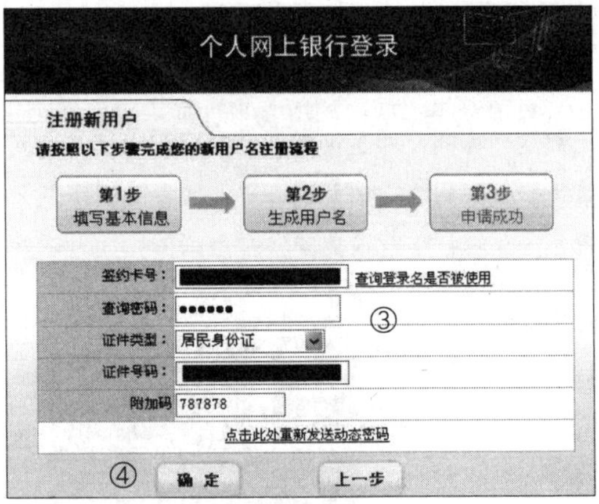

高手指引

这里输入的查询密码和申请银行卡时的交易密码有什么区别？

查询密码是用户登录自己的网上银行时需要使用的密码；而交易密码是在进行现金交易时输入的密码。

第 5 步：①提示注册成功，单击页面下方“返回登录”链接，如下页左上图所示。

第 6 步：②输入网银用户名、登录密码及附加码；③单击“登录”按钮，如下页右上图所示。

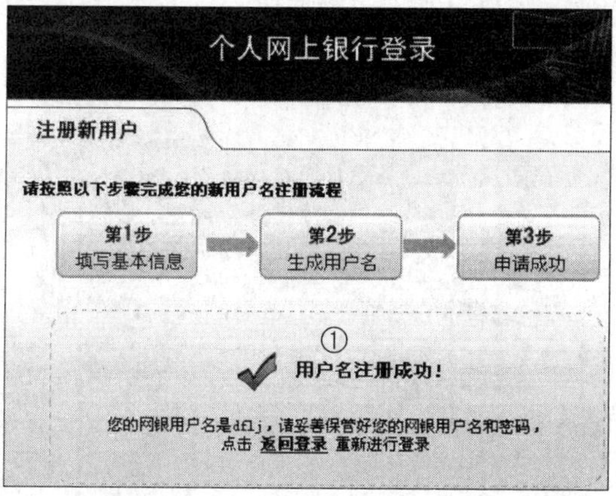

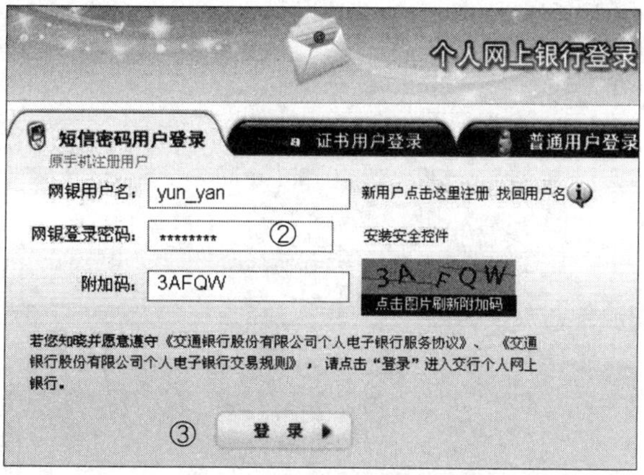

第 7 步：登录到个人网银管理页面，在这里可以查看并熟悉各个功能选项，①单击"客户服务"选项卡；②选择"业务功能开通"选项；③单击"网上支付"选项右侧的"开通"链接，如左下图所示。

第 8 步：④设置证件号码、密码、额度、手机动态验证码等信息；⑤单击"提交"按钮，如右下图所示。

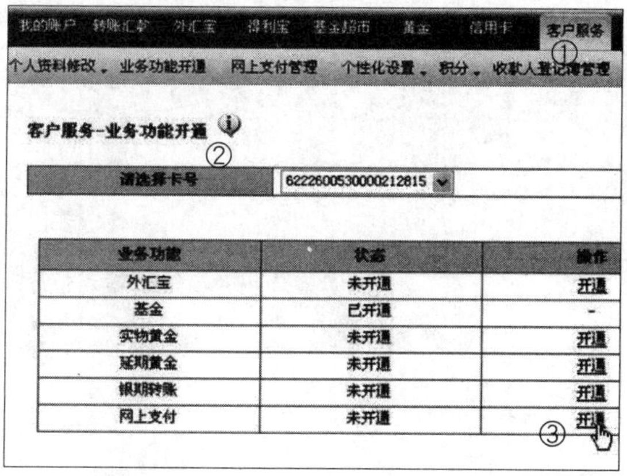

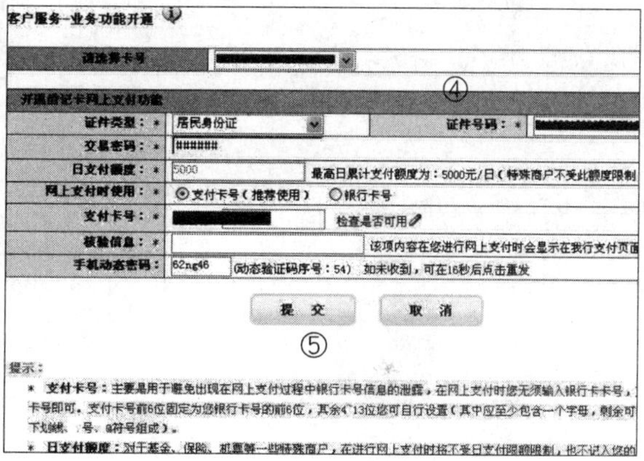

第 9 步：提示网上支付功能已开通，同时会显示已设置的支付卡号及日支付限额等信息。

高手指引

这里的手机动态密码是什么？

目前网上银行开通了多种安全功能以保护网上银行客户资金的安全，其中最方便的莫过于手机动态口令。它可以帮助用户在进行网上交易或转账时，自动以手机短信形式请求包含 6 位随机数的动态密码并发送到客户的手机上，当客户输入此动态密码后才能正常进行交易，从而最大限度地保障系统身份认证的安全性。

本章小结

本章详细介绍了如何入驻淘宝网并在淘宝上开店，以及店铺的管理。首先介绍如何注册成为淘宝网会员；其次讲解了淘宝店铺的创建和管理淘宝网店铺；最后介绍了对支付宝及对支付宝数字证书安全的管理，同时也简明扼要地对开通网上银行做了介绍。学习本章后可以全面、系统地了解如何完成开店申请，并管理店铺。

4

优化店铺管理
——用好淘宝“两宝”

店铺开张之后，卖家就需要打理店铺，例如谈生意、进货、上架商品和管理店铺商品的信息等。开店前期事务繁多，且无论生意好不好，对于店主而言都要辛勤地为店铺忙碌，才会有把店铺做大做强的一天。要知道在管理淘宝网店中，“淘宝千牛”和“淘宝助理”可以对店铺的日常事务进行系统、全面的管理。本章就为大家介绍使用淘宝“两宝”管理店铺的一系列知识。

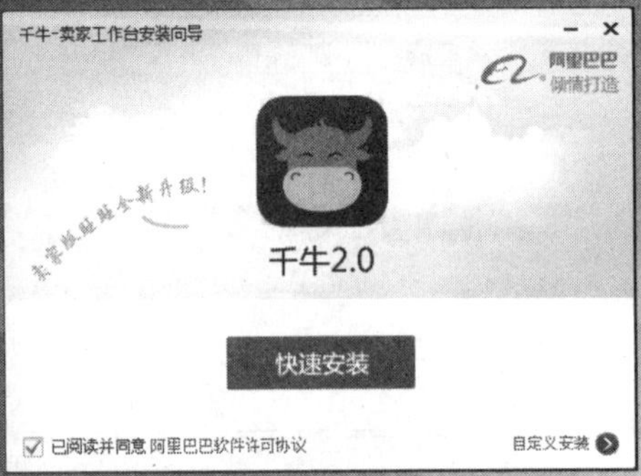

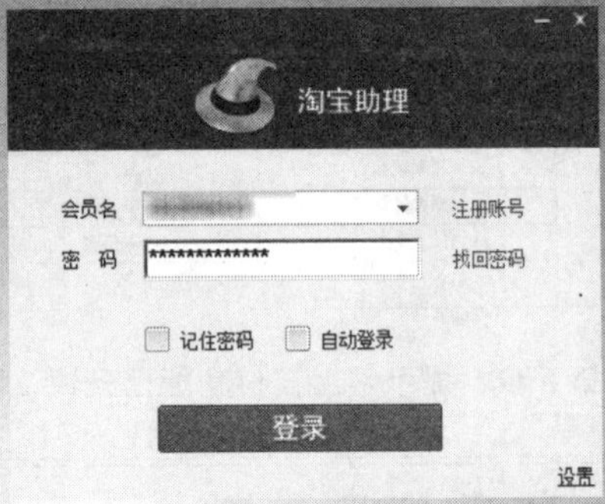

通过本章内容的学习，读者能够学习到如何下载与使用“淘宝千牛”的知识，并掌握交流技巧和分类管理买家，以及使用“淘宝助理”管理店铺中的商品。学习后需要掌握的相关技能知识如下。

※ 下载与安装“淘宝千牛”
※ 使用“淘宝千牛”管理店铺
※ 分类管理买家
※ 使用“淘宝助理”管理自己的商品

4.1 通过淘宝千牛管理店铺

“淘宝千牛”是淘宝网针对卖家所提供的一款即时交流的工具，与我们平时使用的QQ、阿里旺旺等聊天工具类似，通过该软件卖家与买家之间可以在线交流。与此同时作为卖家，也可使用“淘宝千牛”随时随意地监督管理自己的店铺，一旦有买家上门，还能即时与买家沟通，并促成交易。

4.1.1 下载并安装淘宝千牛工作台

与其他软件一样，要使用“淘宝千牛”，需要进入到淘宝网中下载“淘宝千牛”安装程序，并在计算机中进行安装。具体操作方法如下。

第 1 步：打开 IE 浏览器，①输入地址 http://work.taobao.com/，进入“淘宝千牛”官方网站的下载页面；②单击“立即下载”按钮，然后直接下载或使用专用下载工具进行下载即可，如下图所示。

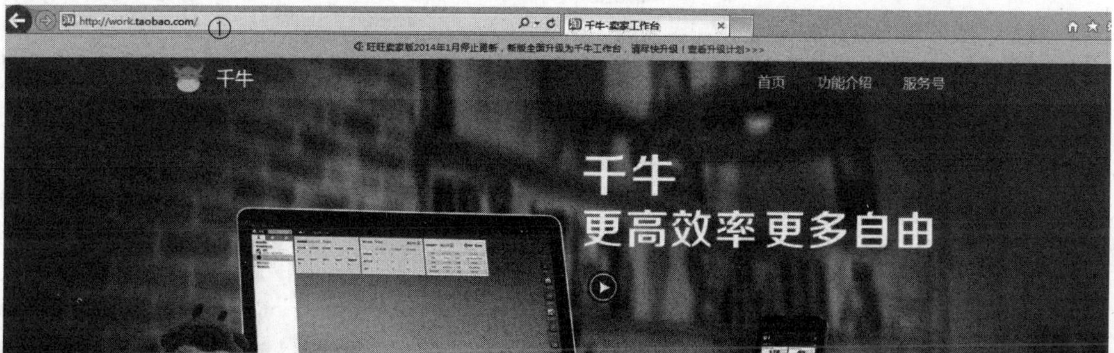

第 2 步：下载完成后，即可在计算机中安装“淘宝千牛”了，①双击安装程序图标，如下页左上图所示。

第 3 步：打开“千牛 - 卖家工作台安装向导”对话框；②勾选该对话框中的“已阅读并同意阿里巴巴软件许可协议”复选框；③单击“自定义安装”链接，如下页右上图所示。

高手指引

卖家千牛工作平台

“淘宝千牛”为阿里巴巴官方出品的卖家一站式工作台，分为计算机和手机两个版本。其核心是为卖家整合店铺管理工具、经营资讯消息、商业伙伴关系于一体，借此提升卖家的经营效率，促进彼此间的合作共赢。让卖家可以更加便捷和高效地管理店铺。

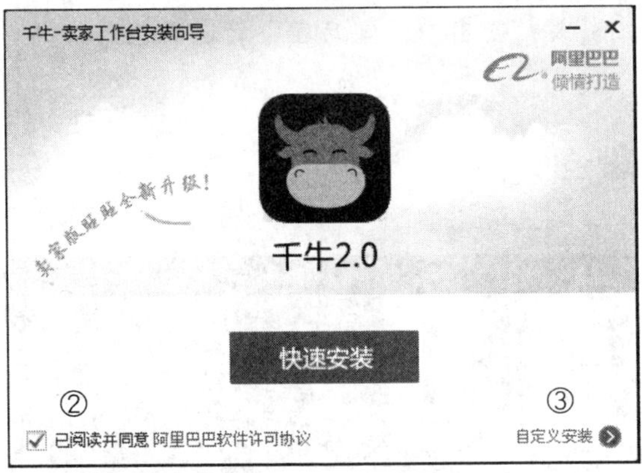

第 4 步：①单击“浏览”按钮，选择安装位置；②单击“安装”按钮，如左下图所示。

第 5 步：开始安装“淘宝千牛”工作台，并显示安装进度，如右下图所示。

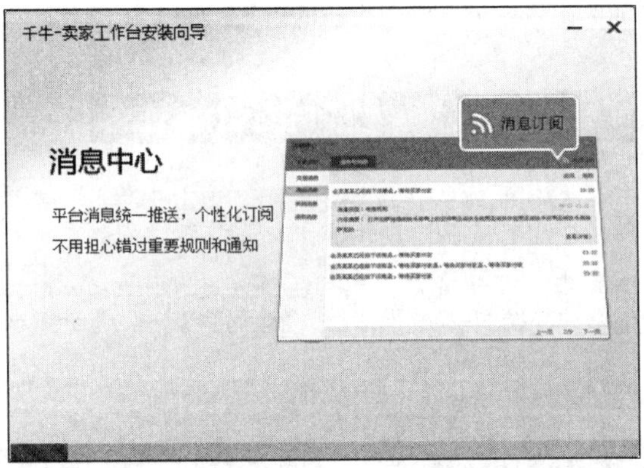

第 6 步：稍等片刻，单击“完成”按钮即可完成安装，如左下图所示。

第 7 步：安装结束后，桌面自动创建“千牛工作台”快捷启动图标，如右下图所示。

> **高手指引**
>
> **淘宝千牛与阿里旺旺的区别**
>
> 淘宝千牛主要针对淘宝卖家，使用卖家账号才能登录；阿里旺旺有买家版和卖家版。
>
> 1. 它们都具有消息发送与接收功能，如商品消息、订单消息、退款消息、官方公告等。
> 2. “淘宝千牛”的插件中心具有商品管理、交易管理、数据统计等常用功能，以及各种店铺工具，如批量上架、店铺装修、交易数据分析等，生意上门马上知道买家拍下商品、支付货款，确定收货能马上收到通知。
>
> 从两者的功能可以看出，“淘宝千牛”已经整合了淘宝旺旺卖家版的功能，并能够完成更多的操作，功能更全面。

4.1.2 登录并合理设置自己的千牛

安装“淘宝千牛”后，卖家就可以使用自己的淘宝账号来登录到“淘宝千牛”卖家工作平台，这一点和主流的通信工具 QQ 比较相似，登录“淘宝千牛”并要进行一些基本设置，具体操作方法如下。

第 1 步：①双击桌面上的“千牛工作台”图标，如左下图所示。

第 2 步：打开登录面板，②输入淘宝账户与密码；③单击“登录”按钮，如右下图所示。

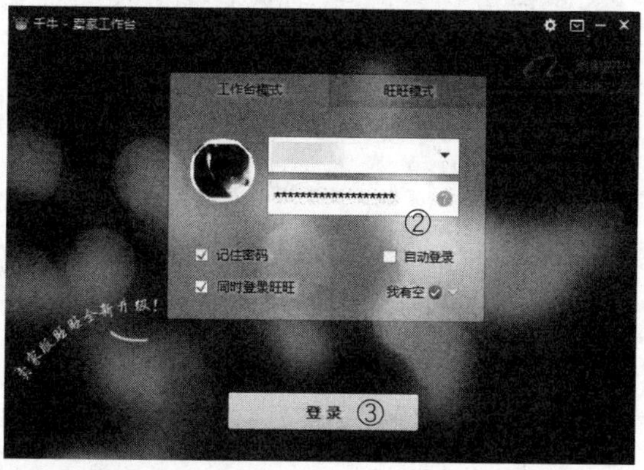

第 3 步：打开主面板，①单击“ ”图标，切换至旺旺模式；②单击右下角“设置”按钮，如左下图所示。

第 4 步：打开“系统设置”对话框，③选择左侧的“常规”选项；④取消勾选“不使用电脑 *** 后将我的状态变更为‘离开’”复选框，如右下图所示。这样只要登录“淘宝千牛”，都会显示为在线状态。

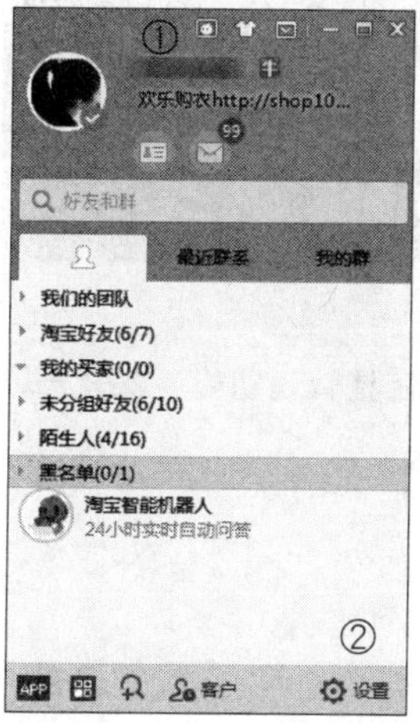

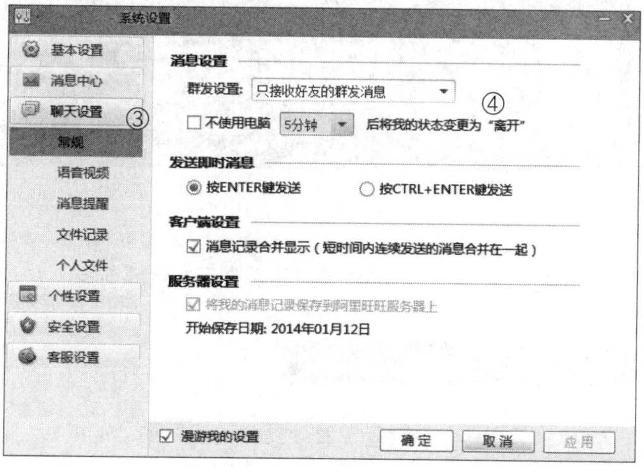

第 5 步：①单击左侧的“个性签名”选项；②单击“新增”按钮，如左下图所示。

第 6 步：③输入个性签名内容；④单击“保存”按钮，如右下图所示。

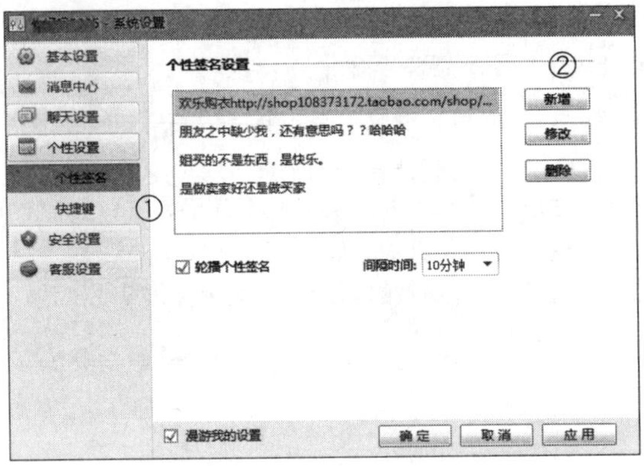

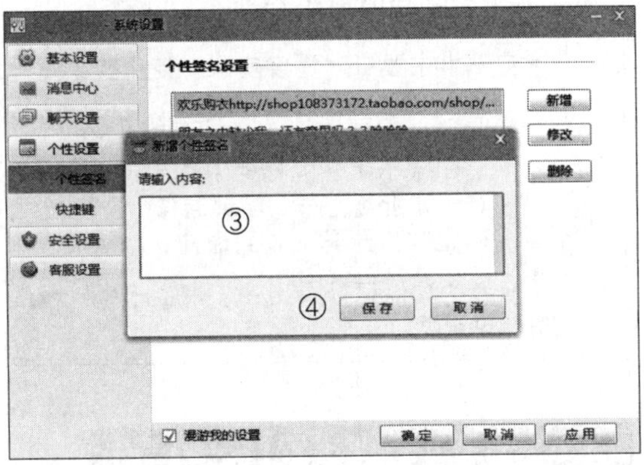

第 7 步：①单击勾选“轮播个性签名” 复选框，设置多条签名滚动显示；②单击“确定”按钮，保存设置，如左下图所示。

第 8 步：双击用户名，打开“我的资料”对话框，③设置个人的基本资料；④单击“确定”按钮，如右下图所示。

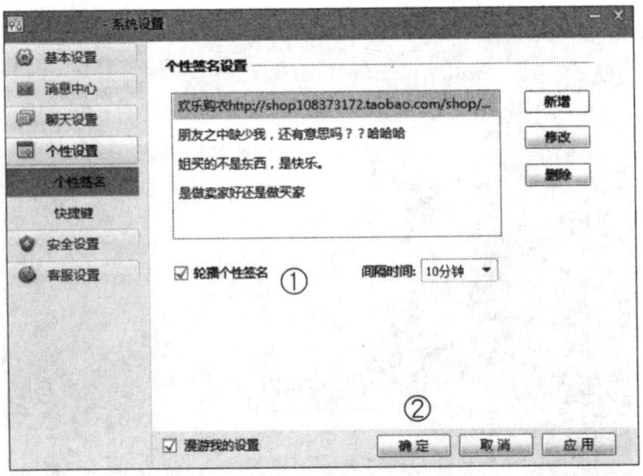

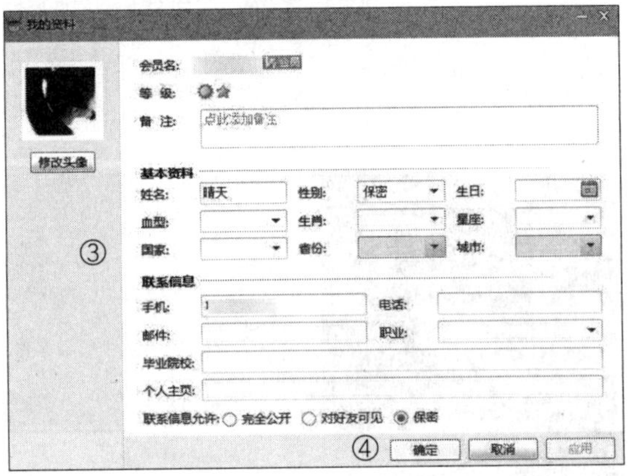

4.2 用好淘宝千牛这个好秘书

“淘宝千牛”除了为买卖双方提供交流平台以外，还为卖家提供了强大的店铺管理功能。就像一位称职的秘书，使广大卖家轻松地实现交流与管理同步。

4.2.1 认识千牛管理功能

千牛工作台，针对店铺管理提供了不同的功能面板，在千牛界面中单击对应的按钮，即可切换到相应的面板，并查看与使用其中的功能，如左下图所示为“插件中心”面板；如右下图所示为“常用入口”面板。

高手指引

淘宝千牛的实施监控功能

“淘宝千牛”提供了实施监控功能，可以对店铺动态实施监控，如果有买家购买或者付款，将会同步提示用户，这使我们平时不用登录到网店中，也能够方便地经营自己的网店。

4.2.2 通过千牛管理店铺

用淘宝账号登录到“淘宝千牛”，就可以通过“我的淘宝”面板来轻松对自己的店铺进行管理。例如，查看已卖出的商品、出售中的商品及发布商品，从而进一步操作与管理店铺。

1. 查看已卖出的商品

通过“淘宝千牛”，可以迅速查看已卖出的商品，具体操作方法如下。

第 1 步：①在“淘宝千牛”面板下方单击“常用入口”按钮；②在打开的列表中单击“交易管理”按钮，如左下图所示。

第 2 步：③在打开的对话框中单击“交易成功”选项，即可查看到已成功售出的商品，如右下图所示。

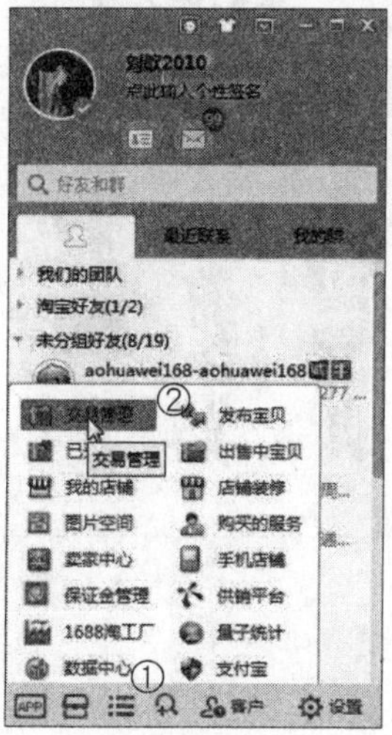

2. 查看出售中的商品

通过“淘宝千牛”，可以迅速查看店铺中当前正在出售的商品，具体操作方法如下。

第 1 步：①在“淘宝千牛”面板下方单击“常用入口”按钮☰；②在打开的列表中单击“出售中的商品”按钮，如左下图所示。

第 2 步：进入“出售中”页面，如右下图所示。卖家可以查看与管理当前店铺中出售的所有商品。

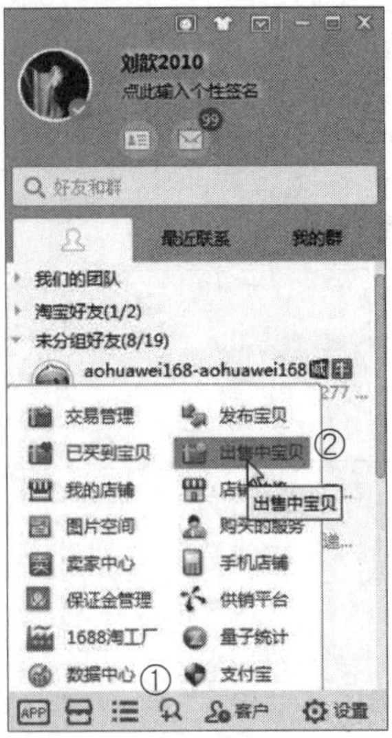

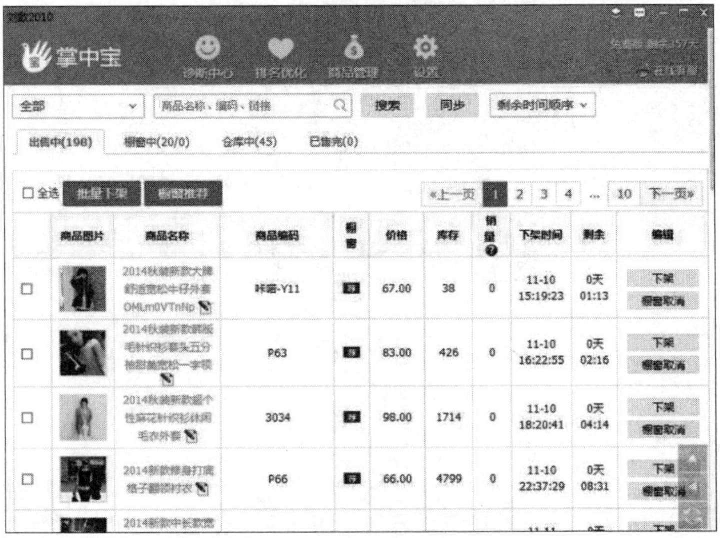

3. 快速打开店铺首页

通过“淘宝千牛”可以迅速进入店铺首页，具体操作方法如下。

第 1 步：①在“淘宝千牛”面板下方单击“常用入口”按钮☰；②在打开的列表中单击“我的店铺”按钮，如左下图所示。

第 2 步：即可打开自己店铺的首页，如右下图所示。通过该方式进入店铺后，只能查看店铺，如果要对店铺管理，那么还需要登录。

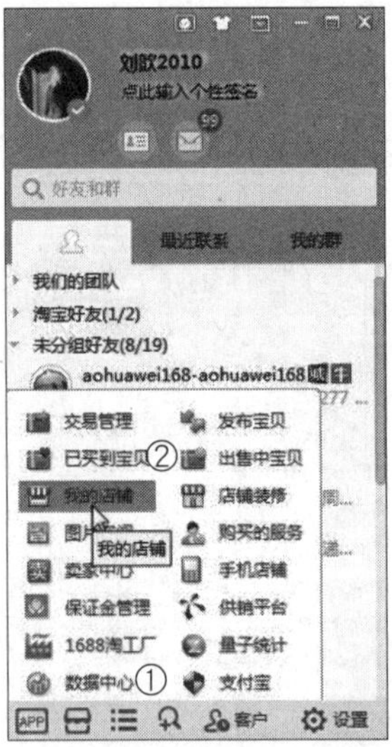

4. 快速打开发布商品页面

通过“淘宝千牛”可以迅速进入“发布商品”页面，具体操作方法如下。

第 1 步：①在“淘宝千牛”面板下方单击“常用入口”按钮 ；②在打开的列表中单击“发布宝贝”按钮，如左下图所示。

第 2 步：即可进入发布商品页面，如右下图所示。如果卖家已经使用了淘宝助理，那么该功能一般不会使用到。

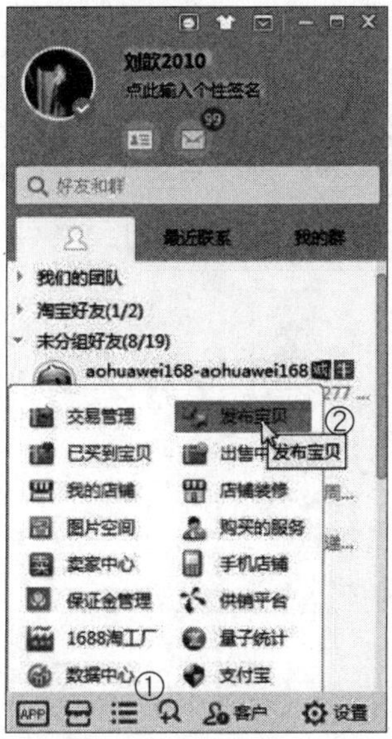

4.2.3 千牛对店铺事务实时提醒

登录了“淘宝千牛”不但能与买家及时交流，而且该软件会同步监控店铺动态，如商品被拍下、买家付款，以及买家确认时，都会弹出消息框提示卖家，这使卖家可以非常轻松地了解自己店铺的交易情况，并及时对交易进行处理，如左下图所示为买家付款，右下图所示为评价后的提醒消息。

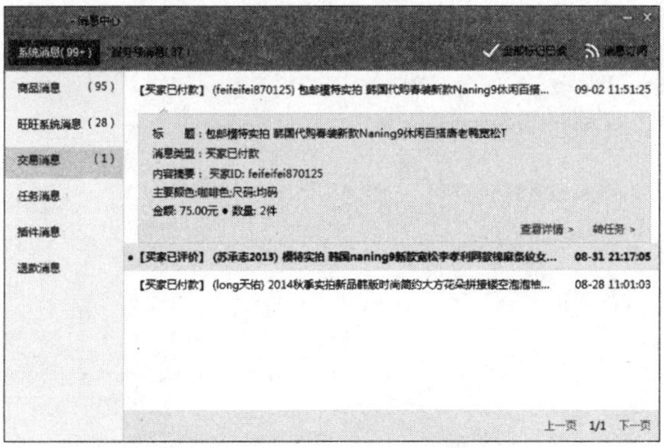

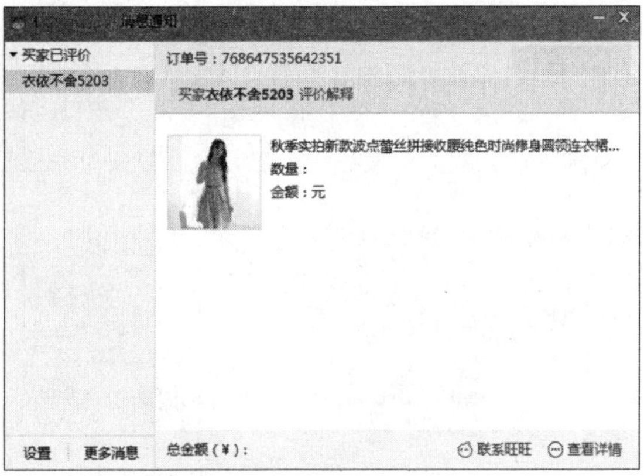

4.2.4 通过千牛与买家交流商品

对于卖家而言，登录到“淘宝千牛”主要的目的就是等待买家来咨询，一旦有买家看中店铺的商品，并给卖家发送信息时，任务栏中就是弹出信息窗口，同时伴有“叮咚”的提示音，此时单击信息按钮，即可打开信息窗口查看信息内容，如下页上图所示。

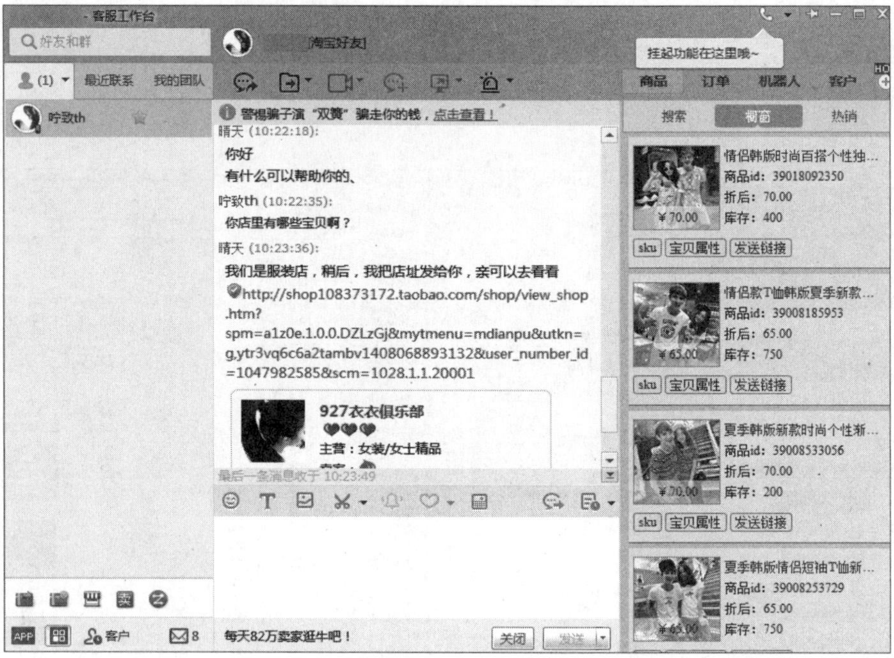

高手指引

不同的聊天窗口显示不同的信息

当打开信息窗口后，我们可能会发现，有的信息窗口右侧显示了店铺中某款商品的信息，而有的什么都不显示。这主要取决于买家是通过单击店铺中哪个页面中的“和我联系”按钮与卖家联系的。如果在商品页面中单击，那么信息窗口中就会显示对应的商品信息，也就表示买家当前关注的是这件商品。

使用“淘宝千牛”回复买家信息，促成交易，具体操作方法如下。

第 1 步：当卖家查看来自买家的信息内容后，就可以针对买家所提出的问题进行相应的回答，①输入回复内容；②按下 Enter 键，或单击“发送”按钮，如左下图所示。

第 2 步：将回答内容发送给买家，同时窗口上方将显示相互之间的对话记录，如右下图所示。

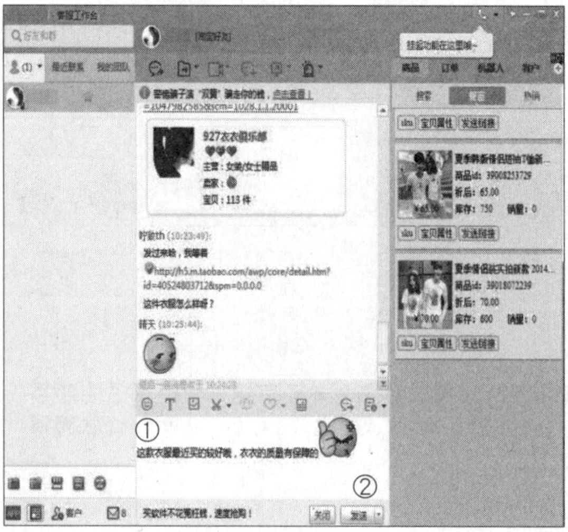

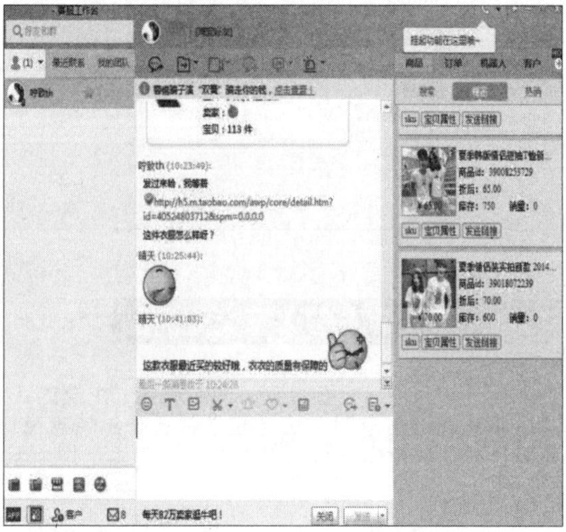

4.2.5 设置消息自动回复

“淘宝千牛”的自动回复功能，可以自动回复买家咨询店铺及商品信息的相关问题，这样在卖家不在计算机旁边的情况下，也能做到及时回复买家。启动“淘宝千牛”的自动回复功能，并设置相关回复内容，具体操作步骤如下。

第 1 步：打开“淘宝千牛”主界面，①单击右上角的“机器人”选项卡，如左下图所示。

第 2 步：②在打开的界面中设置买家“谢谢”等感谢语的回复语；③并勾选“遇该问题自动回复”复选框；④单击“确认”按钮，如右下图所示。

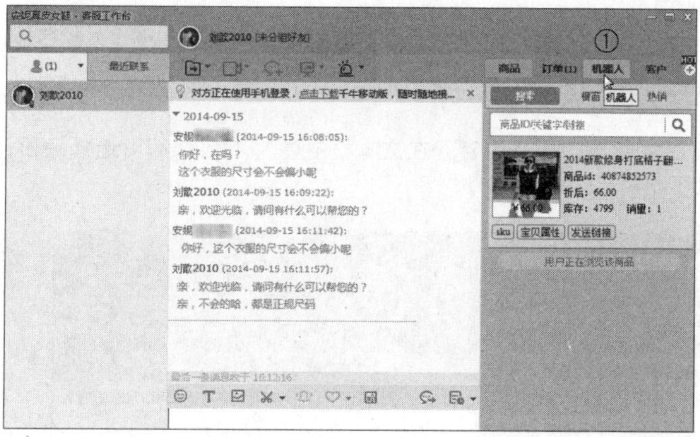

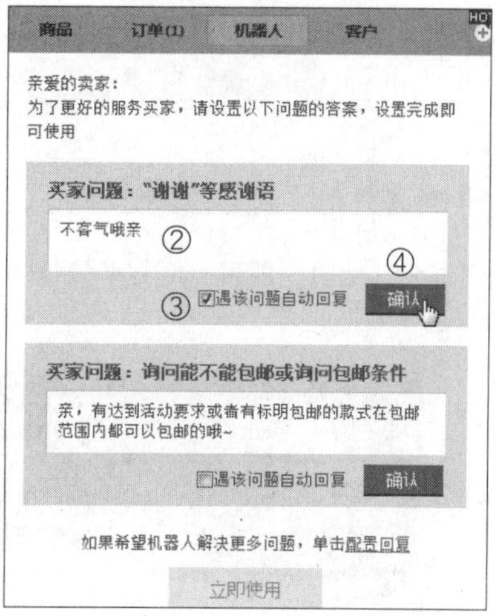

第 3 步：继续设置回复语，完成后单击下方“立即使用”按钮，如左下图所示。

第 4 步：此时，即可查看到半自动机器人已开启，如右下图所示。

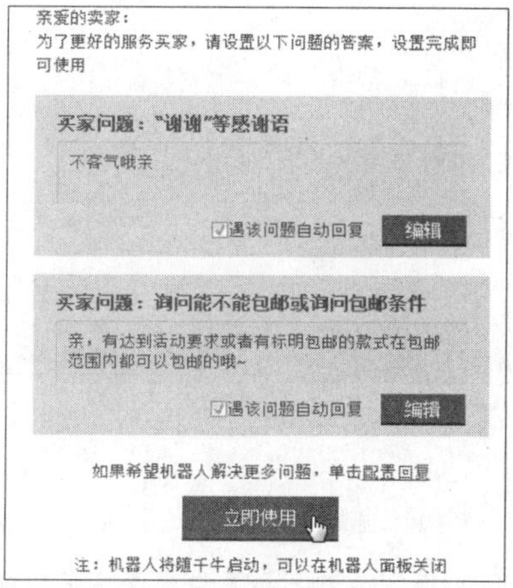

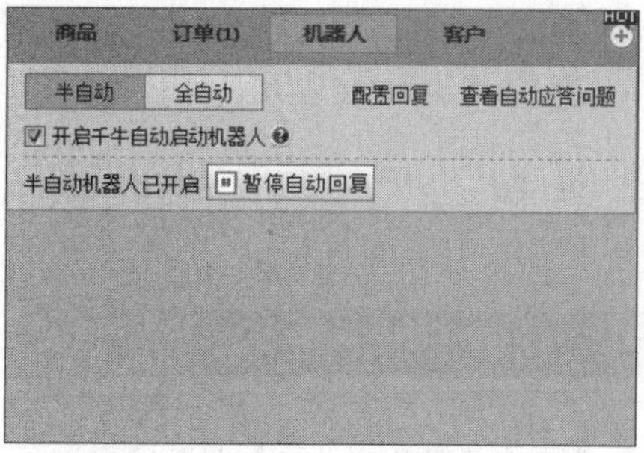

4.2.6 快捷短语，迅速回复客户

有经验的客服会发现买家咨询的有些问题，回答内容是重复的，此时，就可以选择快捷短语进行回复。用好这个功能的关键是要设计出好的快捷短语内容，并在合适的场合快速发送给买家。创建快捷短语的具体操作步骤如下。

第 1 步：在消息框中单击“快捷短语”图标，①在右侧打开的面板中单击“新建”按钮新建，如下页左上图所示。

第 2 步：打开“新增快捷短语”对话框，②输入短语内容与快捷编码；③设置短语样式；④单击“保存”按钮，如右下图所示。

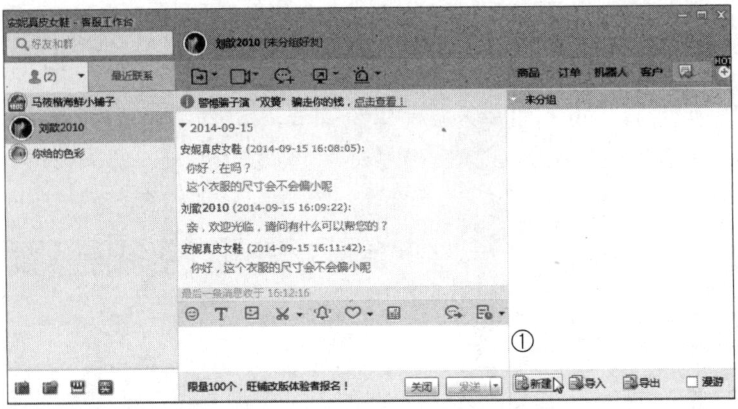

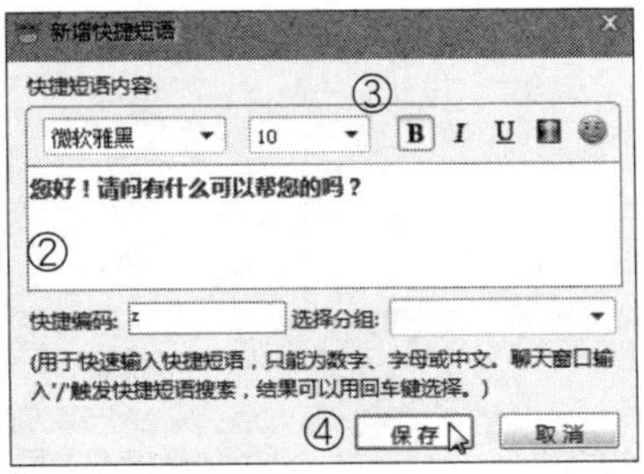

第 3 步：此时，即可查看到“快捷短语”面板中新建的短语内容，在文本框中输入“\”，即可选择短语，如下图所示。

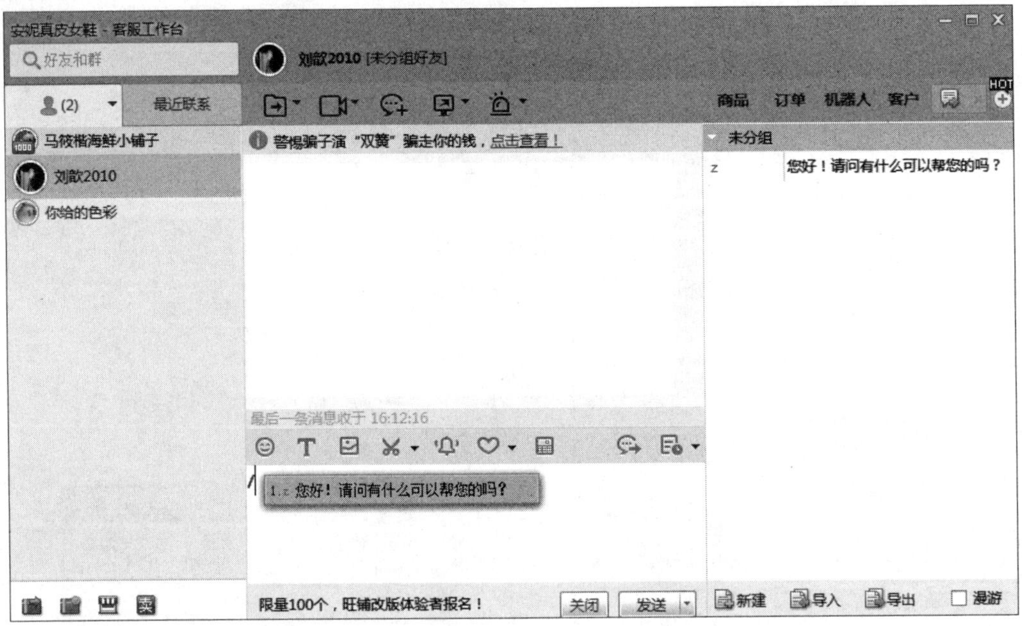

4.2.7 有效管理千牛中的买家

广大卖家应该注重对买家信息的关注与管理，尤其是店铺慢慢成熟后买家也逐渐增多。就需要时时添加买家为好友、分类放置不同的买家、查看与买家的聊天记录等。

1. 将买家加为好友

在“淘宝千牛”中交流过的买家会自动保留在陌生人列表中，建议卖家将这类买家加为自己的千牛好友，抓住所有已有或潜在的顾客资源。在“淘宝千牛”中将买家添加为好友的具体操作方法如下。

第 1 步：先给自己发送过信息的买家，将显示在千牛陌生人列表中，①在该列表中右击要添加的联系人；②在弹出的菜单中选择“添加好友”命令，如下页左上图所示。

第 2 步：③弹出安全验证对话框，输入验证字符；④单击“确定”按钮，如下页右上图所示。

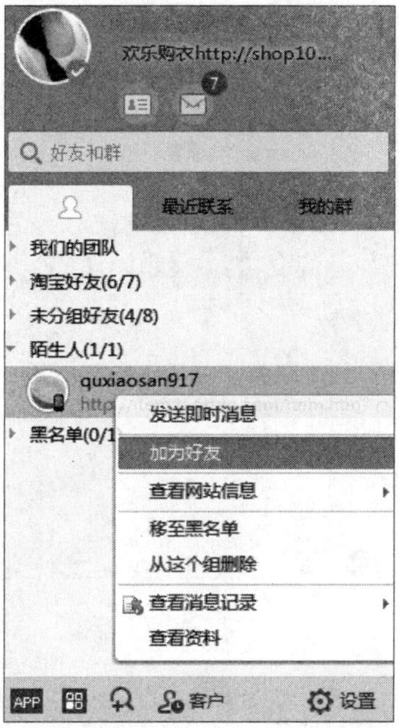

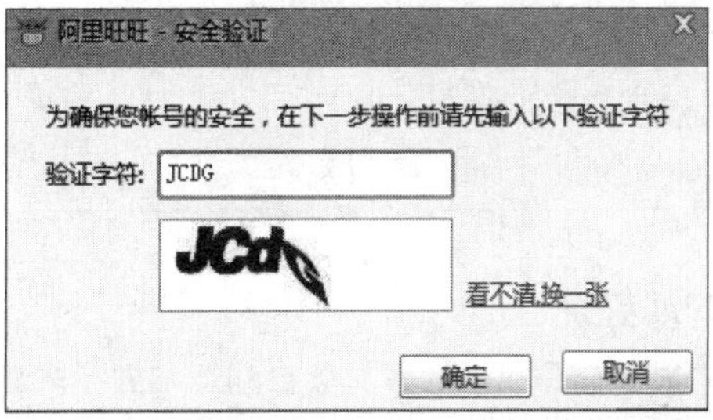

高手指引

快捷短语的设置思路

1. 买家初次打招呼时

设计一个问候语这很重要，既能够显示出自己的热情，也可以显示出自己的专业。可以根据自己的语言习惯、表达方式来定。如"你好！我们专门做出口绿色健康食品，有什么可以帮你的！"

2. 买家询问产品质量时

可以用"这点你放心，我们的产品质量完全是有保证的，原材料来自……"（多数客户可能都需要介绍产品情况。事先做好准备，做好快捷短语，就不会让我们每次输入同样的话了）。

3. 买家问售后服务问题

先想象对方可能会经常提出的咨询内容，然后进行设计，如"我们承诺七天无条件退货，一年保修"等，当客户问到售后保证时，可以第一时间发出这条短语，让客户放心。

4. 在聊天结束时

无论对方是否购买我们的产品，周到的结束语都是有必要的，让客户感觉更贴心，为下次再来提供条件。例如，"你要的货物我们会通过中国邮政发出，预计 7～14 天到，请耐心等候喔。如果有问题请随时联系 XXXX。合作愉快，欢迎下次再次光临"

第 3 步：①弹出"添加好友成功！"对话框，设置好友显示名称并选择组；②单击"完成"按钮，如下页左上图所示。

第 4 步：将对方添加为自己的好友，同时显示在"淘宝千牛"列表对应的分组中，如下页右上图所示。

高手指引

陌生好友不会在另一台计算机中显示

如果没有将该计算机中交流过的陌生买家加为好友，那么更换到其他计算机中登录千牛客服工作台，将无法显示陌生好友。

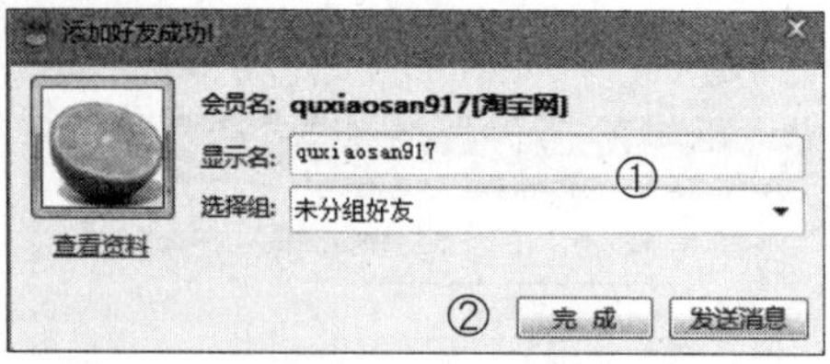

2. 分类管理好友

千牛中很多交易成功的好友会自动添加到“未分组好友”列表中，此时就需要对这些好友进行进一步分类放置，便于管理及推广宣传时快速为不同分组的好友批量发送信息。在分类好友之前，可以先根据自己的需要在“淘宝千牛”中创建分组。

（1）建立好友分组

“淘宝千牛”中默认建立了多个分组，包括“家人”、“客户”、“朋友”等，我们在对卖家进行分类管理时，默认分类显然是不适用的，此时就需要自行建立新的分组，其具体操作方法如下。

第 1 步：①在“淘宝千牛”好友列表中的任意位置右击鼠标，②在弹出的快捷菜单中选择“添加组”命令，如左下图所示。

第 2 步：③此时将在原有分组下方新建一个分组，输入分组名称即可，如右下图所示。

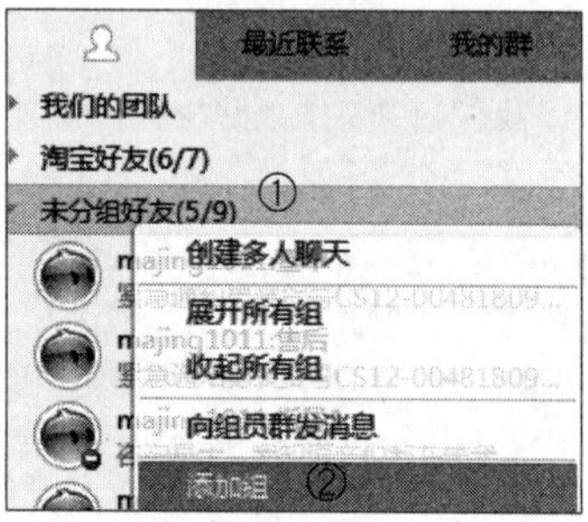

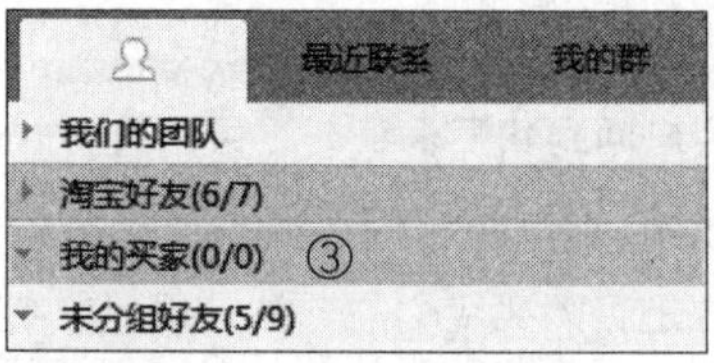

第 3 步：按照同样的方法，继续添加其他分组，如左下图所示。

第 4 步：如果要在当前分类下继续细化分类，那么可以右击该分组，在快捷菜单中选择“添加子组”命令，创建多个子分组，如右下图所示。

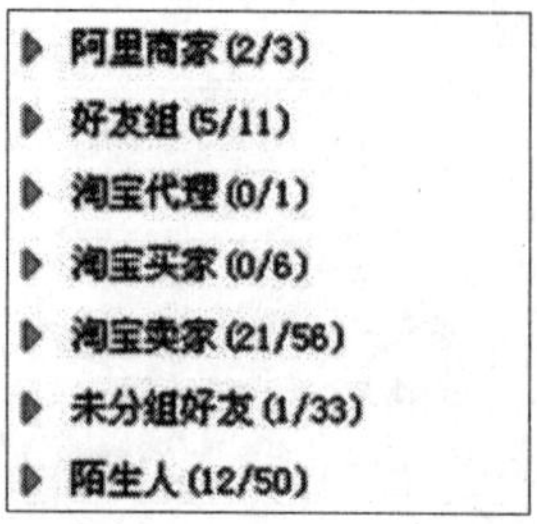

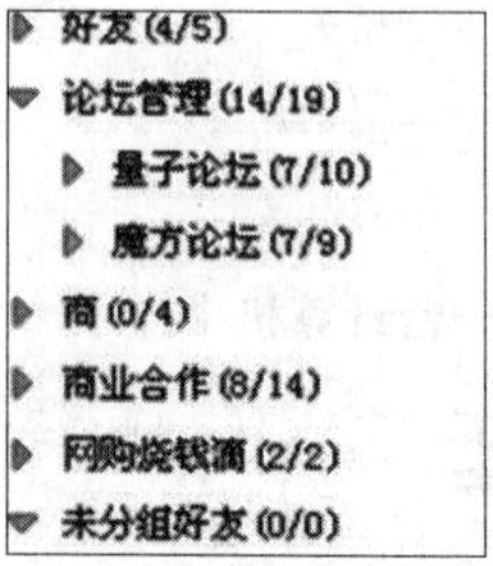

（2）将好友分类放置

创建分组后就可以将未分组的好友拖动到对应的分组中了，其方法与在 QQ 中移动分组好友的方法相同，只要在“未分组好友”中选中要分组的好友，然后用鼠标将其拖动到对应的分组中即可，如下图所示。

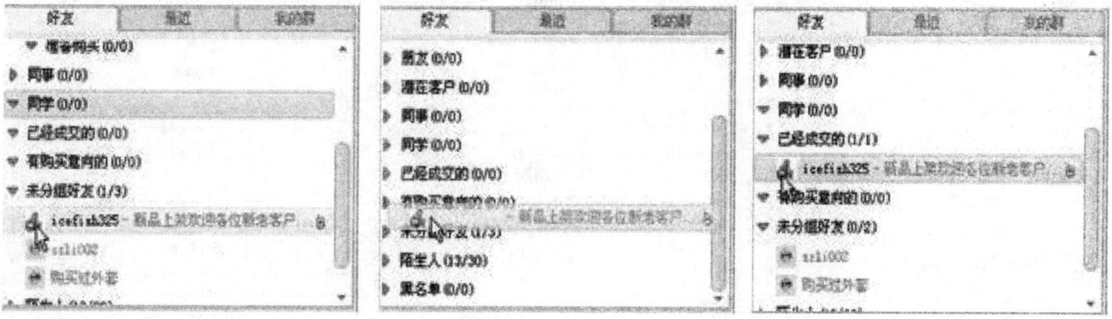

3. 为好友设置显示名称

在初次添加好友时，可以直接输入好友的显示信息，但对于已有的好友，就需要在添加后单独设置显示名称了，从而便于区分与识别不同的买家。为已有好友设置显示名称的具体操作方法如下。

第 1 步：①在“淘宝千牛”好友列表中右击需要修改名称的好友，②在弹出的快捷菜单中选择“修改显示名”命令，如左下图所示。

第 2 步：③此时好友名称变为可编辑状态，输入新的名称；④单击任意位置即可确认更改，如右下图所示。

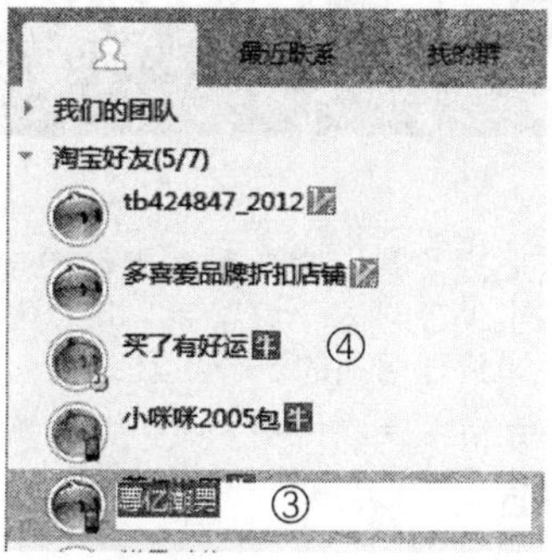

4. 查看聊天记录

当与买家交流后，“淘宝千牛”会保留所有的聊天记录，以便随时查看，分析买家的购买需求，从而更好地对买家进行回复，或者以后新商品发布时，通知有相应需求的买家。

第 1 步：要查看某个好友的聊天记录时，在“淘宝千牛”好友列表中双击该好友图标，打开聊天窗口，在上方窗口中将显示最近的聊天记录，如下页左上图所示。

第 2 步：如果要查看更多的记录，则单击“聊天记录”按钮，右侧窗口中即显示所有该好友的聊天记录，如下页右上图所示。

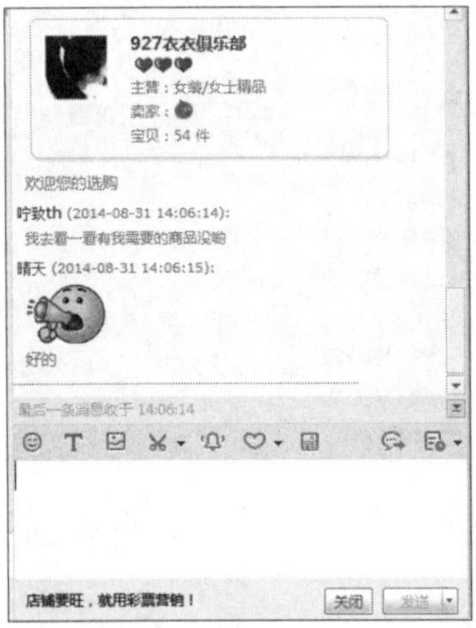

高手指引

查看聊天记录

单击右下角的“消息记录”按钮，打开“消息管理器”窗口后，可以看到左侧窗口中显示了所有好友列表，此时如果要查看其他好友的聊天记录，那么只要在列表中单击好友图标，右侧列表中就会切换显示对应的聊天内容，如果某个好友聊天记录太多，那么，可以单击下方的翻页按钮来逐页查看。

4.3 使用淘宝助理有序管理商品

“淘宝助理”是一款免费提供给淘宝卖家使用的、功能强大的客户端工具软件，大部分卖家都会选择使用“淘宝助理”这个好帮手，可以不登录淘宝网，就能直接编辑商品信息，快捷批量上传商品，同时它也是店铺管理商品的一个工具。

高手指引

淘宝助理的特点

对于商品更换比较快的店铺来说，上传商品要花很多的时间。鉴于这个原因淘宝网开发了“淘宝助理”这款软件。它可以实现快速批量上传商品；建立专业的商品销售页面；使用模板建立并管理多件商品档案；离线管理，轻松编辑商品信息。

4.3.1 下载与安装淘宝助理

所有卖家都可以使用“淘宝助理”来帮助自己管理店铺商品，当然，在使用“淘宝助理”前，需要先到淘宝网中下载并在计算机中安装“淘宝助理”。

第 1 步：在浏览器地址栏中输入网址“http://zhuli.taobao.com/”，按 Enter 键进入到“淘宝助理”下载页面。这里显示了新的 5 系列版本，①单击 5.5 版本中的“立即下载”按钮进行下载保存，如左下图所示。

第 2 步：②在桌面上双击安装程序图标，如右下图所示。

第 3 步：①打开“淘宝助理安装”对话框，在安装向导界面中单击“下一步”按钮，如左下图所示。

第 4 步：②进入“许可证协议”界面，单击“我接受”按钮，如右下图所示。

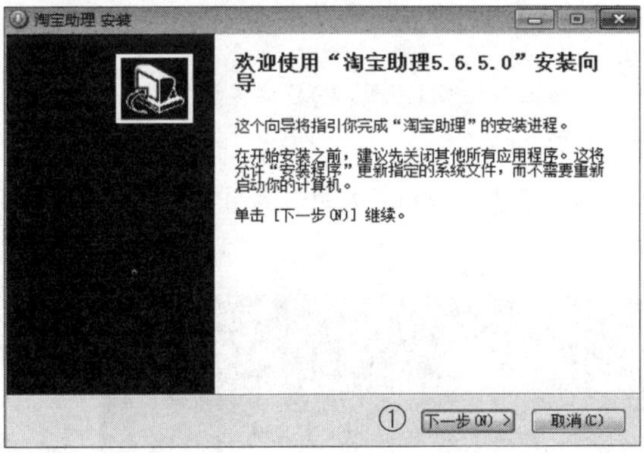

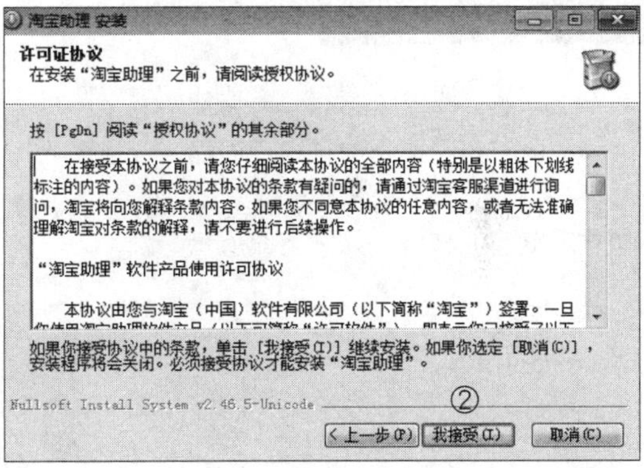

第 5 步：①进入“选择安装位置”界面，在该对话框中可以单击“浏览”按钮选择安装位置，也可以保持默认；②单击“下一步”按钮，如左下图所示。

第 6 步：选择“开始菜单”文件夹，用于创建程序的快捷方式，③单击“安装”按钮，如右下图所示。

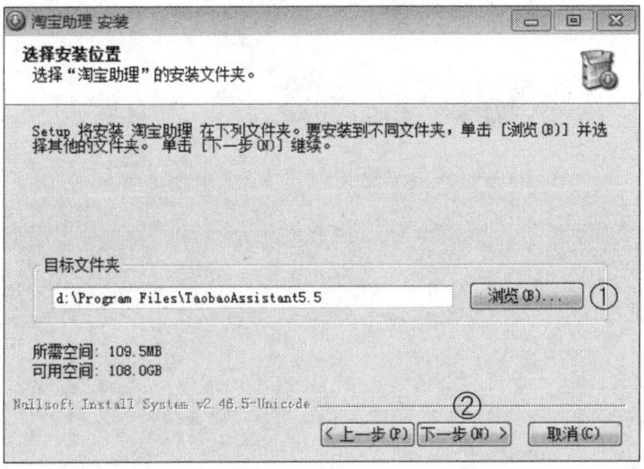

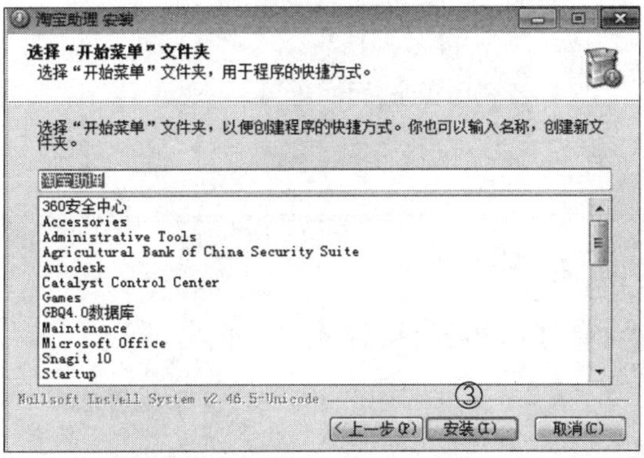

高手指引

安装淘宝助理注意项

安装“淘宝助理”前，为了确保安装正常运行，建议关闭所有浏览器窗口。如果没有关闭，安装过程中可能会提示用户关闭后再继续安装。

第 7 步：此时将开始安装“淘宝助理”，这里我们可以看到安装进度，如左下图所示。

第 8 步：稍等片刻，完成安装，单击“完成”按钮即可，如右下图所示。

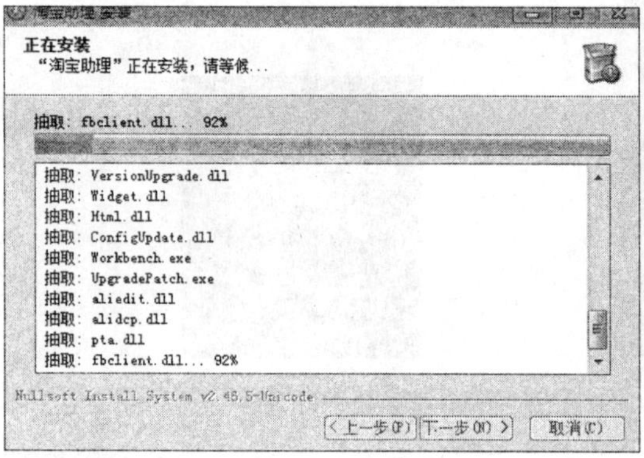

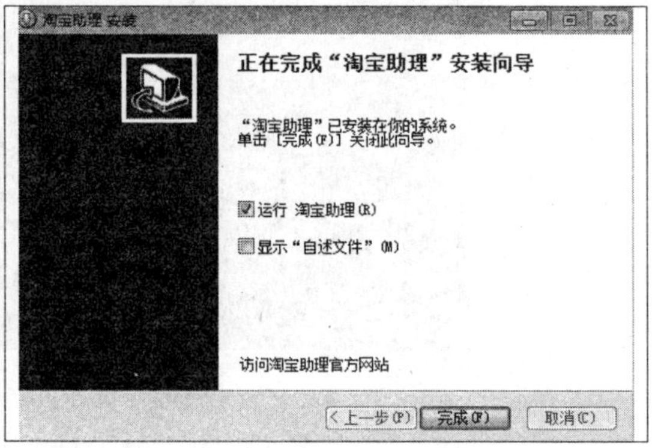

4.3.2 登录淘宝助理

运行“淘宝助理”程序，需要使用淘宝账户来登录。登录“淘宝助理”的具体操作方法如下。

第 1 步：①双击桌面上的“淘宝助理”快捷图标，如左下图所示。

第 2 步：打开“淘宝助理”登录对话框，②在“会员名”与“密码”栏中分别输入对应的淘宝账户与登录密码；③单击“确定”按钮，如右下图所示。

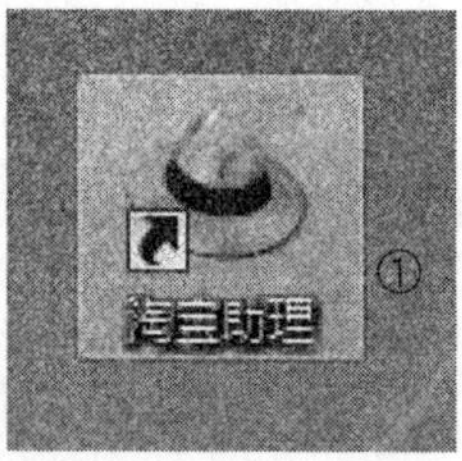

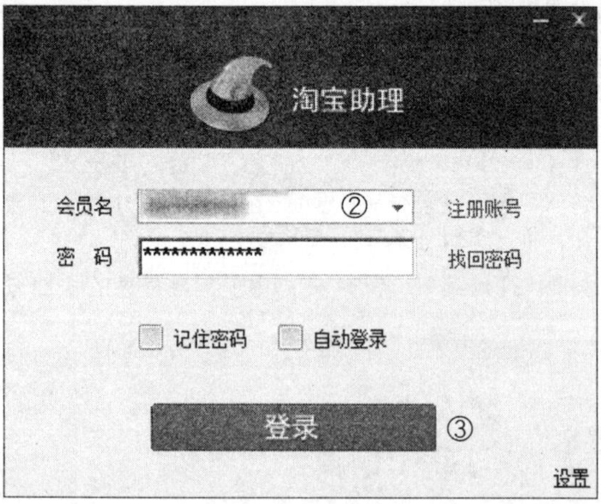

高手指引

设置淘宝助理自动登录

如果经常在同一台计算机上登录淘宝助理，那么，可以在登录界面中勾选“自动登录”复选框，这样以后登录时就会默认已输入用户名和密码了。

第 3 步：稍等片刻即可登录"淘宝助理"，登录后的界面如下图所示。

4.3.3 导入商品数据

对于做代销或虚拟代理的卖家而言，一般无须自己创建商品信息，而是只要获取到代理商提供的数据包后，将数据导入到"淘宝助理"，然后进行简单编辑即可。在"淘宝助理"中导入数据包的具体操作方法如下。

第 1 步：①在左侧分类列表中选择"本地库存商品"选项；②单击右侧工具栏的"导入 CSV"按钮，选择从 CSV 文件导入（增加为新商品），如下图所示。

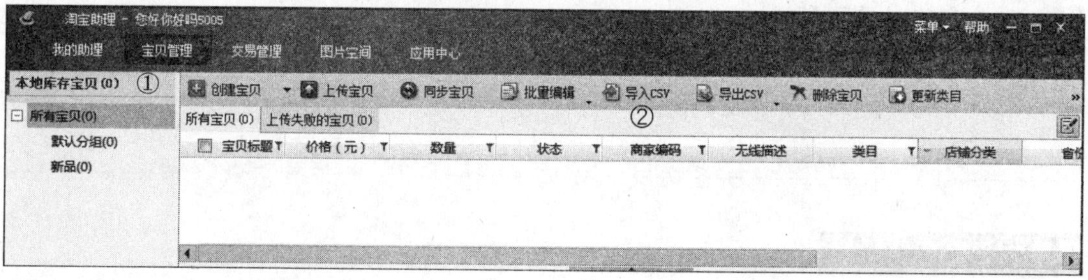

> **高手指引**
>
> **数据包格式 CSV**
>
> 代理商所提供淘宝数据包的格式为 .CSV，一般需要从代理商网站下载并解压到计算机中，然后使用"淘宝助理"导入。另外，在这里也可以直接在列表中单击鼠标右键，然后选择"从 CSV 文件导入（增加为新商品）"命令。

第 2 步：①在打开的对话框中选择要导入的数据包文件；②单击"打开"按钮，如下页左上图所示。

第 3 步：此时即可将数据包中商品信息导入到"淘宝助理"中，同时弹出提示框告知用户导入商品的数目，③单击"关闭"按钮。如下页右上图所示。

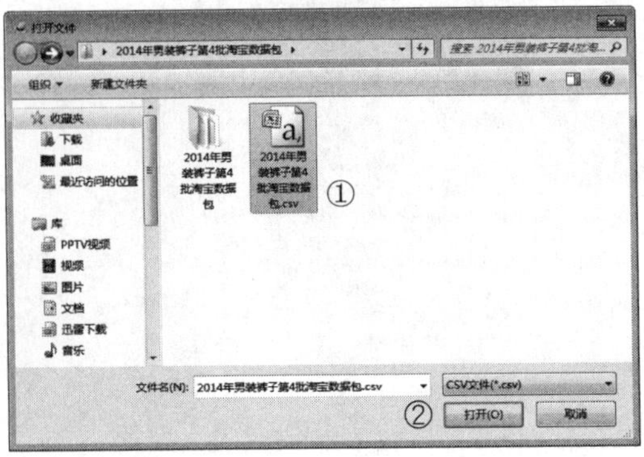

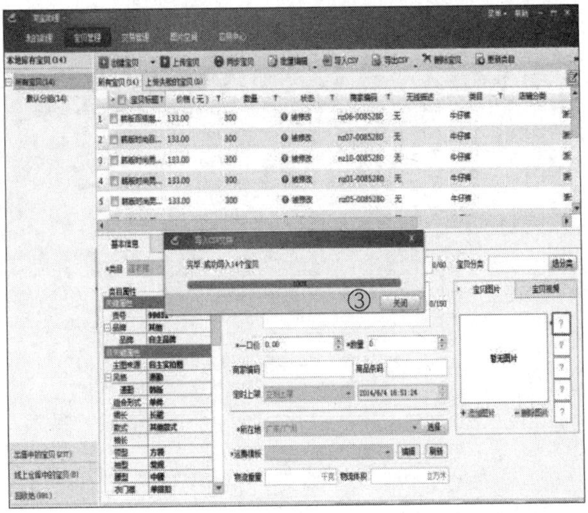

这里导入的数据与我们自己创建的数据相同，包含商品标题、归属地价格信息、商品图片、商品详情介绍等。

高手指引

怎样使淘宝助理本地数据与淘宝店铺中数据同步？

为了确保本地数据与淘宝店铺中数据的同步性，在登录“淘宝助理”后，应该对数据进行更新，更新方法很简单，只要单击工具栏中的“更新类目”按钮即可。

4.3.4 修改商品信息

无论是卖家自己创建的商品信息，还是通过数据包导入的商品信息，都是可以在淘宝助理中随时进行修改与调整的。修改某个商品信息时，只要在右侧上方的商品列表中选中该商品，商品列表下方各个选项卡中就会显示出该商品对应的选项，包括基本信息、销售属性、描述信息等，修改时只要切换到相应的选项卡对各个选项直接进行修改即可，如右图所示。

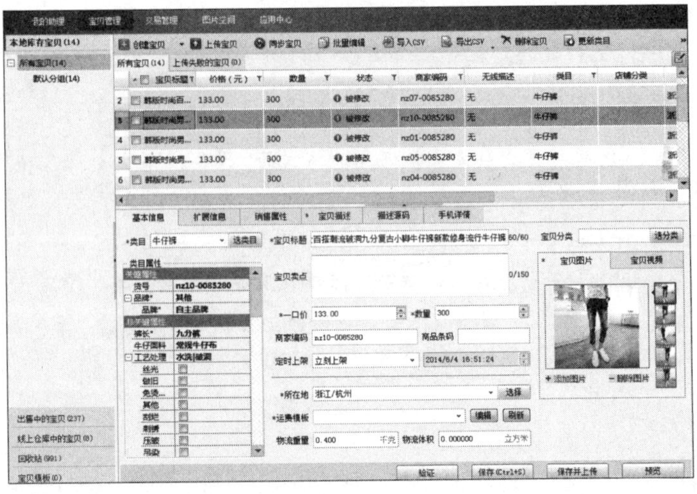

修改完毕后，记得单击右下角的“保存”按钮确认修改即可。当商品被修改并保存后，商品列表中显示的商品名称即变为蓝色字体，从而便于用户区分。

4.3.5 批量编辑商品

卖家在编辑商品与修改商品信息的过程中，凡是只要在该方面有着共性的商品都可以通过批量编辑来进行修改与调整。特别是对于商品较多的卖家而言，批量编辑功能可以大大降低管理商品的工作量。

1．批量修改商品价格

如果要修改的商品价格，且数量过多。通过“淘宝助理”可快速批量修改商品价格，具体操作方法如下。

第 1 步：①在商品列表中配合 Ctrl 键单击鼠标选择多件商品信息；②单击菜单栏中的“批量编辑”菜单按钮；③在打开的菜单中选择要进行的批量修改操作的“价格”命令，如左下图所示。

第 2 步：④例如在这里选择新的公式加 5 元；⑤单击“保存”按钮即可，如右下图所示。

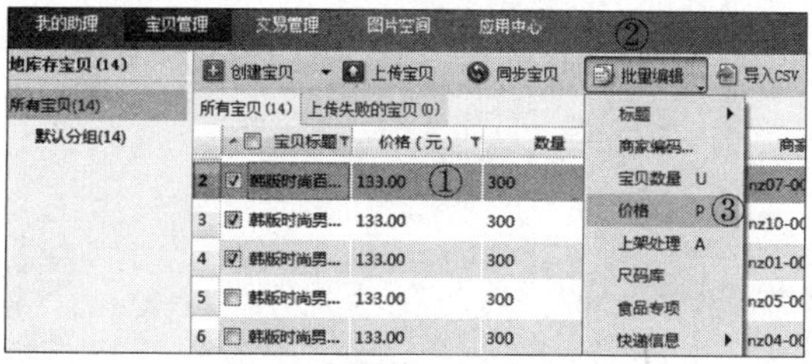

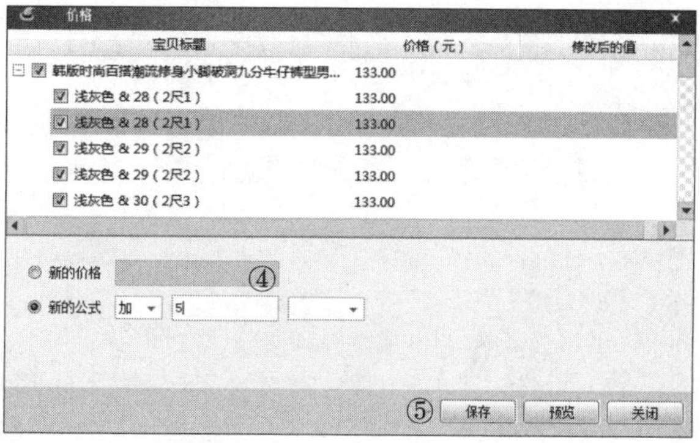

> **高手指引**
>
> **为什么我勾选了多个商品，但所有批量修改都没法使用呢？**
>
> 批量编辑商品前的“选择商品”，并不是勾选商品前的复选框，而是直接单击商品名称来选中商品，被选中的商品会显示为蓝色选中状态。勾选商品前的复选框并不能使用批量编辑功能。

2．批量修改商品名称

通过批量编辑功能可以对多件商品的名称进行多种方式的批量修改，包括添加前后缀、替换指定名称等，其中添加前缀最为常用，如很多卖家会在商品名称前添加自己店铺名称。批量修改商品名称的具体操作方法如下。

第 1 步：选中多件商品后，在“批量编辑”下拉列表中选择“名称”选项，打开“批量编辑商品”对话框，①单击选中“全部替换为”单选按钮；②输入替换名称；③单击“保存”按钮。如左下图所示。

第 2 步：此时，选中商品的名称就会全部替换为输入的名称，如右下图所示。

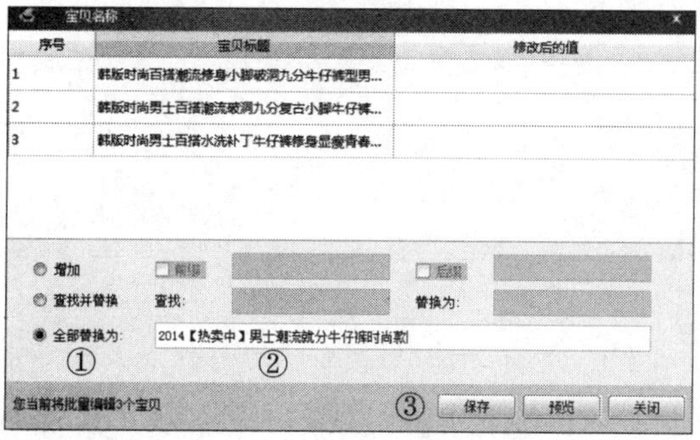

3. 批量修改店铺分类

该功能用于快速修改多件商品的店铺分类，当创建或导入商品信息后，对于属于同一类目的商品，就可以选中后批量设置或修改店铺类目，其具体操作方法如下。

第 1 步：①在商品列表中选中要统一设置类目的所有商品；②单击“批量编辑”菜单按钮；③选择“宝贝分类”命令，如左下图所示。

第 2 步：在打开的对话框中单击“选择类目”按钮，④在弹出的“宝贝分类”对话框中选择商品分类后；⑤单击“保存”按钮即可，如右下图所示。

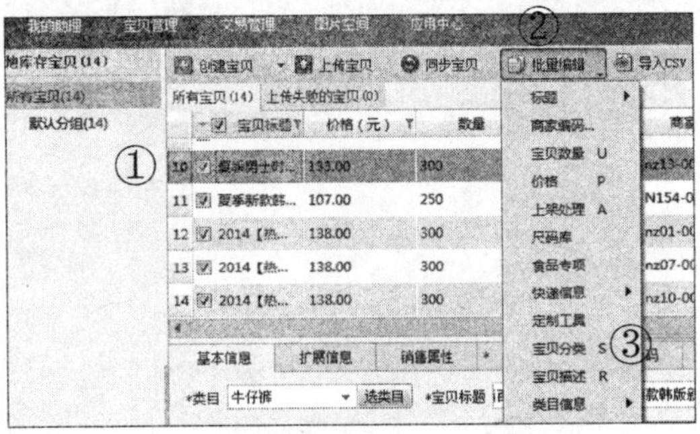

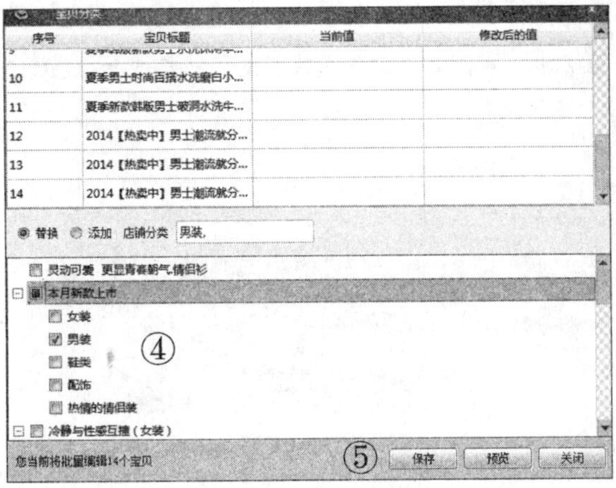

4. 批量修改店铺运费

大家都知道，快递服务是根据货物的重量来收费的，因此对于不同重量的商品也需要设置不同的运费价格，此时即可通过批量编辑功能，快速对相应重量范围的多件商品的运费进行修改。

根据运输方式不同，商品运费的设置也分为“男装运费模板”、“女装运费模板”或者“童装运费模板”。批量修改运费时，先在商品列表中选中要统一设置类目的所有商品，具体操作方法如下。

①在“批量编辑”下拉列表中依次选择“男装运费模板”、“女装运费模板”或者“童装运费模板”命令；②单击“保存”按钮，如下图所示。

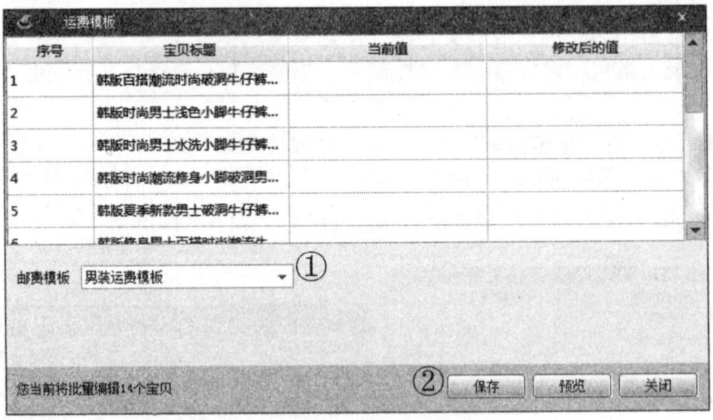

高手指引

销售商品的运费方式

在商品销售中，运费方式一般需要同时提供“平邮”、“EMS”以及“快递”三种服务，因此在批量修改运费时，也需要逐一选择对应的命令，分别设置不同运输方式的运费。

打开“运费模板”对话框，该对话框中提供了两种运费修改方式，可根据实际情况来选择，不论选择哪种方式，当设置后，均需要单击“保存”按钮应用设置。

- 新的价格：选中该选项后，可以直接在后面的文本框中输入新的运费价格，并替换原有的运费价格。
- 新的公式：适用于已经设置了运费的商品，可以在原有运费价格的基础上通过公式来增加或减少一定金额，实现对运费的调整。

5. 批量修改上架处理方式

在发布商品前，我们需要设置商品上架时间，就是商品在发布后的上架时间，包括立即、定时，以及放入仓库三种。在“淘宝助理”中创建商品信息时，一般已经选择了开始方式，如果在发布前需要调整，即可通过批量编辑功能来快速调整，具体操作方法如下。

第 1 步：选中要修改开始方式的多件商品，在“批量编辑”下拉列表中选择“立刻”\“定时”\“进仓库”命令，①在打开的对话框中，单击“开始方式”菜单按钮；②在菜单中选择相应的开始方式“定时上架”，如左下图所示。

第 2 步：③设置具体开始时间；④单击“保存”按钮即可，如右下图所示。

6. 无法批量修改的因素

在批量编辑商品信息时，多数商品信息都支持直接批量修改。但对于设置了多个销售属性的商品，就需要分别设置多个不同的价格与数量，因此部分批量编辑功能将无法使用，用户在进行批量修改时，一定要注意这些因素。

其实卖家只要掌握了发布商品的规律，就完全能够对任何商品进行各种批量编辑。方法很简单，即灵活调整设置顺序。例如，批量修改价格与数量功能，无法应用到设置了销售属性的商品，那么可以在创建商品信息时，先不设置销售属性，而是先批量编辑，待批量编辑过后，再对商品的销售属性进行设置即可。

4.3.6 上传与更新店铺商品

在“淘宝助理”中创建并编辑好商品信息后，即可通过上传功能将商品在店铺中发布并上架销售，这与我们直接在店铺中发布商品是一样的。而且通过“淘宝助理”，还可以把当前店铺中销售的商品下架，然后重新编辑或修改。这样不论是发布商品，还是对已有商品的修改，都不用登录到网店即可操作。

1. 上传商品信息

如果卖家是卖自己的产品，那么就需要自己编辑商品信息并上传商品，使用“淘宝助理”上传商品的具体操作方法如下。

第 1 步：①在“淘宝助理”中进入“库存宝贝”或“出售中的宝贝”列表，勾选要发布商品前的复选框；②单击“上传宝贝”按钮，如下页左上图所示。

第 2 步：③打开“上传宝贝”对话框，其中列出了将要上传的所有商品，在右下角的下拉列表中选择“商品图片”选项，④单击“上传”按钮，如下页右上图所示。

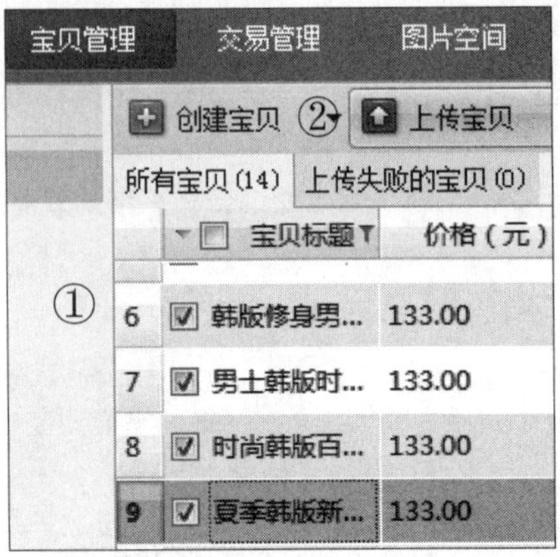

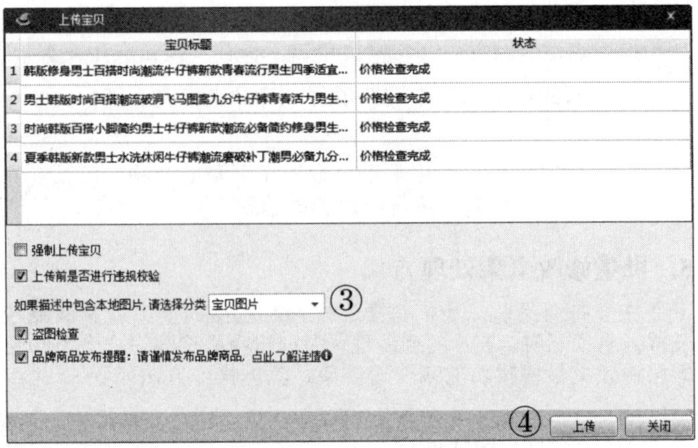

高手指引

发布商品时所要用到的商品图片都会保存到图片空间吗？

不是的，只有在编辑商品描述内容过程中插入了本地图片，那么，发布时才会将图片保存到淘宝图片空间。如果商品描述中链接了图片，或者采用的是数据包，这些图片已经上传到网络中了，因此不会在发布时再保存到淘宝图片空间。

第 3 步：此时将开始上传商品，同时对话框下方显示上传进度，如左下图所示。

第 4 步：每件商品上传完毕后，商品列表右侧均显示“上传成功”字样，表示商品上传成功；当所有商品上传完毕后，将在下方提示用户，单击“关闭”按钮可以完成上传，如右下图所示。

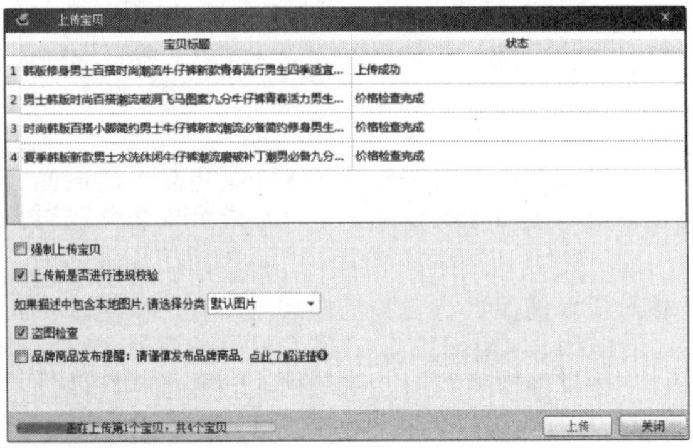

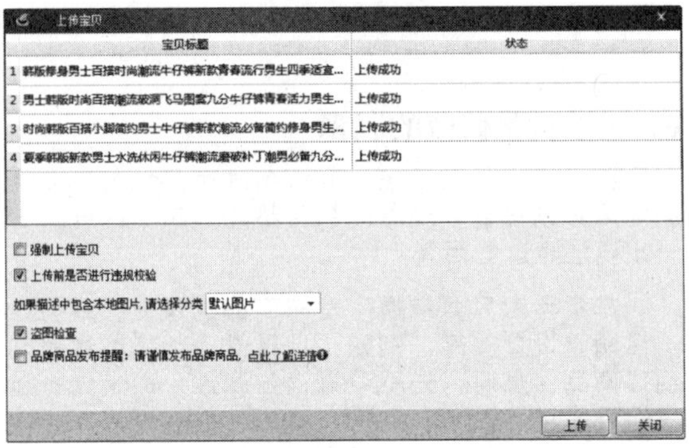

高手指引

商品发布时间

有些用户会发现当发布商品后，店铺中并没有显示出所发布的商品，这是因为淘宝针对发布商品有一定的延迟时间，一般为半小时或者几小时。

2. 自动更新商品信息

对于旧版本的“淘宝助理”来说，店铺中已经上架销售的商品，用户如果要使用“淘宝助理”进行编辑或修改，就需要先从店铺中将商品信息下载到“淘宝助理”中，修改完毕后，再重复进行上传商品的操作再次上传。

而现在的 5.5 版“淘宝助理”则可以在线自动更新店铺中销售的商品，不用用户下载商品进行修改，而只需单击“出售中的宝贝”列表，然后在右侧修改保存即可自动将更改数据上传到店铺中，如下页上图所示。

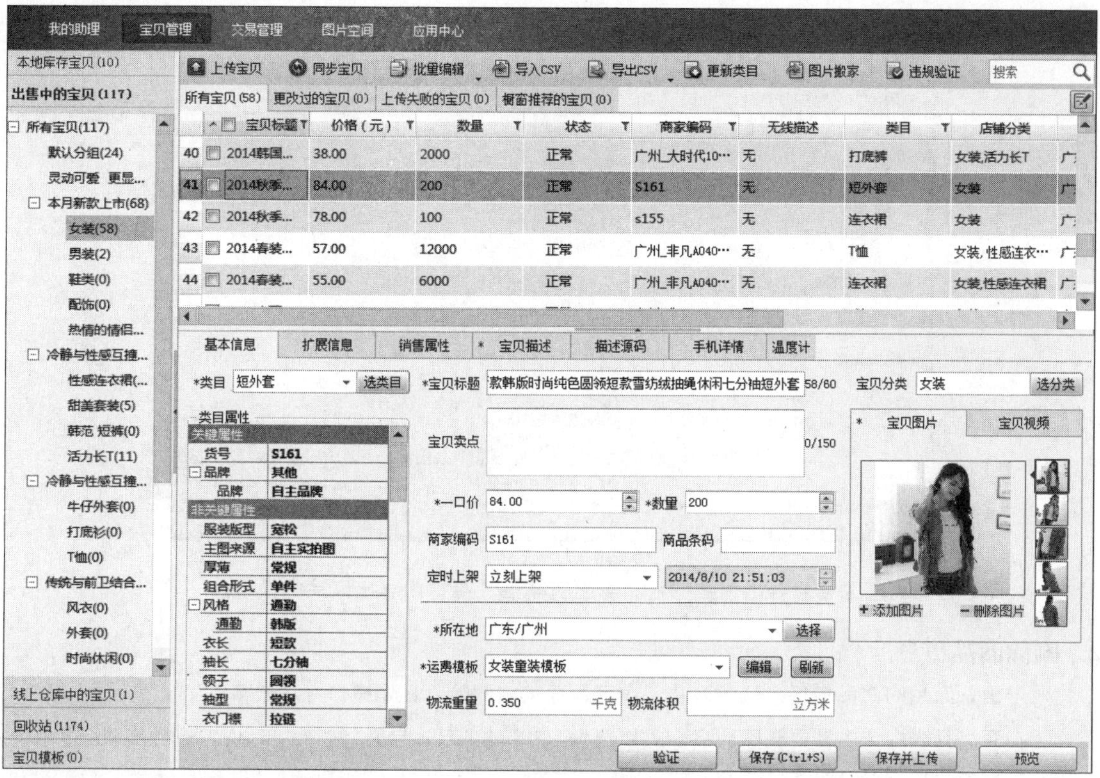

4.3.7 导出与删除商品信息

在淘宝助理中创建并编辑商品信息后，而如果想将当前商品数据共享给其他用户或店铺使用，那么，还可以将已经编排好的商品信息导出为数据包，便于导入到其他店铺，或者其他代理店铺使用。对于一些无用或者过期的商品，就可以从“淘宝助理”中删除，避免因为信息太多而混乱。

1. 导出商品信息

前面我们讲解了在淘宝助理中导入已有数据包，实现商品的快速编辑与发布。其实通过淘宝助理，也可以制作出淘宝数据包，让其他店铺导入并使用。使用“淘宝助理”导出数据包的具体操作方法如下。

第 1 步：①在商品列表中选中要导出数据包的商品，②单击工具栏的“导出 /CSV”菜单按钮；③在打开的菜单中选择“导出勾选宝贝”选项，如下图所示。

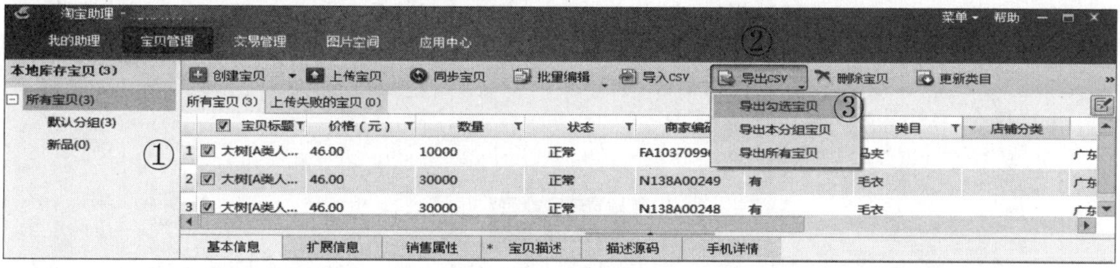

第 2 步：打开“保存”对话框，①在该对话框中设置导出位置；②输入数据包名称；③单击“保存”按钮，如下页上图所示。

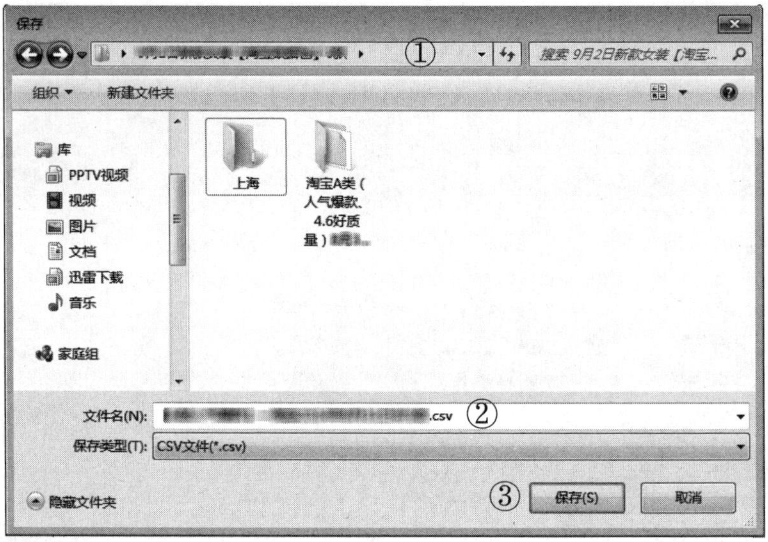

第 3 步：此时开始将商品信息导出为数据包，导出完毕后，会提示导出商品的数目。

2. 删除商品信息

对于确认无用的商品信息，就可以从“淘宝助理”中删除，具体操作方法如下。

①在商品列表中选中需要删除商品前的复选框；②单击“删除宝贝”按钮；③弹出“删除宝贝”提示框，单击“是”按钮，确认删除宝贝即可，如下图所示。

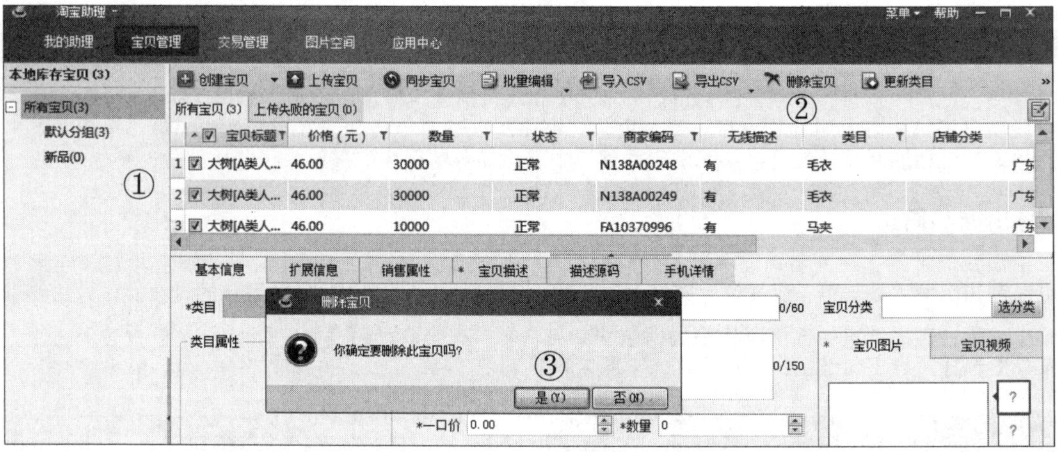

本章小结

本章详细介绍使用淘宝“两大助手 ”优化店铺管理的方法。首先介绍了对“淘宝千牛”的下载安装，以及“淘宝千牛”的店铺管理功能；其次，详细介绍使用“淘宝助理”管理店铺商品的方法。使读者在学习本章后，能够有效地使用“淘宝千牛”管理自己的店铺，并且能够熟练地使用“淘宝助理”在店铺中发布与管理商品，同时节约出更多时间来对店铺其他方面进行完善。

5 提升店铺魅力
——精美装修网上店铺

开设一家网店，商品固然重要，但也不能忽视网店容貌。网店的美化就如实体店的装修一样，要让买家感觉到店主是在用心经营店铺，并且能够最大限度的提升店铺形象，提升浏览量，增加顾客在网店停留的时间。本章为大家详细介绍网店装修，给顾客留下一个好的印象。

通过本章内容的学习，读者能够学习到网上店铺的装修知识，以吸引更多买主的眼球。学完后需要掌握的相关技能知识如下：

※ 店铺在装修前一些基本的设置
※ 店铺介绍的重要性
※ 店铺页面的装修设置
※ 店铺在装修后的建议

5.1 店铺装修前的准备

当前网店经营很好的店主，都会重视网店的装修。网店装修至少能带来 4 个方面的收益：增加顾客在店铺停留的时间、增加店铺的诱惑力、提升店铺的形象、打造网店强势品牌。

装修好的精品网店，传递的不仅是商品的信息，还有店主的经营理念、文化等，这些都会给自己的店铺形象加分。初次开店的卖家可能对淘宝网店页面都还不是特别的了解。因此在装修店铺之前，先要对店铺的布局有一定的认识，这样才能更直观地从整体上去规划自己店铺的装修。

5.1.1 了解店铺布局，做好装修规划

在淘宝网中，卖家可以对自己的店铺页面，根据自己的想法进行设计，也称为“装修店铺”，包括店铺采用的风格、店铺标志、不同板块的显示效果等。在装修店铺之前，我们先来认识淘宝店铺的布局进行认识，才能更直观地规划自己的店铺应该如何装修。如下图所示为淘宝店铺的基本布局。

下面对店铺中各个布局板块进行简单介绍。

店铺名：店铺的名称，只能使用文字命名，字数范围在 1～30 个汉字之间，设置店名时，可以同时设置店铺分类与店铺介绍信息。

店长档案：其中显示卖家的淘宝账号、信用信息、所在地区、店铺创建时间以及店铺中销售商品的数量等。卖家设计店标后，也将显示在该区域左侧空白处。

店铺公告：滚动显示店铺的公告信息，可以是文字内容、图片内容或者 HTML 代码内容。

商品分类：显示店铺中商品的分类链接，可以建立多个大类与子分类，并且可以将图片设置为分类链接。

店长推荐：这里显示了店长自己推荐的店铺商品，可以更醒目的让自己推荐的商品展示给淘宝买家。

商品列表：显示当前所有在售商品，根据商品数目不同，占据的页面高度会自动调整，通过列表上方的按钮与选项可以对商品排序与筛选。

5.1.2 如何编写极具吸引力的店名

现在无论哪个行业，街面上的商业店铺比比皆是，可谓八仙过海、各显神通。但纵观令人眼花缭乱的各类小店，其店铺命名普遍存在起名字俗气、意境浅薄、相互雷同及口碑传播效应差、消费特征不明显等现象，因而开好一个小店铺不仅要注重产品质量与服务水平，还应该让自己的店铺名称具有一定的文化内涵与宣传效果，以达到不“名”则已，一“名”惊人之目的！

网店的名称和实体店名称一样，非常重要。顾客来买东西，必定要知道店名，一个好的店铺名称，不仅要传达出店铺的主营商品内容，还应该具有一种吸引力，能够让人记住且信任，从而带来更多的顾客。从这个角度来看，取名可以说是一个非常重要的网店装修和包装，太直白了不行，太抽象了也不行，最好有一定境界又容易理解。我们卖家在为网店取名的时候可以参照以下方法。

1. 考虑商品的特色

网店名称中包含特色往往能够收到非常好的效果，特色可以从商品本身特色和商品对应的消费人群两个角度来考虑。

2. 巧用数字

有时候用数字命名也是一个非常不错的选择。一般来说，成功的以数字命名的网店都有易于识别、给人留下非常深刻的印象。

3. 借名生辉法

所谓的“借名生辉法”就是借助人名和地名来给自己的网店命名，如，老舍网上茶铺。地方特色结合地名进行命名比较普遍，如，峨眉山保健品店。

4. 投其所好

所谓的“投其所好”就是结合消费者的审美心理特点，以流行或深受人们喜爱的事务来给网店命名，如怀旧心理、时尚心理、“洋气”心理、求吉利心理等。

5.1.3 如何写好店铺公告

普通店铺的店铺公告位于店铺首页的右上角，占据着很重要的位置。买家进入店铺以后，首要的就会注意到店铺公告，所以设置一个好的店铺公告至关重要。公告可以包含店铺的促销广告、店铺的服务特色、店主的联系方式以及最新优惠信息等，这些信息可以在公告处及时更新，以方便进来的买家在第一时间看到。

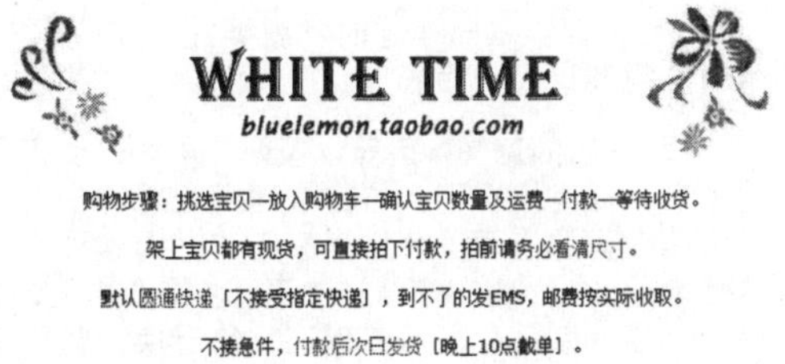

5.1.4 如何写好店铺介绍

店铺介绍是店铺的一个招牌，有特色店铺介绍才能吸引顾客的眼球，把人吸引来了，你才能有机会把商品销售出去。那店铺介绍怎样写才能吸引人？很多新手开店的朋友不会写店铺介绍。店铺介绍可以从以下方面进行考虑和介绍。让你写出有特色的店铺介绍。

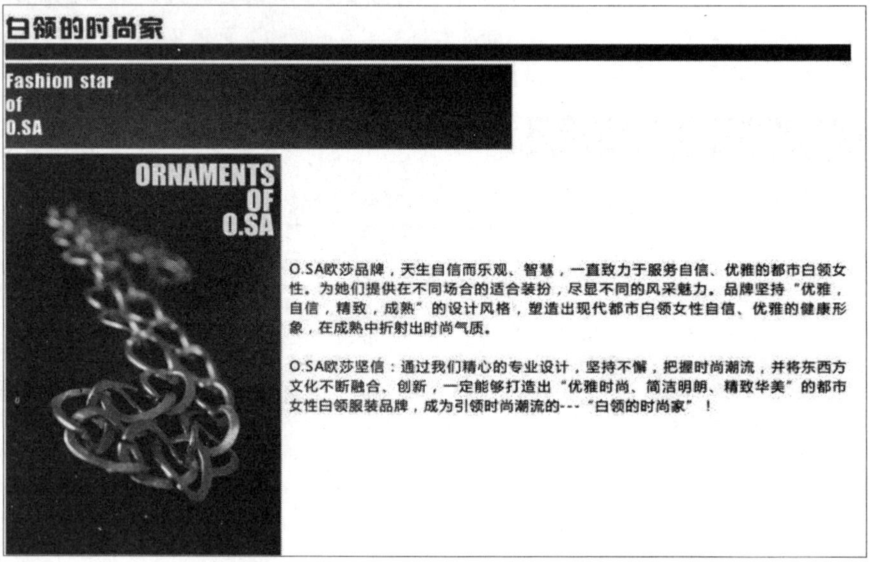

1. 店铺的第一眼感觉——图片

图片一定要拍的清晰，最好不要从别人的店铺帖图，都一样了就没有新颖度了，拍摄图片一定要突出你的商品，最好把前后左右能展现出来的图片都拍上，然后放到你的商品展示栏里面，这样买家摸不到的商品，也能清晰的看到了。

2. 店铺的第二眼感觉——商品标题

经研究调查得出，无论看广告，还是看报纸的人群中，有80%的人会看标题，却只有20%的人阅读内文。当你设定出一个好的商品标题会让人锁定你的商品，并决定购买。会大大的提高你商品的浏览量。对你店铺的兴旺有非常重要的作用。一个好标题应该包含的内容 = 商品名称 + 商品所属店铺名称 + 同一商品的别称 + 商品价格 + 商品必要的说明 + 商品备注。

3. 店铺的第三眼感觉——商品描述

被吸引来的顾客，一定会看商品描述的，我们卖家可以在商品描述栏里写上详细的介绍、图片展示、邮递方法、标准尺码对照、支付方式和联系电话。

4. 店铺介绍包含哪些因素呢？

店铺介绍是店主与顾客的直接对话，是展现店铺最直接的信息，简洁明了的店铺介绍不仅让顾客加深对店铺的了解，还能坚定顾客购买的信心，起到促进销售的作用。那店铺介绍包括哪些？该如何写店铺介绍呢？

（1）写下欢迎词，欢迎词给人一种亲切感，这是很多店铺都习惯用的礼仪，接着还要自我介绍一下。

（2）写下促销信息，这时候就要注意了，这个就要采用大字突出出来，这还不够，带上颜色，把宣传做得醒目，得能让人一眼看见。

（3）写开店的意图、宗旨以及承诺。如：小店里写的宗旨是：“所有产品保证原装正品，可以专柜验货，假一罚十”。通常情况下，顾客心理可能想的是宁愿选择价格高的也不愿意选择信誉低的进行买卖，我相信这也是大多数人的心理，我们卖家应该把握这种心理，说出我们新店的优势。新店大多不会也不敢要高价，一般价格都比较低，他们赚信誉去了，这是价格上的优势，买家最关心的还是质量能不能得到保证，这个时候，再加写上小店的宗旨：“质量保证，包退换，坚持薄利多销！”这样打消他们的顾虑。购买的意愿也就跟着强烈了，我相信，他要是想买的话，就一定会拍下该商品。

5. 了解店铺介绍的写作风格

从目前众多标杆网店的店铺介绍来看，店铺介绍的定义已经被广泛的使用了，下面，主要分几个写作风格，给大家介绍一下。

（1）简洁型

这种店铺介绍，到处可见，如以下所示。

欢迎光临本店，本店新开张，诚信经营，只赚信誉不赚钱，谢谢。

本店商品均属正品，假一罚十信誉保证。欢迎广大顾客前来放心选购，我们将竭诚为你服务！

本店专门营销什么什么商品，假一罚十信誉保证。本店的服务宗旨是用心服务，以诚待人！

高手指引

适合网店类型：新店

类似这样的简洁风格的介绍，其实，准确点说算是网店宣言。简洁、明了，从诚信经营出发，看过之后，留不下什么印象。

（2）传统型

网店介绍，意指介绍网店，因此，很多网店的介绍会介绍网店由来、产品风格、产品优势等。如小店出生于 X 年 X 月，主要给大家提供 X 风格的商品，质量上乘，价格适中，欢迎查看。

高手指引

适合网店类型：品牌店、代理店

这种类型的店铺介绍，适合产品单一的店铺，特别是品牌类的，可以利用店铺介绍，突出自己的品牌优势，例如：一线代理、专柜正品等。

（3）促销型

随着淘宝网店的发展，很多的店家发现，大家喜欢促销信息，因此，很多的网店介绍就成了促销信息介绍的地方。如下页上图所示。

X 月 X 日，新品上市，不求利润，只求销量，不要错过哦！

XX 产品，白菜价～～厂家促销，只有 XX 天～～

换季促销，全店商品一律 X 折，路过就不要错过～～

全店产品，满 X 包邮，亏本大促销～

高手指引

适合网店类型：各种网店

这种促销风格的信息，非常适合产品价格波动比较大，经常打折的网店使用，尤其是女装网店。当然，有的时候，促销信息是为了吸引用户眼球，不妨做成图片。当前这种促销型的店铺介绍用的最多，词也是很多的。

（4）详细型

你不可能知道每个买家到你的淘宝店铺介绍页面里想了解什么，可以考虑把所有的都写进去。写上前面所说的这些，还有购物流程、联系方式、物流方式、售后服务、温馨提示等都统统写上去。也使买家对于购物有更多的了解，丰富其购物知识。

（5）独特型

网店店主可以把你产品优势，服务优势，或者店铺的特点写出来，就算实在找不出，就自己创造广告语。与众不同的创意与想法，总能收到意想不到的效果。在这个网络信息发达的年代，制造出话题就能带来无穷的客流量。因此，与众不同的店铺介绍也是可以尝试的方法。

（6）消息型

店主可以将店铺最新的优惠活动发布在淘宝店铺介绍里，这种类型的介绍不但能吸引喜欢优惠活动的新买家，如果是时间段优惠更能促使买家下定决心，尽快购买。一旦形成机制，例如定期更新优惠活动介绍，就可以培养出大批忠实买家，从而效益相当可观。

你知道吗

还有一种煽情型？

店主可以以自己开店成长的经历写在店铺介绍里面，这种风格的介绍，通常是将自己最真实的开店之路的感伤写下，也就是感人的内容，才会给进店铺的顾客留下印象。简单的说：淘宝网网店卖产品，也同时卖故事。

这种风格的介绍，适合经营了一段时间的网店店主。

5.2 简单装修店铺

装修店铺不仅可以使卖家的店铺更加美观，而且还能表现卖家对店铺的重视程度，使买家觉得卖家是在用心经营，从而提升买家对店铺的好感度。

5.2.1 设置店铺名和相关信息

我们在申请网店时，就需要设置店铺的名称与介绍内容，当店铺开张后，如果有更好的店名与介绍内容，那么随时就可以进行更换。另外，如果店铺转型并改经营其他商品时，也需要对店铺名称、店铺介绍以及店铺类型等进行相应调整。设置店铺名称与店铺介绍内容的具体操作方法如下。

第 1 步：登录淘宝网账号进入到卖家中心页面，在“店铺管理”栏中单击“店铺基本设置”选项，进入到店铺设置页面。①重新输入店铺名称、店铺简介；如下页左上图所示。

第 2 步：②重新输入店铺介绍内容；③单击“保存”按钮即可，如下页右上图所示。

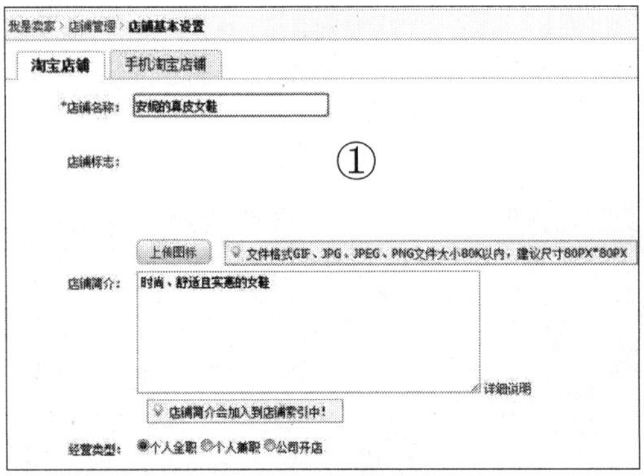

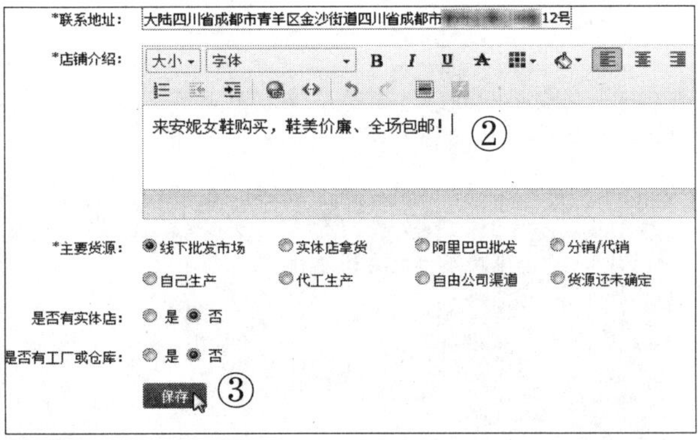

5.2.2 编写店铺介绍

店铺介绍主要介绍你的店铺经营的产品，这是留给顾客的第一印象，要重视，最好将店铺的优点写出来，可以得到顾客的信懒。设置店铺介绍的方法如下：

登录淘宝网，进入卖家中心，①在左侧单击“店铺基本设置”选项；②在“店铺介绍”栏中输入店铺的介绍内容；③设置字体、大小、颜色，以及字体的粗细等；④单击“保存”按钮即可，如下图所示。

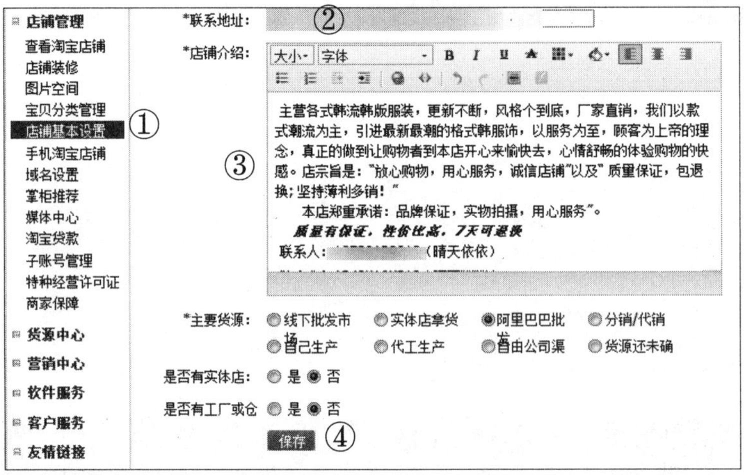

5.2.3 上传店铺 LOGO

店标也就是店铺的 LOGO 图片，一般在店铺的左上角出现。同时店标也可以作为个人空间里的头像。店铺开张后，由于还没有提供店标，所以在“掌柜档案”左侧显示为空白，所以这里应该设置店铺 LOGO。一个精致而且有特色的 LOGO 能在顾客脑海中树立起店铺的形象，提高店铺知名度，所以在网络店铺的个性化过程中，制作一个精美的店标是很重要的一项。具体操作方法如下。

第 1 步：登录我的淘宝，进入“我是卖家”页面，①在“店铺管理”栏中选择“店铺基本设置”选项；②在“店铺标志”下方单击“上传图标”按钮，如下页左上图所示。

第 2 步：③在打开的对话框中选择需要设为店标的图片；④单击“打开”按钮，如下页右上图所示。

> **高手指引**
>
> **店铺 LOGO 的大小**
>
> 店铺店标的大小为“80mm×80mm”像素，如果超过这个范围，那么上传后店标图片将显示不完整。并且店标图片必须保存为 JPG 或者 GIF 格式，否则可能无法上传。

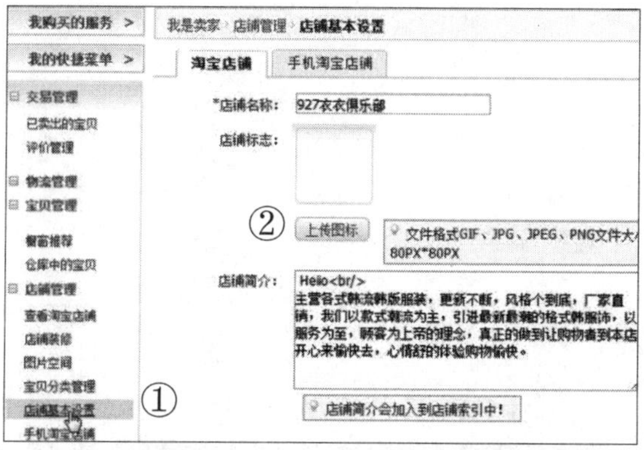

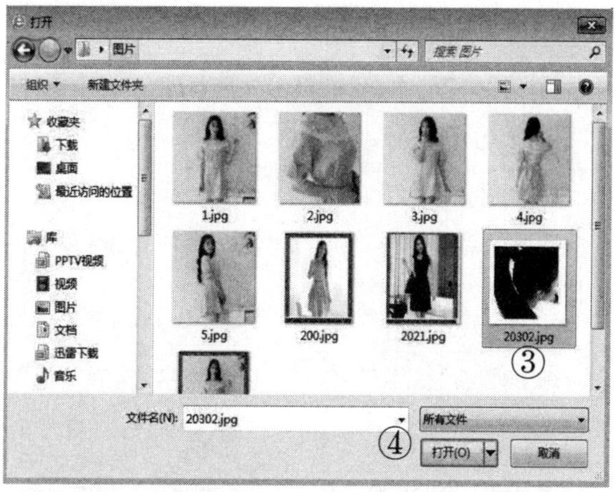

第 3 步：返回页面后，自动更新当前所选图标为自己的店标，如左下图所示。

第 4 步：单击页面下方的“保存”按钮保存设置，如右下图所示。以后无论是自己还是买家，在进入自己店铺后就可以看到店标了。

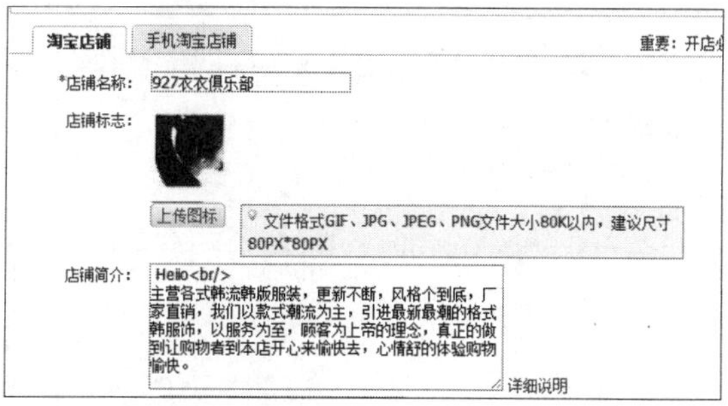

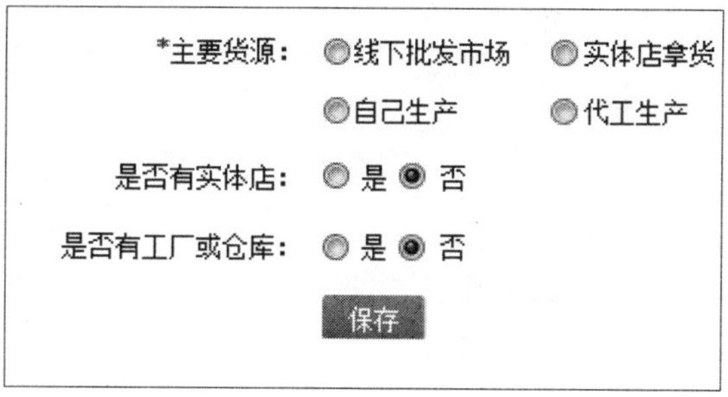

5.2.4 设置店铺公告

为了让买家用最短的时间了解店铺信息，卖家可以设置店铺公告，具体操作方法如下：

第 1 步：在“淘宝网卖家中心”界面左侧单击“店铺装修”链接，进入店铺装修后台管理页面，①单击“店铺公告”右上角的“编辑”按钮，如左下图所示。

第 2 步：②在弹出的“店铺公告”对话框中输入文字信息，如右下图所示。

第 3 步：①设置字体、字号以及字体颜色，如下页左上图所示。

第 4 步：②单击“插入链接”按钮，可以链接相应网址，如下页右上图所示。

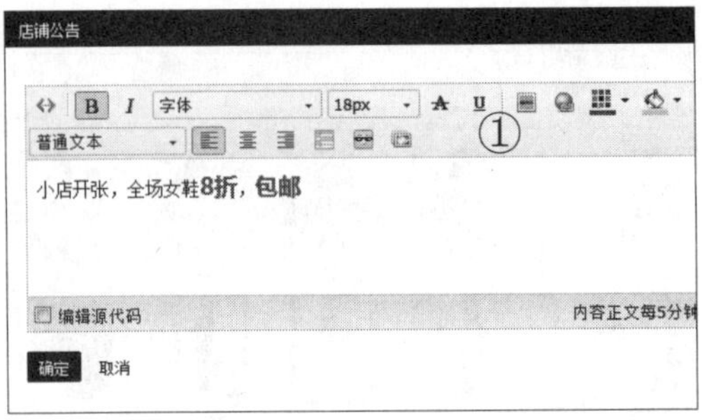

第 5 步：①单击“插入图片”按钮，在弹出的“图片设置”对话框中粘贴图片地址即可，如左下图所示。

第 6 步：设置完成后，②单击“确定”按钮，完成店铺公告的编辑，如右下图所示。

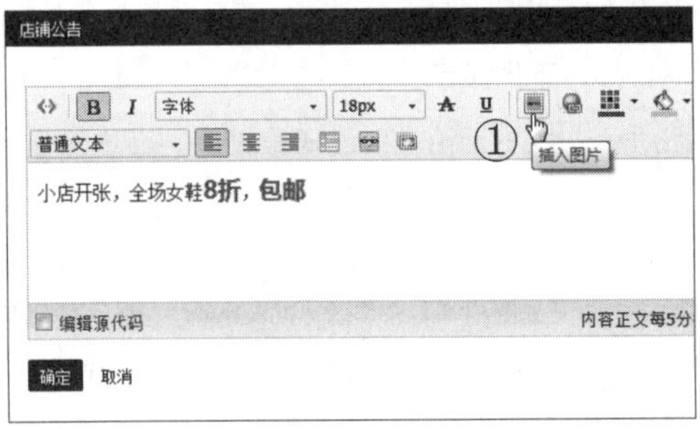

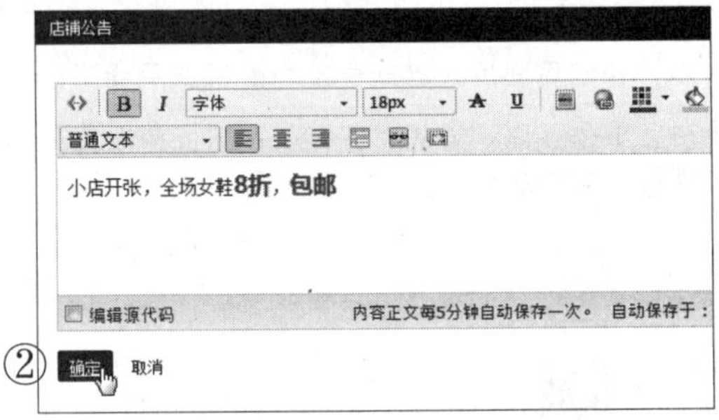

高手指引

店铺公告信息的作用

添加越多的公告信息，除了可以提高买家对当前商品的了解度外（如衣服尺寸、数码商品规格），还可以作为以后商品交易的相关凭证。如公告里填写了退换须知，注明了“非质量问题不予退还”，那么买家在收到我们发出的货物后，如果以其他理由要求我们退换，则可以予以拒绝，即使对方给了差评，也可以通过淘宝店小二“讨回公道”。

5.2.5 设置店铺风格

店铺风格是店铺的背景颜色和元素基调，决定了店铺给人的直观印象。淘宝店铺提供了几种店铺色调，可以选择适合自己店铺的颜色，具体操作步骤如下。

第 1 步：进入淘宝网卖家中心面，①单击左侧“店铺管理”选项下的“店铺装修”链接，如左下图所示。

第 2 步：②单击“装修”下拉按钮；③选择“样式管理”命令，如右下图所示。

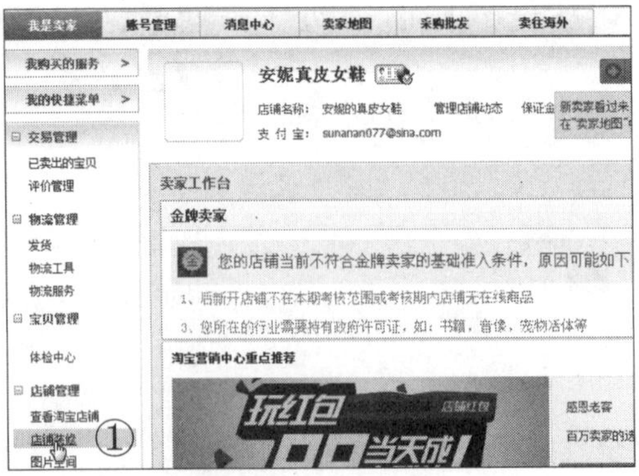

第 3 步：①在“背景设置”选项中单击选择一种背景颜色；②单击“保存”按钮，如下图所示。

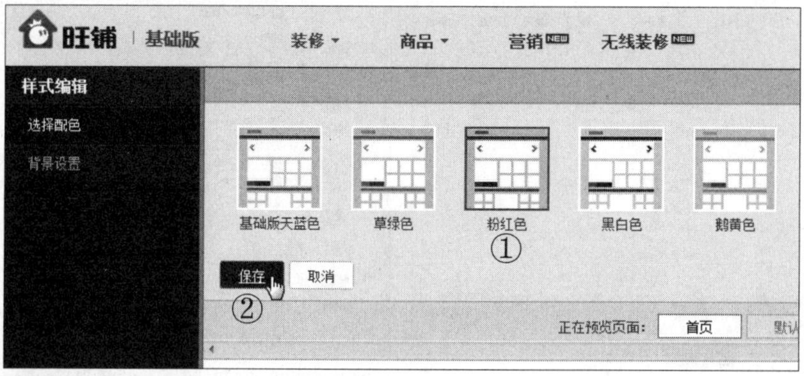

5.2.6 建立商品分类

当店铺销售的商品种类较多时，合理的商品分类显得尤为重要。好的店铺分类，将会大大方便买家浏览查看商品。在淘宝网中，可以创建多个商品分类、并且每个分类下还可以嵌套多个子类别，创建商品分类的具体操作方法如下。

第 1 步：进入淘宝网卖家中心，①在“我是卖家”界面左侧单击“宝贝分类管理”链接，如左下图所示。

第 2 步：在“分类管理”页面中，②单击“添加手工分类”选项，如右下图所示。

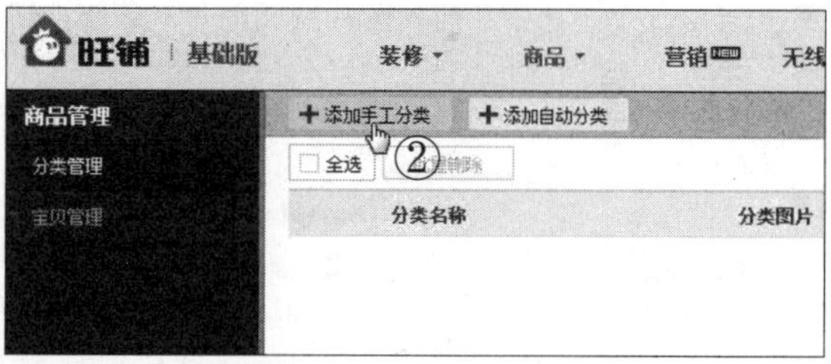

第 3 步：①输入分类名称；②单击“添加图片”图标，如左下图所示。

第 4 步：弹出图片源选择框，③单击选中“插入图片空间图片”单选按钮，如右下图所示。

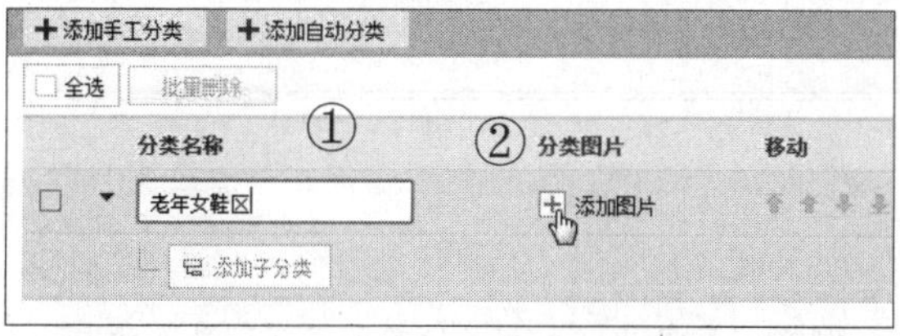

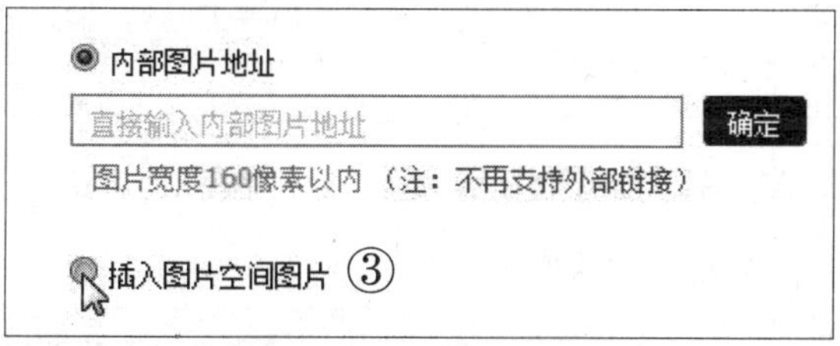

第 5 步：①在“上传新图片”界面中单击选择“店铺装修”选项；②单击下方“添加图片”链接，如下页左上图所示。

第 6 步：③在打开的对话框中选择需要添加到“店铺装修”中的分类图片；④单击“保存”按钮，如下页右上图所示。

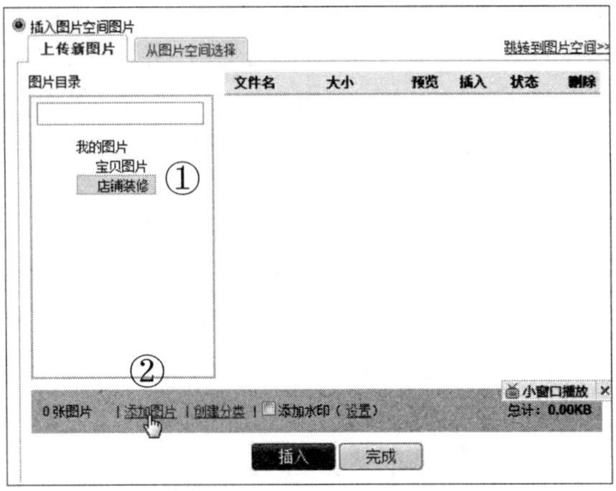

第 7 步：①成功将选择的图片添加到“店铺装修”库中，单击所需分类图片右侧的“插入”选项，如左下图所示。

第 8 步：即可添加好分类图片，②继续单击“添加手工分类”选项，如右下图所示。

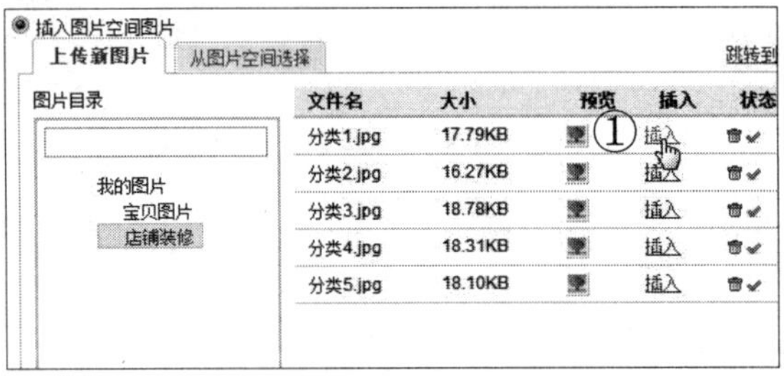

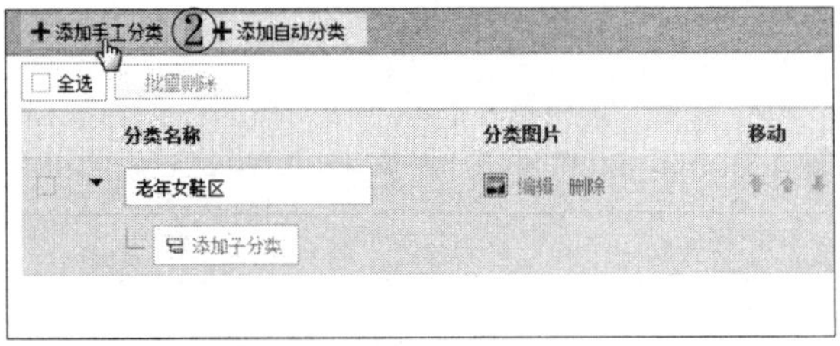

第 9 步：①输入分类名称；②单击右侧“添加图片”图标，如左下图所示。

第 10 步：③单击选中“插入图片空间图片”单选按钮；④单击对应图片右侧的“插入”选项，如右下图所示。

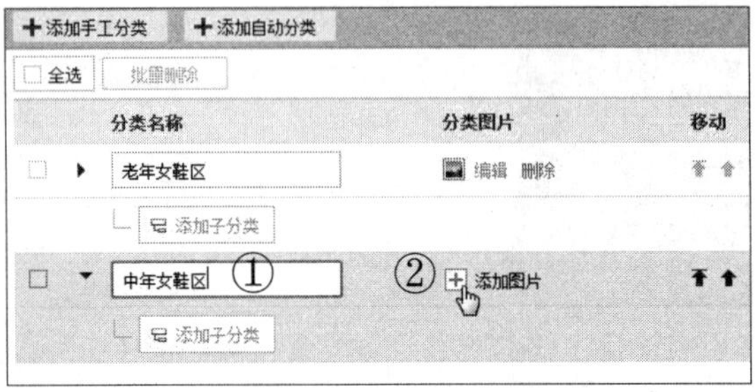

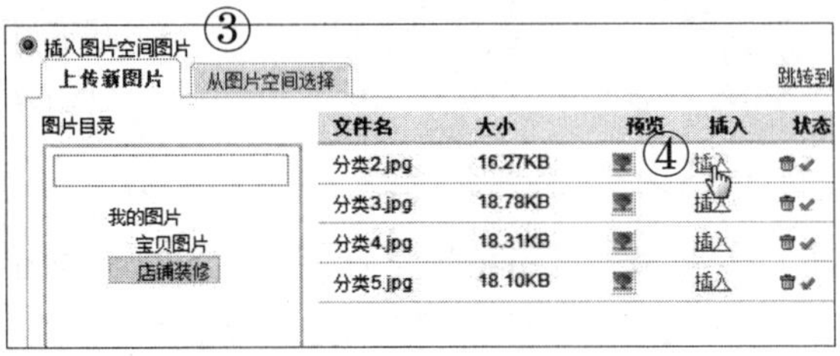

第 11 步：采用同样的方法，继续添加手工分类，输入分类名称，插入分类图片，完成后单击右上角“保存更改”按钮，如下页上图所示。

高手指引

什么是子分类呢？

子分类就是当前大分类下，更为细分的列表形式。例如买家点开“上衣”分类列表，在其下会显示所有的上衣商品，如果数量过多就显得比较杂乱。而通过子分类，则可以将这些商品再次进行分类，让买家购买时能够更快、更直观的找到自己所需要的商品。

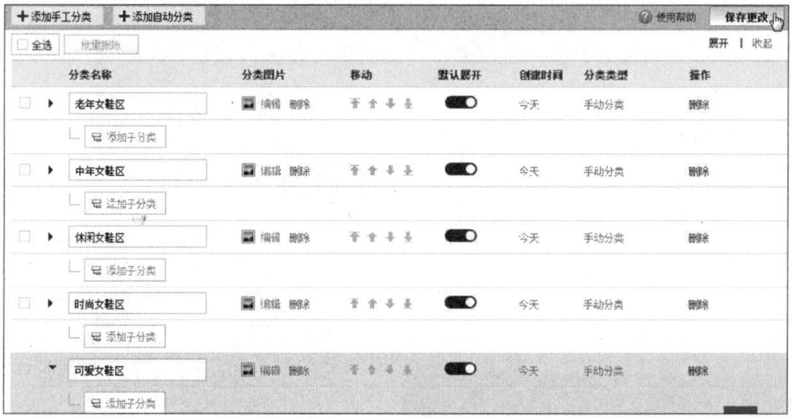

5.2.7 为店铺增添客服

淘宝装修经过历次改版，现在可以通过子账号直接增加客服，而不用利用其他复杂的方法来进行编辑，添加客服的具体操作方法如下：

第 1 步：进入淘宝网卖家中心，①在“我是卖家”界面左侧单击“店铺装修”链接，如左下图所示。

第 2 步：进入装修页面，②在客服模块中单击“编辑”命令，如右下图所示。

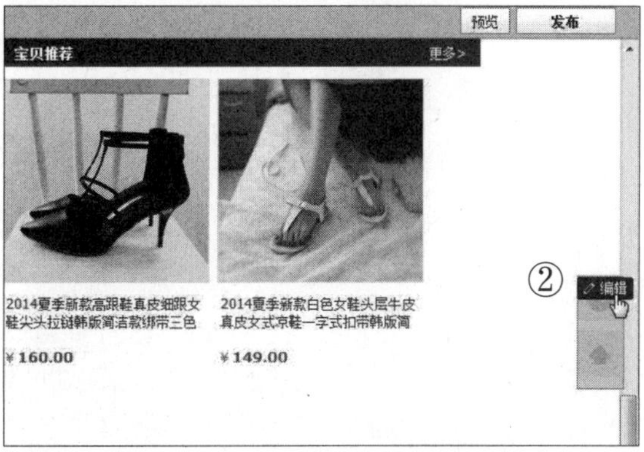

第 3 步：打开“子账号”窗口，①单击“分流设置”选项卡；②单击“创建子账号”链接，如左下图所示。

第 4 步：弹出“领取基础版”提示框，③单击勾选“我已阅读并同意子账号基础版服务协议”复选框；④单击“确定”按钮，如右下图所示。

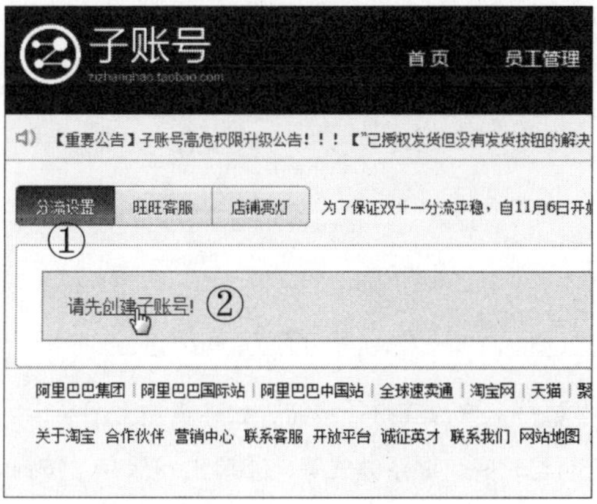

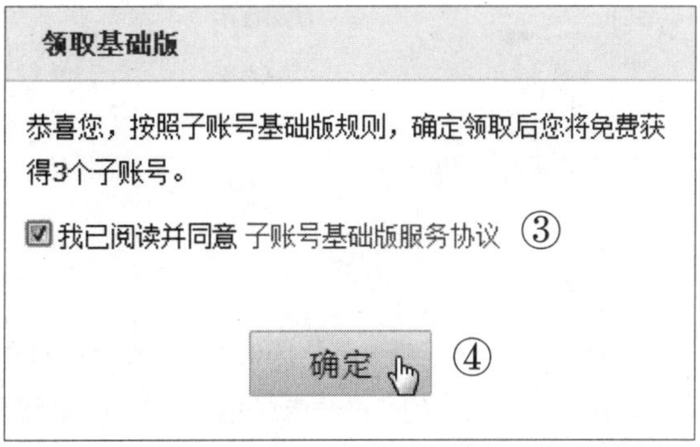

第 5 步：①在弹出的欢迎界面中单击“进入”按钮，如左下图所示。

第 6 步：②单击选择团队“客服”；③单击右侧“新建员工”按钮，如右下图所示。

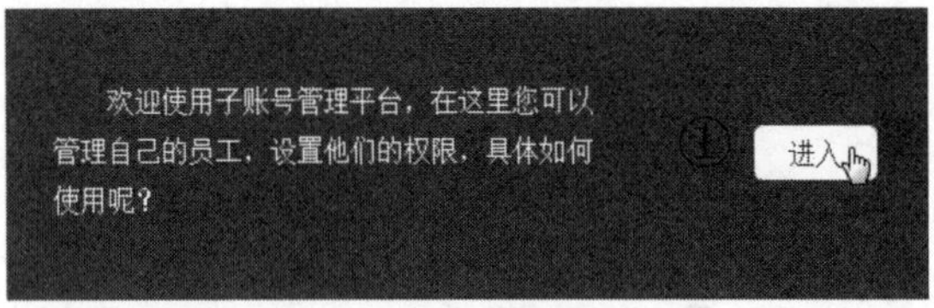

第 7 步：进入“新建员工”界面，①输入并设置员工信息；②单击“创建并继续添加”按钮，如下图所示。继续添加员工，并设置其信息。

第 8 步：此时，即可查看到添加的所有客服员工账号都投入到了使用中，如下图所示。

第 9 步：①单击“店铺亮灯”选项卡；②在“亮灯显示”栏中单击“修改亮灯”按钮，如下页左上图所示。

第 10 步：③在打开的“修改店铺亮灯”页面中，设置工作日期与时间、联系方式等；④单击“保存”按钮，如下页右上图所示。

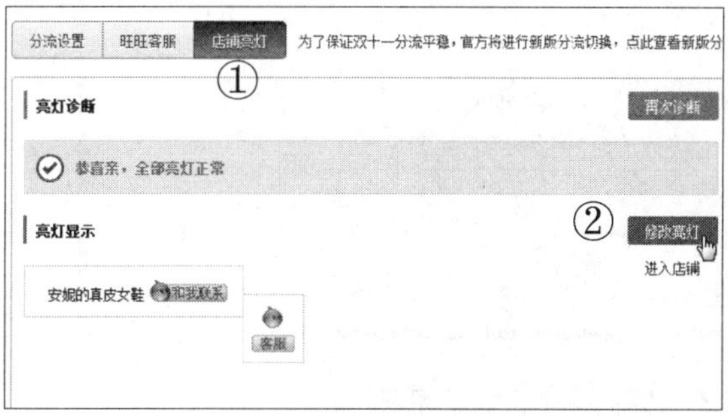

第 11 步：此时，即成功添加客服，设置好客服工作时间，如下图所示。

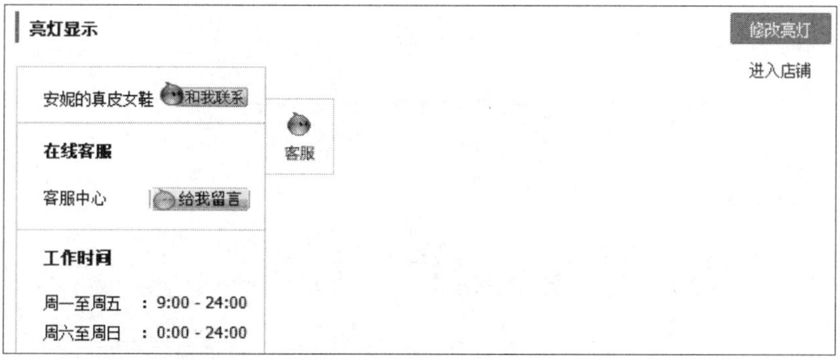

5.2.8 为店铺添加友情链接

友情链接就是在自己的店铺中加入其他卖家店铺的地址，方便买家在浏览完自己的店铺之后直接跳转到这些卖家的店铺，广大卖家之间相互建立友情链接，相当于共享自己店铺的客源，非常有利于店铺销售量的提升。添加友情链接的具体操作方法如下：

第 1 步：进入装修页面，①在任意版块中单击“添加模块”按钮，如左下图所示。

第 2 步：打开“添加模块”对话框，②单击“模块市场”选项卡；③单击“友情链接”右侧的“添加”按钮，如右下图所示。

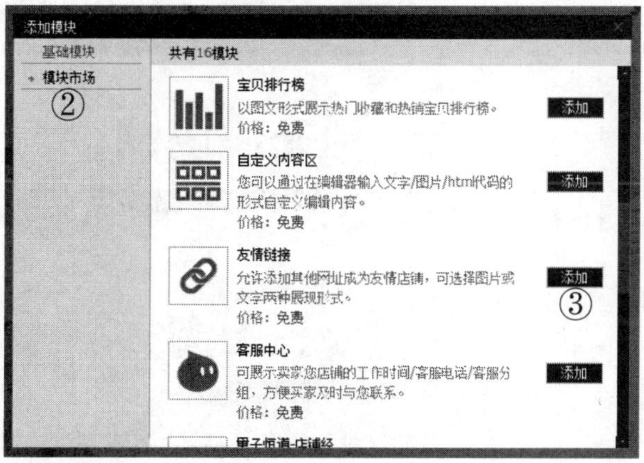

第 3 步：将当前元素添加到页面中，①单击“友情链接”版块中的“编辑”按钮，如左下图所示。

第 4 步：②在打开的对话框中输入链接名称、链接说明，粘贴链接地址，以及连接说明；③单击“添加”按钮；④单击“保存”按钮。如右下图所示。

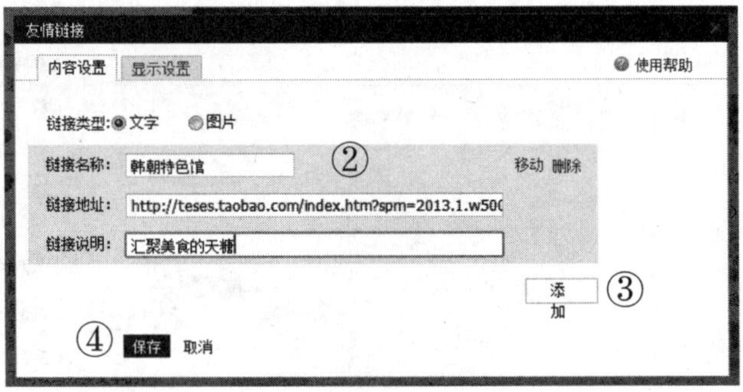

第 5 步：返回店铺页面，在友情链接区就可以看到添加的店铺链接了，如下图所示。

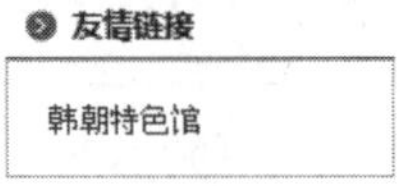

高手指引

添加友情链接的注意事项

我们在添加友情链接时，最好不要选择与自己销售相同商品的店铺，因为如果对方店铺的的商品比自己的更具有竞争力，不但不会增加店铺的访问量，反倒可能造成顾客的流失。更有可能错失原本可以得到的生意。

5.2.9 申请二维码方便买家浏览

现在手机上“二维码”用途很广泛，在一个小小的方块中包含一条链接地址，引导使用者通过扫描设备（如手机）快速进入相应的网址。申请二维码的具体操作方法如下：

第 1 步：①进入“卖家中心”，在店铺管理栏目下单击“手机淘宝店铺”链接，如左下图所示。

第 2 步：②这里将直接跳转到手机淘宝店铺介绍页面，直接单击“码上淘”下的“进入后台”按钮，如右下图所示。

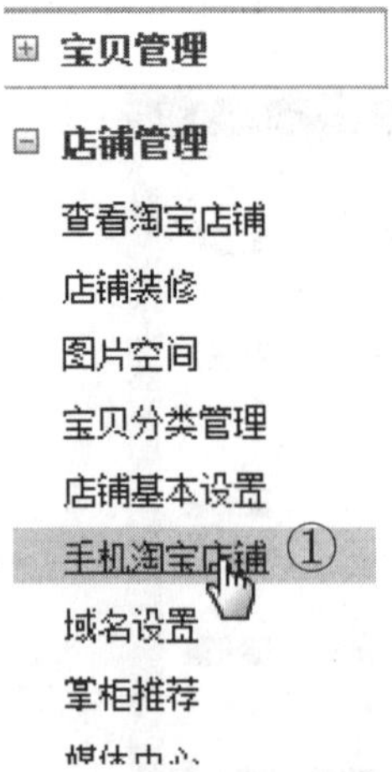

第 3 步：进入“码上淘”页面后，①单击“创建二维码”按钮，如左下图所示。

第 4 步：创建二维码可以通过模板创建、页面创建及宝贝创建，下面以通过宝贝创建为例，②单击“通过宝贝创建”按钮；③单击需要创建二维码的宝贝，如右下图所示。

第 5 步：①勾选或添加推广渠道；②确认后单击“创建二维码”按钮，如左下图所示。

第 6 步：生成成功，在右侧会显示当前二维码，③单击底部的“下载”按钮可以进行下载，如右下图所示。

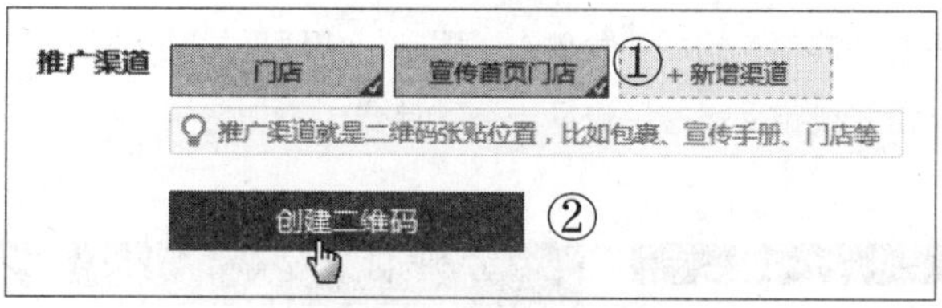

第 7 步：①在弹出的“新建下载任务”对话框中选择下载位置；②确认后单击“下载”按钮，如左下图所示。

第 8 步：下载完成后即可看见二维码，如右下图所示。

高手指引

使用二维码进入店铺

下载的二维码可以打印在自己的名片，包装盒等地方，这样买家可以直接通过手机扫描进入我们的店铺。

5.2.10 增加店铺导航分类

除了默认显示的页面分类外，卖家还可以根据需要来增加店铺分类导航，从而让买家以更直接、方便的方式进行购买。具体操作方法如下：

第 1 步：进入“店铺装修”页面，在“店铺招牌”模块中单击“编辑”按钮，如下图所示。

第 2 步：弹出“导航”对话框，①在“导航设置”选项卡的右下角单击“添加”按钮，如左下图所示。

第 3 步：弹出“添加导航内容”对话框，②单击“自定义链接”选项卡；③单击“添加链接”按钮，如右下图所示。

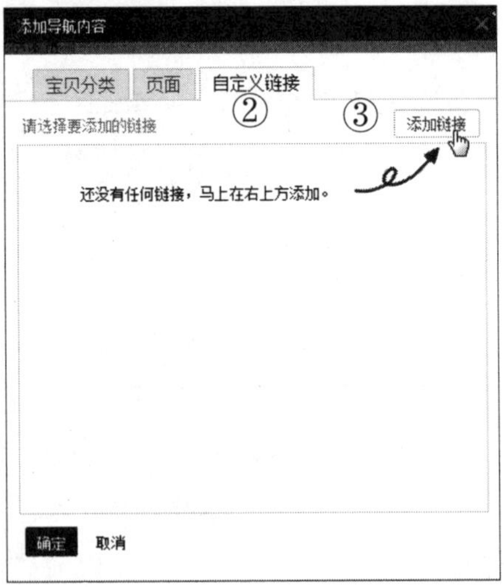

第 4 步：①输入链接名称，粘贴先前在相应页面中复制的地址；②单击“保存”钮，如下页左上图所示。

第 5 步：③此时，即可默认添加该链接，单击“确定”按钮，如下页右上图所示。

第 6 步：①返回“导航”对话框中，单击“确定”按钮，回到装修页面，单击右上角“发布”按钮，如左下图所示。

第 7 步：②在弹出的“发布”对话框中单击“确定”按钮，确认发布，如右下图所示。

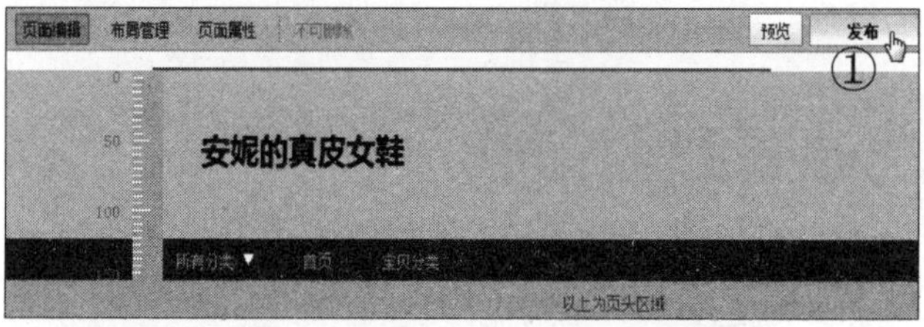

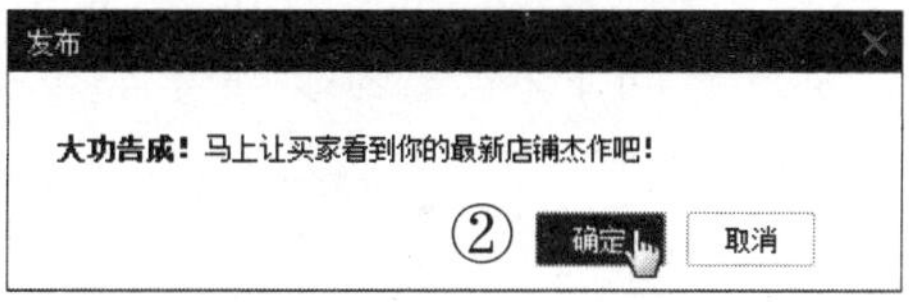

5.2.11 店铺装修常用代码及使用方法

淘宝网同时提供了可视化编辑，以及代码编辑器，很多基本功能都可以通过可视化编辑来实现，如输入文字、设置文字格式、插入图片等，但对于一些特殊的效果或功能，就需要使用 HTML 代码来实现。

1. 常用代码以及使用方法

在装饰店铺的过程中总是会遇到各种装修代码，这里汇总介绍一些店铺装修常用代码，以及使用方法，如下表所示。

功 能	代 码	备 注
背景音乐	<bgsound loop="infinite" src=" 歌曲链接地址 "></bgsound> <bgsound loop="-1" src=" 歌曲链接地址 "></bgsound>	所有代码均可以设置参数，从而对代码效果进行相应调整，常见代码含义以及参数设置见上一小节
公告背景图片	<background= 图片链接地址 border=0>	
公告图片	<img border="0" src=" 图片链接地址 ">	
悬挂饰物	＜ img src=" 图片链接地址 " style="left:20px; position: relative; top:0px" ＞	
文字链接	＜ a href=" 链接地址 " ＞文字内容＜ /a ＞	
图片链接	<a href=" 链接网址 "><img src= 图片地址 ></a></img>	
浮动挂件	<img alt="1" height="150" src=" 图片地址 ">	

续表

功　能	代　码	备　注
可移动悬挂饰物	<marquee style="position:relative;" scrollamount="1" scrolldelay="85" direction="up" behavior="scroll" height="60"> <img src=" 加入你自己的图片地址 " />	所有代码均可以设置参数，从而对代码效果进行相应调整，常见代码含义以及参数设置见上一小节
Flash 动画	<embed src=" 动画地址 "width="400"height="290"></embed>	
左右滚动文字	<marquee behavior="alternate"> 文字内容 </marquee>	
上下滚动文字	<marquee direction="up"> 输入你想要的文字 </marquee>	
移动图片	<marquee><img src= 图片地址 width="180" height="60"</img></marquee>	

2. 常用 HTML 代码功能与用途

在店铺装修中，可以通过复制的方法使用或借鉴很多已有的代码，但复制后的代码可能并不适合自己的店铺，如图片位置不同、大小不等的情况，就需要对代码进行调整，这就涉及到对代码的认识以及不同代码参数的使用。下表中汇总了一些在店铺装修过程中常用到的代码以及相应的参数与含义。了解了代码与参数含义后，我们在装修店铺过程中，即使复制使用了已有的装修代码，那么在调整时也会更加轻松了。同时绝大多数 HTML 代码还可以使用到商品描述中。

代码	功能	格式	参数与说明
<font>	字体格式	<font face="#"size=# color=#> 文字内容 </font> <font face="#"> 文字内容 </font> <font size=#> 文字内容 </font>	face="#"：字体，# 为字体，如“楷体”；size=#：字号，# 为 1 ～ 7；color=#：颜色，# 为颜色代码，如“#007722"
<bllink>	闪烁文字	<blink> 文字内容 </blink>	无
 	文字换行	 	每输入一个代码，表示换一行
<P>	分段	<P><P><P><P><P><P>	每输入一个代码，表示分一段
<center>	居中对齐	<center> 文字内容 </center>	无
<marquee>	移动文字	<marqueescrollAmount=# direction=# >. 文字内容 </marquee> <marqueedirection=# >. 文字内容 </marquee> <marqueedirection=# >. 文字内容 </marquee>	ScrollAmount=#：移动速度，# 为数字，1 为最慢，数值越大速度越快；direction=#：移动方向，# 为“UP（向上）”、“down（向下）”、“left（向左）”、“right（向右）”
<img>	插入图片	<img src=# border=#px width=#px height=#px> <img src=# > <img src=# width=#px height=#px >	Src：图片地址，# 为具体链接地址；border=#px：图片边框，# 为像素值，如 2px；width=#px：图片宽度，# 为像素值，如 250px，或百分比值，如 100%；height=#px：图片高度，# 为像素值，如 250px，或百分比值，如 100%
<a>	超链接	<a href=#> 文字内容或图片 </a>	href=#：链接地址，# 为具体链接地址；

上面仅仅列出了网店常用的 HTML 代码，在 HTML 代码应用中，代码之间是可以相互嵌套的，另外，代码参数并不是全部必须使用的，而是根据需要选择性使用即可，一般来说，如果不使用某个参数，那么就会采用默认设置，如插入图片而不设置高度参数“height”，那么就会采用图片自身的高度。

如果是刚接触店铺代码，可能在设置中就比较生疏，这就需要广大卖家不断调整，边调整结合可视化界面来进行对比，最终调整到合适的状态即可。

5.2.12 应用店铺模板

淘宝店铺提供了几种店铺模板，卖家在开店初期只要在自己已有模板的相应位置上传文字及图片信息，即可使店铺更专业，更有个性。应用系统模板的具体操作步骤如下。

第 1 步：登录淘宝网，进入卖家中心，①在“我是卖家”页面的左侧单击“店铺管理”栏中的“店铺装修”按钮，如下页左上图所示。

第 2 步：③进入店铺装修页面，在顶部单击“装修”下拉按钮；③在打开的菜单中选择“模板管理”选项，如右下图所示。

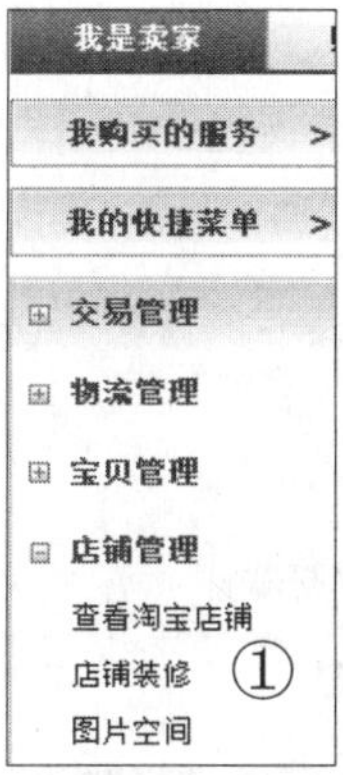

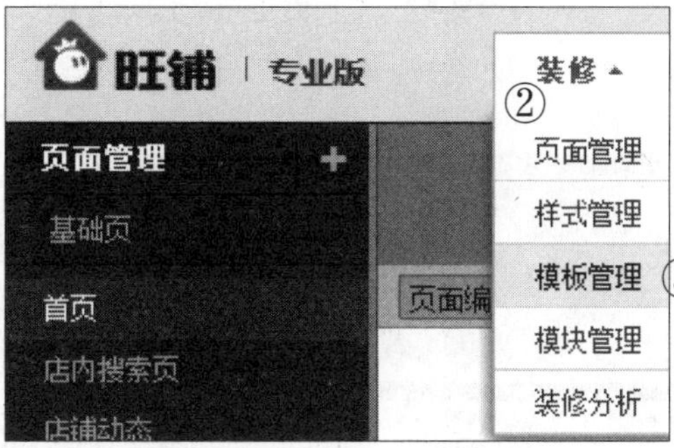

第 3 步：进入模板管理页面，①在左侧单击“系统模板”选项；②在显示的系统模版中单击选择一个系统模板，如左下图所示。可以看到在系统模版下面价格都是免费的，且可以永久使用。

第 4 步：③单击“应用”按钮，如右下图所示。

第 5 步：弹出“应用模板”提示框，单击“直接应用”按钮，应用模板，如左下图所示。

第 6 步：返回店铺主页，即可查看到当前修改模板样式后的效果，如右下图所示。

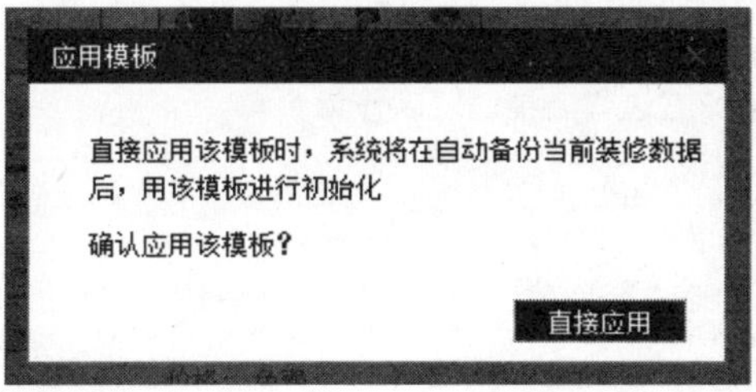

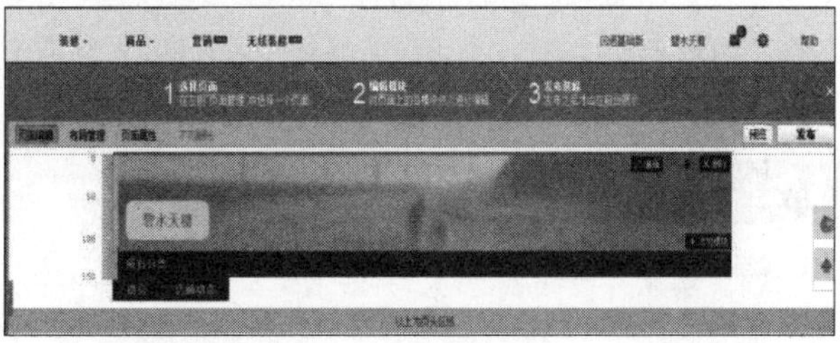

高手指引

订购旺铺

淘宝旺铺是淘宝提供的一种增值服务。使店铺能够更专业，并提供了更强大的功能，对塑造店铺形象，打造店铺品牌，推广促销商品，起到了至关重要的作用。只要拥有店铺，并且店铺没有被监管或者封店，都可以订购。

5.2.13 定时更改首页模板的布局

淘宝店铺装饰需要定时、定期更改，到达店铺装饰的不断升华。抓住每一次进店浏览客户的眼球，吸引客户停留并仔细查看网店的商品，增强买家的购物欲望。例如，将“宝贝推荐”与“图片轮播”模块调换位置，具体操作方法如下：

第 1 步：进入装修页面，在“图片轮播”模块右上角单击“下移”按钮，如左下图所示。

第 2 步：此时，即可快速将“图片轮播”模块与下方的“宝贝推荐”模块调换位置，如右下图所示。

高手指引

删除不需要的模块

在调整首页模块过程中，对于不需要的模块可以直接在其右上角单击“删除”按钮，将其删除即可。

5.3 对店铺装修后的建议

由于所销售商品类型、风格的不同，因此不同的卖家在装修自己店铺时，也需要结合自己销售的商品类型与风格来进行装修。不论卖家准备如何装修，目的都是为了吸引买家，因此都要遵循一个原则“简洁明快，清晰直观”，下面针对淘宝普通店铺装修提供一些建议，广大卖家在装修店铺时可以作为参考。

5.3.1 店铺与商品相得益彰

很多卖家在装修店铺时，并没有考虑到自己销售的是什么商品，而是单纯从店铺角度来进行设计，这是非常大的误区。装修店铺前，应该先根据自己所销售的商品来规划店铺到底要装修成什么样。无论是整体风格，还是页面特色，让店铺与商品相得益彰，才会让买家觉得你的店铺更专业。

店铺风格建议要与商品风格相协调，如销售时尚女装类商品，可以将店铺装修的清纯靓丽点，色调以粉色或淡蓝色为主；销售职业男装，则可采用时尚商务类店铺装修，并结合图案来进行设计；销售数码类商品，则店铺装修最好更具有科技感。

5.3.2 店铺风格的协调性

我们知道，淘宝店铺页面中包括了掌柜档案区、公告区、商品分类区等，不同的区域，在装修时都是单独设计的，最后放到页面中。也就是将前面单独的设计拼合到一起。要知道买家进入店铺后，看到的是整个店铺页面，所以在设计各个对象时，就需要考虑到整体的协调性，包括风格、配色，以及采用的图案等。

5.3.3 店铺布局的简洁性

店铺装修的目的是在吸引买家的同时，也便于买家浏览商品，因此店铺布局不宜设置得太过复杂，很多卖家在装修店铺时，为了店铺美观而大量使用图片，殊不知太多的图片会让买家眼花缭乱，很难有效地浏览到商品。这一点尤其在商品分类中更为重要，商品分类中的图片要尽可能直观简洁，让买家一眼就能看明白分类结构。

本章小结

本章详细介绍了淘宝网店铺装修的具体方法，首先给读者简单介绍了店铺装修前的准备工作，其次，对店铺装修中的技巧做了详细的介绍；最后，在装修过程中给出的几条建议。对于打算进行淘宝网店铺装修的读者，通过本章的学习，可以细致了解并掌握店铺的各种装修方法，从而美化自己的店铺。

6 提升购买欲——设计商品展示效果

网上店铺与传统店铺最大的区别就是没有实物，一切都在虚拟的世界里完成交易。网上买家对商品的第一印象就来自于卖家放在网上店铺中的商品照片。因此，拍摄出好的商品图片，并作适当地美化处理，将直接关系到商品的受关注程度，而且会在很大程度上影响买家的购买意向。在本章中将介绍商品图片的拍摄技巧与使用Photoshop、美图秀秀对图片进行各种处理的方法。

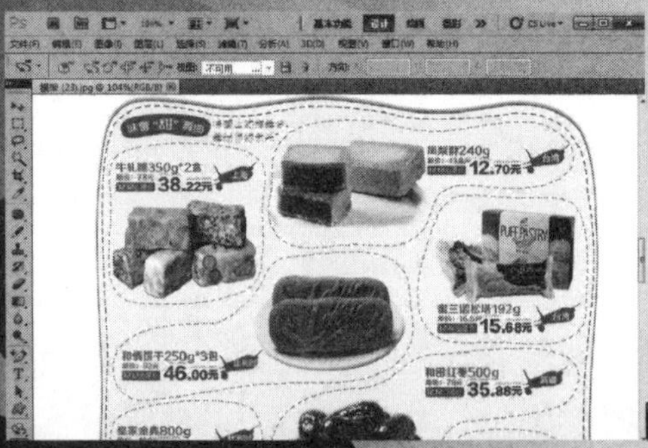

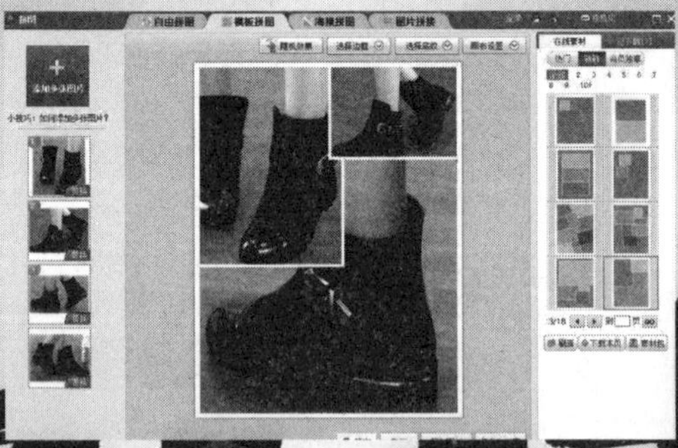

通过本章内容的学习，读者能够学习到拍摄图片的一些基础知识与拍摄技巧，并使用图片处理软件美化图片。学成后需要掌握的相关技能知识如下：

※ 拍出好照片的技巧
※ 运用 Photoshop 美化图片
※ 使用美图秀秀处理图片

6.1 如何拍出吸引人的好照片

想要将商品展现的更逼真，首先需要拍出好的商品实物照片来。虽然拍照人人都会，但如何拍出赚钱的商品图片，却不是一件简单的事情。因为这也需要一些拍摄的技巧作基础，当然也离不开相应的拍摄器材的支持。

6.1.1 相机的选择

数码相机是拍摄商品照片必须的设备，目前主流的家用数码相机像素都在 800 ～ 1200 万之间，完全可以拍出非常清晰的照片。当然如果拥有专业或准专业的单反相机，那么拍摄出的相片质量会更好。如左下图、右下图分别所示为一款家用卡片相机与一款专业相机。

对于准备购买数码家用相机的朋友，在选择时主要考虑以下几个因素。

1．像素

相机的像素越高，拍出照片的分辨率也就越高，也就更清晰，在像素选择上，尽量选择当前主流像素级别，如目前相机的像素大致有 800 万、1000 万、1200 万等，也可根据自己喜好与预算来选择。

2．CCD 尺寸

即相机的感光元件，这是衡量一款相机性能的重要标准，CCD 尺寸越大，拍摄出的照片也就越细腻，目前主流家用相机的 CCD 尺寸多为 1/2.3 英寸，部分相机甚至达到了 1/1.6 英寸。

3．感光度

相机的感光度决定着相机在一些特殊环境中拍摄照片的质量。感光度越高的照片，即使在较黑暗的环境中，也能拍摄出清晰的照片。目前主流家用相机多支持一定范围的感光度，如 160 ～ 3200，并且在不同范围内手动或自动调节。

4．微距拍摄

在拍摄商品实物图时，不可避免地要拍摄商品的细节大图，这就要求相机具备较好的微距拍摄效果。目前主流家用相机都支持微距拍摄，在选购时可以实际拍摄以对比效果。

目前市场上相机种类繁多，并且各品牌主流相机的性能也大致相近，我们在选购数码相机前，可以先到专业数码类网站中了解并对比，然后结合自己对品牌的喜好，来选购最合适的相机。

高手指引

理性购买数码相机

现在的数码相机品牌众多，好品质的产品也比比皆是。对于一般的卖家而言，由于有后期图片处理来辅助，所以在此项硬件投资上持“实用”状态即可。一款 3000 元左右的主流家用型数码相机就能满足基本的需要了。

6.1.2 辅助拍摄器材要备好

对于拍摄网店商品而言，拍摄的辅助器材主要有三脚架、灯光设备，以及摄影棚。其中三脚架是必须的，我们拍摄的商品图片都是静态图片，三脚架可以有效地稳定相机，避免出现由于手持相机细微的颤抖而影响拍摄质量。尤其对于需要拍摄大量商品图片的卖家而言，这一点尤为重要，如下图所示。

高手指引

理性购买三脚架

普通的三脚架价格一般只有几十块钱，但对于拍摄出好的商品图片是非常有用的，我们可以根据自己所销售商品的大小，来选择高脚三脚架或者矮脚三脚架，绝大多数三脚架都支持伸缩高度调整的，这更便于我们确定拍摄角度与位置。

要获得更好的拍摄效果，灯光也是必须的，目前市场上的数码相机都带有内置闪光灯，不过其性能指标可能不能满足拍摄的需要，这时候就需要外接闪光灯辅助，从而达到更佳的拍摄效果。

关于摄影棚，建议初期开店的朋友不用选择专业的设备，毕竟这些设备太过昂贵。大家完全可以根据自己商品的体积与类型，通过搭配来架起一个 DIY 摄影棚。

除了前面介绍的固定设备外，一个摄影棚还应该包括背景布（也可用白色广告纸、泡沫板、木地板）、主体光源（比较柔和的灯泡）、反光材料（反光板、反光伞都可以），如左下图、右下图所示为简单搭建的摄影棚。

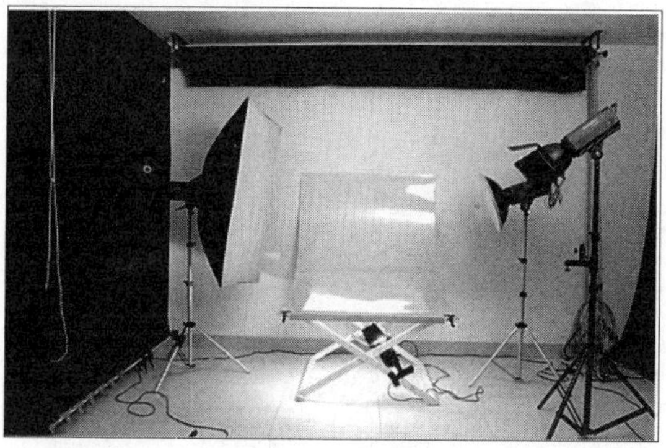

高手指引

反光板的作用

反光板（伞）的用处是很大的，通过反光设备可以让灯光更加均匀、柔和，对照片的色彩还原度有很大影响。

6.1.3 摄影常用术语介绍

就算是普通的数码相机用户，在开设网上店铺需要自己拍摄商品图片时，掌握一些比较常见的摄影术语，也有利于提升自己的拍摄技巧，以便获得更好的商品图片。下面就来看看一些用户比较关心的术语含义。

1. 有效像素

有效像素英文名称为 Effective Pixels。与最大像素不同，有效像素数是指真正参与感光成像的像素值。我们在购买数码相机时主要就是看其有效像素，而不是最高像素数值。

2. 焦距

透镜中心到其焦点的距离就叫“焦距”。焦距的单位通常用 mm（毫米）来表示。一个镜头的焦距一般都标在镜头的前面，如 f=50mm（这就是我们通常所说的“标准镜头”），28 － 70mm（最常用的镜头）、70 － 210mm（长焦镜头）等。

3. 快门

用于控制曝光时间长短的装置。快门一般可分为帘幕式快门和镜间叶片式快门，以及钢片快门 3 种。目前最高快门速度可达 1/12000 秒以上。

4. 景门

是指影像相对清晰的范围。景深的长短取决于 3 个因素：镜头焦距、相机与拍摄对象的距离、所用的光圈。例如，在同样的光圈、距离的情况下，28mm 镜头的景深要远远大于 70mm 镜头的景深。

6.1.4 常见的商品拍摄

目前网店中销售的商品，主要可以分为服饰类、化妆品类、数码类，以及生活用品类，对于不同类型的商品，拍摄方案、拍摄技巧也各不相同。下面针对这 4 类商品讲述相应的拍摄方案建议与技巧，广大卖家在拍摄商品图片时可以作为参考。

1. 服饰类拍摄方案

服装类商品在拍摄时，一般选择两种拍摄方案，一种是真人试穿，另一种是将服饰摆放好直接拍摄。对于真人试穿拍摄，建议在室内选择一面较为光滑的白色墙面，绝大多数卖家都能满足这个需求的，如下图所示。

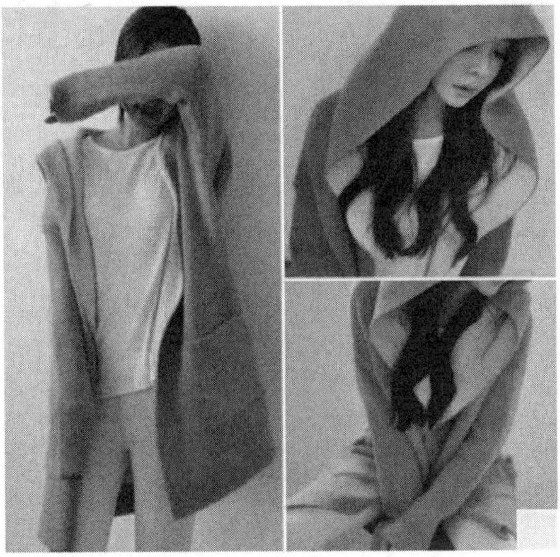

而对于仅拍摄衣服的方式，由于要涉及到衣服的摆放，可以考虑将衣服铺在水平地面上拍摄，如下图所示。

为了通过照片更加逼真、全面地展现实物，通常需要对服饰的各个角度进行拍摄，下面大致列出不同服饰需要拍摄哪些角度的照片。

外套类：正面、背面、内里，细节图则为衣领、袖口、衣兜、拉链、扣子，以及衣服材质细节。

毛衣类：正面、背面，细节图则为衣领、袖口、工艺与材质细节等。

衬衫类：正面、背面，细节图则为衣领、袖口、衣兜。

裤子类：正面、背面，细节图为拉链、裤兜。

鞋类：正面、侧面、底部，细节图则为材质特写、特色设计等。

无论以上哪种服饰，在拍摄时均要考虑如何能够全面地将服饰的各个层面展现出来，具体如何拍摄，卖家可以结合自己的经验来操作。如果是品牌服饰，那么可以单独拍摄品牌 LOGO 位置以及服饰吊牌。

对于室内拍摄而言，为了光线更加充足，有条件的卖家可以采用 1～2 盏布光灯。一般来说，细腻质料的衣服适合用柔和光，而粗糙质料的衣服适合直接打光，以挽回质料差的感觉。

2．化妆品拍摄方案

化妆品类商品一般采用盒装或者瓶装，体积均较小，在拍摄环境选择上也非常方便，如一张桌子、一把凳子均可，为了彰显出质感，可以采用白纸作为底面，拍摄效果如下图所示。

另外，很多化妆品类采用透明玻璃瓶，在这类商品的拍摄上，则可以采用黑色背景纸，从而突出商品的轮廓与层次。

在拍摄采光上，由于化妆品类本身体积较小，因此可以因地制宜地选择光源，如室内拍摄可以采用台灯、日光灯等。

3．数码类拍摄方案

数码类商品同样不需要太大的拍摄空间，这里建议大家可以采用鞋盒或者其他纸箱（内面为白色的）作为拍摄空间，这样的好处是拍摄出的照片布光均匀，并且可以避免由于数码类商品表面比较光滑而产生的反光或倒影。

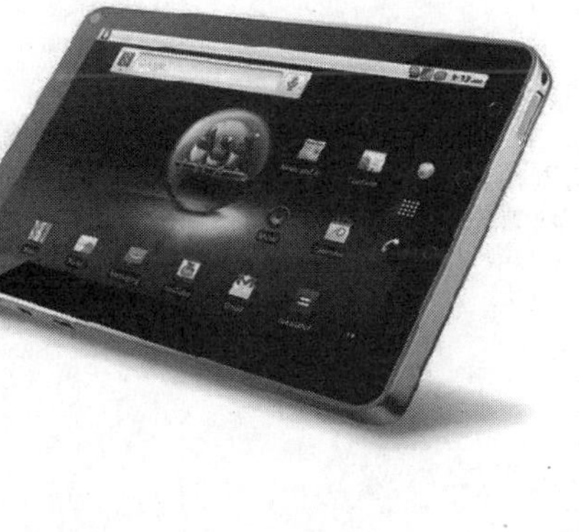

对于表面反光的数码商品，在拍摄时不建议使用相机闪光灯，而采用布光比较广泛的光源，同时光源距离商品不宜太近。

你知道吗

拍摄的图片中，为什么老是出现数码相机的投影？

对于带有屏幕的数码类商品，在使用相机拍摄时，往往会在屏幕中留下相机的倒影，对于这种情况，可以在一张白纸上剪出与相机镜头大小相同的洞，然后将纸套到镜头上来拍摄。

4．生活用品类拍摄方案

生活用品类覆盖的范围比较广，材质体积也各不相同，在拍摄照片时，就需要根据商品的特性来进行不同的拍摄了，如体积大的需要较大的拍摄空间、材质较亮的不宜采用闪光灯等。对于居家类生活用品，可以进行简单搭配后再拍摄，这样更容易展现出商品在实际使用中的装饰效果。

拍摄这类商品最重要的就是白平衡，也就是将商品的原色在照片中展现出来，这也需要卖家根据不同商品不同环境来反复调整。

你知道吗

如何拍摄小商品呢？

在拍摄小商品时，如果使用的是傻瓜卡片相机，可以直接选择微距模式来进行拍摄，如果是单反相机，则可以换焦距较短或者拥有微距功能的镜头来进行拍摄，这样可以让商品的细节得到更好的展现。

6.1.5 拍摄商品需讲究的技巧

1．保证相机的稳定性

这是最基础的注意点。手持相机按动快门的时候最容易晃动相机造成画面模糊，所以建议使用三脚架拍摄。脚架的价格从几十元到几百元不等，可以根据实际情况购买。这里需要说明的是，节约成本固然重要，但是不能只找便宜的东西，低档的通常容易坏，能调整的角度也有限，拍摄的时候非常不方便，建议购买100 元以上价位的产品。

2．对焦要准确

“对焦”这个词对大多数朋友来说可能很陌生，例如，近视的人看东西要拿近了才能看清楚，不同程度的近视看清物品的距离不同，那么能看到的最清晰的距离就相当于相机的“对焦准确”。所有的数码相机都有自动对焦的功能，对于初学者来说只需要将镜头的中心对着拍摄物的主要部位，在显示屏里看到显示最清晰的时候按下快门即可。

3．拍摄环境

在拍摄中环境也是很重要的。对拍摄环境的注意事项，大致包括如下几点。

- 不要在阳光下拍摄，这样拍出的商品容易发红、发黄。
- 拍摄饰品时，如果要用其他一些物品来衬托，要注意颜色的协调和摆放的主次。
- 最好不要在颜色很杂的房间内拍摄。有雪白墙壁的阳台是最好的选择。
- 拍摄银饰时最好在旁边放上深色的衬托品，这样拍出来比较有金属感。

4．不要迷信自动模式

我们都知道傻瓜式的数码相机都有个自动拍摄模式，它会根据当前拍摄的环境、光线来自动调节所需要的效果。不过，在一些复杂光线条件的室内或是夜晚，自动模式并不能帮助我们拍摄出满意的相片。这个时候便需要我们通过一些简单的手动操作来解决了。

例如，在夜晚拍摄时，如果使用自动感光度，相机往往会使用最高的感光度来保证快门速度，从而带来了严重的噪点。其实我们完全可以根据当时的光线情况，适当调高感光度并开启内置闪光灯来应对。

你知道吗

拍摄网上商品有什么要求？

商品拍摄的总体要求是将商品的形、质、色等充分表现出来，而不夸张。

（1）形：指的是商品的形态、造型特征，以及画面的构图形式。

（2）质：指的是商品的质地、质量、质感。商品拍摄对质的要求非常严格。体现质的影纹层次必须清晰、细腻、逼真。尤其是细微处，以及高光和阴影部分，对质的表现要求更为严格。

（3）色：商品拍摄要注意色彩的统一。色与色之间应该是互相烘托的，而不是对抗的，更是统一的整体。在色彩的处理上应力求简、精、纯，避免繁、杂、乱。

6.2 将图片美化一下才更有卖相

拍摄商品实物图并拷贝到计算机后，我们还需要对商品图片进行一系列修饰与美化，从而使照片看起来更加真实、美观，并更逼真地体现出商品的实物效果。对于广大卖家来说，对商品照片进行适当的美化和修饰都是必须要做的。

6.2.1 常用的图片处理软件

对商品照片进行美化与修饰，都是通过相应的软件来实现的，目前常用的照片修饰软件主要有Photoshop、光影魔术手、美图秀秀等。我们在处理照片之前，首先需要购买或从其他途径获取软件的安装文件并在计算机中安装，然后学习软件的基本使用方法。

1．Photoshop

Photoshop是一款专业的图像处理软件，其应用领域也非常广泛，可以分为图像编辑、图像合成、校色调色和特效制作4大部分。另外，利用photoshop中的滤镜、通道并结合绘图工具等，可以完成图像特殊效果（如特效字、素描、油画、炭笔画、蜡笔画等）的制作，以使图像表现特殊的创意，如下页上图所示为商品图片的处理效果。

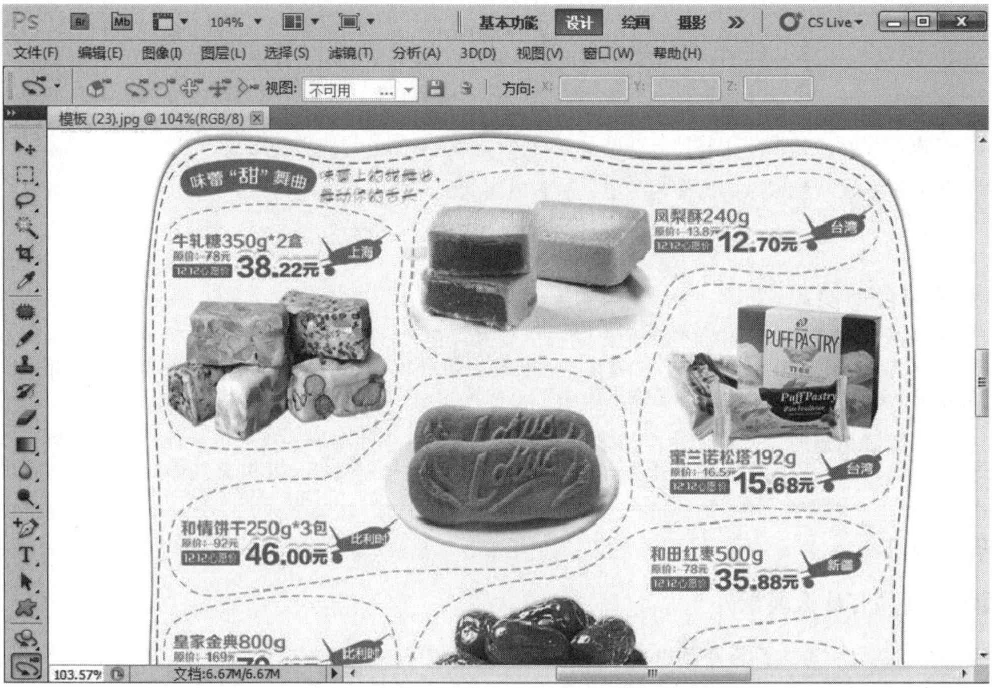

作为大型图像处理工具，Photoshop 提供的功能非常强大，而且在设计过程中也完全由用户自行发挥，因此对用户的使用技能以及设计能力要求也较高。因而如果要使用 Photoshop 处理照片，首先需要花费一段时间来学习 Photoshop 的使用方法，以及提升自己的设计能力。

2. 光影魔术手

“光影魔术手”是一款智能化的图像处理工具，其操作界面简单、直观，即使初学者也很容易上手，因此被众多淘宝卖家所广泛使用。

光影魔术手提供了绝大多数常用的图片处理功能，其智能化操作使得处理图片更加简单，毕竟我们要制作的图片只是在网店中传播，对处理水平以及设计能力要求不是太高，因而使用光影魔术手基本能满足广大卖家的图片设计需求，如下图所示为光影魔术手的操作界面。

6.2.2 商品图片需要哪些修饰

对于拍摄的商品照片，我们使用各种图片处理工具进行美化与修饰的目的是为了使得图片更加赏心悦目，同时照片中的效果更加接近实物，达到吸引买家的目的。而不能仅仅为了图片美观过分美化，导致图片与实物出现较大差距，这样即使买家购买后，也可能出现后续纠纷。

针对网店中的各类商品，常用的修饰主要有以下几种。

1．更换图片背景

这是最常用的修饰方法，我们在拍照时，会连同商品背景一起拍摄，为了将商品从图片中更清晰地彰显出来，就可以将图片的背景更换为纯色背景或者其他底纹背景。

2．调整图片色调

由于光线、相机以及显示器等因素，拍摄出的照片可能与实物在色调上存在一定差异，这时就需要对图片色调进行调整，使其尽可能与实物相近。

3．调整图片大小

高像素相机拍摄出的照片，分辨率一般较高，而网店中商品图片尺寸大约 500 ～ 800 像素就足够了，这时就需要对图片的大小进行调整。

4．添加其他元素

这一点主要用于对图片进行修饰，我们可以在图片中添加各种图形或文字对象，使得图片整体更加生动活跃，吸引买家。

5．添加图片水印

所谓“水印”，即是一种记号，就像盖章一样。水印不能轻易去除，这样上传的图片就可以防止被别人盗用，而且还可以在图片上打上自己店铺的名字和 LOGO，增加宣传力度。

6.3 运用 Photoshop 轻松美化图片

对于有较多时间学习的卖家，建议学习并使用 Photoshop 对商品图片进行处理与美化，这样不但自行设计的空间较大，而且熟悉了 Photoshop 的使用，以后无论是处理商品照片，或者店铺装修设计，都会特别方便。本节就来认识 Photoshop，并了解使用 Photoshop 处理与美化商品图片的各种功能。

6.3.1 认识 Photoshop 常用功能

网上商店精美的产品图片使人产生愉悦的快感，增加产品销售成交率。很多卖家拍完自己的商品照片时，不知道如何进行必要的美化和处理。Photoshop 在计算机中安装后，通过“开始”菜单即可启动程序，为了后面更好地对图片进行处理，下面我们来介绍处理网店商品图片常用的功能与基本使用方法。下面通过实例手把手教你使用 Photoshop 做出赚钱的好照片。

在 Photoshop 界面右侧显示一个工具条，其中包含了所有在 Photoshop 中处理图形时需要用到的工具。其中一些工具是必须使用的，一些工具则是根据设计需要来选择性使用的，对于处理商品图片的卖家而言，可能使用的工具主要有移动工具、选区工具、裁剪工具、钢笔工具、吸管工具、文字工具、抓手工具、缩放工具，以及前 / 背景颜色设置工具等，如下图所示为各个常用工具的名称及功能介绍。

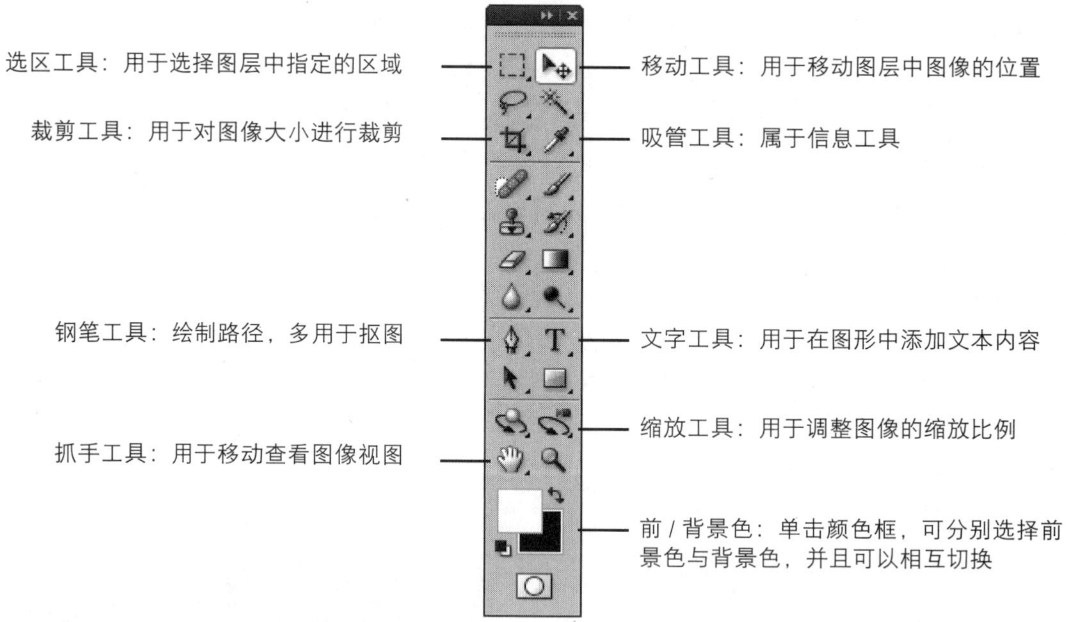

6.3.2 将照片保存为 GIF 格式

在管理店铺中的商品图片时，有时需要指定的图片格式才能使用，例如，在 Photoshop 中将 jpg 格式的照片保存为 GIF 格式，具体的操作步骤如下。

第 1 步：启动 Photoshop，①单击打开“文件”菜单；②执行“打开”命令，如左下图所示。

第 2 步：打开“打开”对话框，③单击选择需要转换格式的照片“亲子装 3.jpg”；④单击“打开”命令，如右下图所示。

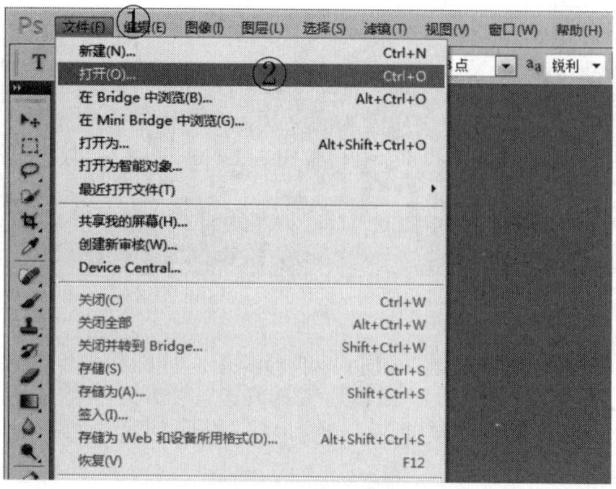

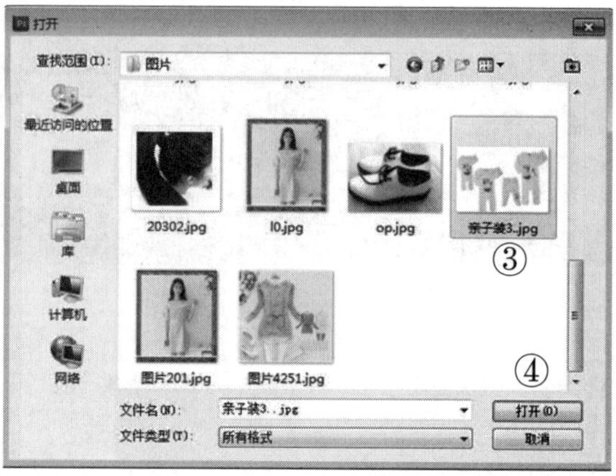

第 3 步：此时，即可在 Photoshop 中打开名为“亲子装 3.jpg”的照片，如左下图所示。

第 4 步：①单击打开“文件”菜单；②执行“存储为”命令，如右下图所示。

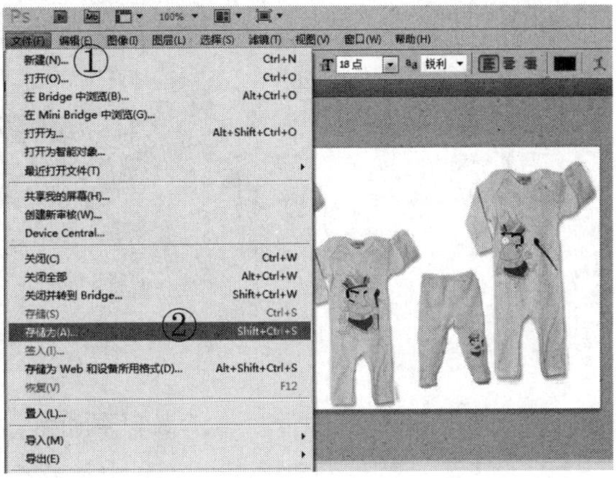

第 5 步：打开“存储为”对话框并查找照片存储位置；①在“格式”下拉列表中选择 GIF 格式选项；②单击“保存”按钮，如左下图所示。

第 6 步：弹出“索引颜色”对话框，③在该对话中设置相关参数；④单击“确定”按钮，将文件保存为 GIF 图像，如右下图所示。

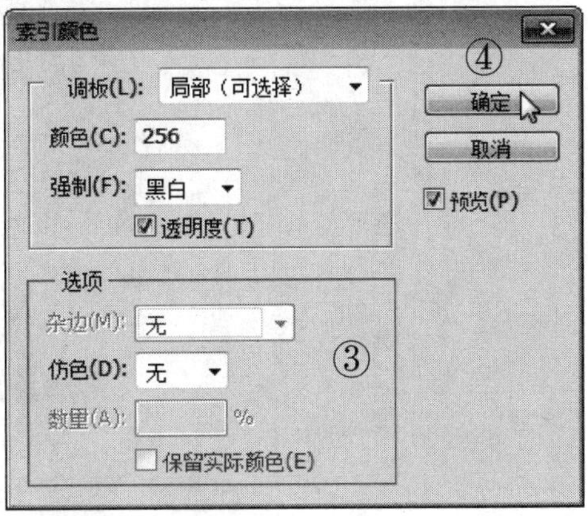

6.3.3 调整图片大小

现在的数码相机的像素都是非常高的，以致于拍摄的图片也非常的大，太大的图片不仅无法在商品页面中完整显示，而且太大的图片将无法上传。因此拍摄商品照片后，必须对商品图片的尺寸进行调整。例如，缩小照片尺寸，具体的操作步骤如下。

第 1 步：启动 Photoshop，打开需要缩小的照片“茶杯 .jpg”，①单击打开“图像”菜单；②执行“图像大小”命令，如下页左上图所示。

第 2 步：打开“图像大小”对话框，③在该对话框中设置相应的“宽度”值（高度值会自动根据长宽比例进行调整），④单击“确定”按钮，如下页右上图所示。

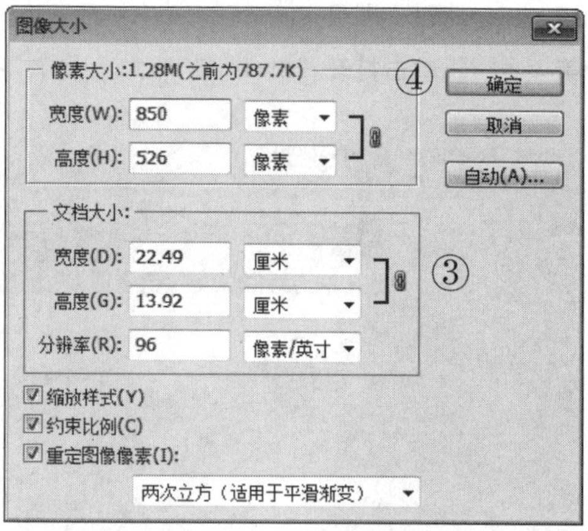

第 3 步：此时，即可将照片尺寸缩小，如下图所示。

高手指引

放大图片尺寸

与缩小照片相反，如果需要将照片尺寸放大，只需按【Ctrl+Alt+I】快捷键，打开“图像大小”对话框，输入宽度值进行调整即可。

6.3.4 自由裁剪照片尺寸

有时我们需要将拍摄的商品照片裁剪，以达到更好的展示效果，在 Photoshop 中裁剪照片的具体操作步骤如下。

第 1 步：启动 Photoshop，打开需要裁剪的照片“新品 女鞋”。①在工具栏中单击“裁剪工具”；②按住鼠标左键，在照片中选择所需区域，如下页左上图所示。

第 2 步：③调整好区域后，在选区内双击鼠标，如下页右上图所示。

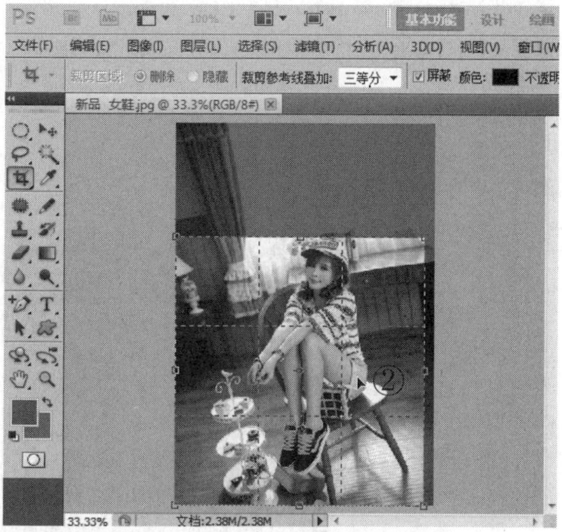

第 3 步：此时，即可将照片中多余的区域裁剪掉，如下图所示。

6.4 使用 Photoshop 调整图片效果

由于光线不足、拍照技术、照相设备等原因，许多卖家拍摄出来的商品图片往往不尽人意：有的图片因曝光不足而偏暗，有的图片的清晰度不太理想，有的商品图片因曝光过度而偏亮等各种问题。如果精心拍摄的图片存在诸如此类的不良现象，就可以使用图片编辑软件（如 Photoshop）来进行处理，从而有效地还原商品的真实面目，让好不容易进店的买家看着舒心，由此产生强烈的购买欲望，那店铺的成交量就会上去啦。

6.4.1 调整曝光不足的照片

通常拍出来的照片最常见的问题就是曝光过度或者曝光不足，以及因雾气等原因造成的缺乏对比度。下面讲述调整曝光不足的照片的具体操作步骤。

第 1 步：启动 Photoshop，打开图像“34.jpg”，如左下图所示。

第 2 步：①单击打开“图像”菜单；②指向“调整”子菜单；③在下一级菜单中执行“曝光度”命令，如右下图所示。

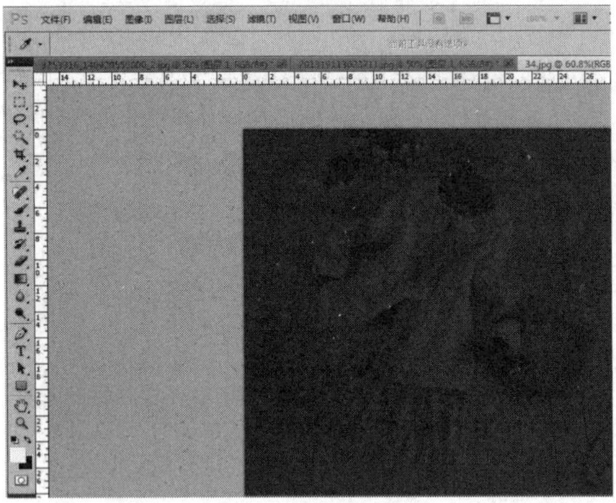

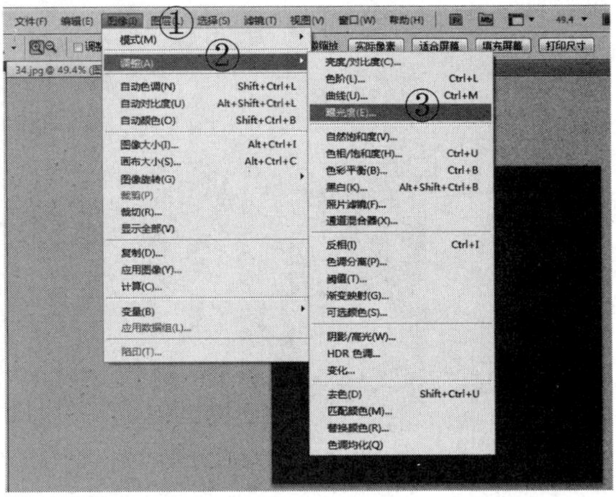

第 3 步：弹出“曝光度”对话框，①在该对话框中往左移动滑块设置相应的参数；②单击“确定”按钮，如左下图所示。

第 4 步：调整曝光度后的效果，如右下图所示。

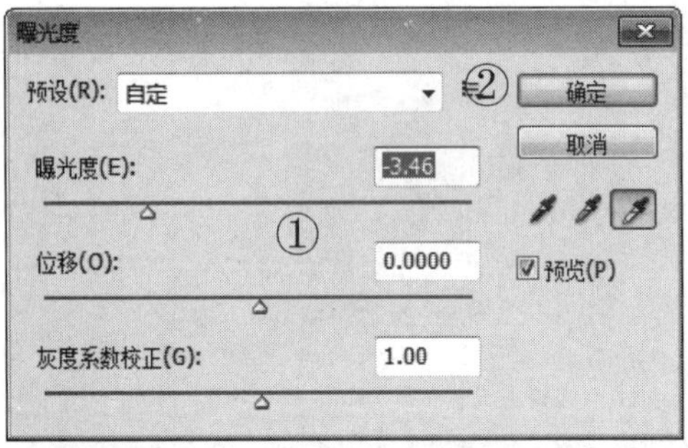

6.4.2 调整模糊的照片，让细节更清晰

网店卖东西主要对商品进行实拍，尽量给客户提供最真实的图片。但由于相机，显示器等问题，拍出来的效果和实物肯定会有所差别。下面讲述调整模糊照片让细节更明显的操作步骤。

第 1 步：启动 Photoshop，打开需要调整清晰的照片 2.jpg，①单击打开“图像”菜单；②指向“模式”选项；③在下一级菜单中执行“Lab 颜色”命令，如下页左上图所示。

第 2 步：打开“图层”面板，④在该面板中将“背景”层拖动到“创建新图层”按钮上，如下页右上图所示。

> **高手指引**
>
> **复制与删除图层**
>
> 按【Ctrl+J】快捷键，可以快速复制当前选中的图层。在“图层”面板中，单击下方“删除图层”按钮，可将当前选中图层快速删除。

第 3 步：得到“背景 副本”图层，将图层模式设置为柔光，不透明度设置为 70%，如下图所示。

第 4 步：①单击打开“滤镜”菜单；②指向“锐化”选项；③在下一级菜单中执行“USM 锐化”命令，如下图所示。

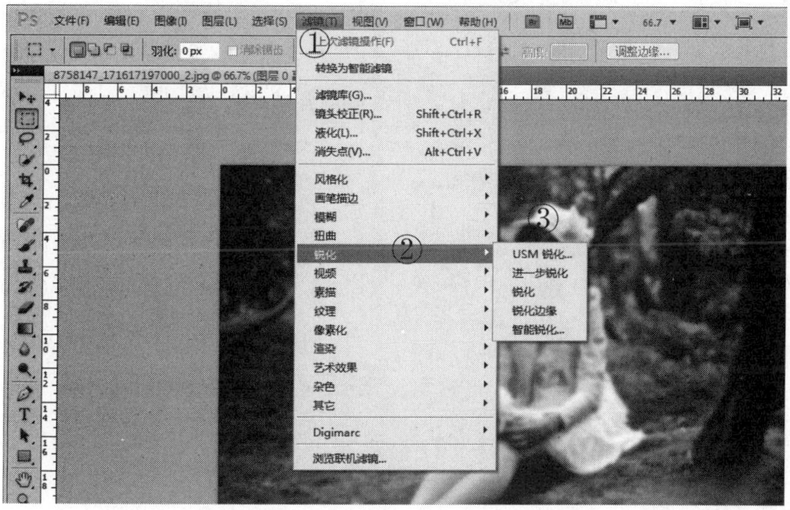

第 5 步：弹出“USB 锐化”对话框，①设置相关参数值；②单击“确定”按钮，如左下图所示。

第 6 步：如果还是不够清楚，还可以复制相应的图层，直到调整到清晰为止，效果如右下图所示。

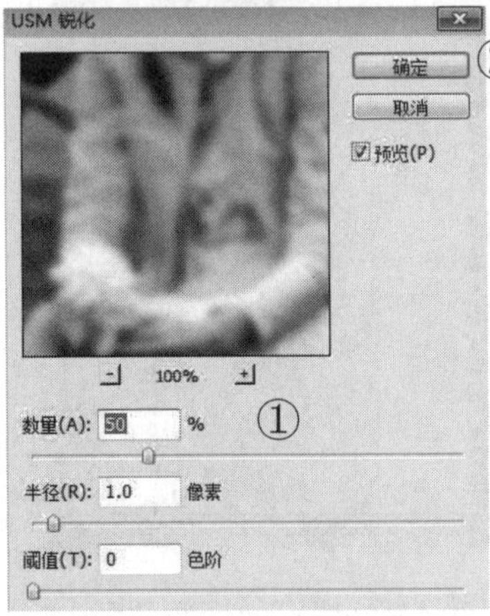

高手指引

使用锐化工具快速清晰照片

打开需要调整清晰的照片后，在工具栏中右击“涂沫工具”按钮，在打开的列表中选择“锐化工具”，直接在照片中不清淅处拖动鼠标，锐化照片的局部图像。

6.4.3 为照片添加水印，防止他人盗用

在为产品拍完大量照片，通过处理后，通常要为图片添加水印效果，以防止图片被侵权使用，例如为图片添加文字水印，具体的操作方法如下。

第 1 步：启动 Photoshop，打开需要添加文字水印的照片 11.jpg。①在工具栏中右击“文字工具”按钮；②在打开的列表中单击“横排文字工具”，如左下图所示。

第 2 步：③在此时，在图片中需要输入文字处单击鼠标，输入文字“新款儿童套装”，如右下图所示。

第 3 步：①单击工具栏中的“移动工具”，完成输入。此时，在“图层”面板中自动添加有一个文字图层；②双击文字图层，如下页左上图所示。

第 4 步：弹出“图层样式”对话框，③在“混合选项：自定”选项卡中设置相应的参数；④单击“确定”按钮，如右下图所示。

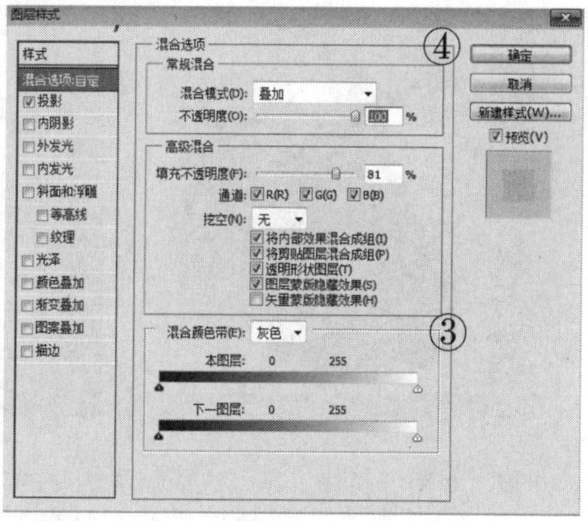

第 5 步：设置文字图层样式后，选择“移动工具”，拖动调整文字在图片中的位置，效果如下图所示。

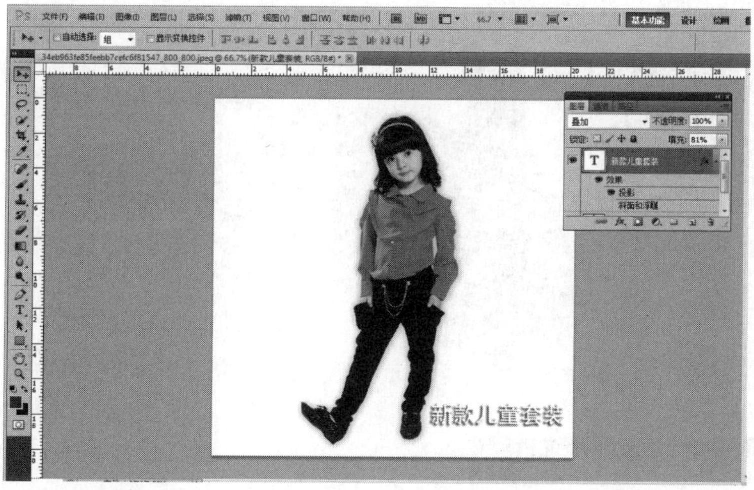

你知道吗

每一张商品图片都需要重复制作水印吗？

当我们在一张商品图片中制作好水印后，可以发现水印是以图层形式存在的，那么以后为其他图片添加水印时，只要通过拖动的方法来快速复制图层即可。另外，如果当前图片中的水印以后要用到其他图片，那么在保存时必须保存为 psd 格式。

6.4.4 把照片中的产品抠出来

开网店的朋友都知道，处理商品图片的时候，经常需要用到抠图的处理技巧，例如，为产品换个好看的背景图片，增加吸引度等。不过很多店家对抠图并不了解，可以说是非常陌生，下面就介绍怎样抠图的技巧。

抠图是在图像设计中最常用到的技术之一，在 Photoshop 中主要有三种抠图方法，就是分别利用工具箱中的“魔棒工具”、“磁性套索工具”以及滤镜菜单中的“抽出”滤镜。例如，使用“魔棒工具”把照片中的产品抠出来的具体操作步骤如下。

第 1 步：在 Photoshop 中打开需要抠除背景的图像“女鞋 .jpg”，①在“图层”面板中拖动“背景”图层至“创建新图层”按钮，如下页左上图所示。

第 2 步：②在“工具栏”中单击“快速选择工具”按钮；③单击选择“魔棒工具”，如右下图所示。

第 3 步：使用“魔棒工具”选择需要删除的背景区域（配合使用工具栏中的“添加到选区”及“从选区中减去”按钮，能更精确的选中相应的图像区域），如左下图所示。

第 4 步：按 Delete 键，即可快速将选中的区域中的图像删除，如右下图所示。按 Ctrl+D 快捷键取消选择。

6.4.5 把抠出来的照片合成在一起

抠图就是把商品从它的背景中选择出来放到我们要得背景中去。大家有时候能看到有些卖家的商品背景能很好的衬托商品，大多都是后期合成的。把抠出来的照片与背景合成在一起，具体操作步骤如下。

第 1 步：打开已删除背景的 psd 格式文件，①单击打开“文件”菜单；②执行“置入”命令，如下图所示。

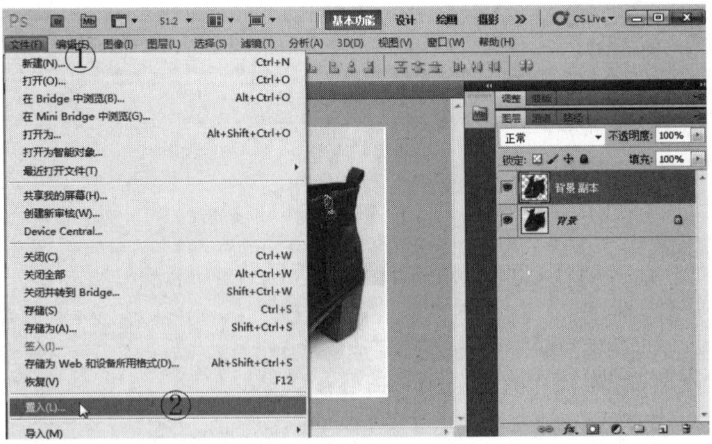

第 2 步：打开“置入”对话框，①选择需要置入的背景图片；②单击“置入”按钮，如下页左上图所示。

第 3 步：③调整置入背景的大小与位置，如右下图所示。

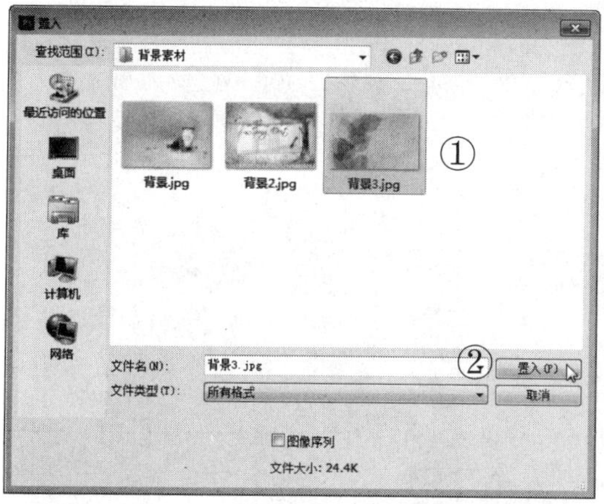

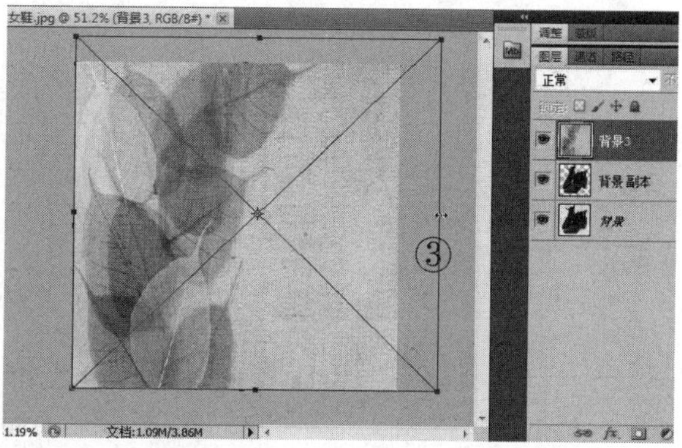

第 4 步：①双击鼠标，确认变换，如左下图所示。

第 5 步：②在“图层”面板中，拖动“背景 3”图层至“背景 副本”图层下方，如右下图所示。

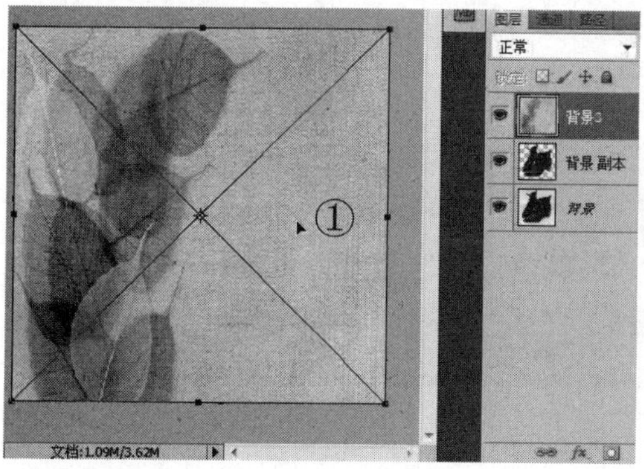

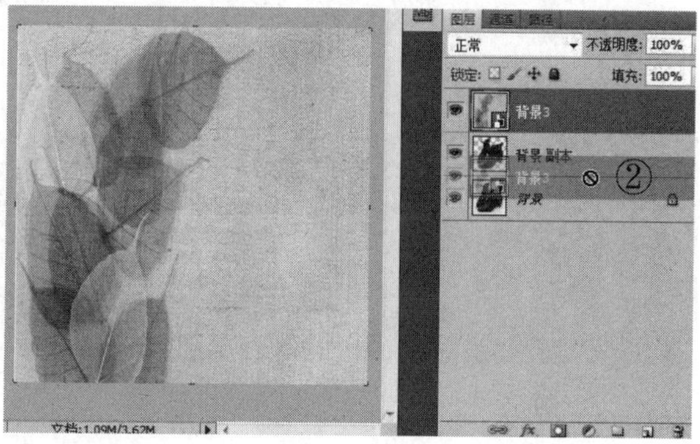

第 6 步：①选择“背景 副本”图层，按 Ctrl+T 快捷键，执行“自由变换”命令；②拖动外边框调整其大小，在内部拖动鼠标调整其所处位置，如左下图所示。

第 7 步：打开“图层样式”对话框，③单击“投影”选项卡；④设置投影参数；⑤单击“确定”按钮，如右下图所示。

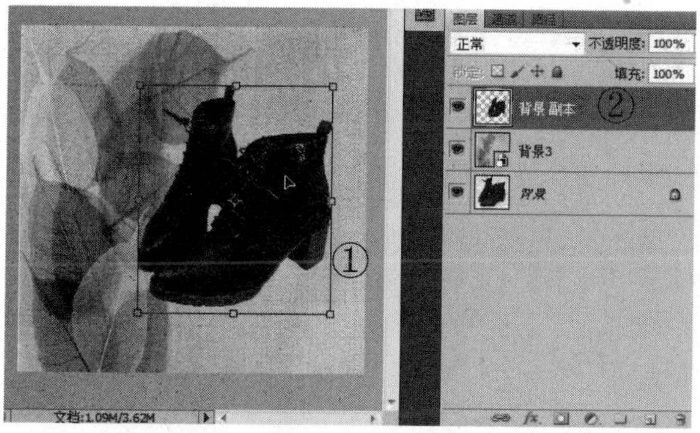

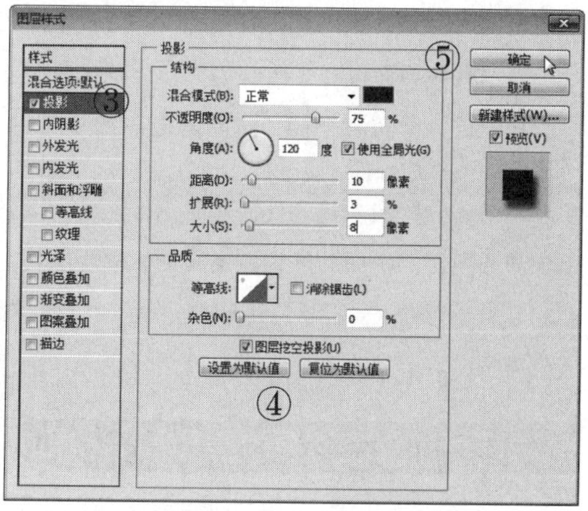

第 8 步：此时，为图片设置好投影效果，如下页上图所示。

6.5 使用美图秀秀处理图片

美图秀秀是一款很好用的免费图片处理软件，不用学习就会用，比 Photoshop 简单很多。独有的图片特效、美容、拼图、场景、边框、饰品等功能，加上每天更新的精选素材，可以在 1 分钟做出影楼级照片，还能一键分享到新浪微博、人人网。

6.5.1 美图秀秀与其他图片处理软件相比的优点

美图秀秀简单实用，功能齐全，与其他图片处理软件相比主要有以下优点：

美图秀秀界面直观，操作简单，比同类软件更好用，每个人都可以轻松上手。

神奇的人像美容功能：独有的磨皮祛痘、瘦脸、美白、眼镜放大等多种强大的美容功能，让用户轻松拥有天使美容。

风格各异的图片特效：拥有时下最热门、最流行的图片特效，不同特效的叠加令图片个性十足。

随心所欲的拼图功能：自由拼图、模板拼图、图片拼接三种经典拼图模式，多张图片一次性晒出来。

专属动感 DIY：轻松几步制作个性 GIF 动态图片、搞怪 QQ 表情，精彩瞬间动起来。

囊括主流分享渠道：一键将美图分享至新浪微博、腾讯微博、人人网、QQ，即时与好友分享美好生活。

6.5.2 使用美图秀秀为照片加上相框

使用美图秀秀为商品图片添加相框，让照片档次瞬间提升，添加图片边框的具体操作方法如下。

第 1 步：启动美图秀秀，直接在主页面右上角单击“打开”按钮，如下页上图所示。

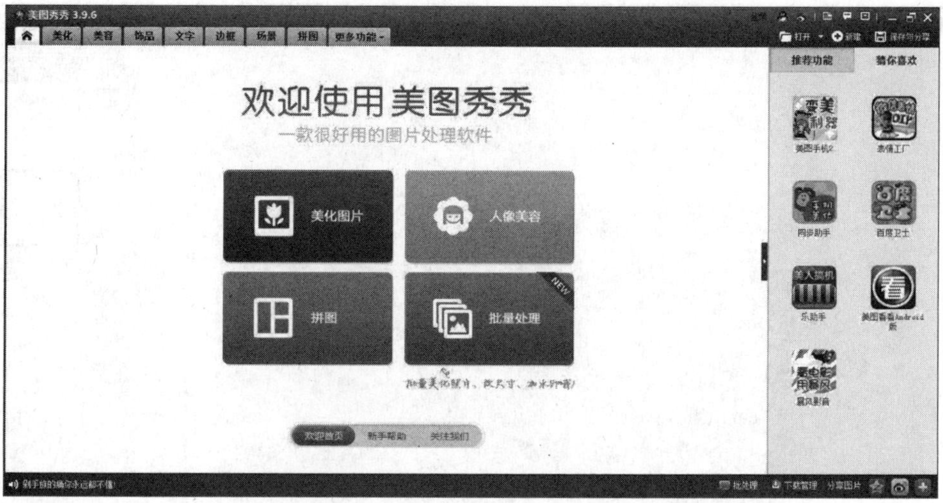

第 2 步：弹出“打开一张图片”对话框，①选择“图片 49”；②单击“打开”按钮，如左下图所示。

第 3 步：④弹出“您打开的图片偏大，是否缩小到最佳尺寸”对话框，单击“是”按钮，如右下图所示。

第 4 步：①在左边选择“轻松边框”效果选项；②在右边选择相应的边框样式，如下图所示。

第 5 步：选择的边框效果直接应用，单击“确定”按钮保存边框效果图，如下页上图所示。

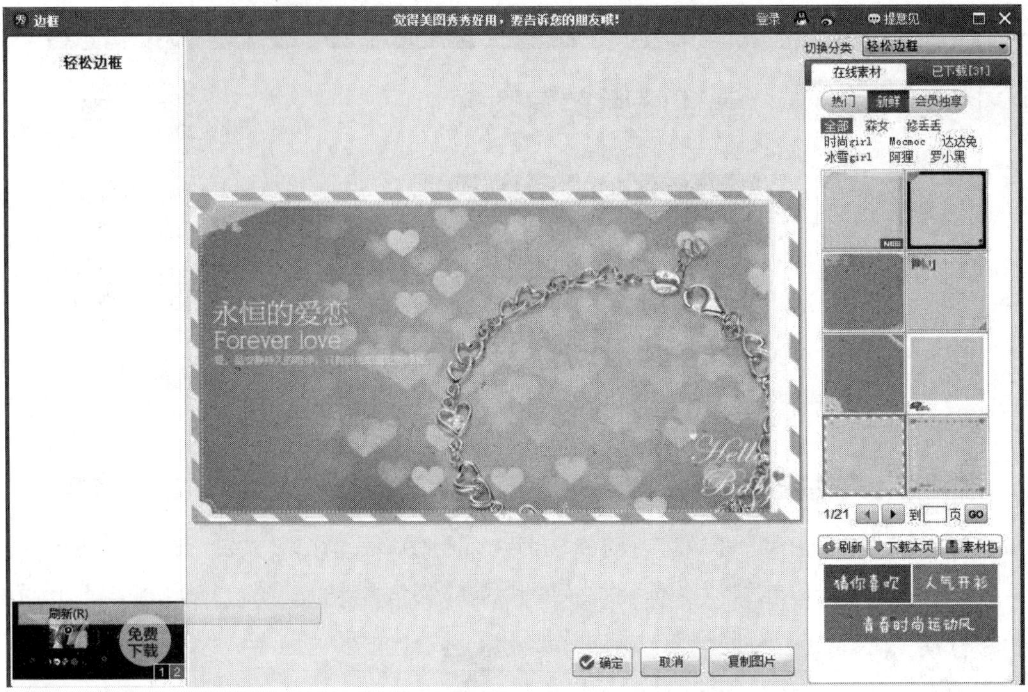

第 6 步：单击右上角的“保存与分享”按钮，①选择好保存途径；②输入要保存的文件名称；③单击“保存”或“另存为”按钮，存储图片即可。如下图所示。

6.5.3 制作商品拼图

拍摄的照片都是单独的，为了使商品主图或详情页多元化，卖家可以将图片进行调整，例如，使用模板制作拼图，具体操作方法如下：

第 1 步：启动美图秀秀程序，①单击“拼图”选项卡；②在左侧单击“模板拼图”选项，如下页左上图所示。

第 2 步：打开“拼图”对话框，③在右侧选择一种模板样式；④单击左侧的“添加多张图片”按钮，如下页右上图所示。

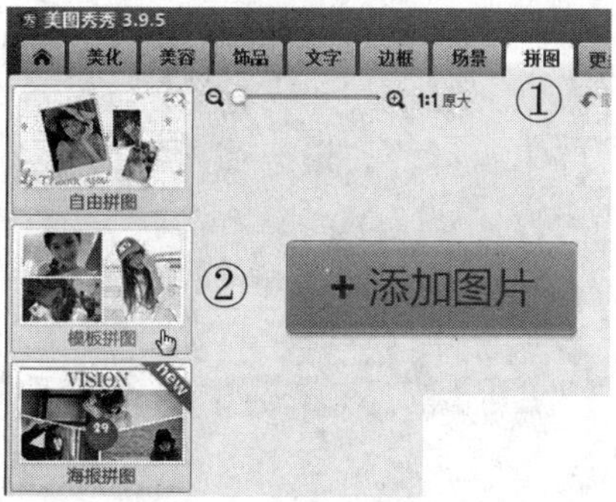

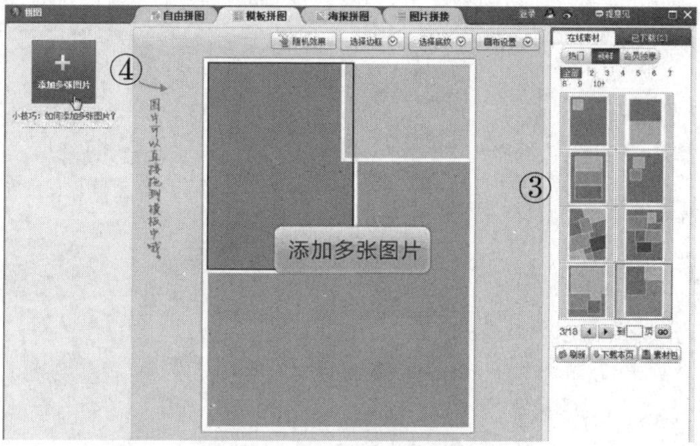

第 3 步：①在打开的对话框中拖动选择多张图片；②单击“打开”按钮，如右下图所示。

第 4 步：③此时，图片自动添加到各版块中，根据自己安排拖动调整各图片的位置与大小；④单击“确定”按钮，如右下图所示。

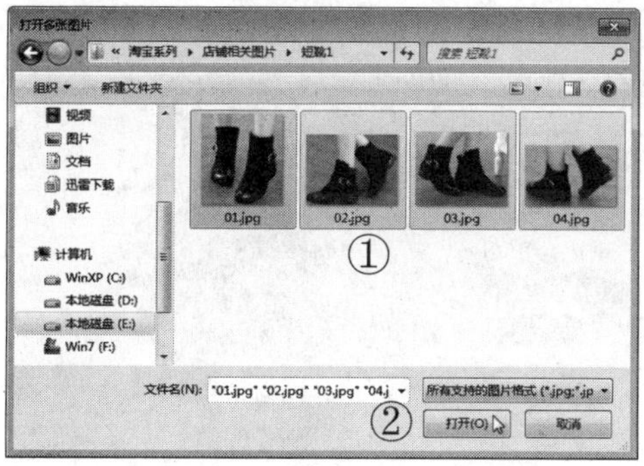

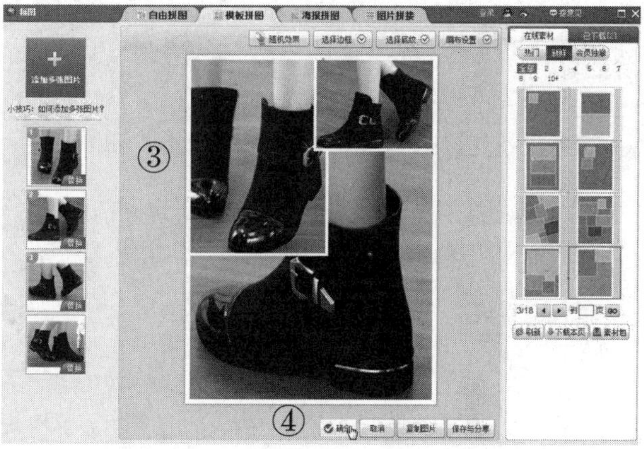

本章小结

本章首先介绍了常见的拍摄方法、拍摄常用的辅助器材和常见的商品拍摄技巧，其次介绍了使用 Photoshop、美图秀秀对拍摄的照片进行各种处理与美化的方法。读者在学习后，可以自己实践来拍摄并处理自己的商品图片，使其更具有销售竞争力。

7 销售换位体验——从购物中分析卖家的秘诀

我们知道，无论是开网店还是实体店，如果不了解消费者的需求，很难成为一个成功的商家。因此，卖家一定要了解网购，了解网上购物的整个过程，了解一个网购买家的多方面需求，甚至成为一个“资深”的网络买家，从购物中分析卖物的秘诀。本章将介绍如何从在淘宝网中一步步选择并购买商品的知识。

通过市章内容的学习，读者能够学习到如何在网上购买商品，学完后需要掌握的相关技能知识如下：

※ 网上购物的条件和流程
※ 寻找到自己喜欢的商品
※ 深入了解商品的详细信息
※ 轻轻松松把商品买回家
※ 快递收货注意事项

7.1 网上购物的条件与流程

开始在网上购物之前，可以先对网上购物的流程，以及应该具备哪些条件进行简单了解，这样在以后的购物过程中，就知道自己应该如何一步一步进行下去。

7.1.1 网上购物应具备的条件

要想在网上进行购物交易，首先我们应该具备以下 3 个简单的条件。

拥有开通了网上银行的银行卡。

网上购物，一般都是通过银行卡在线支付的，这就需要拥有一张已开通网上银行的银行卡。在银行卡的选择上，最好选择较大的银行，如建设银行、工商银行、中国银行等，一是这类银行的网银服务比较全面，二是各大购物网站均支持上述银行的银行卡交易。

拥有可以上网的个人计算机。

网上购物会涉及到资金的交易，为了保障自己的资金安全，建议用户不要使用公共计算机（如网吧、阅览室等场所提供的计算机）进行网上购物，最好是自己家里的个人计算机。

拥有一个有效的联系方式与地址。

网上购买的商品一般都是通过快递方式到达用户手中的，因此必须拥有一个有效的联系方式，方便卖家或快递公司联系；一个固定有效的地址，便于快递送货上门。

7.1.2 网上购物的流程

各大购物网站的购物流程大致是相同的，下面以淘宝网为例，了解网上购物的详细流程，如下图所示。

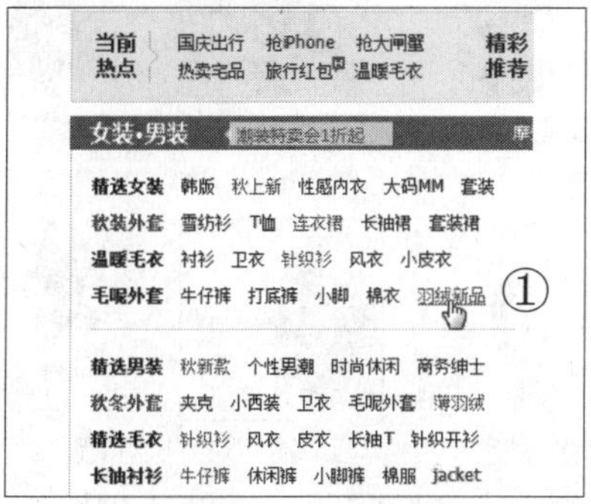

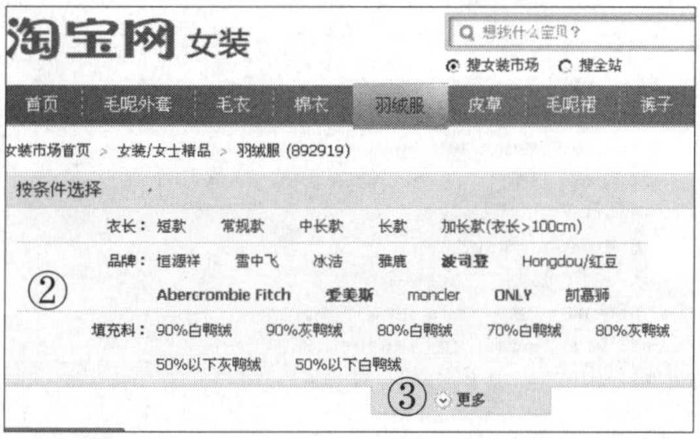

7.2 寻找自己喜欢的商品

淘宝网中汇集了数以万计的卖家，商品种类更是繁多，当我们登录淘宝网后，如何才能找到自己需要购买的商品呢？下面就来了解在淘宝网中如何浏览商品、检索商品、对商品进行筛选。

7.2.1 按类别查找商品

查找商品就像我们逛商场，很多用户在进入淘宝网后，往往都是漫无目的地浏览商品，只有碰到自己需要或喜欢的，然后才会考虑购买。淘宝网中提供的商品分类，也就如同商场中的商品分区，如数码区、居家区、服装区等。我们在淘宝网中浏览商品时，就可以根据商品类别来进行浏览。下面以浏览女装商品为例，来介绍商品的分类查找，具体操作方法如下：

第 1 步：输入 http://www.taobao.com/ 网址，进入淘宝官网主页面，①在“所有类目”区域中，找到“女装・男装”分类板块，并单击分类列表中的“羽绒新品”链接，如左下图所示。

第 2 步：在打开的分类页面中，提供了多种细化分类方式，②选择衣长、品牌、填充料等参数；③单击“更多”按钮，如右下图所示。

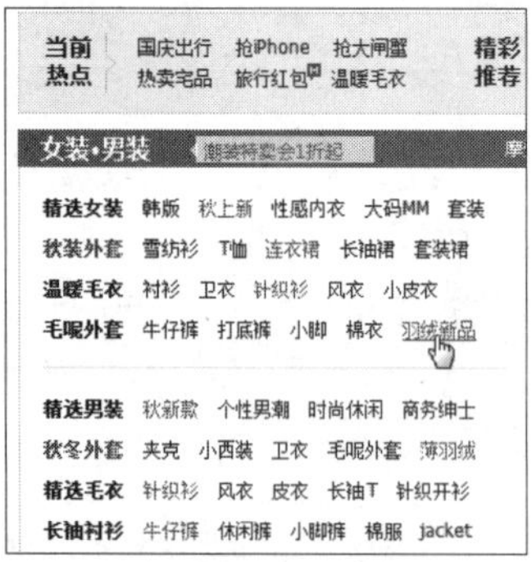

第 3 步：打开更详细的商品分类选择页面，可以在这里进行更为详细的商品类型选择，如比较常见的颜色、尺码、价格等，如左下图所示。

第 4 步：该页面下方则显示关于商品的描述、商品价格、运费以及卖家所在地等信息，可以非常直观地浏览与对比，如右下图所示。

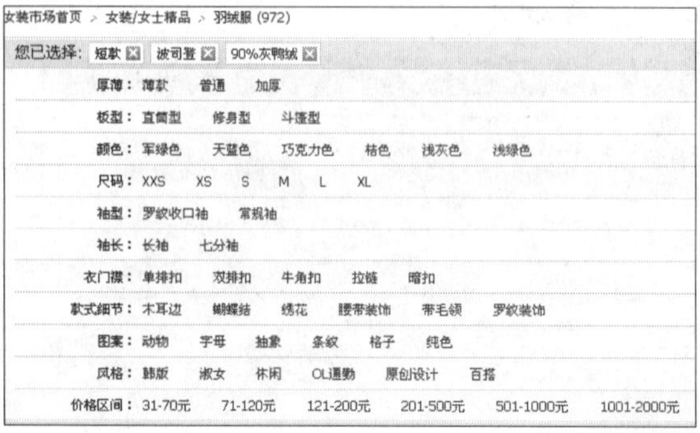

你知道吗

浏览商品时如何才能知道当前所选择的商品一共有多少呢？

在每个子分类后面的括号中都显示一个数字，该数字表示当前产品在淘宝网中的销售信息数目。如这里的羽绒服右侧括号中显示（972），就表示淘宝网中关于当前所选商品共有 972 条销售信息数目，买家的选择和购买范围是非常大的。

7.2.2 快速检索商品

分类浏览商品适合无明确购买目的的用户，但如果知道自己要购买什么，那么就无须通过分类列表逐级查找，而是可以通过商品的关键词来快速检索商品。这里以查找“索尼 w350”为例，来介绍如何在淘宝网中快速检索商品。

高手指引

正确输入所需商品的关键词

关键词可以使用商品的品牌、名称或具体型号等。由于淘宝网的商品种类繁多，有些不同类型商品的型号可能相同，为了获得更接近我们想要的商品，可以将关键词设置的更为详细一点。如：索尼 w350。

第 1 步：打开淘宝网后，①在首页搜索框中输入商品名称的关键词“索尼 w350”；②单击右侧的“搜索”按钮，如左下图所示。

第 2 步：③进入到商品列表，单击喜欢的商品图片或标题，如右下图所示。

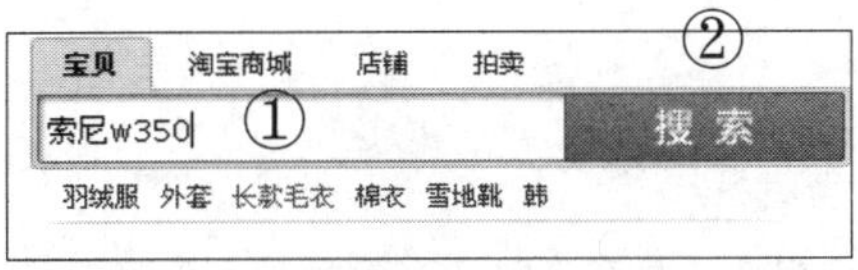

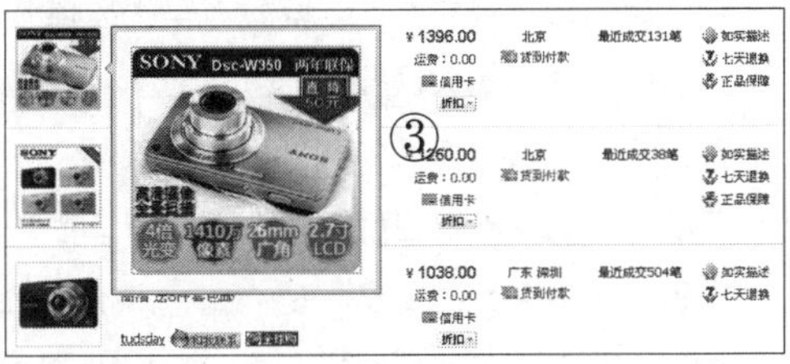

第 3 步：此时将进入商品的详情页面，页面上方区域中，左侧显示掌柜档案、右侧显示商品的名称、图片、价格信息以及商品购买选项，如左下图所示。

第 4 步：向下拖动滚动条，在页面下方，即可查看商品的详细规格，如右下图所示。

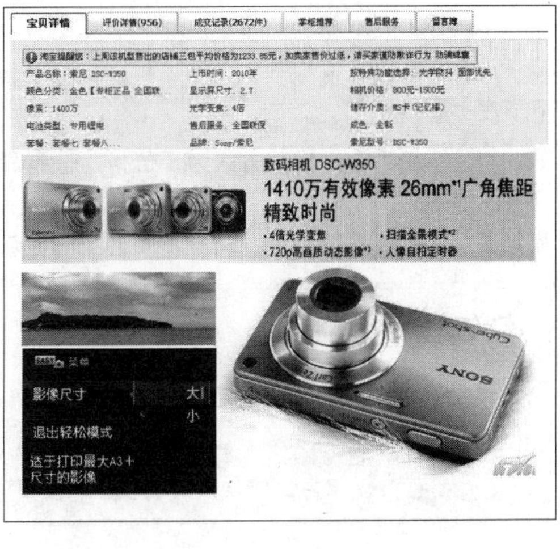

高手指引

不同商品的规格描述也不同

不同类型的商品，其规格描述也各不相同。例如，服装类商品规格多为面料、款式、风格等；而数码类商品规格多为相关性能参数等。我们在购买时，应该懂得分辨不同商品的主要规格是什么，并以此来判断当前商品的优劣。

7.2.3 快速筛选商品

不论是通过分类浏览，还是快速检索功能，当打开商品列表后，往往列表中包含了数百或数千条商品信息，而我们不可能把每条商品信息都进行查看与对比，这时候，就可以通过筛选功能，按照个人需求来对商品进行筛选，从而缩小商品的浏览范围，使自己更容易对商品进行选择与对比。

第 1 步：按照前面的方法搜索商品“iphone 4”，在商品列表上方，即显示了针对当前商品的所有筛选选项，可以组合这些选项对商品进行筛选，如下图所示。

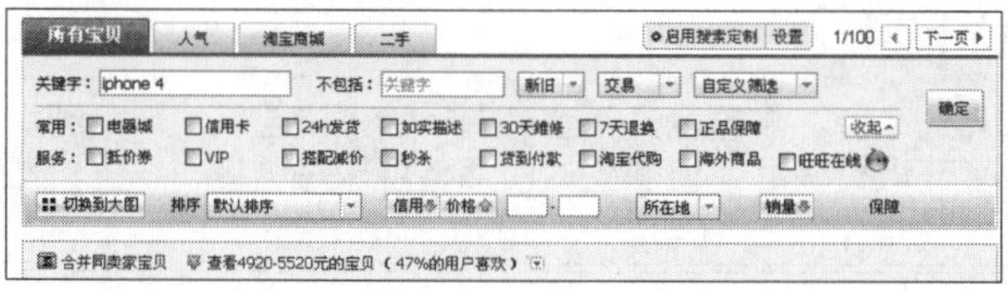

这里包含的筛选选项很多，如新旧程度、交易类型、商家支持服务、商品是否进行促销活动、旺旺是否在线等，比较实用的筛选选项如下：

- 商品类型：这里默认显示所有商品，大家也可以选择“人气（销售火爆的商品）”、“淘宝商城（有营业执照的正规商家）”或者“二手频道（出售二手商品）”来显示商品列表。
- 关键字：商品的关键搜索信息。
- 不包括：搜索的商品中不包括的信息。
- 新旧：商品的新旧程度，如全新或者二手。
- 交易：选择商品的交易类型，如一口价商品或者拍卖商品。
- 常用：这里的“如实描述”、“7 天退换”、“正品保障”是买家购买商品的重要保障。
- 服务：这里可根据自己实际需要进行选择，注意一定要选“旺旺在线”。
- 切换到大图：单击后会以大图方式显示商品。
- 排序：选择排序方式，最常见的就是价格“从低到高”。
- 所在地：选择商品所在地方，如选择“上海”，就只显示上海本地的商品列表。

第 2 步：在分类页面下方，①分别选择“如实描述”、“7 天退换”、“货到付款”以及“旺旺在线”，如下页左上图所示。

第 3 步：②接着选择排序方式为“价格从低到高”；③选择所在地为“成都”以方便实地上门查看商品，如下页右上图所示。

第 4 步：④根据搜索类型，淘宝页面会自动显示搜索到的商品。

你知道吗

设置筛选条件并对商品进行筛选后，为什么没有显示商品列表？

进行筛选后，如果没有显示出商品列表，而是提示“抱歉，没有找到符合条件的商品”，就表示目前没有商品符合用户的筛选条件，这时就需要对筛选条件进行适当精简后再重新筛选。

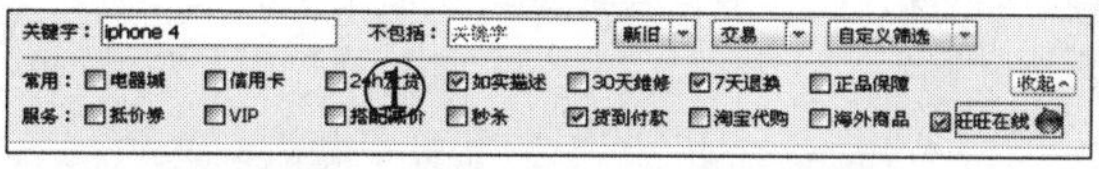

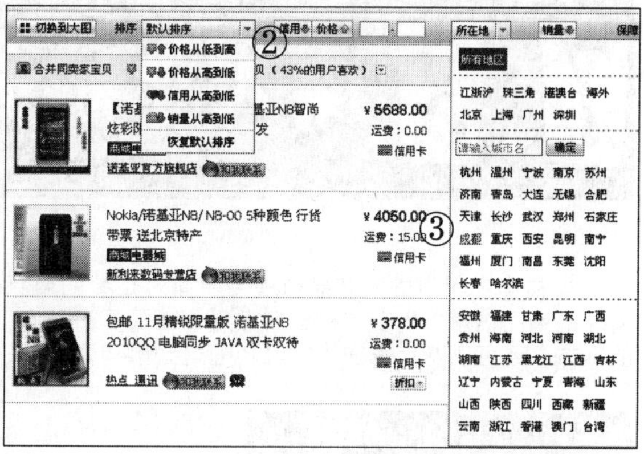

7.2.4 使用“爱旺达”直达店铺

“爱旺达”功能是近来推出的一个搜索新功能，简单来说就是在淘宝首页搜索框中输入“@旺旺名”即可直达该店铺，具体操作方法如下：

第 1 步：打开淘宝网，①在首页的搜索框中输入“@+ 店铺的旺旺名”，如 @ 刘歆 2010；②单击“搜索”按钮，如下图所示。

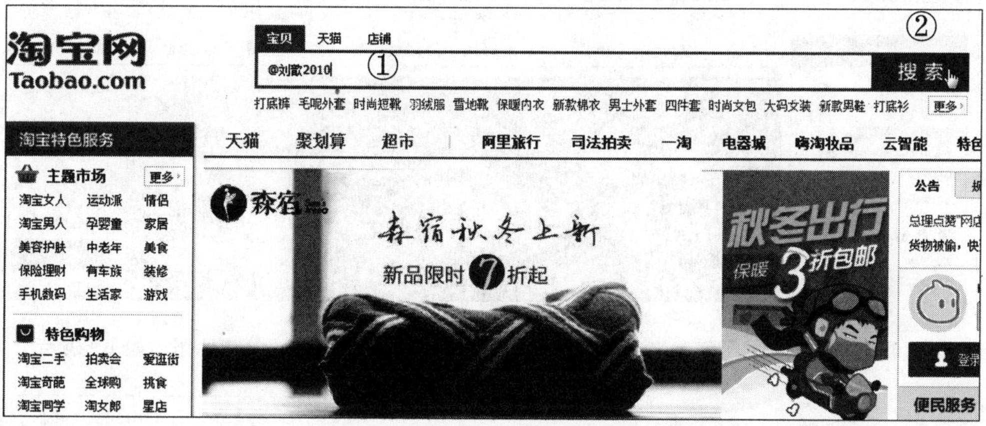

第 2 步：此时，即可打开掌柜名为“刘歆 2010”的店铺了，如下图所示。

7.3 深入了解商品的详细信息

当在淘宝网中进入商品列表后，面对众多的商品信息，我们应该购买哪个呢？商品列表仅仅是提供了简单的商品信息，当我们找到商品后，还需要查看商品的更详尽信息，以及卖家的相关资料，对于存在疑问的地方，还可以与卖家在线交流。把这些事情做完后，就可以决定要不要向卖家买这件商品了。

7.3.1 查看商品详细信息

在商品列表中通过对比查看商品后，如果确定要购买该商品，就可以进入到商品页面中查看详细的商品信息，主要包括商品的实物图片，以及商品的详细描述内容两个方面。下面以检索商品“男式钱包”，并查看自己所中意款式的详细信息为例，具体操作方法如下。

第 1 步：①在淘宝页面上方的搜索框中输入“男士钱包”；②单击“搜索”按钮，如下图所示。

第 2 步：进入到“男式钱包”列表，在商品列表中单击自己所喜欢的商品图片或标题，如下图所示。

第 3 步：此时将进入商品交易页面，页面上方区域中，左侧显示掌柜档案、右侧显示商品的名称、图片、价格信息以及商品购买选项，如下页上图所示。

高手指引

店铺页面的布局

淘宝网卖家是可以自行设计店铺页面的布局的，并不限定于上面图片所示的布局样式。

第 4 步：接着向下拖动滚动条，在页面下方，即可查看商品的详细规格（或描述）以及商品的细节实物图片，通过对查看图片，以及阅读商品规格（描述）后，我们就可以对商品产生一个清晰的概念了，如下图所示。

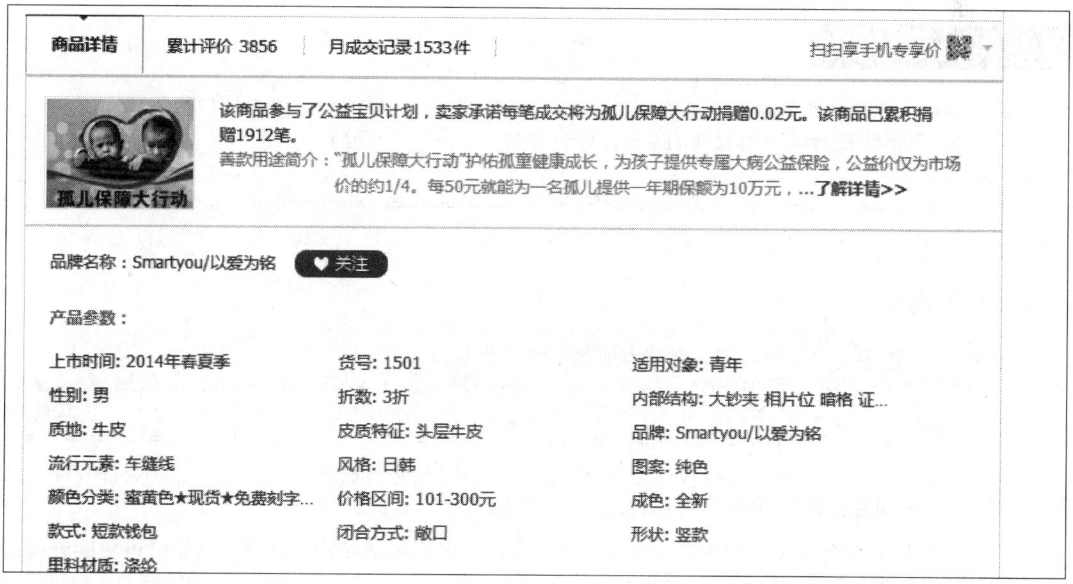

7.3.2 查看商品交易情况

当我们确定了要购买哪件商品后，接下来就可以查看下该商品的交易情况，包括最近一段时间内，有哪些买家购买了该商品，以及购买数量、成交情况等信息，作为自己购买前的参考。

要查看商品交易情况，只要在卖家店铺或具体商品交易页面中单击“月成交记录”链接，下方就会显示最近三个月该商品的成交明细记录，如下图所示。

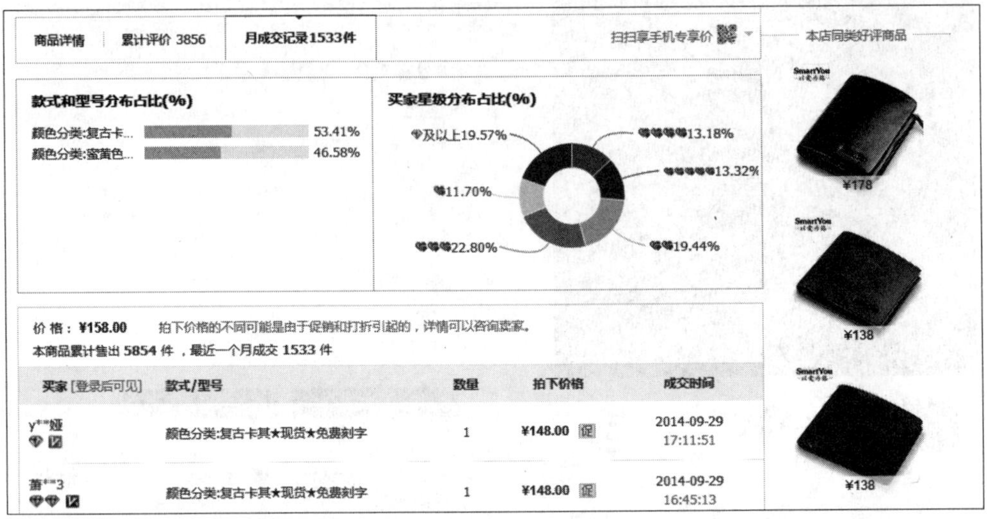

高手指引

商品详细交易决定购买

商品交易情况有助于判断该商品是否值得购买。如果成交量较多，那么表示该商品比较热门，同时通过较多的购买人数，我们也可以大致判定该商品的好与坏。反之，如果该商品最近几个月都没有成交量，并不绝对表示商品可信度低，也可能是店铺刚开张宣传力度和访问人数都不足，或者商品上架时间较短，商品不是很热门等。这就需要我们结合其他店铺信息来综合判断，该商品是否值得购买了。

7.3.3 查看卖家信用

在淘宝网中，卖家信用是决定我们是否购买商品的重要因素。所谓的“卖家信用等级”，就是其他买家购买商品后，对卖家进行评价而累计的得分。评价分为“好评（加一分）”、“中评（不加分）”以及“差评（扣一分）”三个等级。

高手指引

卖家信用的由来

只有买家给卖家“好评”一次，卖家店铺才会增加一个信誉点，“中评”不加分，“差评”扣一分。在交易中作为卖家的角色，其信用度分为 20 个级别，分别是 1 星～5 星、1 钻～5 钻、1 皇冠～5 皇冠、1 金冠～5 金冠。

买家在购买并收到商品后，可以根据商品是否属实、有无质量问题等对卖家进行综合评价。卖家的信用等级越高，表示商品交易后获得的好评就越多，进而也就意味着商品的可购买性越高。

当我们准备从某个淘宝店铺购买指定商品时，就可以查看卖家的信用，从而对卖家的诚信度进行客观了解，以决定是否购买商品。查看卖家信用的具体操作方法如下。

第 1 步：进入卖家店铺，或打开商品交易页面后，指向“进入店铺”链接，即可查看到该店铺的保证金、支付宝认证时间及动态评分等，如下页上图所示。

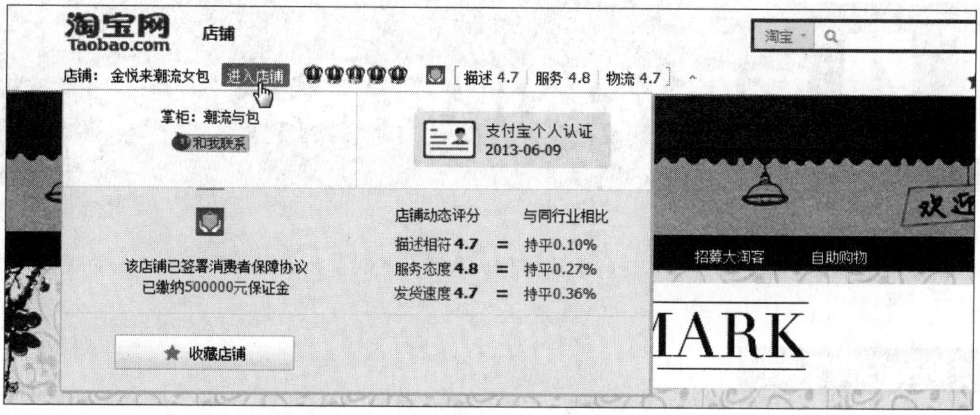

第 2 步：单击“店铺”右侧的数值链接，将打开详细的卖家信息页面，在页面中可以直观地查看店铺评分、卖家最近一段时间获得的各种评价总量，如下图所示。

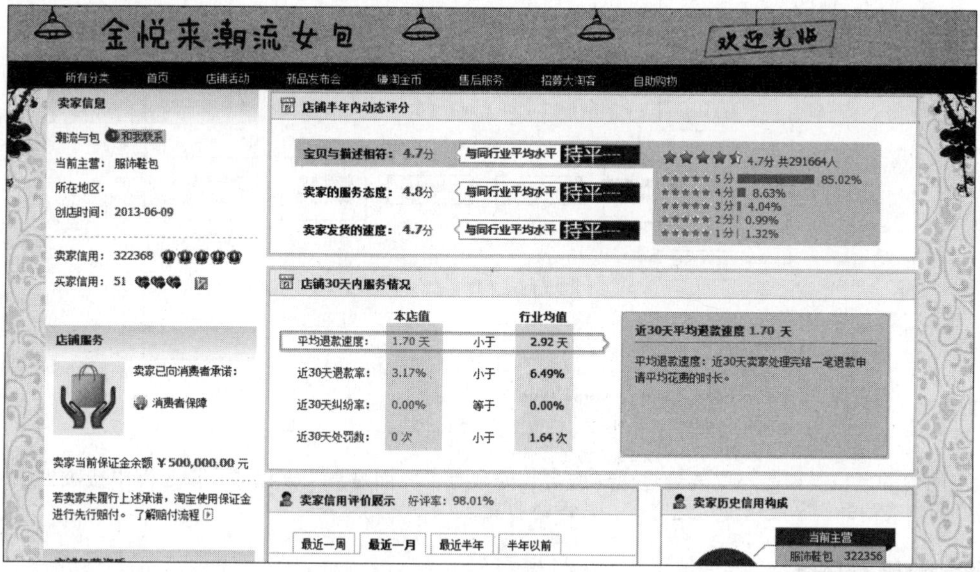

第 3 步：如果需要进一步查看评价详情，在下方可以查看到来自买家的评价信息，如下图所示。

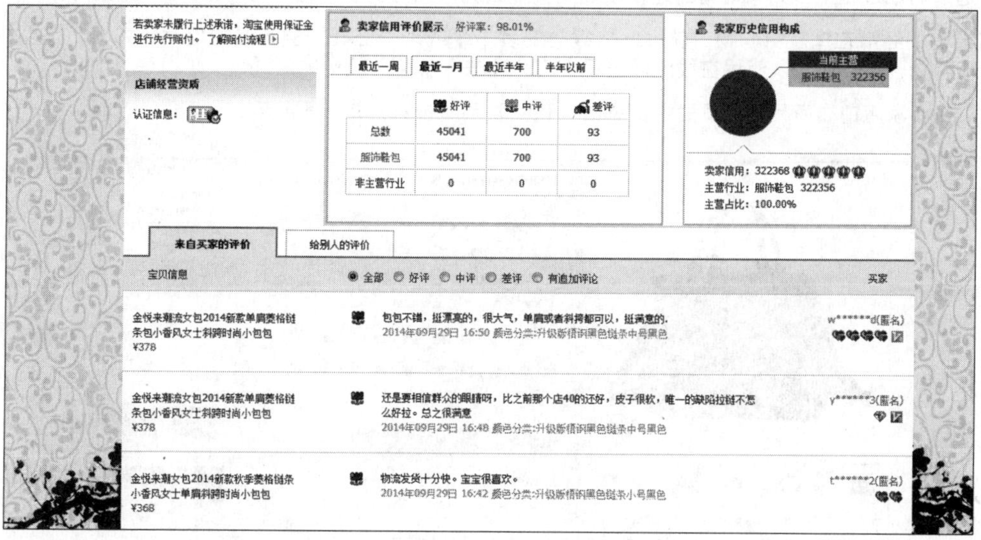

7.4 轻轻松松把商品买回家

确定好所需要购买的商品后，即可进行购买操作。购买商品时，我们还需要提供自己的联系方式与联系地址，并付款。

7.4.1 商品的购买流程

商品的购买流程是指确定选择商品后，从购买到收到货物的具体流程，期间用户需要确定购买数目，提供收货人信息、选择运送方式并使用网上银行进行支付，最后在收到货物后确认付款并对卖家进行评价，如下图所示。

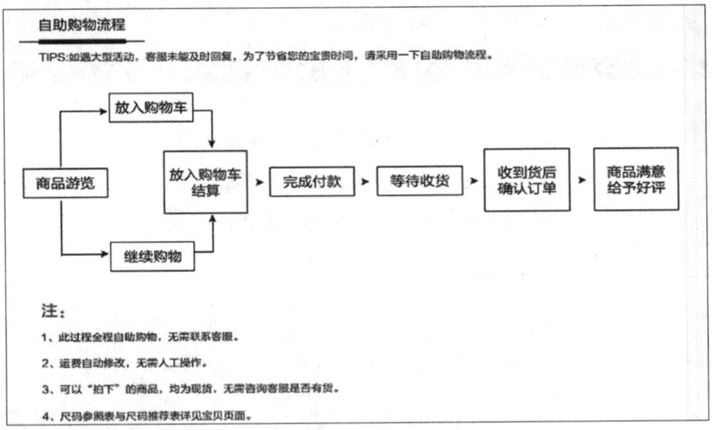

淘宝网中的虚拟类商品不需要经过运送服务也无须等待，而是直接充值或在淘宝网中接收相应的账号与密码；实物类商品则需要选择运送方式，并等待收货。

7.4.2 与卖家对话

在选购商品过程中，如果对商品还存在疑问，那么就可以与卖家进行即时交流，将疑问解决。

如果我们经常在淘宝中购物，就可以下载与安装千牛或阿里旺旺，便于经常使用；如果只是偶尔才会在淘宝网购物，那么就可以使用在线旺旺进行交流，免去了安装与登录的麻烦。

第 1 步：在卖家店铺或商品交易页面中，单击“和我联系”按钮，如下图所示。

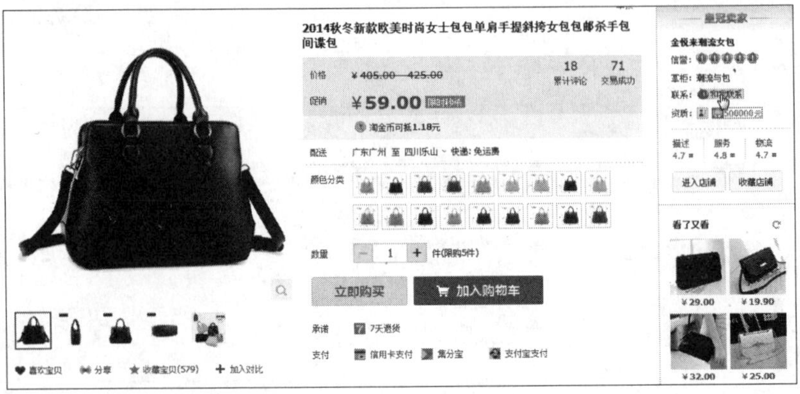

第 2 步：打开千牛聊天窗口，①输入咨询信息；②单击“发送”按钮，如下图所示。

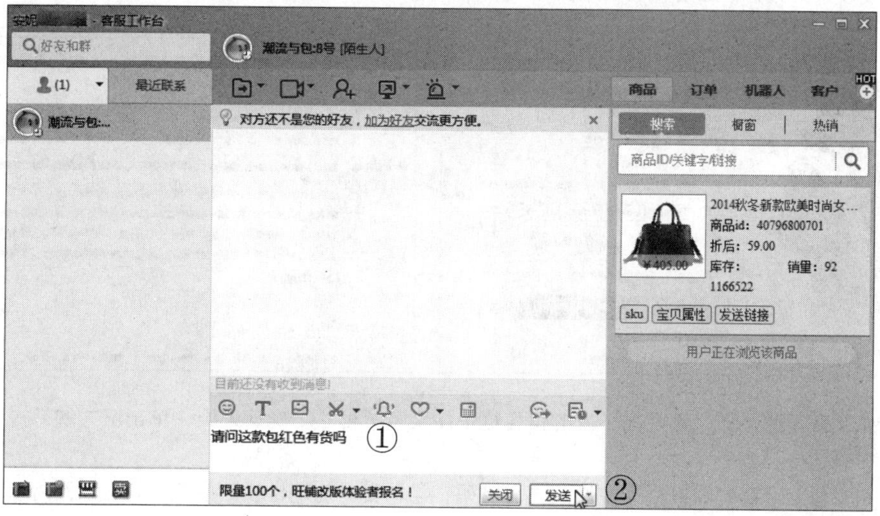

第 3 步：自己所发送的信息会同时显示在上方窗口中，此时可等待卖家对信息进行回复，卖家回复的信息也会逐条按顺序在上方窗口中显示，如左下图所示。

第 4 步：继续在下方窗口中输入关于商品的相关疑问，并逐条发送给卖家，直至把自己的疑虑问题全部解决，如右下图所示。

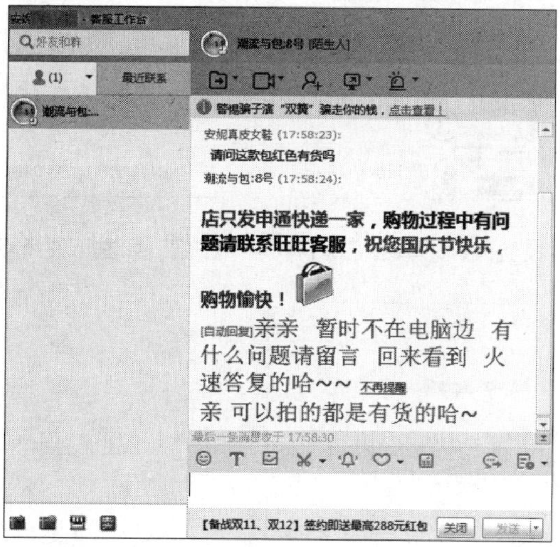

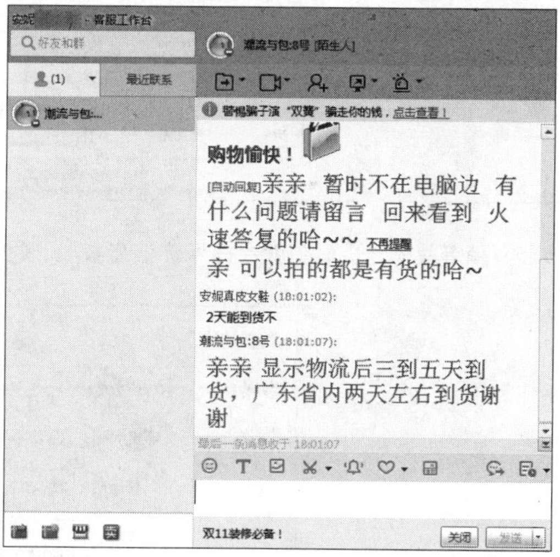

你知道吗

为什么我发了消息，卖家却一直没有回答？

我们在浏览商品时，可以看到有些卖家的“和我联系”图标是灰色的，这表示卖家当前没有在线，也就无法马上与买家进行即时交流。如果继续给卖家发送信息，那么卖家只有在上线后才能进行答复。

7.4.3 购买中意的商品

当我们选择到合适的商品以后，就可以进行商品的订购，具体操作方法如下：

第 1 步：进入到商品交易页面，①在商品购买区域选择购买的尺码和颜色，并输入购买数量；②单击“立即购买”按钮，如下页左上图所示。

第 2 步：提示用户确认收货地址（第一次购买时，需要填写完整的联系地址，包括所在地区、详细地址、收件人姓名以及联系方式），如右下图所示。

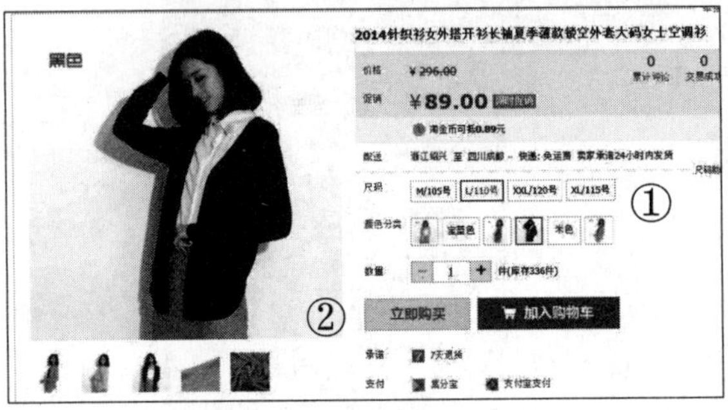

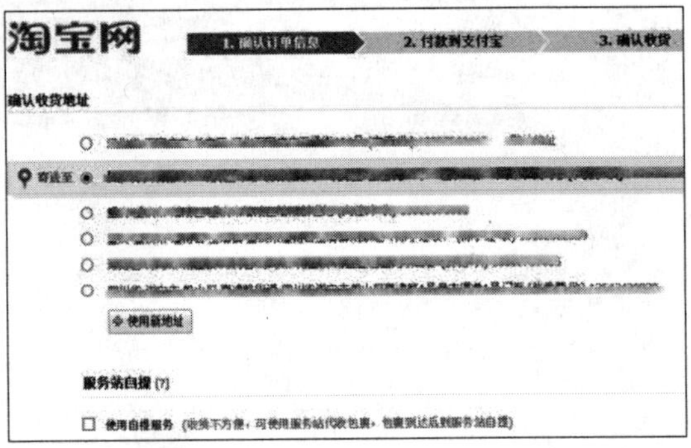

第 3 步：①如果有其他补充，可以在下方的留言框中给卖家留言；②确认无误，单击下方的“提交订单”按钮，如左下图所示。

第 4 步：③在支付宝“我的收银台”中输入支付密码；④单击“确定付款”按钮，如右下图所示。

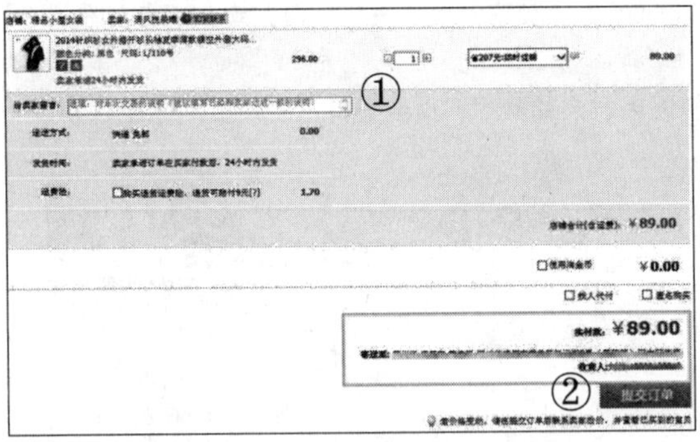

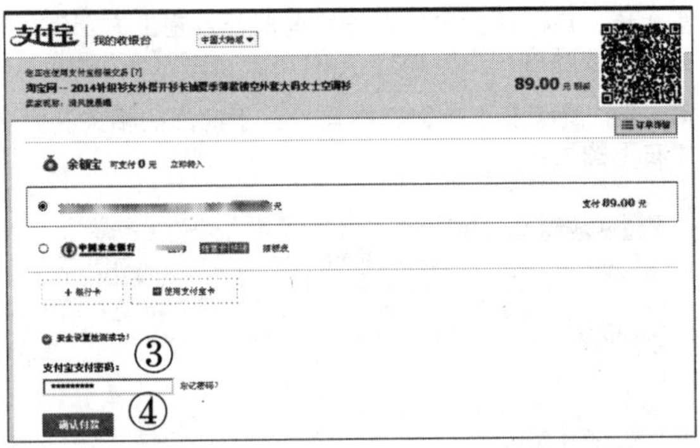

第 5 步：稍等片刻，页面中就会提示你信息校验，①输入校验码；②单击“确认付款”按钮，如左下图所示。

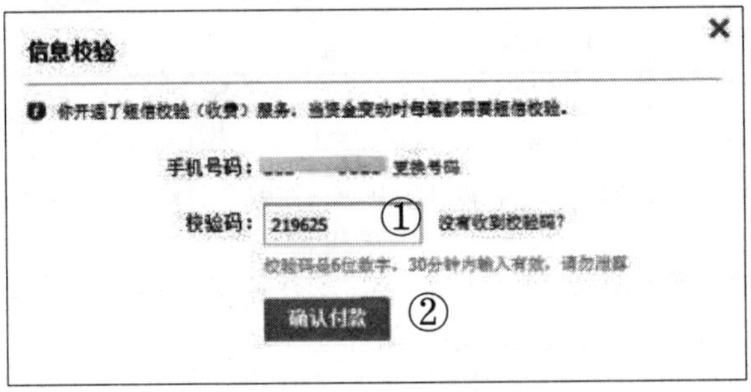

高手指引

选择安全在线支付

目前各大银行的个人网银都提供了不同的安全方式，因此这里进入支付环节时，可能需要按自己注册网银时申请的保护功能操作，如手机校验码、U 盾提示码等。

第 6 步：在弹出的页面中会显示已成功付款，如下页上图所示。

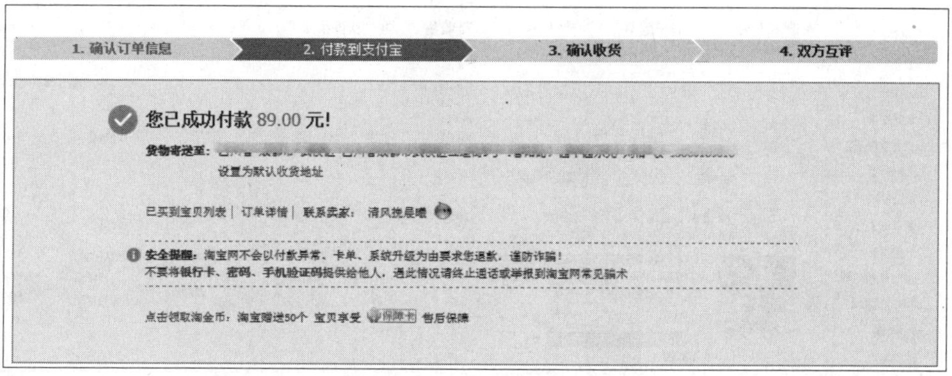

第 7 步：购买完成后，在“已购买的商品”页面中可查看当前的商品交易状态，如这里支付成功后，会显示如下图所示的“买家已付款”。当卖家收到购买信息后，就会根据购买的商品为买家发货。

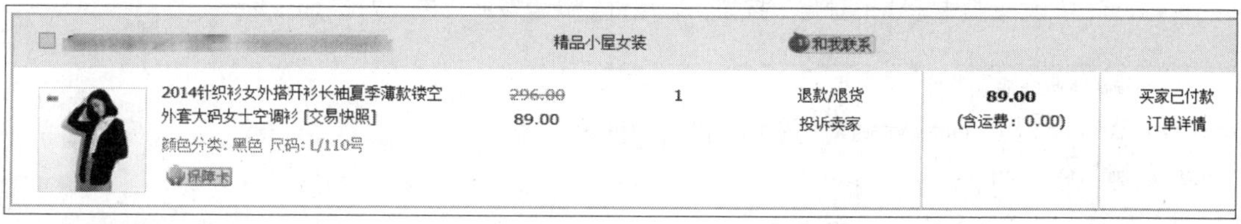

高手指引

商品发货事宜

如果我们购买的是虚拟充值类商品（如手机充值），并且卖家使用的是“捷易通”等自动充值软件，那么当我们购买并确认支付货款后，卖家的软件平台会自动发货（为买家充值），这样就不需要等待卖家发货这一过程。

7.4.4 确认付款给卖家以及评价

买家付款以后，催促卖家尽快发货，一般都需要 2 ～ 3 天的等待时间，商品才会到我们的手里。而当确认收到货物以后，还需要在淘宝网中进行确认，将支付宝的钱支付到卖家手中，完成当前交易，具体操作方法如下：

第 1 步：登录淘宝网，①单击右侧的“我的淘宝”链接；②在打开的列表中单击“已买到的商品”命令，如下图所示。

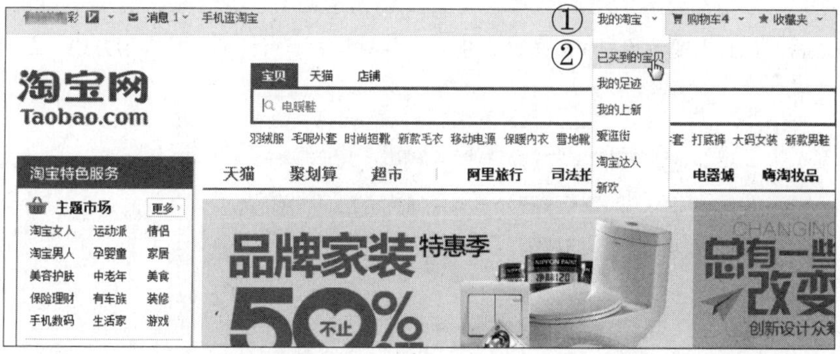

第 2 步：然后在商品交易状态列表中可以查看到前面购买的虚拟商品和实物商品，当卖家发货成功后，这里会显示“确认收货”按钮，如果确认收到货物并且满意，则单击该按钮确认收货，如下图所示。

第 3 步：①在打开的页面要求用户确认收货信息，确认后在下方的“支付宝支付密码”框中输入支付宝支付密码（启用支付宝时所设置的支付密码），②单击“确定”按钮，如左下图所示。

第 4 步：在弹出的对话框中单击“确定”按钮，确定付款到卖家账户中，如右下图所示。

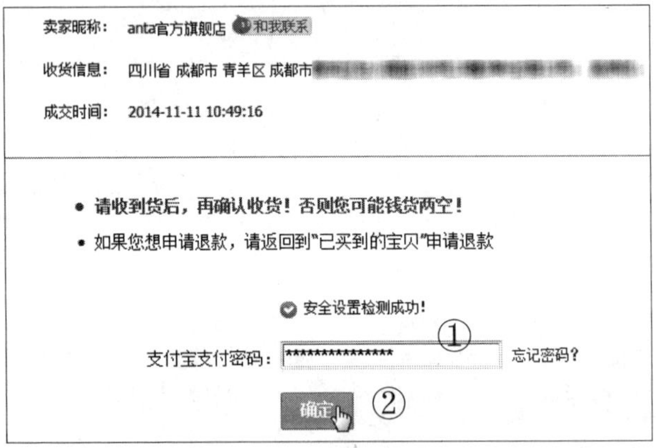

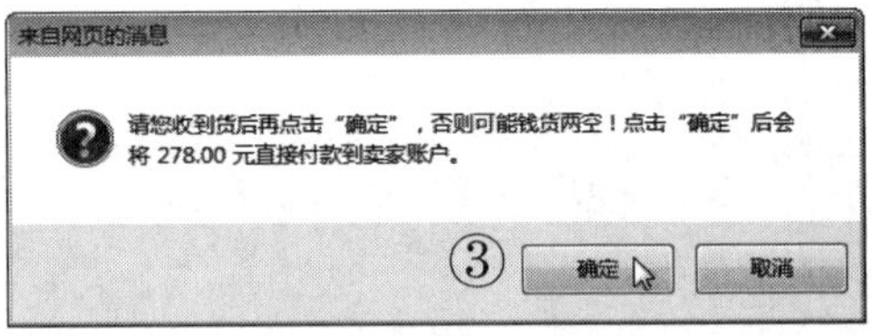

你知道吗

买商品的时候不是已经付款过了吗，现在还要支付？

购买商品时，只是付款到了支付宝，并没有支付给商家。购买实物商品收到货并确认货物无问题，或购买虚拟物品即时收到账号并确认账号有效后，那么买家还应该确认收货与付款给卖家。

如果收到购买的商品后，没有进入淘宝网确认收货与付款，那么淘宝网将默认买家已经收到货物，并且会在一个月之内自动将货款支付给卖家。

第 5 步：稍等之后，页面中提示用户付款成功，接着需要对卖家进行评价，单击下方的“立即评价”按钮，如下图所示。

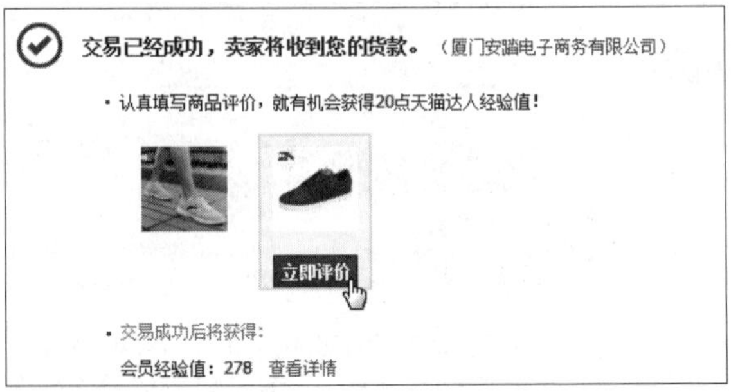

第 6 步：①输入相应的评价内容；②打开对卖家的评价页面，在页面右侧选择要给予的评价类型；③单击“提交评价”按钮，对卖家进行评价，如下图所示。

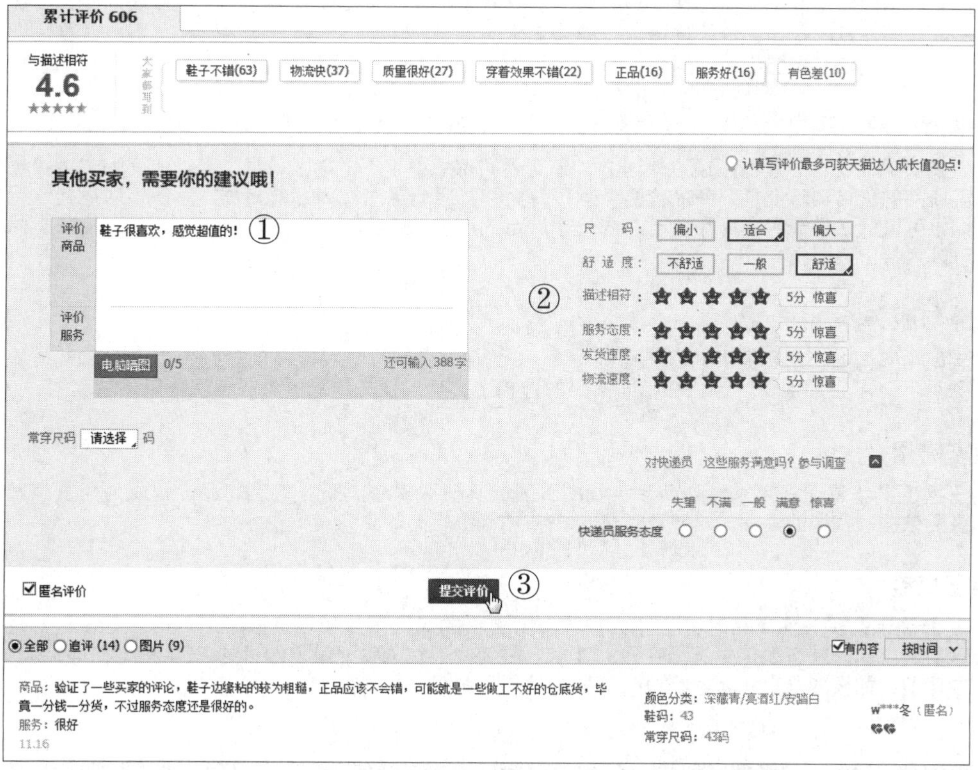

第 7 步：对卖家进行评价之后，一项交易就彻底完成了。此时返回到“已买到的商品”页面中，可以看到该商品的交易状态为“交易成功”，如右下图所示。

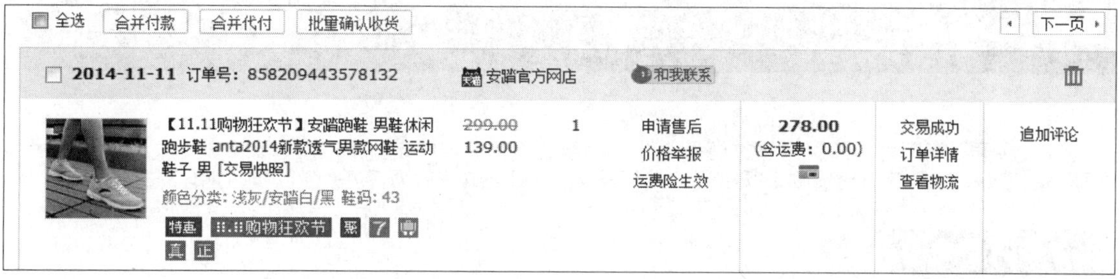

高手指引

买家应客观的给予卖家评价

对买家进行评价的依据，主要取决于商品的收获时间长短、商品质量以及所收到的商品是否与描述相同等因素。买家对卖家进行评价时，必须本着客观公正的态度给予评价，最好不要轻易给与中评甚至差评，这对卖家是非常不利的。

7.4.5 影响商品购买的因素

在淘宝网中，每一种商品可能有很多卖家都在销售，也就是买家的选择余地是非常大的。我们可以通过对比价格、运费、所在地区来选择，也可以挑选信誉度高的卖家。作为买家，主要需要考虑以下几个因素。

1．商品的价格

网上购物的特点就是“物美价廉”，由于卖家不需要开店成本与投资，因此商品价格会低于市场价格。相同的商品，不同卖家的价格也存在一定差异，这时候就可以在商品列表中进行合理对比与筛选，选择最合适的价格。需要注意的是，在价格选择上，如果卖家的价格大幅度低于商品平均价格，那么就要仔细对商品进行甄选了，以免购买到仿制品。

2．卖家所在地与运费

网上购买的商品，一般都是通过快递方式邮寄到买家手中，不同地区、不同卖家，商品的运费也不同，网上购买商品的价格实际上是“商品价格 + 运费”之和，因此当对比商品价格后，还应该对运费进行对比。另外，如果可以的话，最好选择和自己在同一个城市的卖家，这样不但收货时间较短、运费低廉，而且有些商品还可以直接上门取货。

3．保障与服务

淘宝网中不同的卖家所提供的服务也不同，一些增值服务可以让买家得到更好购物保障，如“7 天退换”、“30 天维修”、“正品保障”等。在相同商品的选择上，建议优先选择提供各种保障服务的卖家。

4．卖家信用

由于网上购物是无法实时看到商品实物的，因此其他买家对卖家与商品的评价就成为衡量卖家与商品优劣的重要依据。在选购商品时，建议优先选择信用等级较高的卖家。

5．卖家交流

当我们确定购买一件商品时，往往会查看卖家提供的商品图片和规格描述后，仍旧存在一些疑虑，需要和卖家交流，这时就可以优先选择在线的卖家。因为我们在购物网站中的目的是购买商品，不会一直在购物网站中停留，如果能马上和卖家交流，无疑会使得购物可以更快捷一些。

7.5 快递收货注意事项

广大买家在淘宝网中购买实物类商品后，一般都是由快递公司送货上门的，在收货时，为了确保所购买商品的完好，我们应该对货物进行检查，然后再签收。下面就来了解下快递收货时的相关注意事项。

7.5.1 商品的检查

当快递公司送货上门时，我们有必要对货物进行相应的检查，一是确保货物的完好，二是确保货物的准确，只有确定货物没有问题时，才可以收货签单。目前一些快递公司在收货人签单之前，不允许检查货物，这时可与快递人员协商或周旋，尽量做到先检查货物，然后签单。对货物的检查主要包括以下几个方面。

1．检查商品重量

快递公司的货运收费一般都是根据重量来决定的，也就是货物包装上会标示商品的重量，如果可以的话，在收到货物时可以对货物进行称重，如果实际重量与标示重量出入太大，就需要进一步检查。这尤其对于收货后付运费的买家，如果标示重量大于实际重量，那么意味着需要支付更多的运费。

2．检查货物包装

这是在收货时最直观所能够看到的，看看货物包装是否完好，有没有被拆过的痕迹，尤其是贴快递标签的位置。对于易碎类商品，还应该检查包装是否变形，是否被挤压过，另外可以晃动包装，听听里面的商品是否破碎。

3．检查商品

条件允许的话，建议打开包装进行检查，看看商品是否与自己所购买的吻合，商品是否齐全。当然，检查商品完好是必须要进行的。

在检查过程中，如果货物出现以下情况，那么买家就有权拒绝签收，并联系卖家让卖家与快递交涉或重新发货。

（1）商品重量与标示重量严重不符。

（2）商品包装有打开过的痕迹。

（3）易碎类商品包装存在挤压或变形。

（4）商品存在质量问题。

（5）商品数目不够，或者缺少配件。

另外，如果收到的货物与自己所购买的不吻合，那么多半是由于卖家疏忽所致，此时可以先联系卖家，然后决定是否对货物进行签收。

7.5.2 商品的签收

当确定货物正确并完好时，就可以签收了，签收货物的方式很简单，快递人员会提供一份与货物相对应的签收单，只要在上面签上自己的名字就可以了。为了确保货物签收安全，快递人员有时需要核对收货人的证件，所以买家记得随身携带自己的身份证或其他证件，便于签收货物。

另外，当送货上门后，如果收货本人不在，那么其他人，如同事、亲友都可以代收，如果是其他人代收，记得告诉他对货物进行检查，因为签单后如果发现货物存在问题，快递公司就不担负相关责任了。

总之，收货最重要的一条就是：先对货物进行检查，确保没有问题后，再签单。

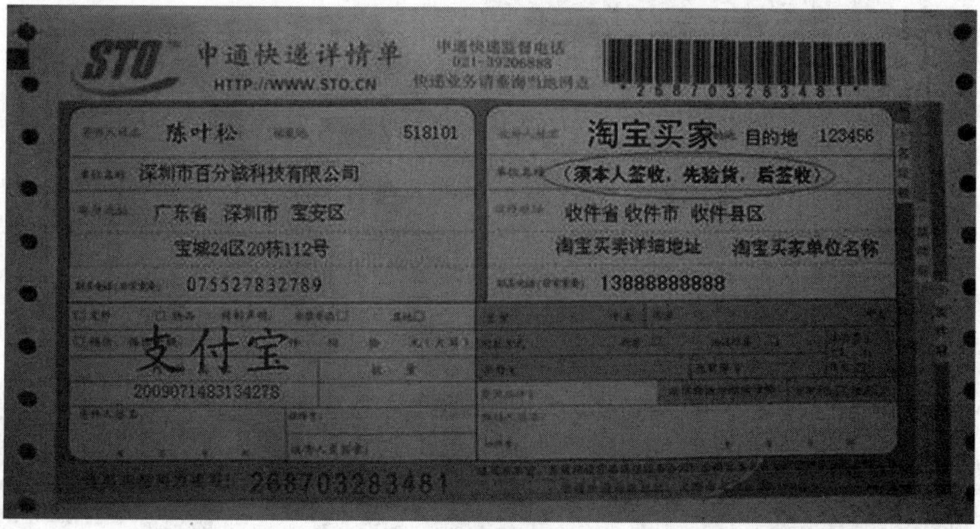

本章小结

本章详细介绍了在淘宝网上购买商品的方法，先带领读者了解如何查询自己想要购买的商品，进而介绍了如何深入了解商品信息，最后介绍了如何付款给卖家进行购物以及在快递收货的时候应该注意的事项。学习本章后可以全面、系统地了解淘宝网的购物流程，以帮助自己熟悉店铺的运营、出售的整个过程。

8

及时沟通

——成交店铺的第一笔生意

店铺开张以后，卖家就要做好接待买家并促成生意的准备。因为淘宝网的整个交易流程就是：买家拍下商品后打款到支付宝，卖家根据订单为买家发货，然后买家收货并确认付款。那么，在这个交易过程中，卖家如何才能做好出售的相关事宜呢？这就包括前期与买家的充分沟通，以及做好发货工作。本章将详细解读网店经营中一笔成功的生意，在售前、售中、售后等各个阶段的操作和交流方法。

通过本章内容的学习，读者能够学习到如何在网上完成商品的出售，学完后需要掌握的相关技能知识如下：

※ 完善千牛信息，拉近与买家距离
※ 掌握与买家的沟通技巧
※ 使用千牛谈生意
※ 做好售后服务
※ 认识买家评价的重要性

8.1 完善淘宝千牛的信息，拉近与买家距离

“淘宝千牛”是将以前的“淘宝旺旺”与“阿里巴巴贸易通”整合在一起的新软件。它是淘宝和阿里巴巴为商人量身定做的免费网上商务沟通软件。它能帮助卖家轻松找客户，发布以及管理商品信息，及时把握商机，洽谈生意。

买卖双方的交流是“淘宝千牛”的功能范围之一，在进行商品交易前，买家通过浏览或搜索的方式找到卖家的商品后，最常见的就是使用阿里旺旺与卖家交流、商谈，卖家为买家解答疑问。

8.1.1 制作千牛头像

淘宝千牛头像给人留下的第一印象很重要。能有效帮助卖家推广店铺。个人头像，可以是自己的靓照，也可以是产品图片，头像图片支持 JPG、GIF、BMP 等格式，上传的图像文件要小于 200K，推荐的最佳尺寸为 80mm×80mm。同时也可以把头像设为动态的 GIF 图片，把自己的店铺主旨展现在大家眼前。

第 1 步：启动千牛，①在千牛界面中单击用户名，如下页左上图所示。

第 2 步：在打开“我的资料”对话框中，②单击“修改头像”按钮，如下页右上图所示。

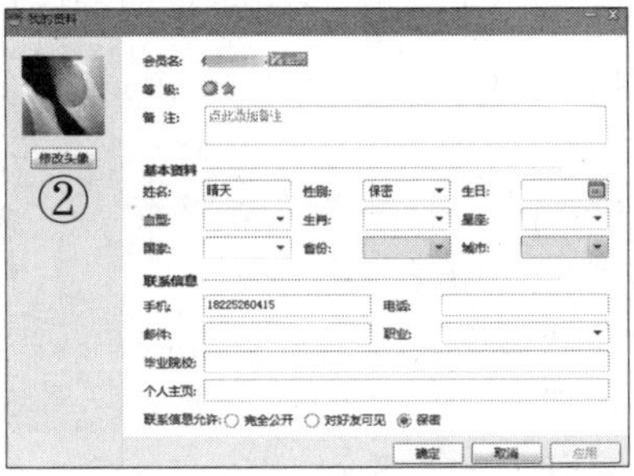

第 3 步：打开“修改头像”对话框，①在“普通上传”界面中单击“浏览”按钮，如左下图所示。

第 4 步：打开“选择要加载的文件”对话框，②选择要加载的文件；③单击“打开”按钮，如右下图所示。

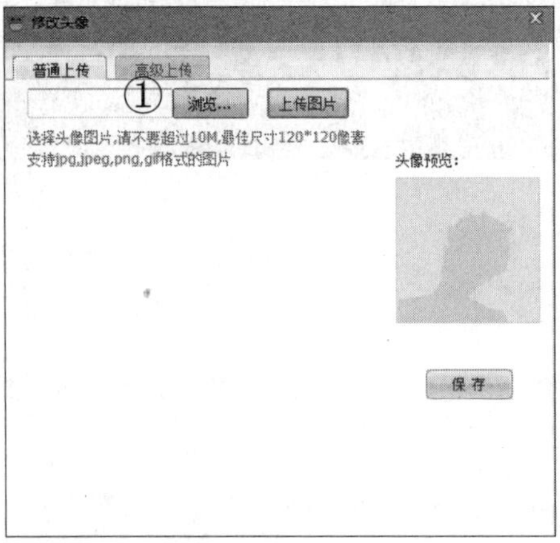

第 5 步：①在“修改头像”对话框中单击“上传图片”按钮，即刻将图片上传；②单击“保存”按钮，如左下图所示。

第 6 步：同时，在“我的资料”对话框中即可显示刚上传的图片，③单击“确定”按钮，如右下图所示。

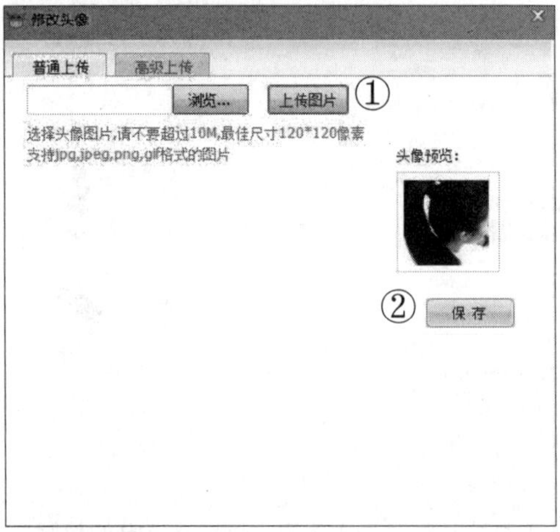

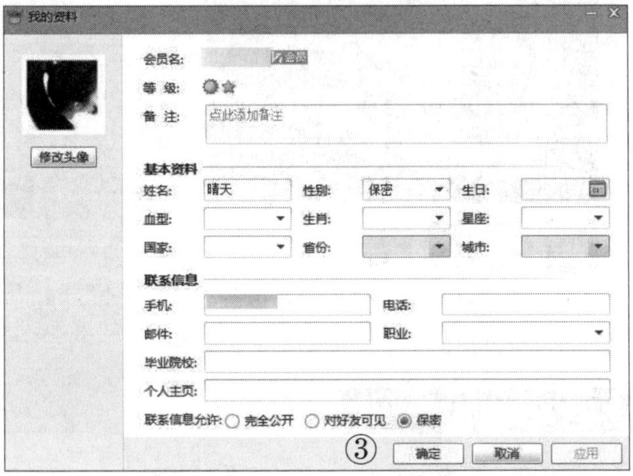

8.1.2 千牛聊天的必备武器之表情

千牛里面的表情是卖家与客户沟通的好帮手，它能很快的制造出轻松的气氛，拉近卖家与买家之间的距离，以促成交易。建议卖家在跟陌生顾客沟通的时候，尽可能选择感觉比较积极的、向上的、能表达善意的旺旺表情。如下页上图所示的不同款式表情图。

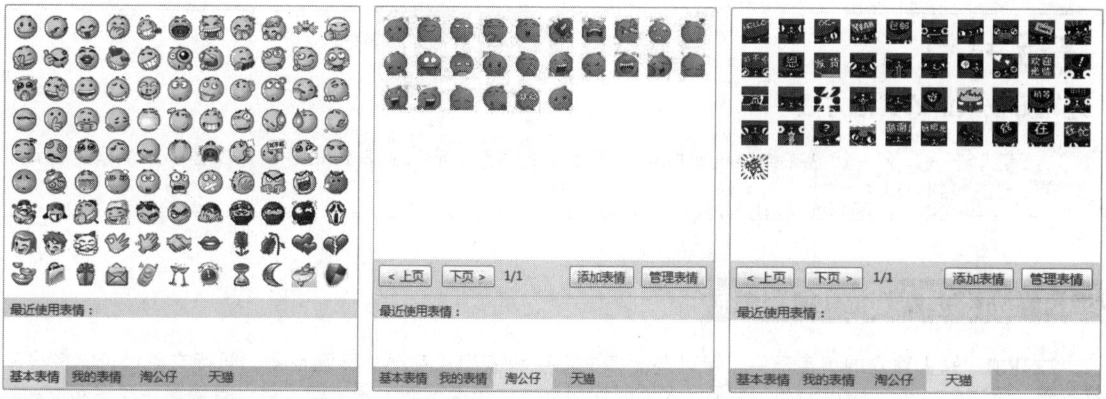

8.1.3 创建自己的千牛群

在淘宝交易中，千牛的使用范围非常广。有很多卖家都会通过千牛群进行生意上的交流，或与其他卖家交流网店经营的经验。下面讲述淘宝卖家怎样创建自己的千牛群，同更多好友聊天。具体操作步骤如下。

第 1 步：①单击主界面上的“群”标签；②单击未开启的群，如左下图所示。

第 2 步：弹出“启用群”窗口，③在这里输入群名称、群介绍及选择群分类；④单击“提交”按钮，如右下图所示。

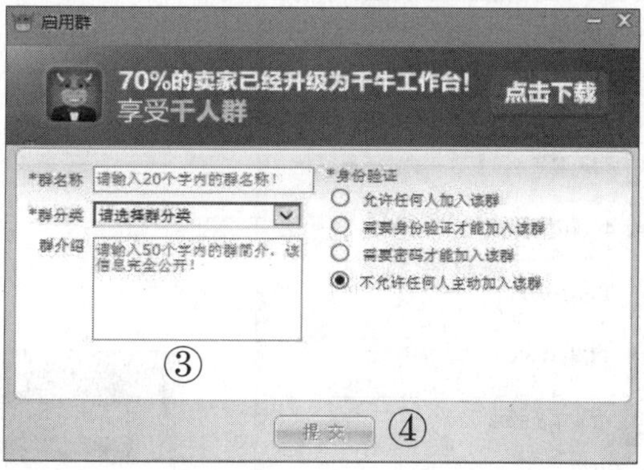

第 3 步：①单击“完成”按钮，创建成功。如左下图所示。

第 4 步：打开群界面，②右击群名称；③选择“邀请朋友加入群”命令，就可以从好友列表中添加好友到群了，如右下图所示。

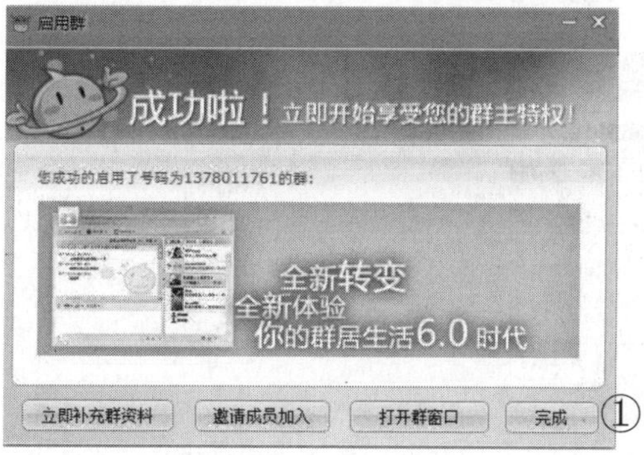

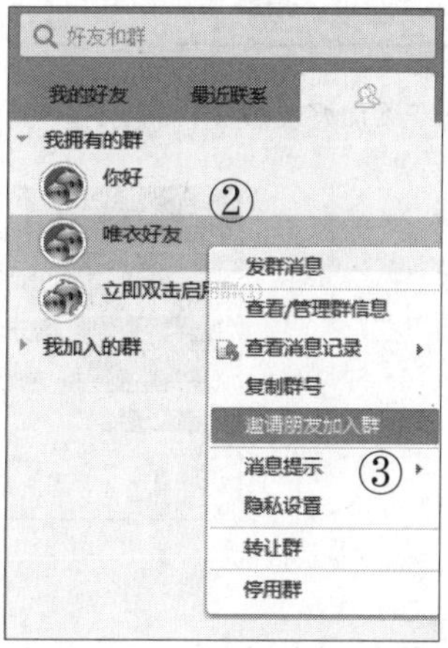

高手指引

邀请好友入群的其他方法

右键单击好友名，然后在弹出菜单中选择“添加此联系人到我的群”命令，选择要添加的群，即可把该好友加入到群中。

8.1.4 加入别人建立的千牛群

成功加入别人建立的淘宝千牛，可以与更多的淘宝卖家相互互动，资源互补、同行交流讨论、多渠道收客等。千牛是仅次于 QQ 和 MSN 的第三大即时通信软件，是卖家的主要协助工具。具体操作步骤如下。

第 1 步：登录千牛，①在千牛操作界面中输入群的关键字词；②在目标群右侧单击“添加”按钮，如左下图所示。

第 2 步：③弹出安全验证对话框，输入验证字符；④单击“确定”按钮，如右下图所示。

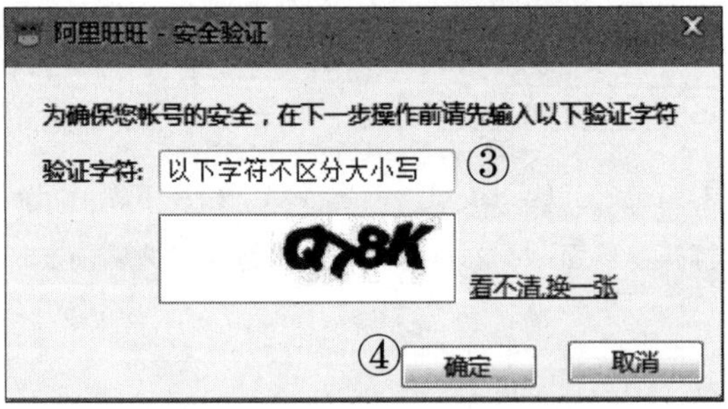

第 3 步：弹出“添加好友成功”提示框，单击“完成”按钮即可，如下图所示。

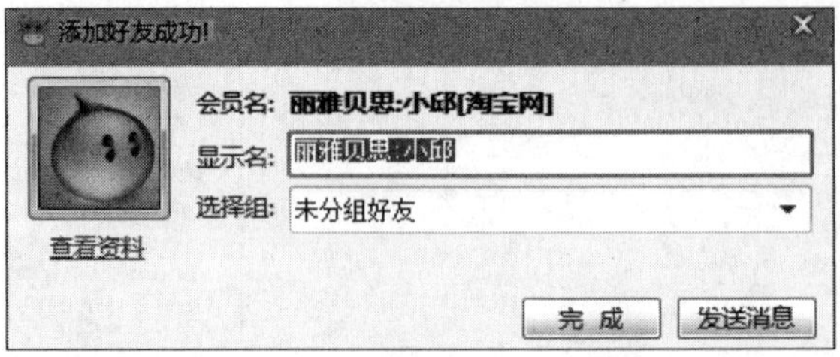

8.2 与买家沟通的技巧

卖家在与买家的沟通过程中，一定要注意方式方法，注重每一个对自己商品感兴趣的买家，也许其中就会有能够成功的交易。

8.2.1 客服应具备的素质

为了网店的生意，作为一名网店的客服应该具备以下最基本的素质。

1. 心理素质

一名客服人员应具备良好的心理素质，因为在客户服务的过程中，会承受着各种压力、挫折，没有良好的心理素质是不行的。例如“处变不惊”的应变力、挫折打击的承受能力、情绪的自我掌控及调节能力、满负荷情感付出的支持能力、积极进取并永不言败的良好心态。

2. 品格素质

一名优秀的网店客服人员应该对其所从事的客户服务岗位充满热爱，一定要有一个谦和的态度，一个好的态度是能够赢得顾客对服务满意度的重要保证，毕竟网上形形色色的人都有，有好说话的，也有不好说话的。

3. 技能素质

优秀的客服人员还应具备高超的语言沟通能力及谈判技巧，只有具备这样的素质，才能让客户接受你的产品并在与客户的价格交锋中取胜。这就需要客服人员首先要有丰富的专业知识、丰富的行业知识及经验、熟练的专业技能、敏锐的观察力和洞察力。

4. 综合素质

优秀的客服人员要具有“客户至上”的服务观念，要具有工作的独立处理能力，要有对各种问题的分析解决能力，要有人际关系的协调能力。

另外，客服人员每说的一句话都代表着店铺，如果说出违反淘宝规则的话，店铺也将会受到影响，最严重会导致店铺关店，所以一定要熟悉淘宝交易规则，绝对不要说出能让别人抓住把柄的话。

8.2.2 客户服务的意义

淘宝客户服务，首先可以塑造店铺的形象，是店铺的门面也是店铺的防火墙。买家第一时间接触的是客服，客服的一言一行都代表着店铺的门面，客服就是买家拿来评判这个网店的第一因素。其次可以提高成交率，推广商品，得到最大的收获。现在淘宝竞争大，同类产品可以搜到几百款上千款，客服的服务态度是关键的一部分，淘宝店铺的辛苦推广，得到了同样的 10 个人咨询，客服 A 卖出了 5 件产品，客服 B 卖出了 8 件产品，客服 C 卖出了 10 件产品，这就是一个客服对店铺带来的直接利弊。再次可以培养长期的老顾客，在淘宝上，挖掘一个新客户远远不如留住一个老客户来的容易。所以客户服务买家的意义，主要有以下几点:

1. 塑造店铺形象

对于一个网上店铺而言，客户看到的商品都是一个个的图片，而看不到商铺，无法了解店铺的实力，往往会产生距离感和怀疑感。这时通过和客服在网上的交流，可以通过客服切实感受到商家的服务和态度。客服的一个笑脸或者一个亲切的问候，都会让客户感觉他不是在跟冷冰冰的计算机和网络打交道，而是和一个善解人意的人在沟通。这样，会帮助客户放松开始的戒备，从而在客户心目中树立店铺的形象。当客户再次购物的时候，也会更优先选择那些他所了解的商家。

2. 提高成交率

现在很多客户都会在购买之前针对不太清楚的内容询问商家或者询问优惠措施等。客服在线能够随时回复客户的疑问，可以让客户及时了解需要的信息，从而立即达成交易。同时，对于一个犹豫不决的客户，一个有着专业知识和良好的销售技巧的客服，可以帮助买家选择合适的商品，促成客户的购买行为，从而提高成交率。

有时候客户拍下商品，但是并不一定是着急要买的，这时在线客服可以及时跟进，通过向买家询问汇款方式等督促买家及时付款。

3. 提升客户回头率

当买家有了一次良好的交易后，不仅了解了卖家的服务态度，也对卖家的商品、物流等有了切身的体会。当买家需要再次购买同样商品的时候，就会倾向于选择他所熟悉和了解的卖家，从而提高了客户再次购买几率。

4. 更好的服务客户

如果把网店客服仅仅定位于和客户的网上交流，那么我们说，这仅仅是服务客户的第一步。一个有着专业知识和良好沟通技巧的客服，可以给客户提供更多的购物建议，更完善的解答客户的疑问，更快速的对买家售后问题给予反馈，从而更好的服务于客户。

8.2.3 不同类型客户的不同沟通技巧

对于众多客户，卖家可以将他们分为不同的类型，并按不同的沟通方式与之交流并达成订单。

1. 顾客对商品了解程度不同，沟通的方式也有所不同

（1）对商品缺乏认识，不了解：这类的顾客对商品知识缺乏，疑虑且依赖性强。对于这样的顾客需要我们像朋友似地细心解答，从他的角度考虑并给他推荐，并且告诉他你推荐这些商品的原因。对于这样的顾客，你的解释越细致他就会越信赖你。

（2）对商品有些了解，但是一知半解：这类顾客对商品了解一些，比较主观，易冲动，不太容易信赖。面对这样的顾客，这时就要控制情绪，有理有节、耐心地回答，向他展示你的丰富的专业知识，让他认识到自己的不足，从而增加对你的信赖。

（3）对商品非常了解：这类顾客知识面广，自信心强，问题往往都能问到点子上。面对这样的顾客，要表示出你对他专业知识的欣赏，表达出“遇到内行了”，用朋友的口气和他探讨专业的知识，给他来自内行的推荐，告诉他“这个才是最好的，你一看就知道了”，让他感觉到自己被当成了最内行的朋友，而且你尊重他的知识，你给他的推荐肯定是最衷心的、最好的。

2. 对于价格要求不同的客服

（1）有的顾客很大方，说一不二，看见你说不砍价就不跟你讨价还价。对待这样的顾客要表达你的感谢，并且主动告诉他，我们的优惠措施，我们会赠送什么样的小礼物，这样，让顾客感觉物超所值。

（2）有的顾客会试探性的问问能不能还价，对待这样的顾客既要坚定的告诉他不能还价，同时也要态度和缓的告诉他，我们的价格是物有所值的。并且谢谢他的理解和合作。

（3）有的顾客就是要讨价还价，不讲价就不高兴。对于这样的顾客，除了要坚定重申我们的原则外，要有理有节的拒绝他的要求，不要被他各种威胁和祈求所动摇。适当的时候建议他再看看其他便宜的商品。

3．对商品要求不同的顾客

（1）有的顾客因为买过类似的商品，所以对购买的商品质量有清楚的认识，对于这样的顾客是很好打交道的。

（2）有的顾客将信将疑，对于这样的顾客要耐心给他们解释，在肯定我们是实物拍摄的同时，要提醒他难免会有色差等，当他有一定的思想准备，不要把商品想象的太过完美。

（3）还有的顾客非常挑剔，在沟通的时候就可以感觉到，他会反复问：有没有瑕疵？有没有色差？有问题怎么办？怎么找你们等。这个时候就要意识到这是一个很完美主义的顾客，除了要实事求是地介绍商品，还要实事求是地把一些可能存在的问题都告诉他，告诉他没有东西是十全十美的。如果顾客还坚持要完美的商品，就应该委婉的建议他选择实体店购买需要的商品。

8.2.4 应对不同性格的买家

随着行业的发展和营销理念的深入，市场也越来越成熟，现在的淘宝皇冠已经随处可见了，连金冠都不是什么新鲜事了，可见竞争是何其大。在网络销售买家看不到产品的先决条件下，客户服务显得特别重要。那么，如何来推进客户服务呢？客户分类是其关键环节，只有对客户实施有效合理的分类，才能进行个性化和差异化的营销服务，进而提高客户的满意度和忠诚度，增加网店的核心竞争力。下面主要研究的是买家的性格。把买家分为九大类，根据每种类型的买家选择相应的方式如下。

1．理智型买家

特点：原则性强、购买速度快、确认付款快

这类买家一般受教育程度比较高，买东西有原则、有规律。他们通常是在生活中很负责任的人，所以自己买东西前也比较理智，大多数会认真研究要买的东西，逐一对比哪一种最适合自己，然后才选择购买。他们一般最关心产品本身的一些功能自己是否需要。他们通常会本着对卖家负责的态度及时确认付款，并会给好评，而且会在好评里简短描述，他们是大多数卖家最喜欢的。

应对技巧：要打动买家的心，一定要给予买家想要的东西。

面对理智型的买家，客服一定要做理性诉求。因为这类买家在购买前多数心中已有了定论，需要的是卖家以自己的专业知识，分析产品的优势劣势帮他们确定购买。如果强行向他们推销、宣传，容易引起这类买家的反感，而且如果无法以理性的态度处理，客户将会认为该卖家的专业知识不够，从而失去客户的信任。这类客户通常信守诺言，也要求卖家信守诺言，所以各位卖家一定要对症下药，因为理智型的买家也是最忠诚的买家。

2．贪婪型买家

特点：砍价狠、挑剔

随着淘宝不断的发展壮大，这样的顾客已经不是个案。其实买家在购买时的语言和行为都能够表明他的性格或人品，淘宝网的文化是“强调客户至上、维护良好的网络购物环境”，在这样的前提下，卖家也需要擦亮双眼来保护自己。想赚贪婪型买家的钱不容易，因为首先他们永远抱着不相信你的初衷，购买时最关注的是价格，其次才是质量；而到评价时往往以各种理由挑剔，或者以差评、中评相威胁来获取赔偿。

应对技巧：对于这样的买家，如果店铺本身没有绝对自信的质量和服务优势，建议不要接下生意。因为时间和人力都是成本，这样的买家，贪婪往往没有止境，一味地满足他们的要求，店铺所耗费的精力要远远大于收益。如果一定要接受交易，也要注意保留旺旺记录、图片、发货记录等证据。

3．冲动型买家

特点：不看疗效看广告

这种买家购物时完全被冲动战胜理智，经常买一些用不着的东西，广告及旁人的意见会影响他们的买卖决定。这种买家买东西时完全凭借着一种无计划的、瞬间产生的一种强烈的购买渴望，以直观感觉为主，新产品、新服务项目对他们的吸引力较大。由于这样的顾客一般对接触到的第一件合适的商品就想买下，而不愿做反复比较选择，因而很快做出购买决定。

应对技巧：商品要让她们有一看就想要的冲动

由于此类买家在选购商品时，易受商品外观质量和广告宣传的影响，所以毫无疑问，做好商品的描述和店铺装修就成了重头戏。人的信息量 80% 来源于视觉，就算不是冲动型的买家也喜欢逛漂亮的店铺。

4. 盲从型买家

特点：跟着别人买，别人买，他就买

这类买家有一个鲜明的特点：他们不仅关心商品本身，还关心有多少别的买家买了这个商品，关心别人对这个商品是怎么看的。这类买家非常在意周围人对商品的评价，所以他们的购买行为常受他人意见的左右。例如在淘宝网，以前带有“瑞丽”字样的衣服非常好卖；淘宝还提供了一个功能，可以看到别的买家在看某件商品的同时还看过什么商品，这些都是根据买家“从众”心理而研发的。

应对技巧：大家好才是真的好

既然这类买家的购买决定易受外部刺激的影响，那么客服就要用积极的态度，给予买家强有力的正面暗示。而且，遇到这种顾客，不仅可以把商品的功能、外界的广告宣传尽量显示，而且也可以把商品销售以来别人的好评展示出来。另外，淘宝还有“超级买家秀”这个功能，很多有“旺铺”的店铺专门把“超级买家秀”作为一个页面展示出来，都是在增强买家的信心，同时也能起到很好的口碑相传的效果。

5. 谨小慎微型买家

特点：凡事必想“可靠吗？”

每天都有很多新买家加入网上购物这个行列中，这类顾客疑虑重重。另外，还有些顾客生来行动谨慎，挑选商品时动作缓慢，左右比较拿不定主意，还可能因犹豫而中断购买，甚至购买后还疑心受骗上当。对这样的顾客，应该怎么办呢？

应对技巧：我是你最诚实而热情的朋友！

如果在网下购物，销售人员首先需要观察客户的表情，有针对性地鼓励客户，给客户亲切的感觉。在淘宝网上，买家看不到卖家的笑脸，但是店铺的界面一定要做得友好，客服一定要让买家“感觉”到自己的笑脸，可以寻求相互之间的共同点，让买家把自己当成朋友，从而排除客户紧张的情绪，尽量让买家心理放松下来。然后再中肯地介绍自己的产品，注意不要过于夸大其辞，否则会适得其反。另外，也可以通过一些有力的证据向买家证明自己的实力。例如，把自己的进货单和实体发货单都拍了照片发到网上等方法都可以试下。

6. 习惯型买家

特点：不问就买

有些商品确实有独特性，会让买家形成思维定势不断地重复购买，其实，什么是习惯型呢？例如购买点卡、充值卡等。有些网络游戏的玩家在淘宝买点卡的时候是习惯性的，他们在第一次选择后，往往出于方便，凭以往的习惯和经验购买，这种购买不容易受他人影响，而且一般很少和卖家沟通，交易的过程也十分迅速。尤其是淘宝网对点卡类支持自动发货功能，习惯型的买家购买过程中不需要等待，就更容易增加购买的粘性。

应对技巧：习惯型买家是我们每个卖家梦寐以求的对象。对于这类买家，卖家必须保持住自己店铺产品的特性、品质及良好的服务，还得经常了解客户购买和使用产品的情况。

7. 感情型买家

特点：他们是你最忠诚的客户

这类买家对个人感情看得极重。从购买心理的角度分析，这类买家同卖家之间的交往以亲情、热情和共同喜爱为特征。

应对技巧：每个买家都认为他是我最好的朋友

研究发现，感情型买家通常比深思熟虑的买家购买更多，其流失率比较低。因此，打造符合店铺自身特色的品牌文化和情感氛围，也显得日益重要。互联网使交往变得更加容易，但却常常造成人与人之间直接接触机会的丧失。让买家认为你们彼此的关系已经超越了交易本身，是吸引感情型买家的关键点。掌柜们应该和这类顾客逐渐熟识，全身心投入谈话并且保持自己的个性，另外可以经常联络，或者在特殊日子送上小礼物，哪怕是一句真心的问候。

8. 随意型买家

特点：老实人，好商量

这类买家或者缺乏购买经验，或者平时购物没有主见，往往是随意购买或奉命购买。这类买家通常喜欢得到别人的指点，尤其是得到客服的帮助，也乐于听取客服的介绍和建议，因为他们对商品一般不过多挑剔，所以很少亲自去检验和查证商品的质量。

应对技巧：提出你的意见，帮他拿个主意！

淘宝网也发现了这个购买的特点，提供了“掌柜推荐”这项功能，“旺铺”模式的掌柜推荐页面，会出现在每个商品描述的下方或者在店铺中间的推荐位上，买家浏览商品及店铺时第一眼就能看到这些被推荐的商品。同时，淘宝还提供了橱窗推荐功能，当买家选择搜索或者单击“我要买”根据类目来搜索时，橱窗推荐商品就会出现在页面中。橱窗推荐就和商店外边摆的物品一样，更容易被大家看到。商场里的最显眼的位置放的物品，是不是很重要呢？

如果买家已选择了你的店铺，但是却不知道自己到底要买什么产品而咨询客服，那么能不能留住客户的关键就在于能否提供中肯而有效的建议。这类买家通常自己拿不定主意，所以客服可以视情况帮他下决心，这样一来既可节省时间，又可增加对方的信心。

对待不同性格的买家，应采取不同的接待和应对方法，只有这样，才能博得买家的信赖。

8.3 用淘宝千牛洽谈生意

经过有效的营销，终于有顾客向你发起了问话。很显然，他们一定是看中了店铺中的商品，也就是说，主动发起对话的顾客一般来说都有一定的购买意向，此时，你应该打起精神，通过与买家交流，来解答买家的各种困扰，促使他们下单，本节就来讲解卖家在促成交易的阶段具体应该怎样做。

8.3.1 即时和买家交流商品，促成订单

对于网店卖家而言，为了避免流失买家，应该尽可能长时间地登录自己的千牛，这样一旦有买家上门咨询，我们就能第一时间做出回答并通过有效地交流来加强买家的购买意向，这个过程是影响买家是否购买的重要因素，因此我们必须加强与买家的沟通与交流能力，掌握一些相应的交流技巧。

当买家有购买意向后，买家希望和卖家沟通的话题要么是某件商品的价格，要么是关于商品的质量，也要么是关于商品的运费等，这些话题都是围绕着商品展开的。沟通的方式有很多，一般是在找到中意的商品之后，通过单击页面中的“与我联系”图标，启动交流工具来发起交流咨询（卖家一般使用的是淘宝千牛，而买家则多半是使用阿里旺旺）。对于卖家而言，从对话窗口中就可以知道买家关注的是店铺中的哪件商品并结合商品信息发现买家的困扰，并认真解答，直到买家决定购买。当然，并不是所有的买家交流后都会购买，可能我们耐心回答了买家的很多问题之后，他们还是会以“再看看其他商品”、“考虑一下”等为借口而离开店铺。这是网店销售过程中非常普遍的情况，我们因该有这一方面的心里准备且欣然接受。

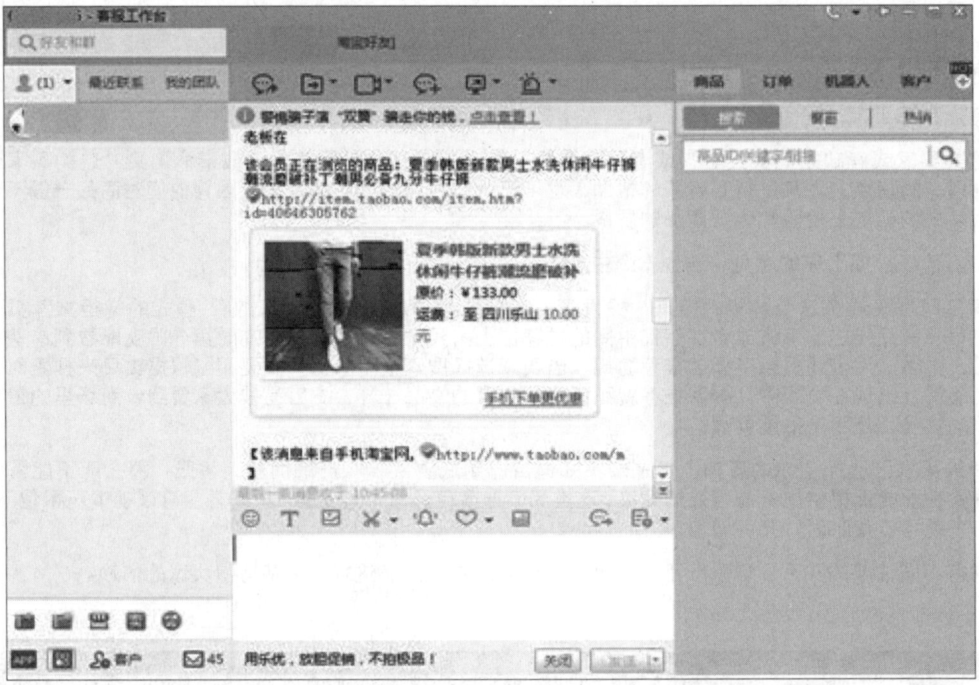

通常情况下，卖家也会在手机上使用千牛，这样就算是在外出期间，也能时时与买家沟通交流，具体操作方法如下：

①在手机千牛主面板中单击“消息”图标；②单击正在联系的买家；③进入与该买家的聊天面板，进行沟通即可。如下面三张图所示。

8.3.2 查看买家订单

经过相互交流，买家确定购买之后，会在商品详情页面中单击“立即购买”按钮来完成下单。买家在拍下商品后，卖家就会收到提示信息。

买家下单后，卖家的千牛会马上弹出窗口提醒卖家店铺中的商品已被购买，如下页左上图显示。

卖家也可以在卖家中心的“已卖出的商品”页面中看到买家已经下单的商品，商品状态显示为“等待买家付款”。如下页右上图显示。

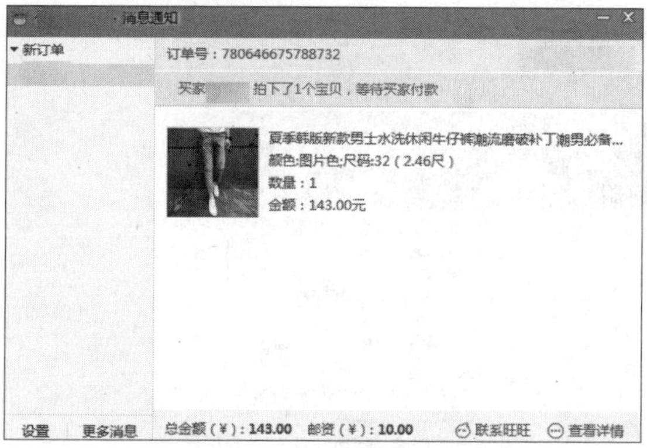

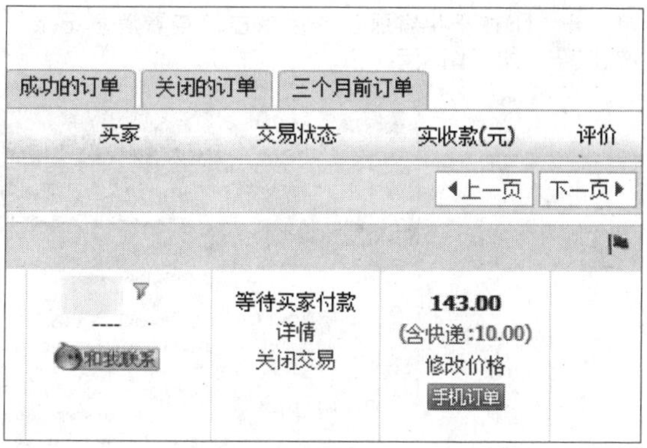

买家下单后完成付款手续需要一定的时间，因而在接受到订单之后还要稍作等待。对于那些下单之后又不立即付款的买家，应该继续抓紧与之沟通对话，促使其马上付款，这样才算正真接受到了订单，才能开始准备为其发货。

8.3.3 关闭无效交易

有的买家下单之后，考虑一下又不想买了，这样他就不会再继续为订单付款，那么交易也就算失败了。这是网店经营过程中难免会遇到的情况，对于这样的情况，我们应该以平常心对待，从买家的角度来说，这也是人之常情。我们只好把这笔无效的交易关闭，关闭交易的具体操作方法如下。

第 1 步：进入店铺中的卖家中心，单击“卖出去的商品”按钮，在弹出的“卖出去的商品”页面单击订单页面中需要关闭交易商品后的“关闭交易”链接，如左下图所示。

第 2 步：此时将弹出浮动框，①选择交易的关闭理由；②单击“确定”按钮，如右下图所示。

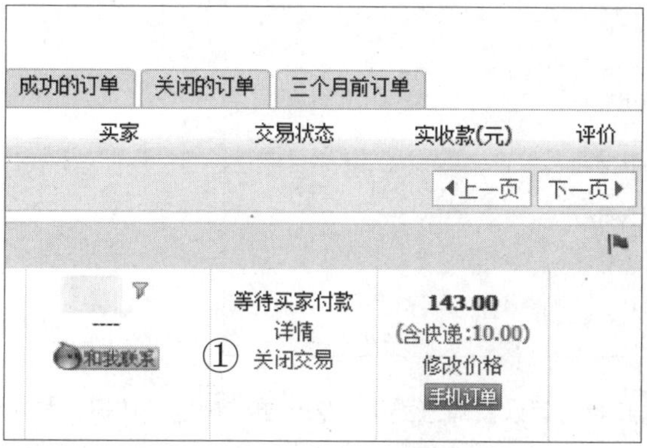

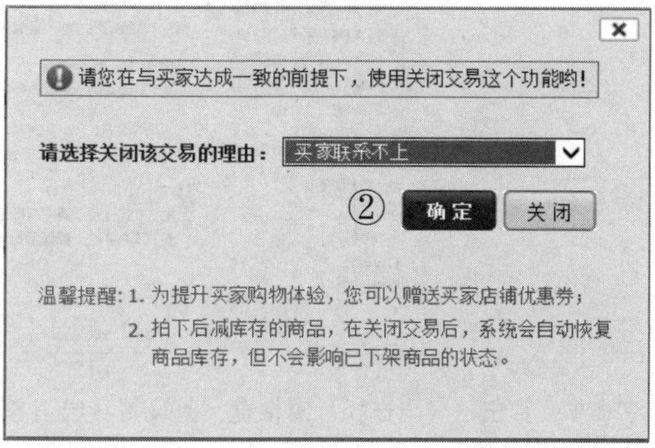

第 3 步：返回“已卖出的商品”页面后，可以看到交易状态已经变为“交易关闭”。

> **高手指引**
>
> **关闭交易后再购买只能重新下单**
>
> 交易一旦关闭，买卖双方就无法再继续这笔交易了，因此，对于卖家来说，最好先确定买家真的不会购买了，再将交易关闭。如果关闭了交易，买家又决定购买，那就只能让买家重新再下一次订单。

8.3.4 妥善保存聊天记录

与买家的聊天记录非常重要。建立客户档案，总结交流经验，查找承诺过的口头协议，发生纠纷时的取证，这些都离不开聊天记录。保存聊天记录的具体操作步骤如下。

第 1 步：①在千牛客服工作台单击“查看消息记录”按钮；②在消息记录面板下方单击“消息记录”按钮，如下图所示。

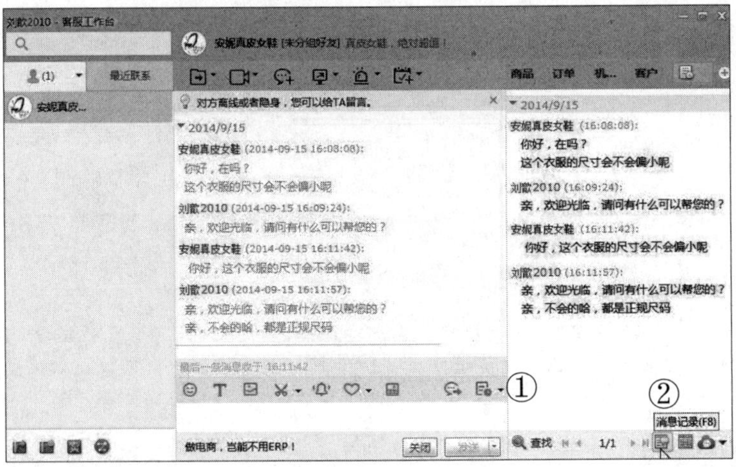

第 2 步：打开“消息管理器”窗口，这里会显示所有联系人的昵称，①单击选择需要备份消息记录的好友，在窗口的右侧，会出现最近的聊天记录；②单击右上角的“导出消息记录”按钮，如下图所示。

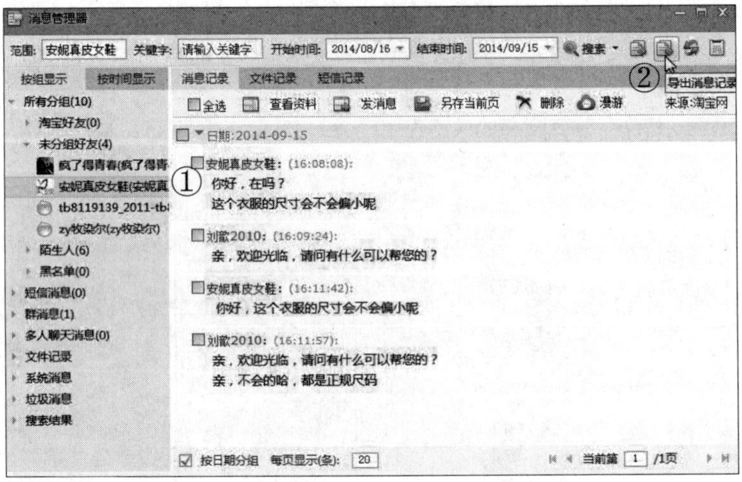

第 3 步：弹出“导出选择”对话框，①设置导出消息的起始时间以及消息类型；②单击“确定”按钮，如左下图所示。

第 4 步：弹出“导出”对话框，③选择聊天记录存储位置；④单击“保存”按钮，如右下图所示。

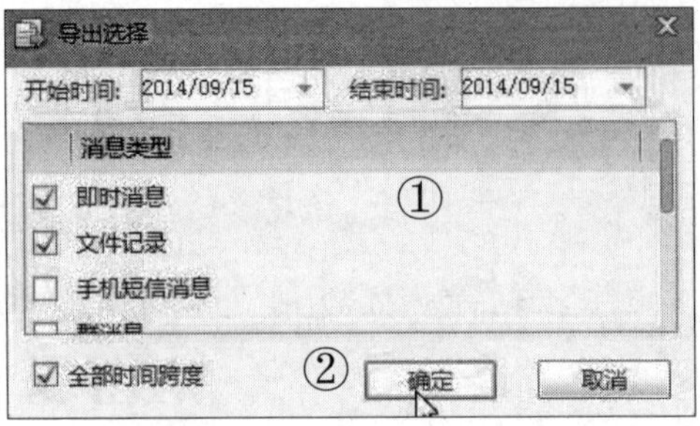

第 5 步：此时，即可开始导出消息记录，导出成功后，单击“确定”按钮即可，如下图所示。

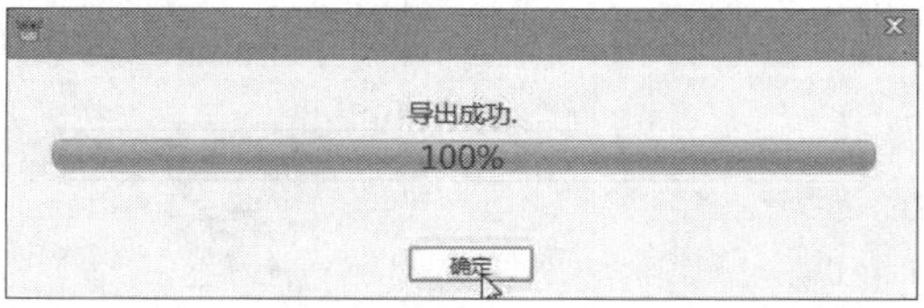

8.4 如何让商品成功卖出

从买家按照订单付款至买家确认收到货，在这个过程中，卖家需要先确认买家的付款，然后根据订单发货给买家。对于在售前过程中讲价的买家，那么在买家付款前卖家还应该对商品价格进行修改。当买家收到货后，还需要引导买家进行好评以及对买家进行评价。

8.4.1 修改交易价格

很多买家在网上购物时，也会针对商品价格来讲价的，这个时候是否对价格做出让步，就需要我们根据实际情况来决定了，如果接受了买家的讲价，那么在买家付款前，还需要对交易价格进行修改。

修改商品交易价格是指修改实际成交的价格，当交易后，最终显示的交易价格仍旧是商品原价，因此我们可以针对不同情况的买家来适当对成交价格进行修改，因为其他买家是看不到实际成交价的。修改商品交易价格具体操作方法如下：

第 1 步：登录千牛工作台，①单击右侧“交易管理”图标，如左下图所示。

第 2 步：进入“交易管理”界面，②单击“待付款”选项卡；③单击需要修改交易价格商品前的“改价”链接，如右下图所示。

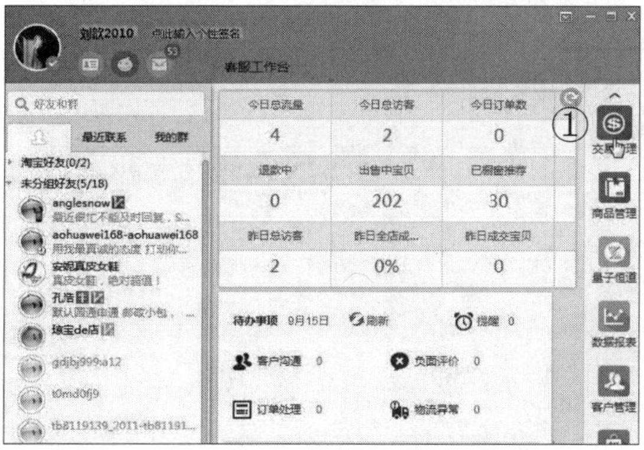

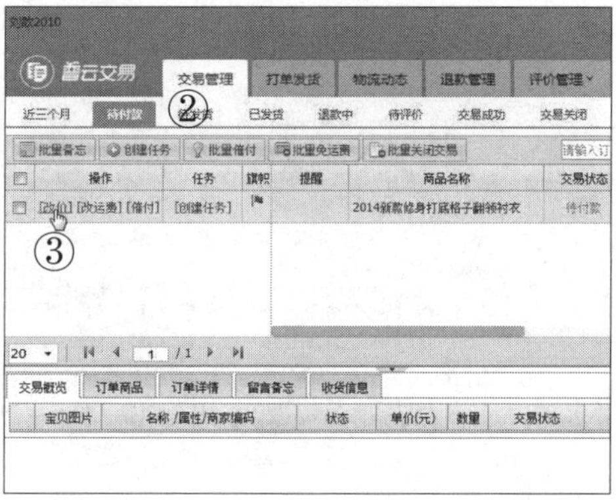

第 3 步：弹出“修改价格”对话框，①卖家根据当时具体情况设置，是免邮费，还是商品价格打折；②单击“保存”按钮，如下页左上图所示。

第 4 步：此时，即可成功为买家修改交易价格，如下页右上图所示。

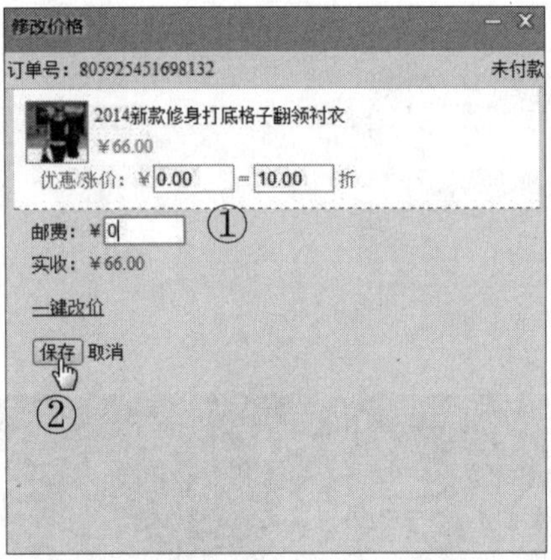

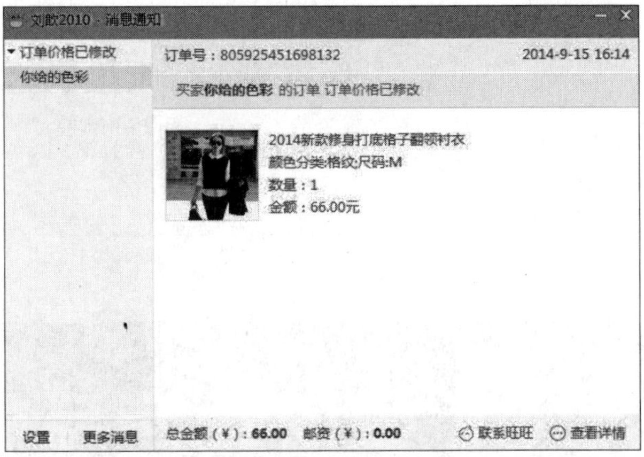

修改交易价格后，买家如果在使用阿里旺旺，会弹出消息框提示买家价格已经修改，此时买家进入“已买到的商品”页面中进行付款；但如果买家没有使用阿里旺旺，那么，卖家为了让买家即时知道已经修改了价格并尽快完成付款，也可以通过其他方式联系并告知买家。

你知道吗

修改交易价格时，商品价格和运费都可以修改，那么改哪个更合适？

其实我们说的交易价格，是指商品价格与运费的总价，而买家和我们讲价时也会根据总价来讲，因此我们修改交易价格时，可以修改商品价格，也可以修改运费价格，毕竟买家所关注的，只是最终修改后的总价。

8.4.2 确认买家付款

不论对于讲价或者没有讲价的买家，当拍下商品后，淘宝千牛都会弹出信息框提示卖家，具体情况如下所示。

第 1 步：当拍下商品后，买家接下来就会根据订单向支付宝付款，当买家付款后，千牛就会弹出信息框提醒卖家，如左下图所示。

第 2 步：进入到“已卖出的商品”页面中，也可以看到商品交易状态变为“买家已付款”，如右下图所示。

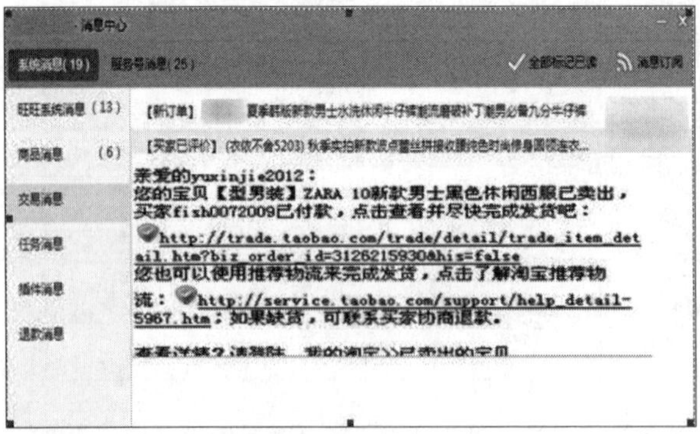

8.4.3 根据订单发货

确认买家付款之后，我们就需要根据买家的订单来对商品进行妥善包装，并联系快递公司给买家发货。发货前我们需要从订单中获取买家的姓名和联系方式，以及买家地址等收货信息，然后根据这些收货信息来填写送货单发货，具体操作方法如下。

第 1 步：登录千牛工作台，①单击右侧“交易管理”图标，如左下图所示。

第 2 步：②在“交易管理”页面中单击“待发货”选项卡；③单击“发货”链接，如右下图所示。

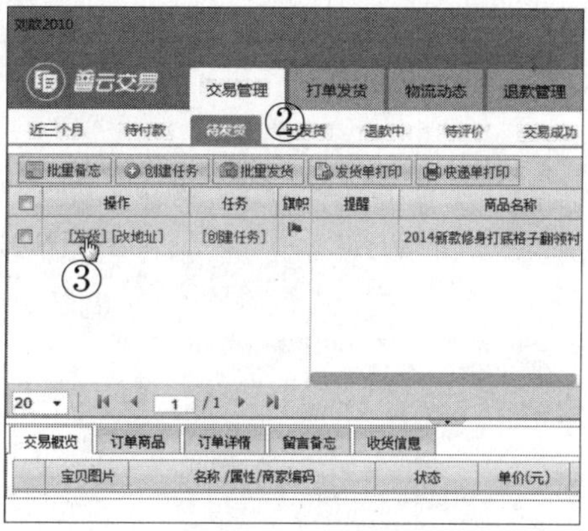

第 3 步：弹出“发货”对话框，①设置发货方式、物流公司及运单号；②单击“确定”按钮即可，如下图所示。

高手指引

发货后提醒买家当面验收

在网上交易中一定要清楚的提醒买家在收到货物后注意验收，同时也要通过千牛、电话等方式来提醒买家，这样可以避免因为运输原因造成的货物破损纠纷。

如果当前的操作平台是手机，那么可以直接使用手机给卖家发货，具体操作步骤如下。

第 1 步：在“千牛工作台”首页单击“交易管理”图标，①在“交易消息”界面的“买家已付款”页面中单击需要发货的商品，如下页左上图所示。

第 2 步：②在打开的“待发货”页中单击“发货”按钮，如下页中上图所示。

第 3 步：③选择发货方式与物流公司；④输入订单号；⑤单击“确定发货”按钮即可，如下页右上图所示。

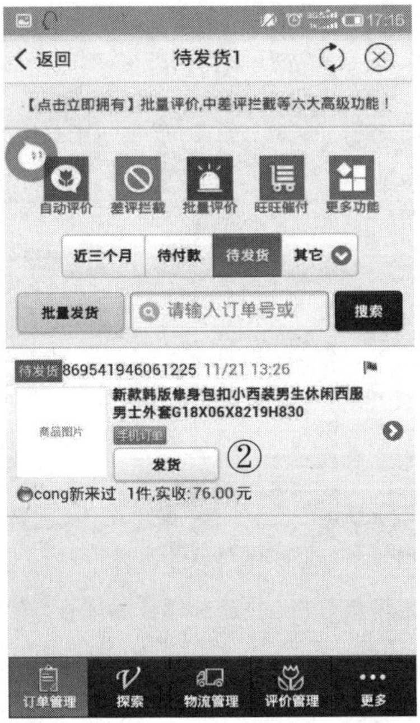

8.4.4 完成交易双方互相评价

当买家确认收货后，千牛会弹出消息框提醒卖家已经收货，通常来说，买家在确认收货后会同时对卖家进行评价，当买家进行评价后就会弹出信息框提示卖家对方已经评价，如左下图所示。这时卖家是无法看到买家给了何种评价以及评价内容的，只要当我们对买家进行回评后并略作等待后，来自买家的评价才会生效，同时我们的信用指数也会发生变化，这通过店铺首页的信用等级区域即可查看到，如右下图所示。

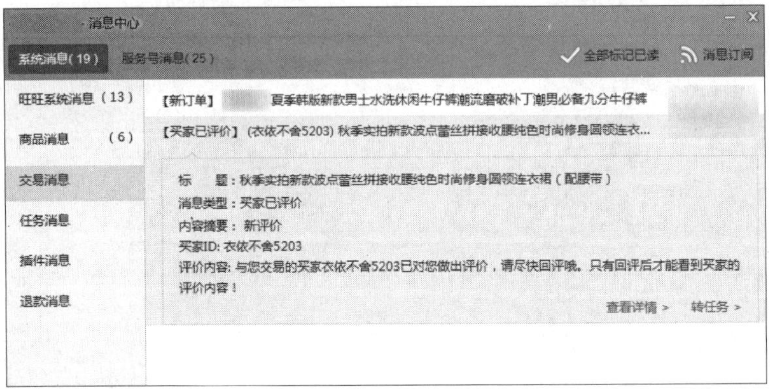

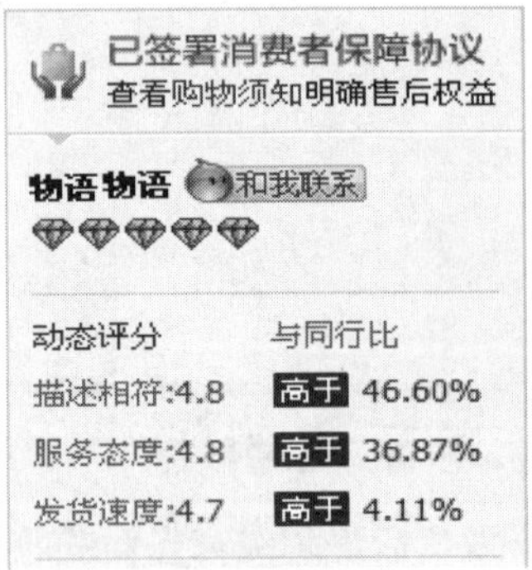

收到买家评价后，卖家首先需要对买家进行回评，而后可以根据买家的评价内容作出相应解释。

你知道吗

买家在收货后，一直没有确认收货与评价，该怎么办呢？

这时我们可以通过千牛先联系买家并引导买家确认收货与评价，如果买家对商品无异议，但出于各种原因无法及时评价，那么淘宝在 15 天之内会自动将货款支付给卖家，同时自动给予卖家好评。

8.4.5 接受货款并对买家进行评价

对于一份成功的交易，我们在评价买家时，一般都给予买家好评，并且尽量采用友好的评价内容，如“感谢你对小店的支持”、“欢迎常来小店看看”等，同时还会查看相应的订单货款是否到账，接受货款并对买家进行评价具体方法如下。

第 1 步：①登录到“我的淘宝”，在“卖家中心”页面中单击“支付宝名”链接，如左下图所示。

第 2 步：②进入“我的支付宝”，单击“可用余额”右侧的“查询”链接，如右下图所示。

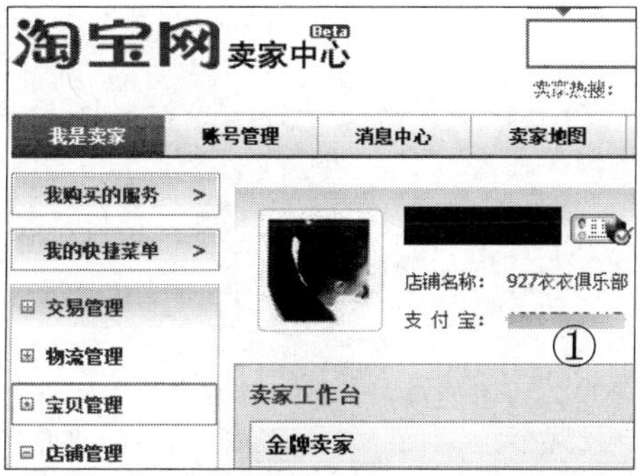

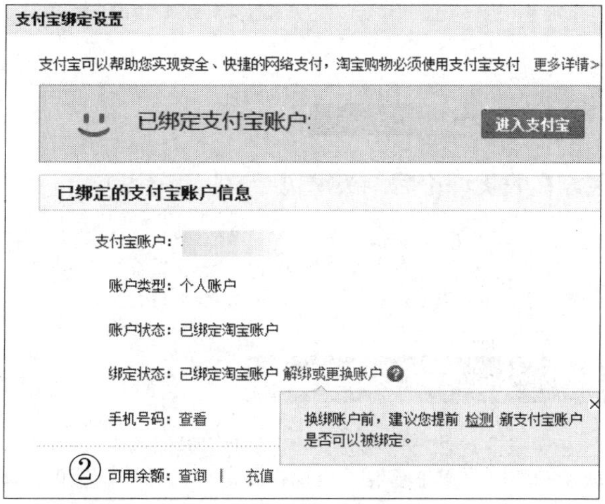

第 3 步：①单击支付宝页面中的“交易记录”选项，如下图所示。

第 4 步：②我们会看到相应的商品订单后有显示“交易成功”，“交易成功“就表示货款已经到账了，如下图所示。

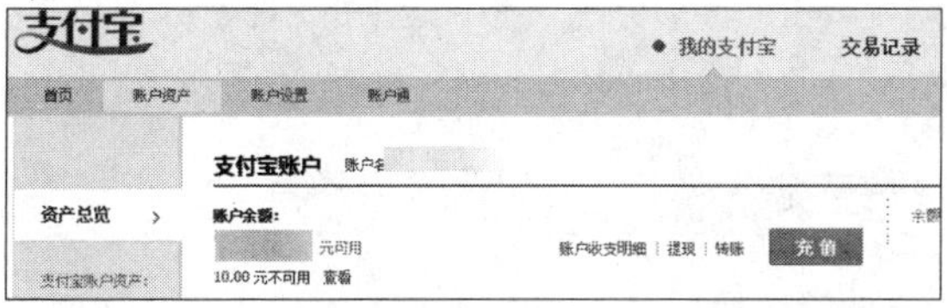

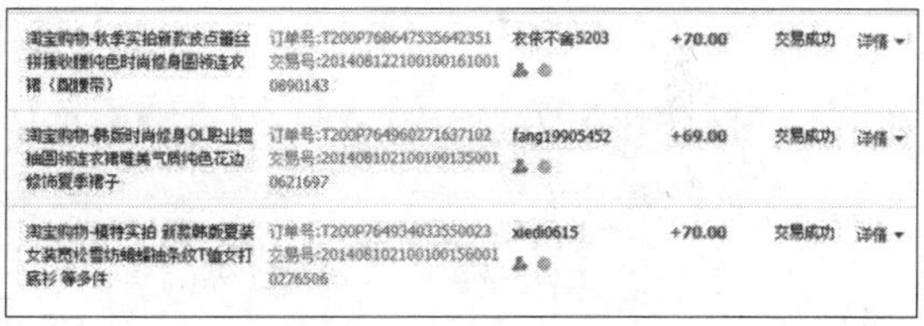

第 5 步：进入“已卖出商品”页面，可以看到已经成功的交易列表右侧显示为“对方已评”，①单击下方的“评价”链接，如下图所示。

第 6 步：②在打开的页面中，勾选“好评”选项；③在下方的文本框中输入评价内容；④单击“确认提交”按钮，如右下图所示。

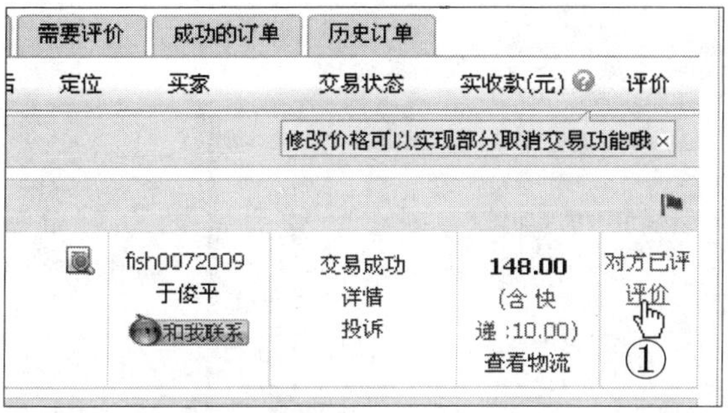

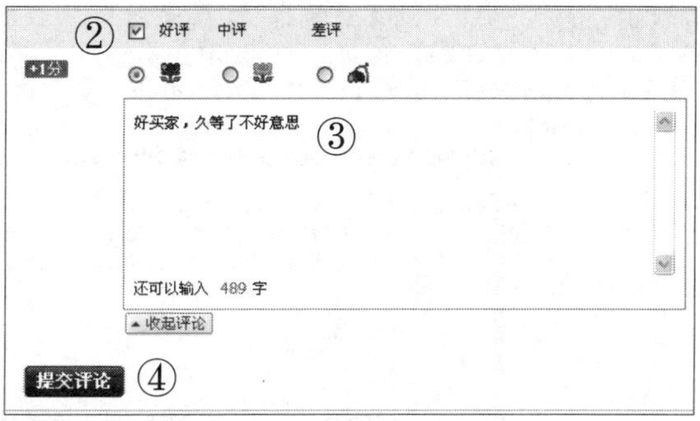

第 7 步：在打开的页面中告知用户评价成功，并提示双方评价 30 分钟后才能相互看到评价内容，如下页上图所示。这样，买家的评价就完成了，接下来就可以查看到买家评价了。

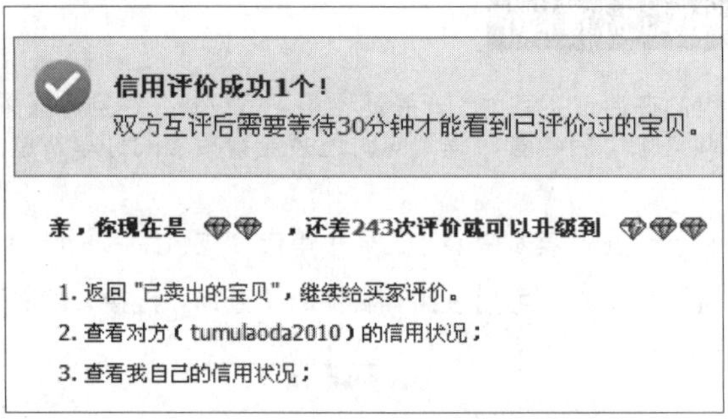

你知道吗

买家在收货评论后，买家也会有信用等级

淘宝买家信用等级表是相对应淘宝卖家等级表的，都是以你购买后卖家给你的好评为基础的，并不是以你购买商品的价值为参考基础，淘宝买家信用等级越高的朋友可以获得更好的淘宝购物优惠和折扣，也可以更快的知道淘宝最新的促销互动信息。

8.4.6 查看与回复买家评价

在买家评论 30 分钟之后，卖家就可以查看到买家给的评论了。查看买家评论有两种方式：一种是在交易成功的商品页面中查看，再切换到“评价详情”选项，即可看到购买了该商品的所有买家给予的评价详细情况；另一种是进入“卖家信用”页面，在店铺的任意一个页面中单击“卖家信用”后的数字链接，进入“卖家信用”页面，在页面下方即可查看所有买家给的评论详情。

查看了来自买家的评论之后，还可以针对买家的评论内容进行解释。一般来说，对于好评，可以回复也可以不回复。如果要回复则采用一些对买家赞扬或者感谢的内容。对于中评或者差评，卖家就非常有必要实事求是地进行回复了，回复之后，买家可以通过自己的买家信用详情看到介绍内容。具体操作方法如下。

第 1 步：进入店铺中的“卖家中心”，①在“交易管理”中单击“评价管理”链接，如左下图所示。

第 2 步：进入评价管理页面找到来自买家的评论之后的商品，②单击“回复”按钮，如右下图所示。

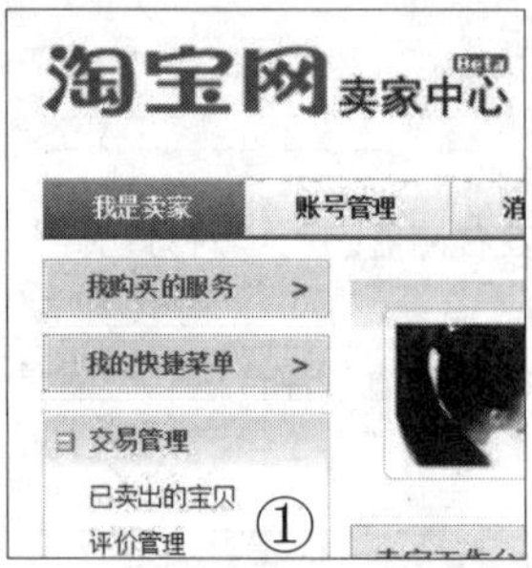

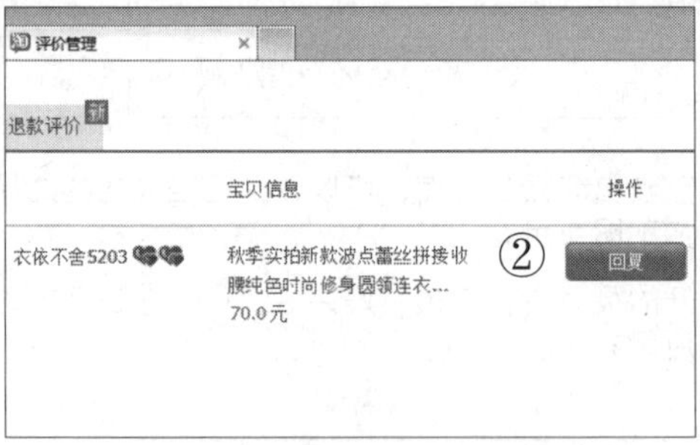

第 3 步：①输入对当前商品需要回复的内容，②单击“发表回复”按钮。如下图所示。

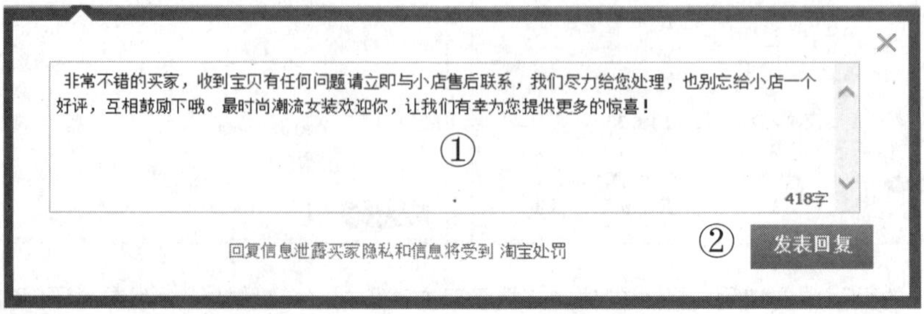

第 4 步：此时，在线的千牛也会给予提示，如左下图所示。

第 5 步：回到评价管理页面就可以看到之前的回复，如右下图所示。当然其他买家查看卖家信用详情时，能够同时查看到评价和回复。

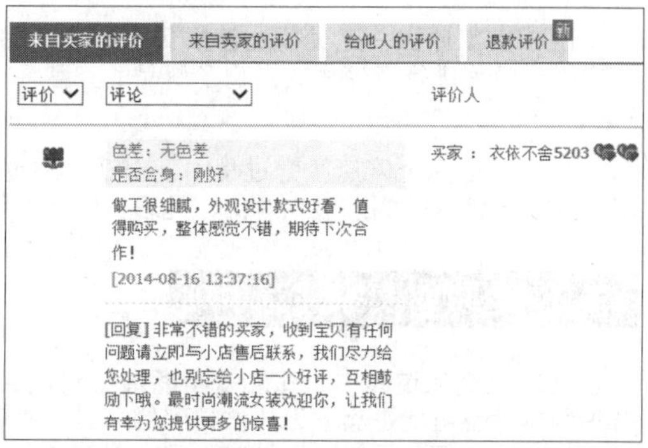

8.5 用优质的服务，追求售后的完美

有销售行为就必然会有售后的问题需要处理。经营网店时的售后服务应该包含三个方面，一是处理买家在确认收货前，由于商品原因而退换货的要求，二是买家已经确认收货但由于对商品的不满意给出了中评或差评，三是售后的商品本身所需要提供的售后服务，如数码，电气类所提供的保修服务。程序上的交易结束后，生意其实并没有完全结束，如果买家对拿到的商品非常满意，我们应该通售后服务争取使之成为网店的经常性顾客：如果对拿到的商品有不满意的地方，那么我们更应该与买家及时的交流并采取有效的措施争取他们最终能够满意。接下来就来看看商品销售的后期卖家应该怎么做。

8.5.1 理性面对买家退换货

在淘宝网中销售的各类商品，不同种类会提供不同程度的商品包退或包换服务。买家购买商品之后如果觉得不合适或是买错了，这时卖家就需要根据商品的售后保障类型为买家提供相应的退货或换货服务。

买家需要退货，一般是基本商品质量或其他原因导致的商品破碎情况，已经到了不可接受的程度。卖家在处理他们的退换货请求时应根据情况来妥善协调。在开店之初，无论是从心理上还是实际行动上，我们都是应该做好处理退换货的准备。可以将网店在这方面的具体规定以店铺公告或商品详情备注的方式处理。如果买家的退换货理由符合网店说明的条件，那么就应本着诚信经营的原则及时退换货。如果属于明显的人为损坏，我们可以拒绝或以其他方式协商处理。

对于那些在确认收货前就要求退换货的买家，我们应该积极的协商处理。遇到一些无理却闹的买家，可以向淘宝网投诉，让他们来解决。对于已经确认收货，但在接下来使用商品时出现质量问题，就具体分析是否在保质期内来处理。无论是什么样的情况，都要保持好良好的态度，不能因为收到货款就拒绝买家的正当要求。

另外，商品在运输过程中导致商品的损坏也是买家退换货的常见原因，如果事实责任属于物流公司，那么买家提出退还货要求之后，我们应当积极联系物流公司协商处理，给卖家一个较好的答复和解决办法，不能因为责任在物流公司就不管不问了。

退换货的过程需要卖家和买家协商、交流，能够妥善解决也取决于双方交流的结果。在可能的情况下，在交流中我们尽可能的说服买家更换商品，而避免以直接退款的方式解决，这样至少我们还能赚取一定的利润。

在退还过程中产生的运费可以参考以下建议解决。

出于卖家原因：这类情况包括卖家在发货时发错商品，如尺码、型号、规格错误等，这时一般是由卖家来承担退换货过程中产生的所有运费。

处于物流原因：如果在物流过程中出现商品的污损、损坏或丢失等情况，退换货时应该由卖家先承担，而最终这些费用的支出，可以和物流公司协商索赔。

出于卖家原因：这类情况包括买家选购商品失误导致的错误，如购买服饰尺码选择错误等或者买家收到货时对商品进行了使用或影响了商品的完整性，那么这是一般是由买家来承担退换货过程中产生的所有运费。

总之，在整个网店经营过程中，出现一些退换货的情况是很正常的，不论出于何种原因退换货，卖家都必须以一种理性的态度来对待、处理，这样才能真正减少麻烦，把网店生意做好做强做大。

8.5.2 退货时卖家注意事项

在网上交易过程中，商品并不能直接到达买家手中，而需要经过物流公司，而这个过程中可能出现的各种因素，也可能是卖家无法估计到的。当买家收到货后并提出退换货时，我们首先要与买家分析退换货原因。如商品损坏，原因到底是在于买家呢？还是物流公司？广大卖家很难分辨出来。

如果出于物流公司原因，但由于买家已经签收了货物，而接收方一旦签收货物，物流公司一般就不会承担任何责任，此时买家要求退换货时，从卖家自身利益来说，一般就不会接受来自买家的退换货请求，虽然后续可能造成一定的麻烦，如买家给差评、向淘宝网投诉等。

当然，对于一些条件允许的情况，如买家要求退换的商品不影响二次销售等，那么卖家还是应该与买家协商并退换，不过最好争取到买家负担运费，毕竟一个差评对网店来说是非常致命的，我们没有必要因为一次不成功的交易，而影响网店日后的生意。在这里建议销售贵重或易碎物品的卖家，应当在网店中声明或者向买家说明，请买家在签收时先检查货物，否则损坏的商品不予退换。

另外，买家提出退换货的原因，往往是买家的个人意见，卖家这时有必要考察买家所表述的原因是否属实，由于双发无法面谈，因此最好的方式，就是让买家对商品进行拍摄，然后传送给卖家，对于绝大多数商品来说，在买家退换货前，我们都是会要求买家提供商品照片过来检查。

8.5.3 尽力避免买家投诉

如果交易过程中的退换货请求经买卖双方协商之后还无法解决，那么任意一方都可以向淘宝网发起投诉，由淘宝网介入解决。一般来说，交易过程中，买家投诉卖家的案例较多。购买商品的买家因为卖家的原因提出退换货，没有得到卖家妥善的解决，那么他们可能会向淘宝网客服投诉，淘宝网接到投诉请求之后，就会通过邮件的方式联系卖家。卖家收到投诉通知后，仔细分析一下，如果确实属于自己的退换货范围，那么应当积极退换货并联系买家撤诉。在这样的情况下，如果仍拒绝退换货的话，淘宝网工作人员会根据情况来强制退款并给予卖家不同程度的处分。对于网店卖家来说，因为一次交易得到处罚而影响店铺的正常运营这时完全没有必要的，这就需要平时在交易中尽量避免。

当然，如果问题确实出在买家，那么我们可以向淘宝网提供有力的证据，来证明自己不予退换的理由。只要证据够充分，淘宝网工作人员也不会偏袒买家。

无论是哪种情况，我们都应该尽量避免遭到买家投诉，有什么问题最好在交流过程中就解决，不要拿到淘宝网工作人员那里才处理。无论最终处理结果如何，仅仅处理这些申诉就会消耗卖家大量的时间和精力。

8.5.4 定期回访买家

交易成功的买家以后极可能也会继续在网上购物，如果这笔交易真的让买家非常满意，那么该买家将非常有机会成为我们的回头客。网店有一批经常性的顾客，才能在竞争中立于不败之地。因此在经营过程中，应该把眼光放得更长远一些，着力培养一些回头客，这样网店才会越做越大。在一笔生意结束之后，我们还可以多花一心精力，将购买过商品的买家加为千牛好友，每隔一段时间就回访一下他们，和他们聊聊天，沟通一下感情。逢年过节也可以向他们发一些祝福语，网店已有活动就将活动信息详情告诉他们，说不定他们会感兴趣。交易后期的这些举措虽然显得琐碎，但对于培养一批经常性的顾客还是非常有益的。

8.5.5 售后服务的三类情况

针对今后服务，通常有以下三种情况。

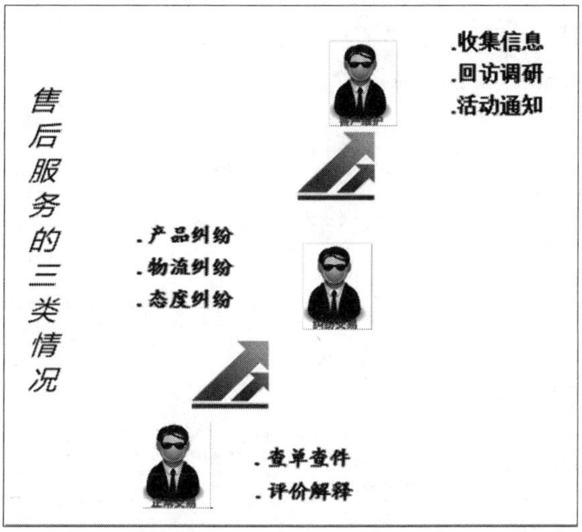

1. 正常交易

“正常交易”中的日常工作包含了正常发货流程、查单、查件，以及管理一般客服的售后评价，并针对某些评价做出相应的解释。无论是那种情况出现问题，我们都要做到三个字“快、热、诚”。

“查单查件”分为两类情况：一种是客服主动呼入查单，还有一种是因为一些特殊的原因造成物流情况异常。

“快”是指快速的反应。当我们处理售后物流产生的问题去查单查件的时候，最重要的就是反应要快，因为人在某种焦急的状态下是需要适当安慰的。不能及时回复客户将严重影响客户体验，同时也会增添我们后续处理问题的难度。

“热”是指热情的回复。为什么在处理售后问题的时候，我们的态度要比售中的时候更热情、更有耐心呢？就是因为人由安全需求而来的防卫心理，他们会提前自我设定好要求处理售后问题，会受到不对等的对待，会被认为是来找麻烦的。在这样的心态下，他已经做好了全部反抗的心理准备，所以稍不慎就有可能会无事变有事，小事变大事。

“诚”是指要让客户有被以诚相待的感觉，因为在这个时候客户的心态是特别脆弱的，我们要更热情、主动、耐心地解答问题，并能想她所想。为了能更好地做到以诚相待，我们需要做到能够掌握内、外部影响，了解一些外界新闻和自然因素。

“正常交易”中的日常工作还包含了一项，就是要做好客户评价的解释。而评价的解释无外乎两种，一种是正面的评价，还有一种是负面的评价。

一般来说，我们可以选择一些特别好的正面评价来做回复，以提醒其他客户关注到这条正面评价。而且这类客服的特点一是乐于分享，二是他有成为忠实客户的潜力，如果可以多一点鼓励和关怀，他们将成为我们最后的口碑营销载体。如下图所示。

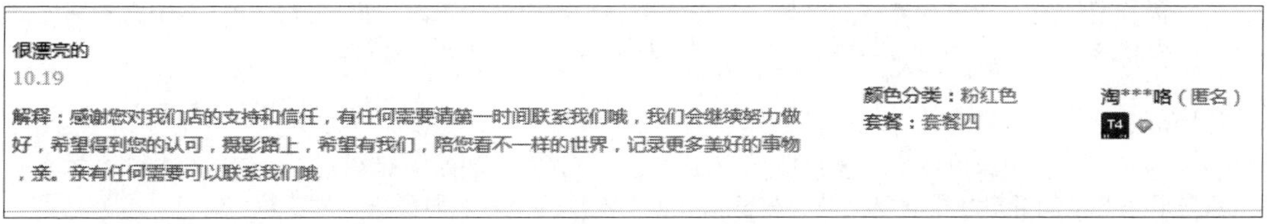

我们应该了解一点，实际上评价的解释主要还是给后来的新客户看的，每天我们都会产生很多新的评价，一些好的正面评价很容易被淹没了。但是如果可以写一些有质量的评价解释，那么有回应的这条正面评价就会特别醒目，也更容易让后面的买家看到这个评价。

而负面的评价可以帮助我们从客户回馈的问题中进行自查，提示我们对客户进行一些维护，评价解释更是帮助我们扭转不良印象的法宝。如下图所示。

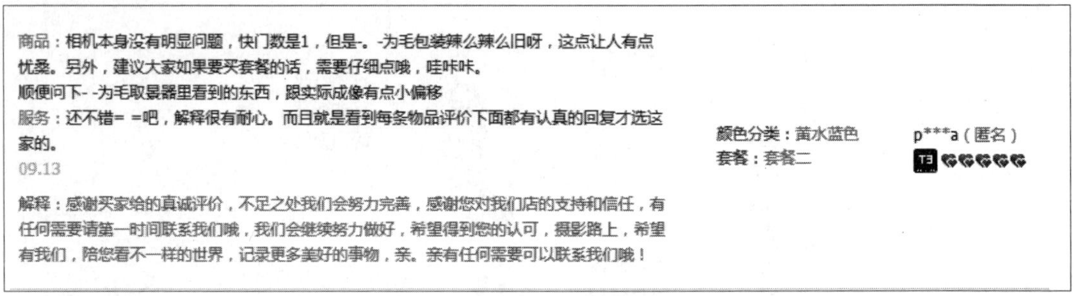

高手指引

“评价解释”的处理技巧

第一，要真正认识到自身存在的问题，当客户有不满反应出来，我们首先要从自身找问题。我们应该这样理解，每一次客户的不满和由此产生的一些负面评价，实际上都是在提醒我们要在以后加以避免。

第二，学习这样一种心态——有则改之，无则加勉，与客户在评价解释中正面争吵是没有意义的，因为说赢客户不代表你解决了这个问题，也会对后面的客户造成不良的影响。

第三，要学会积极沟通、真诚道歉，与给出负面评价的客户进行真诚的沟通，并给出一些补偿性的解决方案，最佳的结果是我们希望能够取得谅解。

第四，如果有机会的话，我们应该积极争取请客户改善原有的评价。这不包括页面上的评价内容，因为商城店的评价是不能修改的，但是我们的努力是希望以后这个客户继续购买，成为我们忠实的客户，改善我们在他心目中的评价。

你知道吗

我们在做“评价解释”的时候要注意那些问题呢？

第一，评价解释属于公开信息的展示，千万不要把评价解释当做我们与这个客户之间的对话，最重要是展示给其他客户看，一定要注意专业的形象。

第二，文字要多才能引起他人的注目，字越多占的位置就越大，才能引起别人的注意。尤其是一些负面评价写得很详细，那么我们的评价解释也要有针对性地解释得更周全。

第三，如果能够做到评价将心比心，能达到更好的效果。人性化的文字是更有生命力的，大度谦和、勇于承担责任能够给后面的买家留下良好的印象。

第四，除了不要辱骂和指责客户外，更要注意遵守淘宝网的相关规则，个别卖家在负面评价的评价解释里边把买家联系方式公布出来，这样的行为属于公开他人的隐私，将会受到淘宝网站规则的处罚。

2. 纠纷交易

“纠纷交易”是在交易行为成立以后，客户因为种种原因产生不满，而形成纠纷的那部分交易。纠纷交易的种类分为三种：第一是产品纠纷，第二是物流纠纷，第三是服务态度的纠纷。

3. 客户维护

做客户维护，利用客户评价中的反馈去发现问题，提升他们的购物体验，我们需要了解，并不是有投诉或者是联系客服的客户才是有意义的，只有从细微中发现问题并及时解决，才能留住客户的心并达到口碑营销的效果。

8.6 认识店铺信誉度的重要性

在网店销售商品过程中，我们的目的不仅仅是赚取当前卖出商品的利润，还要赚取每个买家的好评，以逐步提高自己的信用等级。在淘宝网中，卖家的信用等级越高，就间接说明购买的人群越多、所销售商品质量的越好。

对于刚开店的卖家来说，通过交易来赚取好评，往往比赚取眼前的利润更重要，只要慢慢将信誉等级提高，那么后面的人气也就会自然地越来越高。在本节中，就来一起认识淘宝的信用体系，并了解影响买家给予好评的各种因素，这样在以后的经营过程中，就可以有效避免各种影响好评的因素，获得每一位交易买家的好评。

8.6.1 了解淘宝网的信用等级

由于网上交易过程中，买卖双方无法见面交易，而且买家在购买商品时也无法看到商品的实物，因而买家在选择商品时，只能参考卖家之前的销售记录，以及交易买家给予的评价，这在一定程度上能够客观反映出卖家的经营诚信、商品质量等。

1. 什么是信用评价

淘宝网中针对买卖双方都提供了信用评价制度，也就是当一次交易进行完后，交易双方均可以根据交易的满意程度给对方好评、中评或差评，其中每个好评将会使卖家的信用增加一分，中评不加分，差评则会扣掉一分。随着交易数目的不断增加，买家满意度的不断提高，那么卖家将获得的信用积分也就会越来越高，这一点对于卖家尤为重要，来自买家的信用评价可以体现出卖家的历史交易情况，以及买家的满意度等，而其他买家在购买时，通过卖家信用就可以客观了解到卖家、买家的交易情况并觉得是否购买。

一般来说，如果买家给予了好评，那么说明卖家的商品质量、服务态度都比较放心，但如果给予了中评或差评，则说明卖家针对某个或多个买家的交易存在欠缺，这可能是商品质量、服务态度或者发货进度等。

2. 什么是信用等级

信用等级是按照卖家所获得的信用积分来划分的，淘宝网将卖家信用划分为 4 个级别，分别是心级卖家、钻石卖家、皇冠卖家以及金冠卖家，其中每个级别又划分为若干等级，当卖家信用积分达到一定数目后，信用等级就会自动提升一个级别，如下图所示为不同的信用等级以及所需信用积分示意图。

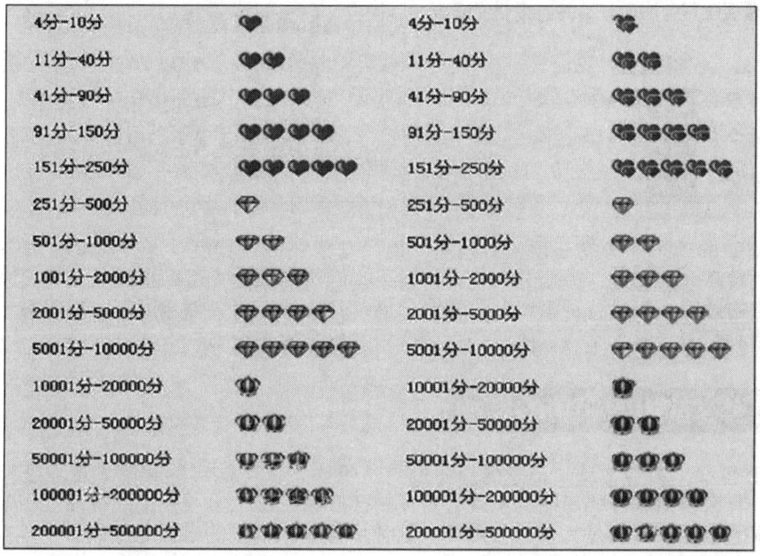

4分-10分	4分-10分
11分-40分	11分-40分
41分-90分	41分-90分
91分-150分	91分-150分
151分-250分	151分-250分
251分-500分	251分-500分
501分-1000分	501分-1000分
1001分-2000分	1001分-2000分
2001分-5000分	2001分-5000分
5001分-10000分	5001分-10000分
10001分-20000分	10001分-20000分
20001分-50000分	20001分-50000分
50001分-100000分	50001分-100000分
100001分-200000分	100001分-200000分
200001分-500000分	200001分-500000分

高手指引

累积信用等级

刚开店时，由于没有进行过任何交易，因此卖家的信用等级是为零。只要发生了交易并获得好评后，才会产生信用积分，进而累积并体现在不同的信用等级上。淘宝信用五皇冠是最好的信用级别。

淘宝会员在淘宝网每使用支付宝成功交易一次，就可以对交易对象作一次信用评价。评价分为“好评”“中评”“差评”，每种评价对应一个信用积分。

卖家的信用等级是需要不断通过发生好评的交易而逐渐产生，如进行了 4 个交易并都获得好评，那么我们的信用等级将升为 1 星，同样，如果累计发生了 251 笔交易并且全部获得好评后，信用等级就可以提升为 1 钻，以此类推。随着信用等级的不断提升，每上升一个等级需要的积分也就越多，如需要升到皇冠卖家时，我们需要发生 10001 笔交易，并且每笔交易均获得了好评。

卖家的信用等级会体现在店铺以及商品页面中，当买家进入店铺或打开商品页面后，在店铺信息区域中就能够直观地看到卖家的信用积分与信用等级，如下图所示。

3. 关注店铺动态评分

店铺动态评分是淘宝网针对卖家提供的另一项信用与服务评分制度，买家在购买商品后，进行信用评价的同时，也可以根据商品情况与卖家服务情况进行动态评分，其他买家在购买商品时，将鼠标移动到店铺左上方的旺旺图标处，即可自动打开动态评分面板以供查看，如下图所示。

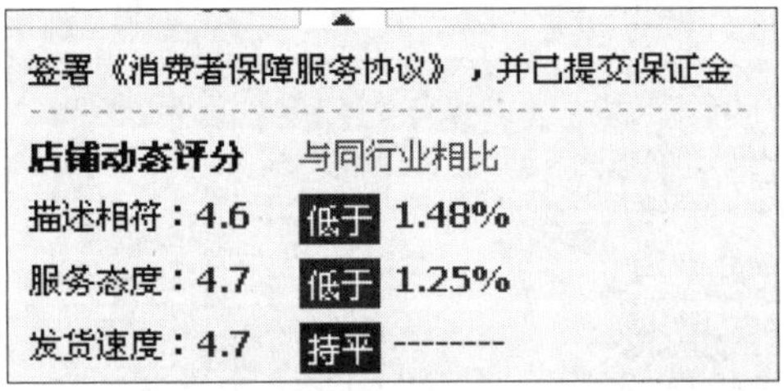

淘宝网针对卖家的动态评分有三项，分别是“商品与描述相符程度”、“卖家服务态度”以及“卖家发货速度”，每项最高分为 5 分，最低分为 0 分，当买家购买商品后，可以根据具体情况来对卖家进行动态评分，而卖家最终的分值，为所有买家评分的综合分值，并体现在店铺信息区域，由于每一次交易的不同，因此可能获得来自买家的分值也不同，所以店铺动态评分也会根据交易而变化。

8.6.2 要知道卖家信用对销售的影响

卖家信用用于客观、真实地反映卖家的历史交易情况以及参与购买的买家满意程度，便于其他买家在购买时作为参考，卖家信用等级的高低，也就客观反映了卖家的诚信度与商品的保障性，信用等级越高，也就同时获取新买家的信任，这也是为什么信用高的店铺生意都比较好的重要原因。

这里要涉及到一个信用率的问题，所谓“信用率”，就是在发生的交易当中，获得好评交易的占有的比重，例如卖家一共发生了 100 笔交易，其中 99 笔为好评，1 笔为差评，那么好评率就是 99%，也就表明在与卖家交易的 100 位买家中，有 99 位买家是满意的，那么其他买家在查看卖家信用后，就会因为买家满意度较高而决定购买商品。

另外，中评与差评所产生的影响，并不仅仅是信用积分，而是很大程度上关乎着买家的信任程度。买家在购买商品时，往往在查看卖家信用后，即使卖家信用很高，也可能会因为一个差评而放弃购买，因为差评体现了卖家商品的某种不足之处，严重降低买家的信任度。因而对于卖家来说，在商品销售过程中，除了考虑销售利润外，信用积分也是必须要考虑到的，需要本着每笔交易都获得好评的心态来经营店铺，这样才能使网店生意越做越大，购买人群越来越多。很多新开店的卖家，往往都是不赚利润赚信用，甚至赔钱赚信用的原因也就是在这里。

8.6.3 极力打造 5 星信用等级

在交易后，买家会做出何种评价，往往会根据交易情况来决定，如商品质量、卖家服务态度、收货速度等，只要买家对商品满意，一般都会给予卖家好评的，反之，如果买家对商品或卖家的一些服务不满意，那么就很可能得到一个中评或差评。

作为卖家，我们有必要了解哪些因素会导致买家给予中、差评，并认真分析与解决这些可能出现的因素，才能确保每一笔交易都获得好评。就目前网络交易来看，影响买家好评的因素主要有以下几个方面：

1. 商品因素

这是影响评价最主要的因素，如商品与描述不符、商品质量较差、或者卖家提供的商品服务存在欠缺等，买家和卖家交易的目的就是为了购买商品，如果所购买的商品无法使得买家满意，那么就很难获得买家的好评。因此卖家在销售商品时，最好能够如实对商品进行描述，并向买家详细说明商品的各种情况。

2. 卖家服务态度

卖家针对买家提供的服务态度，有可能也会影响到买家的评价，作为卖家，我们其实就是售货员，当有顾客咨询或购买时，应该为顾客提供最优秀、完善的服务，在交流过程中言辞一定要注意。一般来说，不是过分计较的顾客，只要对商品满意，是不会因为卖家的态度而给予差评的。

3. 买家收货时间

当买家购买商品后，接下来的过程就是等待收货，而作为卖家在收到买家订单后也应该及时发货。目前物流公司的发货时间一般为 2 ～ 4 天，当遇到一些特殊情况延误发货或者其他因素导致买家等待较长时间才收到货时，一些买家也可能不会给予卖家好评，但这类情况往往是由于物流所引起的，我们可以通过和买家交流而让买家更改评价。

上面只是介绍了影响买家好评的常见因素，对于不同的商品或者一些不可预料的情况，也可能会影响到买家的评价，这就需要卖家根据自己商品的实际情况来进行分析并解决，使得每一笔交易都能够获得买家的好评。而且在一些退换货交易中，也可以在自己的能力范围内做到让买家更加满意，使得不成功的交易也能够获得买家的好评。

本章小结

本章详细介绍了在淘宝网店铺商品的交易过程，首先介绍完善淘宝千牛信息、学习与买家沟通的技巧以及用好千牛洽谈生意。其次介绍了如何让商品成功卖出（包含发货与评价），以及用优质的服务追求售后的完美，最后简单地讲解了店铺信誉度的重要性。

9 营销决定成败
——给力的宣传迅速提升成交

开网店和实体店一样需要宣传，店铺开张之后，不能只等待顾客主动上门，毕竟淘宝网中有数万卖家。很多卖家都经营着同类商品。为了让更多人知道并光临我们店铺，卖家还需要利用各种途径对店铺进行宣传与推广。店铺的推广主要包括淘宝网内部推广，以及外部推广两个方面。本章就来讲解网店的各种推广途径，以及推广与宣传方法。

通过本章内容的学习，读者能够学习到如何在网上推广自己的店铺，提高店铺商品的人气，并带来销量。学完后需要掌握的相关技能知识如下：

※ 树立店铺形象，提高被关注率
※ 使用淘宝直通车推广，累计人气
※ 设置满就送，让店铺流量翻几倍
※ 使用其他淘宝推广工具，打响店铺
※ 通过QQ、微博宣传店铺

9.1 树立店铺良好形象，提高被关注率

树立店铺形象就像社会上的名人搞慈善，热心公益，反过来又进一步提高名人的知名度一样。树立优秀的网店形象也是一种非常好的推广手段，它能够为我们带来更长远的利益。现在做得比较好的淘宝店铺都有良好的店铺形象，在店铺信誉度和服务质量的保障下，他们甚至已经成为了独立的品牌而为买家所信任。本节就来看看网店应该如何才能树立起优秀形象。

9.1.1 什么是消费者保障服务

对于对自己商品的质量有信心的卖家，可以加入淘宝网提供的“消费者保障服务”来增加买家的信任度，一旦信任度增加了，购买机率也就随之增加了。而且加入“消费者保障服务”的商品，被买家购买的机率会大于未加入消保的同类商品。

而是否加入“消费者保障服务”，是由卖家根据自己的情况来自由决定的。如果卖家对自己的商品有信心，以及准备长期开网店并越做越大，就可以加入消费者保障服务以增加买家的信任度与购物保障，从而提高网店销售量。

消费者保障服务是淘宝网针对广大买家所提供的一项购物保障服务，淘宝网中的卖家可根据个人意愿来加入消费者保障服务，为买家提供由淘宝网公证与保障的售后服务。对于能够提供相应服务的卖家，可以考虑支付一定保证金。

对卖家来说，加入“消费者保障服务”可以给卖家带来的优势有以下几个方面。

· 商品加上特殊标记（缴保证金后），并有独立的筛选功能，可以马上被买家找到。
· 拥有相关服务标记的商品，可信度高，买家更容易接受。
· 为提高交易质量，淘宝网单品推荐活动只针对消保卖家开放。
· 淘宝网橱窗推荐位规则针对消保卖家有更多奖励。
· 淘宝网抵价券促销活动只针对消保卖家开放。
· 淘宝网其他服务优惠活动会优先针对消保卖家开放。

卖家承诺为消费者提供保障服务，并签署诚信协议以后。如果卖家未履行服务承诺，淘宝将通过卖家交付的押金，对买家进行先行赔付，以保障消费者权益。

1. 消费者保障服务的类型

根据商品类型的不同，消费者保障服务也分为多种情况，分别介绍如下：

（1）假一赔三：加入该服务后，如果卖家销售给买家的商品与描述严重不符，或者销售假冒伪劣商品，那么买家可以在认定商品为假货的前提下，要求卖家三倍赔偿。

（2）第三方质检：由权威部门对店铺指定商品进行了质检，并提交了质检报告的，可以申请此服务。

（3）7天退换：指卖家能够针对销售出的商品为买家提供“7天无理由退换货”服务。加入该服务后，当买家购买了支持“7天无理由退换货”的商品，在签收货物后7天内，若因买家主观原因不愿完成本次交易，卖家有义务向买家提供退换货服务，如果卖家拒绝提供，那么买家可以向淘宝网投诉并获得相应的赔付。

（4）30天维修：该服务仅针对销售数码电器之类的卖家，当买家购买商品成功后30天内，卖家应向买家无条件提供免费维修服务，否则买家有权向淘宝网投诉，淘宝网将根据情况来使用卖家的保证金对买家进行赔付。

（5）1小时发货：该服务仅针对虚拟类商品，如充值卡、虚拟充值货币等，加入了该服务的卖家，在虚拟物品销售过程中可以使用“闪电发货”功能，如果在交易过程中没有及时发货，那么买家就可以投诉并获得相应的赔付。

（6）24小时发货：加入此服务的卖家必须保证买家在付款后的24小时内发货。如逾期未发货，卖家需用保证金进行赔付。

（7）商品如实描述：指卖家所在店铺中提供的商品信息是与商品本身所相符的，没有不符合商品实际或言过其实的描述，如果卖家未能履行该项承诺，则淘宝网有权对由于卖家违反该项承诺而导致利益受损的买家进行先行赔付。

2．加入消费者保障服务的保证金

要加入以上特殊服务，首先卖家需要在淘宝网交纳1000元的基础保证金，该保证金用于当卖家商品与所加入服务不符时淘宝网向买家赔付，根据商品不同，在加入时需要支付的保证金数额也不同，对于多数商品来说，保证金数额一般均为1000元，但部分商品保证金可能低于1000或高于1000，视具体商品类别而定。

除了消费者保障服务，还加入了其他保障服务的卖家，需要另外缴纳保证金，具体服务内容的价格不同，部分保障服务不需要保证金，但需要提供相应的证明。

9.1.2 加入消费者保障服务

当店铺开张一定时间并且期间发生了数笔交易后，卖家就可以向淘宝网申请加入消费者保障服务，加入之前，需要先根据自己的店铺类目准备一定的保证金，然后向淘宝网申请加入，其具体操作方法如下。

第1步：①进入到“卖家中心”，在“客户服务”列表中单击“消费者保障服务”选项，如左下图所示。

第2步：②打开的“消费者保障服务”页面中查看加入条件后，如果符合条件，则单击下方的“提交保证金”按钮，如右下图所示。

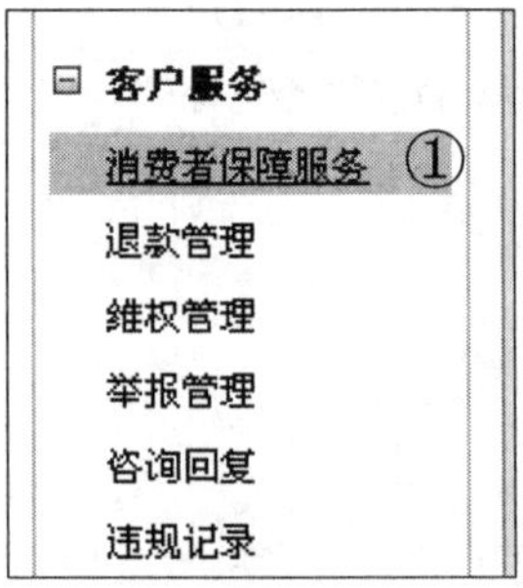

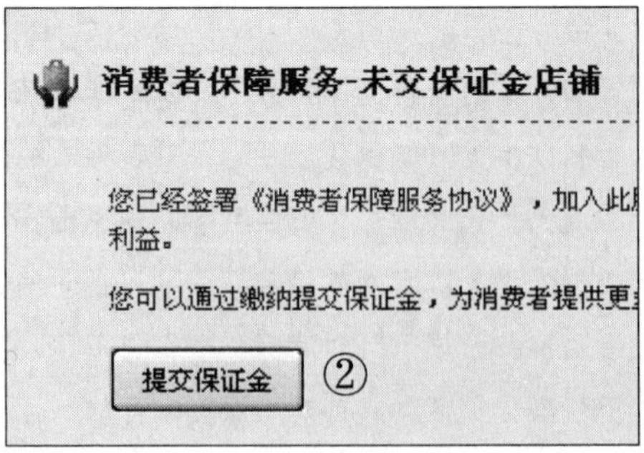

第3步：①在打开的页面中输入支付宝登录密码；②单击“同意以下协议，并提交保证金”按钮，如下页左上图所示。

第4步：按照提示完成支付，③单击“返回服务首页”按钮，如下页右上图所示。

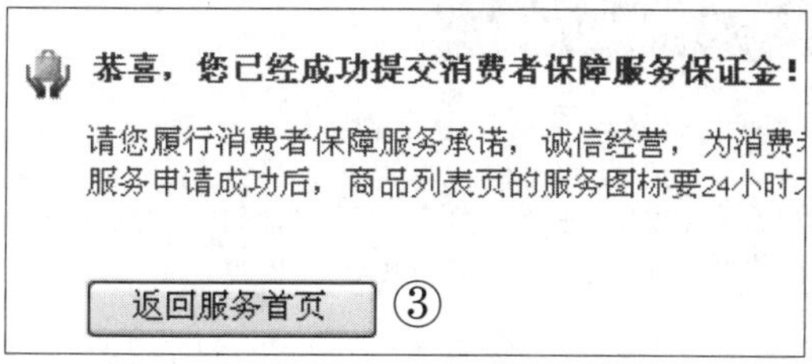

当卖家加入消费者保障服务后，那么买家无论是搜索商品或者直接进入店铺，都可以看到商品所提供的保障服务了，如下图所示。这时对于买家来说，在商品其他条件大致相同的情况下，自然会优先选择具有消费者服务保障的商品了。

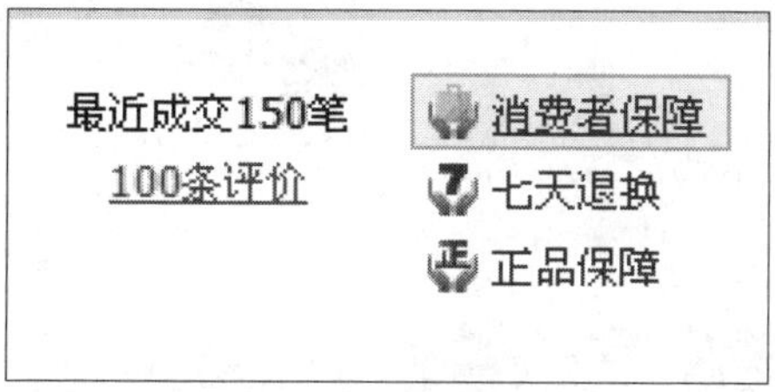

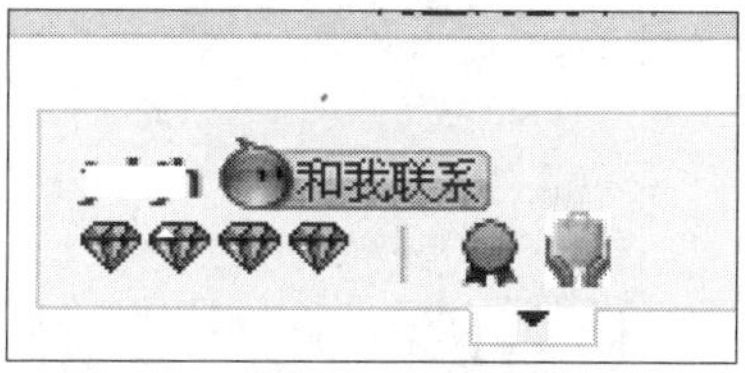

9.1.3 退出消费者保障服务

当卖家加入消费者保障服务后，如果因为某些原因想退出消保，那么只要向淘宝网提出退出申请即可，淘宝网会根据实际情况进行受理，对于加入消保时交纳的保证金，则会在 3 个月内退还给卖家。

一般来说，由于我们长期要经营网店，因而可以一直加入到消保行列，只有当店铺经营转向、不再继续开网店时，才考虑退出消保，具体操作方法如下。

第 1 步：进入消费者保障服务页面，在页面中会显示已经加入消费者保障服务，同时显示消费保障金情况，①单击“申请退出消保”按钮，如左下图所示。

第 2 步：在页面中显示了当前加入的消保服务，如果要退出某项服务，②只要单击右侧的“确定退出”按钮即可，如右下图所示。

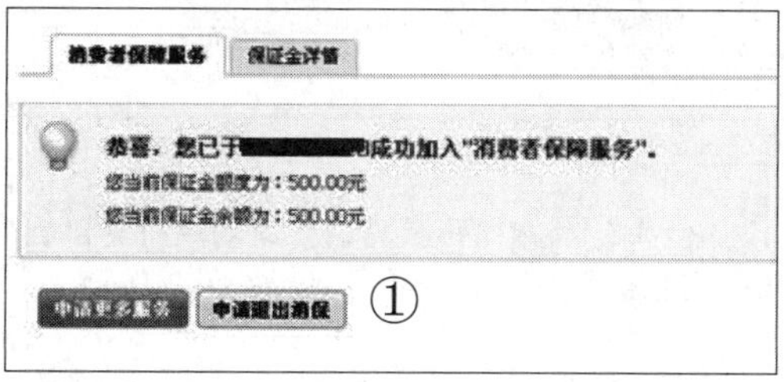

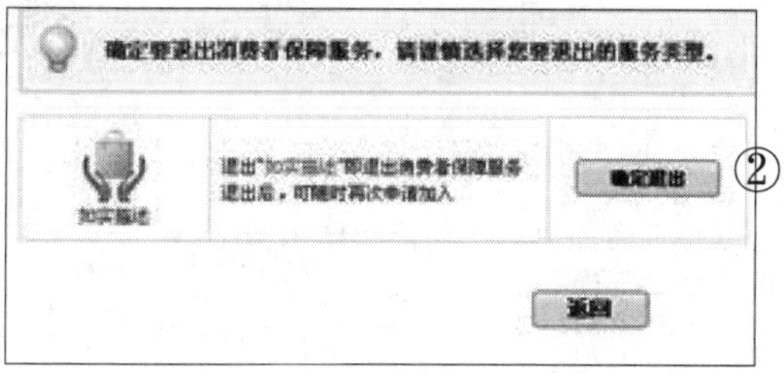

9.2 使用淘宝直通车推广，积累人气

淘宝直通车是为淘宝卖家量身定制的，它是按点击数付费的营销工具，实现商品的精准推广。这也是目前绝大部分的大卖家都在使用的一个工具，因为它能够实实在在的带来流量和成交量，任何店铺都可以使用它。当买家搜索指定商品时将商品按顺序显示在页面中的醒目位置，从而使得自己的商品更容易被买家关注到，也就增加了商品的出售机率。

9.2.1 了解淘宝直通车

淘宝直通车是根据商品设置的关键词来进行排名展示的，然后按照点击次数进行扣费。当你使用淘宝直通车推广某个商品的时候，先为此商品设置相应的关键词和推广展示标题。当买家在淘宝中输入你设置的关键词搜索产品或根据商品分类进行搜索时，就会在结果页面中看到正在推广中的商品展示广告。如下图所示为搜索页面右侧的直通车展示位。

不但在搜索结果页面的右侧有广告展示，在搜索结果页面的下方也有，并且在淘宝首页、各频道和社区的热卖单品活动也能获得展示机会。如下图所示为推广展示在搜索结果页面下方。

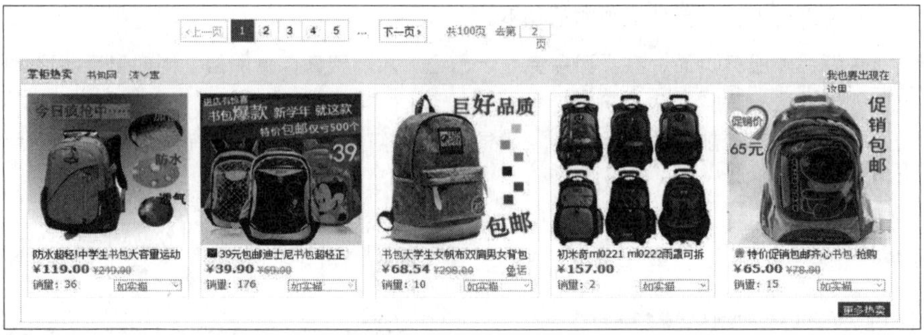

在每个商品页面中，都会显示 10 个直通车广告，而这些广告位的顺序也是按照卖家的出价来排列的，卖家的出价越高，直通车广告的显示位置也越醒目。在商品列表页面中，第一页显示出价最高的前 10 个广告位，第二页显示第 10 ～ 20 个广告位，以此类推。

在每页中 10 个广告位的排序中，第一页页面右侧由上到下显示出价排第 1 ～ 5 位的商品，页面下方从左到右显示出价排第 6 ～ 10 位的商品，第二页同样的位置显示出价排第 16 ～ 20 位的商品，以此类推，如下图所示为直通车广告排名的显示方式。

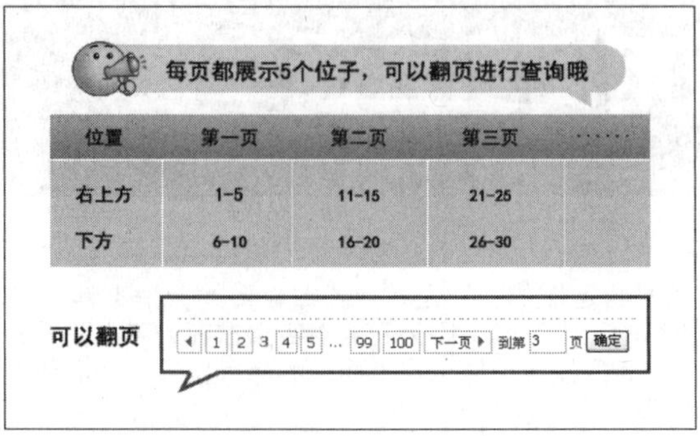

高手指引

选择使用直通车的好处

（1）直通车推广的商品，只要想来淘宝网买这种商品的人就能看到，大大提高了商品的曝光率，带来更多的潜在客户。

（2）只有想买这种商品的人才能看到你的广告，给你带来的点击率都是有购买意向的。

（3）直通车能给整个店铺带来人气，虽然推广的是单个商品，但很多买家都会进入店铺里去看，一个单击带来的可能是几个成交，这种整体连锁反映是直通车推广的最大优势，店铺人气逐渐就会提高了。

（4）加入直通车后，会有不定期的直通车用户专享的促销活动，且可以报名其他促销活动。

（5）在展示位上免费展示，买家单击才付费，自由设置日消费限额、投放时间、投放地域，有效控制花销，合理掌控你的成本。强大的防恶意单击技术，系统 24 小时不间断运行，保证单击真实有效。

（6）免费参加直通车培训，并且有优秀“直通车小二”指点优化方案，迅速掌握直通车推广技巧。

9.2.2 开通淘宝直通车账户

淘宝直通车的最大优势就是让你的商品在庞大数据的商品平台中脱颖而出，带来更多的人气和流量。那么怎么开通直通车呢，具体操作步骤如下。

第 1 步：首先登录到淘宝后台，①单击“营销中心”下的“我要推广”选项，如左下图所示。

第 2 步：进入到淘宝营销中心页面，②单击“直通车”图标，如右下图所示。

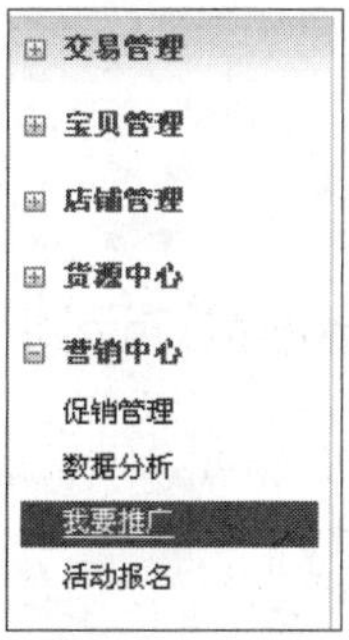

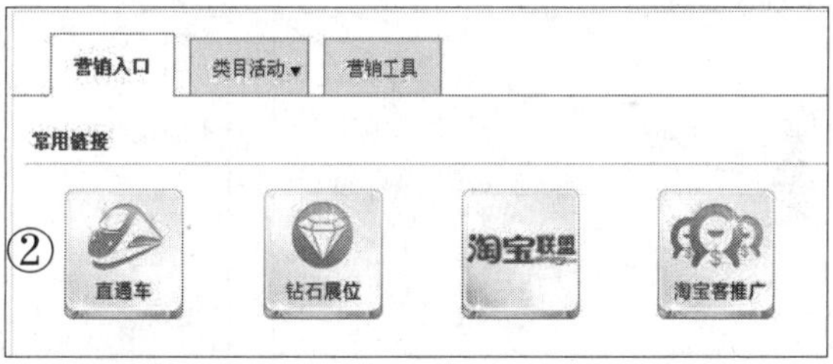

第 3 步：进入淘宝直通车首页后，①单击“我要充值”链接，如左下图所示。

第 4 步：②选择充值金额；③单击“立即充值”按钮，如右下图所示。

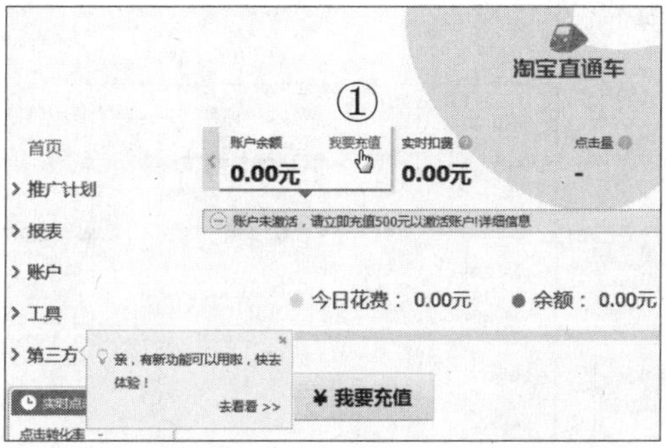

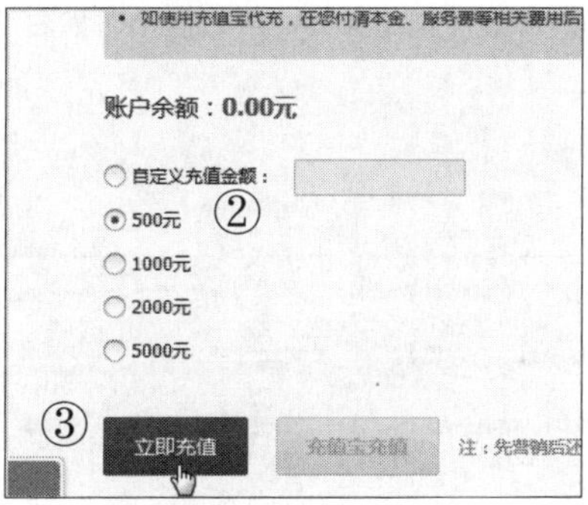

第 5 步：进入支付宝充值页面，①输入支付宝支付密码；②单击“确认付款”按钮，如下页上图所示。按提示完成充值即可。

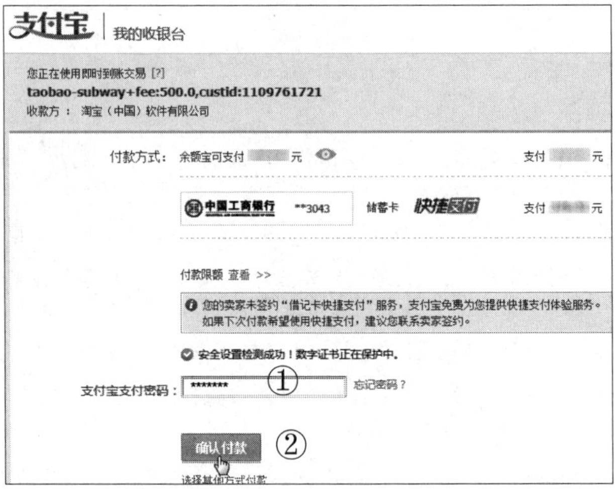

9.2.3 使用淘宝直通车推广商品

对直通车进行充值后，就可以使用直通车推广店铺中的商品了，我们使用直通车的目的有两个，一个是增加指定商品的销量，另一个是增加店铺访问量，因而在选择使用直通车推广的商品时，宜选择店铺中的优质商品，从而更进一步吸引顾客。使用直通车推广商品的具体操作方法如下。

第 1 步：进入商品推广页面，①单击“新建推广计划”链接，如左下图所示。

第 2 步：②输入推广计划名称“日常推广”；③单击“提交”按钮，如右下图所示。

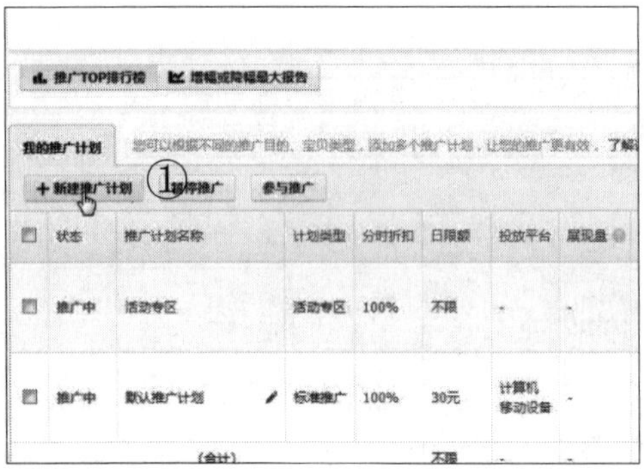

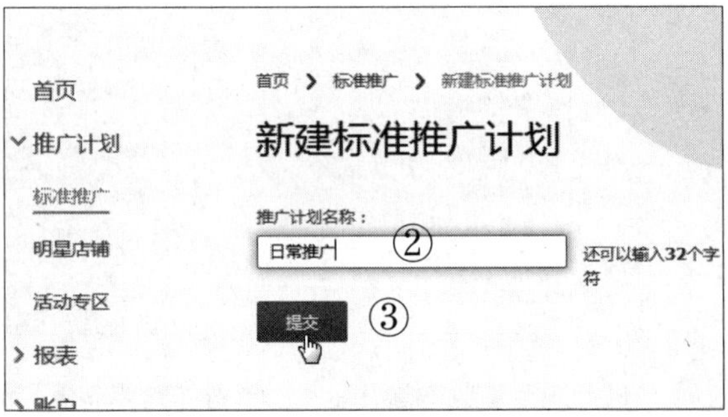

第 3 步：①单击推广计划名称“日常推广”链接，如左下图所示。

第 4 步：②单击“新建宝贝推广”链接，如右下图所示。

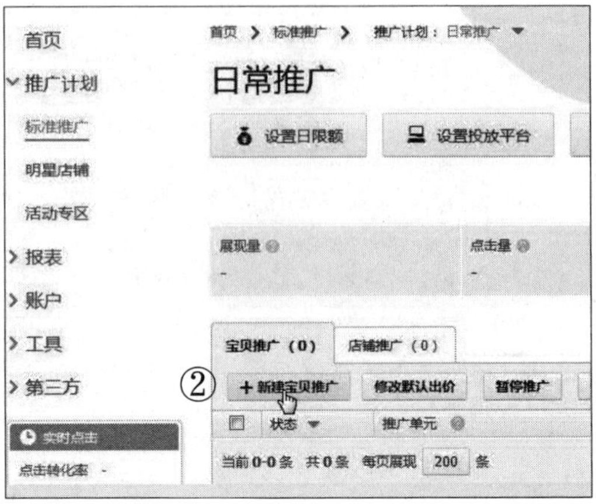

第 5 步：进入商品推广页面，①单击需要推广商品右侧的“推广”链接，如左下图所示。

第 6 步：②选择商品图片；③单击“下一步”按钮，如右下图所示。

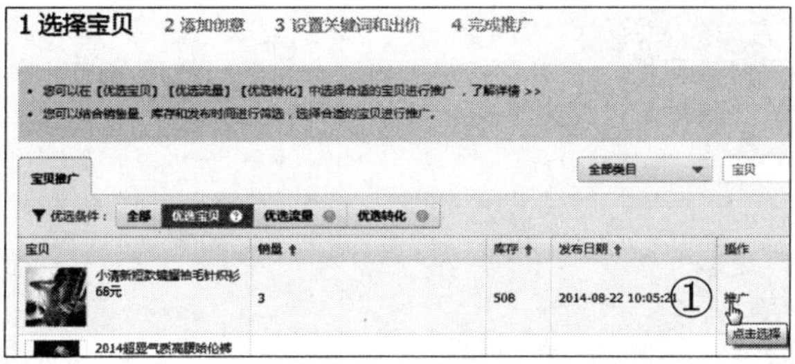

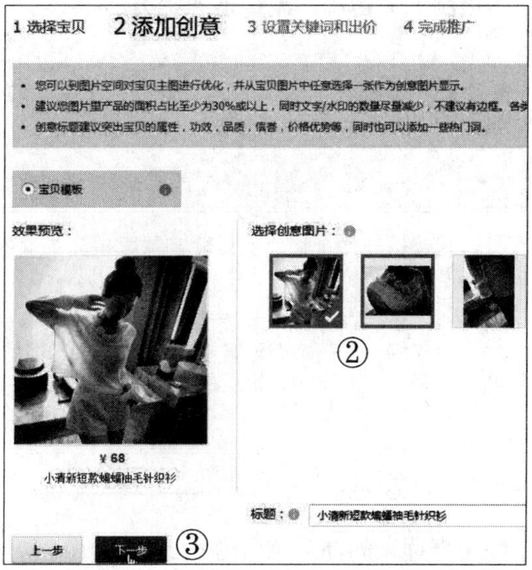

第 7 步：①设置好关键字与出价；②单击“完成”按钮即可，如下图所示。

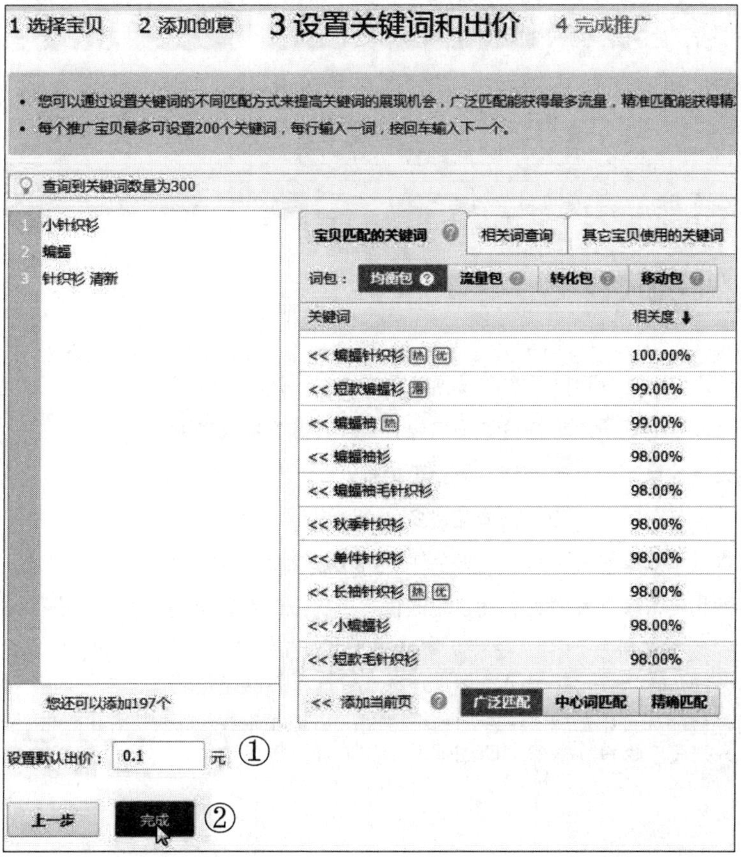

淘宝商品标题最多可输入 30 个关键词（即 60 个字符），每一个热门、冷门的关键词都可能在某一时刻被顾客搜索到，以至成交。因此在优化关键词时千万不要偷懒觉得没词可填了而空出位置来，要知道 30 个关键字每个都是流量，都有潜在的成交可能性。

高手指引

巧用淘宝关键词，流量迅速提升

关键词是买家在淘宝网搜索商品时所用的一些词语，一个关键词相当于一个销售人员。销售人员越多意味着销量的提升空间越大。同理，关键词的多少直接决定商品的销量趋势。如果你想推广一款商品，就为该商品设置相应的关键词，当买家在淘宝网通过输入你设置过的关键词进行搜索时，搜索结果页面就会展现你推广中的这款商品，因此使这款商品能够获得大量的展现机会进而促成成交。所以，关键词的选择至关重要，掌握多种选词方法，巧设关键词，赢得更多流量。

这里就以一件 T 恤为例：顾客需要来买 T 恤的时候，首先，在淘宝网搜索“T 恤”，那么“T 恤”这个关键词是必有无疑的。

一个关键词够了吗？答案肯定不是。正如俗话说的：百人百品；青菜萝卜，个人所爱 .... 每个人都有自己的个性喜好，所以每个顾客都是有着自己不同的购买搜索习惯。例如，有些人喜欢宽松的、或修身的、韩版的、圆领的、潮流的、棉质的、短袖的，或者中袖的、长袖的、花边蕾丝、蝴蝶装饰等五花八门，实在是太多了。

你知道吗

使用直通车的注意项有哪些？

针对这个商品思考买家会怎么搜索，可能会搜什么关键词。

（1）需要以商品为中心，从商品本身处发，找出该商品特有的关键词。

（2）热门关键词、商品详情页的属性词。

（3）商品名称与属性的组合词。

（4）直通车推荐关键词（提示新手卖家：目前申请加入淘宝直通车的店铺需要满足这个条件：信用等级≥ 2 星、好评率≥ 97%、店铺各项动态评分≥ 4.4 分。）

（5）其他一些常用热门的活动词，例如包邮。（注：实际商品页面显示卖家包邮才可用）

9.2.4 查看商品推广报表

利用报表的数据去分析，商品推广后观察账户的点击数据，利用市场数据来检验我们的推广效果。通过对各类数据的分析，可以了解到自己推广设置不足的地方，并加以改正。

关键词无展现量或者展现量过低的冷僻词需要替换掉，非冷僻词微调价格。

排在前面、但无展现量、无点击的词，需要替换掉。

部分关键词出价较高，流量一般，整体花费多，调整出价。

关键词好，流量低，如果是因为排名太靠后了，建议把价格适当提高。

如果类目产生的扣费很多但没效果，建议也改低类目出价或者调整其他为商品进行类目出价。

对于展现很高，没有单击量的词，检查是否是因为关键词与商品的相关性太低，导致搜索了该关键词的人看到商品，并没有产生兴趣。如果符合这种情况，替换成与商品相关性更高的关键词。

在直通车页面左侧的列表中单击“报表”选项，单击“直通车报表”链接，默认显示最近 7 天的单击情况，上方为趋势图，下方则显示每日点击量的明细情况，如下页上图所示。

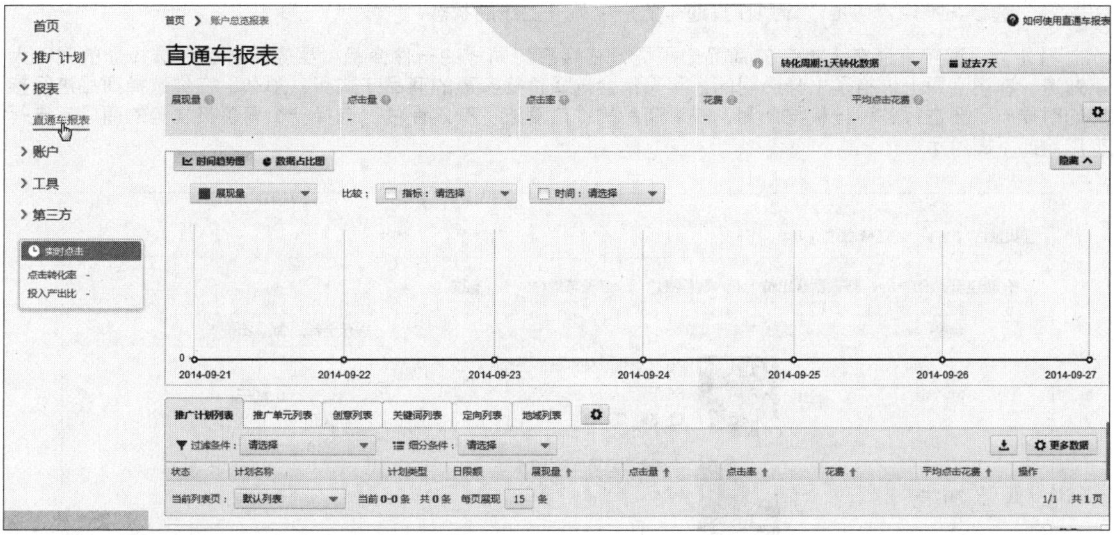

报表中的趋势图用于显示指定数据类型的发展趋势，可以通过上方的“展现量”、“单击量”、“花费”与“平均单击花费”选项来选择趋势图的显示类型。

另外，网购商品目前的发展也不均衡，有的商品充斥着大量卖家，而有的商品则只有少量卖家介入，也不排除有些现在不能在网上销售的商品在未来条件改变之后能够打开网络市场。

> **你知道吗**
>
> **什么是展现量与单击量呢?**
>
> 展现量是指直通车广告在买家搜索页面中的出现次数，例如一天中若干买家共搜索关于“男装”的商品 100 次，那么卖家包含竞价词“男装”的直通车广告就会显示 100 次，但其中只有 10 个买家单击了直通车广告，那么展现量就是 100、单击量就是 10。

9.2.5 直通车取词方法

要想直通车效果好，那么就要有好的关键词。这里提供一些好的取词方法：

- 直接输入关键词，按 Enter 键换行，或者复制 txt、word 等文档中的内容。
- 使用系统的推荐词——系统根据商品相关信息提取的关键词推荐。
- 使用关键词的相关词——在搜索框中输入任意词，查询本词及相关词的流量。
- 使用正在使用的关键词——当前账户中其他商品的关键词。

9.2.6 管理直通车推广中的商品

新建商品以后，还可以随时对不满意的地方进行修改，以便更好的实现推广营销。进入相应的推广计划后，单击页面下方的“宝贝推广”按钮，进入管理推广中的商品页面；选择要编辑商品图片后，可以根据个人情况随时将商品暂停或是启用推广等操作，操作之后，系统即时生效。

在直通车中选择要编辑的商品后，可执行如下的操作：

- 查看推广状态：查看推广计划的状态是暂停，还是推广中，是没有推广任何商品，还是所有商品暂停推广。
- 修改日限额：设置某个推广计划的最高日限额。
- 查看每个推广计划的投放地域、投放时间、投放平台。
- 暂停推广：使推广计划在直通车账户中处于下线的状态。

· 选参与推广：使推广计划在直通车账户中处于上线的状态。

另外，在淘宝直通车上推广的商品必须要价格实惠。同样的一件商品，买家凭什么会选择你的呢？大家知道，在淘宝网上价格是十分透明的。买家都会选择价格实惠的商品来购买。那么，在你选择商品进行推广的时候一定要进行各种分析与推测，并对商品的推广度进行有效评估，选择一个有价格优势的商品来进行推广。如下图所示。

你知道吗

怎样确定商品的出价最有效呢？

我们在初次发布直通车广告时，可以先暂定一个价格，如0.11元，然后在投放后观察广告的访问与单击效果，再根据具体效果来调整出价金额；而不是一次设定出价后再不管。另外，注意了解与分析同类商品其他卖家的出价也是非常重要的，只有我们出价高于其他买家，那么在广告位中才能排在最前面。

9.2.7 提升直通车使用效果的绝技

开通淘宝直通车主要是为了提高商品的曝光率，让更多的买家看到你的商品，给店铺带去更多的流量。可是开通直通车后，每天的流量还是没多少？直通车效果不怎么明显。这是什么原因呢？想提升开通车广告效果的话，还需要做好以下各方面的工作。

1. 挑选最适合的推荐商品

大家都知道参加直通车推广首先要选好一个商品，这是所有推广的第一步。因为参加直通车推广的目的就是让你的商品走出去，有更多的曝光机会，进而获得买家的认可，顺利的卖出去。

选出来做推广的商品，一定要有突出的、清晰有力的卖点，能让买家在最短的时间内注意到你的商品。如卖点可以是性价比高（如价格有优势、有促销等）、产品功能强（如产品本身功效好、漂亮等）、品质好（如行货、正品等）。

高手指引

推广商品时的注意事项

如果刚开始使用直通车，建议先少选几个商品来推广，以免在还没掌握直通车优化技巧之前，产生不必要的费用！等熟练掌握了广告效果提升的方法，再多选一些商品进行大范围推广，效果会更明显，也避免了不必要的浪费。

2. 设计最棒的图片

买家搜寻、浏览商品的速度非常快，看广告的时间就更短了。如果你的商品图片不清晰、广告标题不简练、卖点不明确的话，导致买家在匆匆浏览之后，就不愿意关注你的商品了。你很可能因此就错过一个大买家，也可能因此招来大量无效单击，浪费钱。所以，好广告的基本要求，就是让买家即使是眼睛一扫而过，也能在最短时间内明白你在卖什么商品，商品的卖点是什么。

3．标题要吸引人

买家主要通过标题了解商品的卖点，所以标题应该简单直接、卖点明确，让买家即使一扫而过，也能最快地明白商品的特点。

可以参考的商品卖点有：产品本身的特性、价格优势、品质或品牌保证、促销优惠信息等。当然，卖点一定要实事求是，夸大的卖点可能会让你花冤枉钱。店铺商品的标题与直通车广告的标题是各自独立的，差别很大，所以要认真了解以下的直通车标题优化技巧。

（1）标题应介绍产品，而不是说明店铺。买家看到广告时，通常是他们想要搜寻某商品的时候，如果在此时出现介绍店铺的信息，买家要么不感兴趣，要么就点进去随便看看，无效单击很多，花费不少钱，但是成交的很少。

（2）一个广告只突出一种商品卖点，不要罗列很多商品名。就像写店铺信息一样，罗列太多商品名，涉及的范围太宽泛了，容易让很多买家误以为店里什么商品都有、从而随手单击了广告去观看。

4．选择合适的关键词

如果刚开始使用直通车，建议先少选几个竞价词，等掌握了选择竞价词的方法，再多选一些竞价词进行大范围推广。

选择直通车关键词时，把和商品相关的品牌、颜色、款式、型号、用途、产地、质地、功效、适用人群、流行元素等不同角度的中心词先想出来，才能尽可能地涵盖这个商品的有关词，同时还要根据各种买家的搜索习惯组合。

单击直通车首页导航栏中的“关键词查询”按钮，进入投放关键词查询页面，可以使用这个功能查询到关键词的一周搜索次数、平均单击单价，以及设置了该关键词并且是在系统最精准类目下的商品列表，如下图所示。

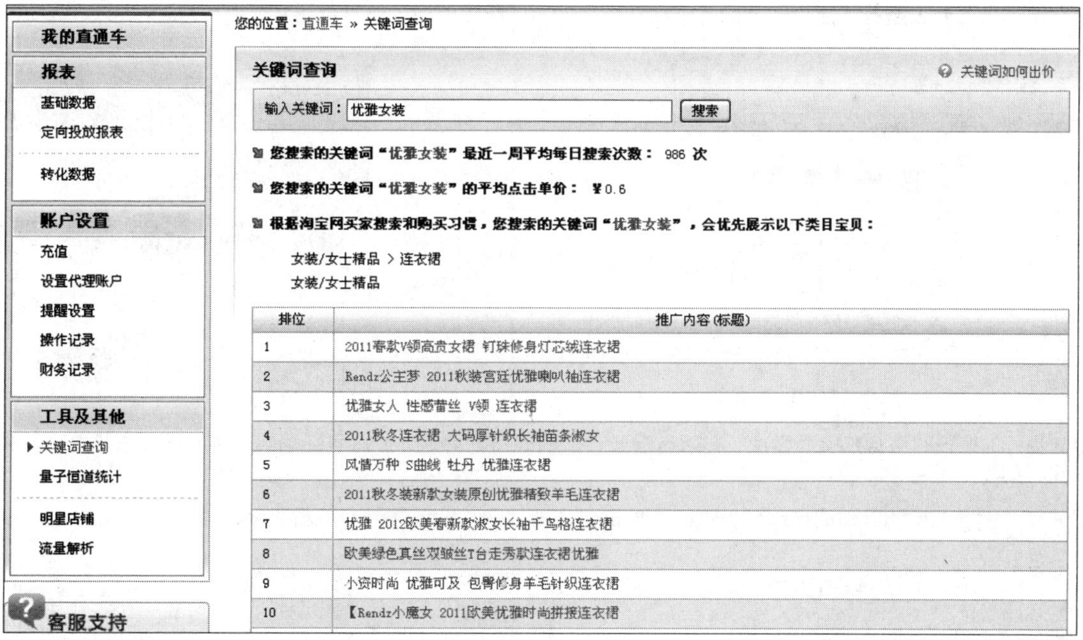

5．优化直通车账户

很多淘宝卖家都觉得对直通车账户的优化是没必要的，认为对自己的账户情况都比较熟悉，直接到商品层面去优化就可以了。但往往正因为这样的自以为是，出现在账户设置方面的问题，就常常被忽略。在直通车账户这样的大方向没有去优化，反而一股脑去优化主推商品和一大片的关键词，这样效果根本无法好转。这里我把直通车形象的比喻为一栋房子，账户是地基，建一栋房子地基没搭好，再好的框架和砖头都没用。

直通车账户设置主要包括以下几方面：

- 日限额设置：淘宝直通车的日最高限额就是指，淘宝直通车扣费每天的可用额度，如果设置了日最高限额，每天的直通车扣费达到这个额度值的时候系统就会自动停止推广，这样可以有效的控制推广费用。系统默认是 30 元，设置日最高限额是淘宝直通车节省银子的好方法，可以视店铺的发展程度来确定额度的高低，对于淘宝卖家来说学会如何设置固然重要，但是如何能设置好也是需要不断的积累经验的。
- 设置投放时间：如果推广的商品时效性不是很强，可以设置全时间投放，这样商品会有更多的展现机会；建议掌柜根据商品情况和千牛在线情况设置投放时间。
- 设置地域投放：根据自己所在地情况进行设置，例如快递不到的或是潜在顾客相对较少的可以不选择投放。

9.3 订购“淘团团”，团购工具

淘宝促销工具非常多，因此如果想使用某个工具，首先要订购开通该服务。例如订购“淘团团”服务，具体操作步骤如下。

第 1 步：登录我的淘宝，①在“我是卖家”下的软件服务中单击“我要订购”链接，如左下图所示。

第 2 步：进入卖家服务页面，②单击“营销推广”下的“店铺营销”链接，如右下图所示。

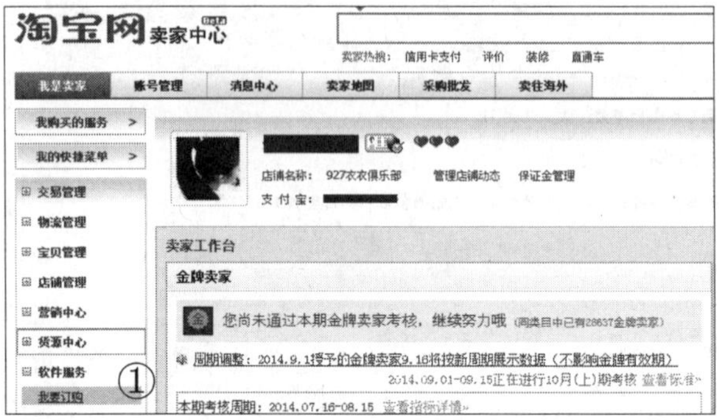

第 3 步：①打开的服务订购页面中，有所有需要订购的服务的列表，在需要订购的工具右侧单击“立即订购”按钮，如左下图所示。

第 4 步：①进入订购软件的详细信息页面，单击“立即订购”按钮，如右下图所示。

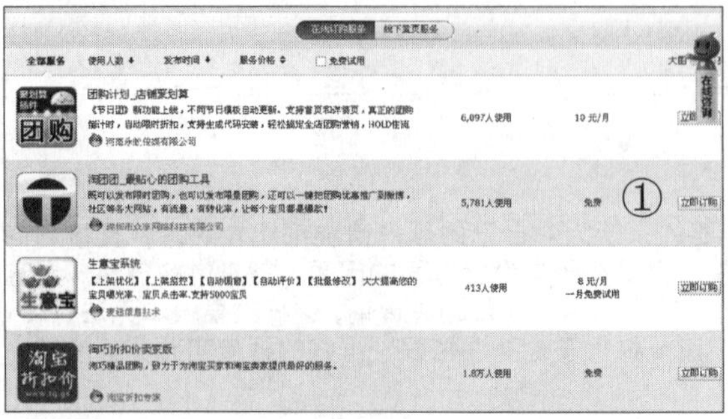

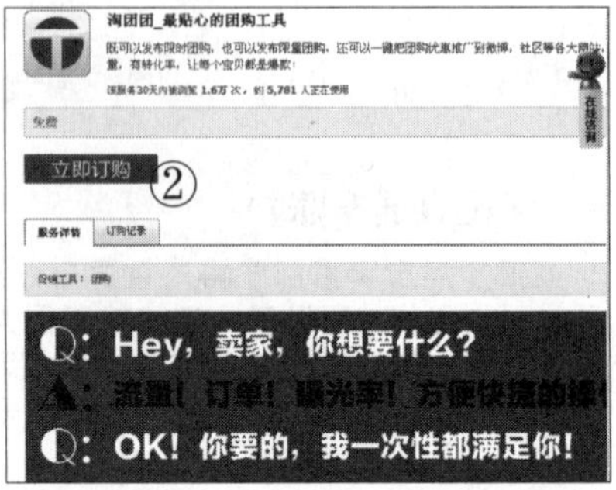

第 5 步：进入订购信息页面，在这里有订购服务的名称，期限、支付金额等信息，①选择需要订购的期限；②单击底部的“付款”按钮，如左下图所示。

第 6 步：进入付款页面使用支付宝完成支付后，页面会转入到付款成功页面，并且千牛聊天工具也会弹出系统信息，提示你已经成功订购，如右下图所示。

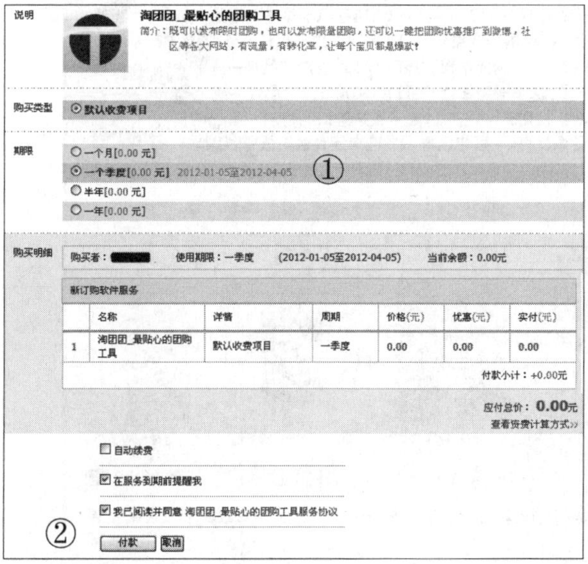

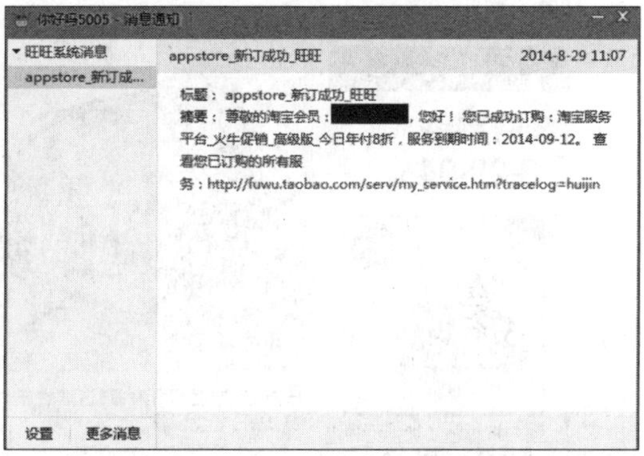

9.4 设置满就送，让店铺流量翻倍

设置“满就送”，可以比较直观展示在店铺首页以及商品详情中，让顾客第一时间了解到自己店铺的优惠情况也比较方便，顾客下单后自动减去现金不用卖家自己去修改价格，既省力又省心。

9.4.1 什么是“满就送”

“满就送”就是满就减钱，满就送礼，满就送积分，满就免邮费。基于旺铺，给卖家提供一个店铺营销平台，通过这个营销平台可以给卖家带来更多的流量。进而将其转化成有价值的流量，让更多进店的人购买。以通过满就送，提高店铺整体交易额。

对于卖家来讲，可以在适当让利的条件下让自己店铺商品批量销售，对于买家来讲，可以在批量购买某个店铺的商品时获得更多的优惠。它是批量买卖最终达到双赢的一种活动。如下页上图所示为设置了满就送的礼品店铺。

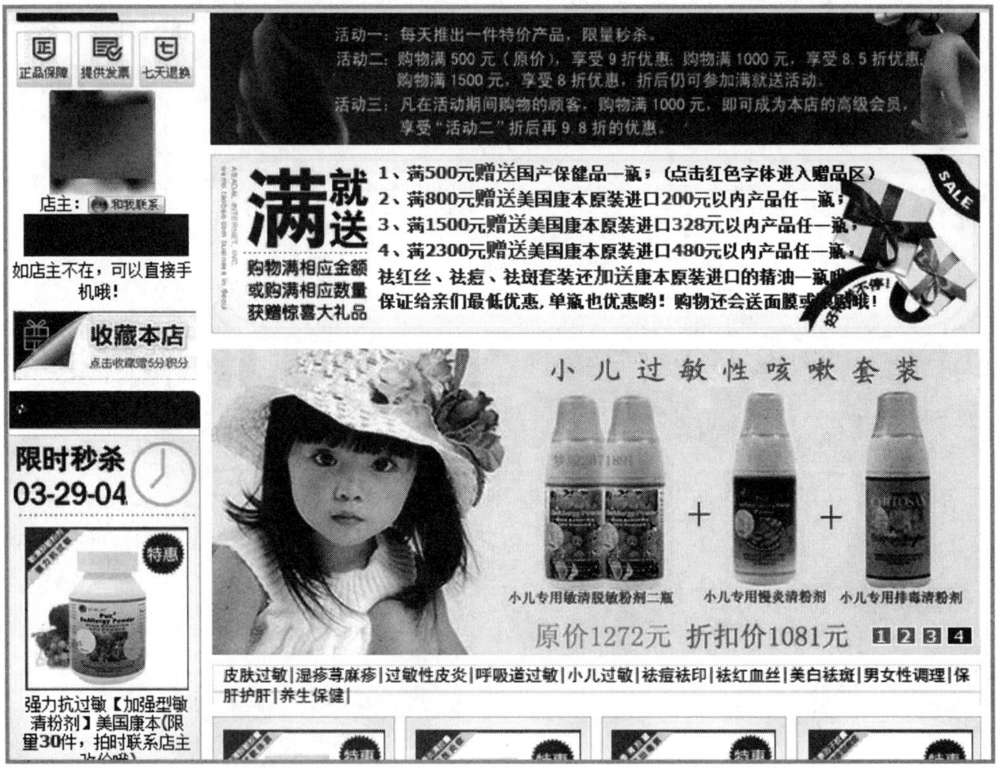

9.4.2 如何开通“满就送”

使用了“满就送”促销工具，促销广告会在每一个商品的页面都显示出来，当顾客浏览到你的商品，看到促销广告时，可提高顾客的购买欲望，达成促销的目的。如下图所示为满就减并包邮的店铺。

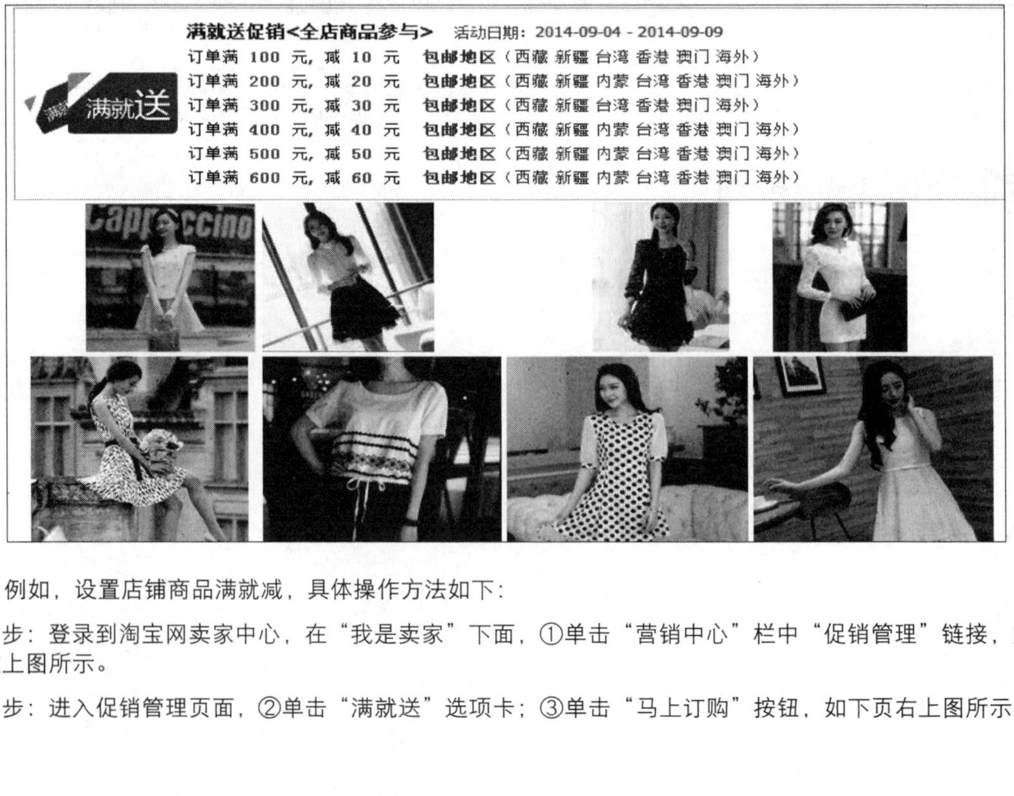

例如，设置店铺商品满就减，具体操作方法如下：

第 1 步：登录到淘宝网卖家中心，在“我是卖家”下面，①单击“营销中心”栏中“促销管理”链接，如下页左上图所示。

第 2 步：进入促销管理页面，②单击“满就送”选项卡；③单击“马上订购”按钮，如下页右上图所示。

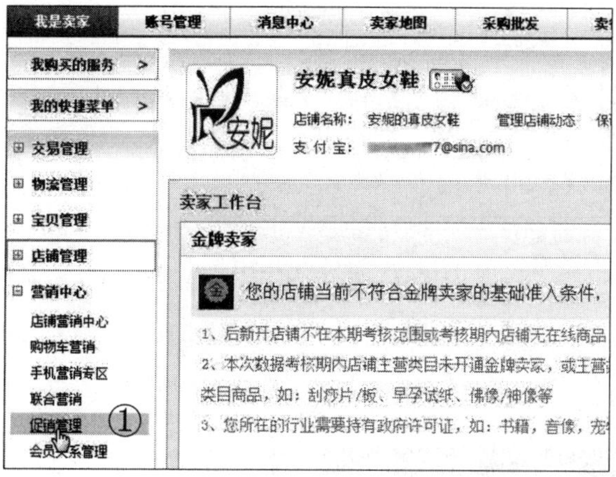

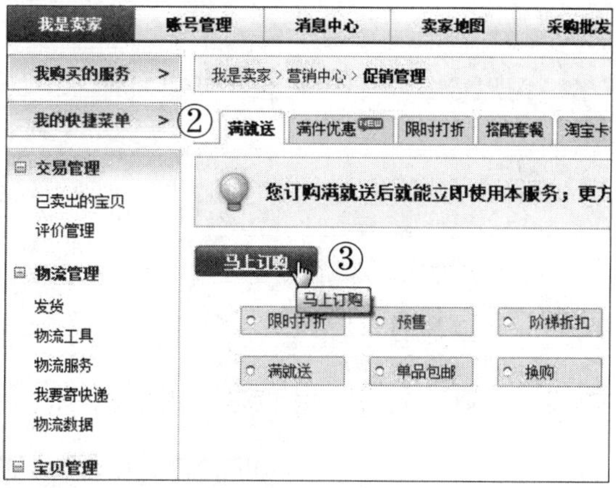

第 3 步：进入“满就送（减）”购买页面，①选择服务版本与周期；②单击“立即订购”按钮，如左下图所示。

第 4 步：进入“新订购软件服务”页面，③在这个页面中显示了购买类型、起始时间及价钱等，单击“同意协议并付款”按钮。如右下图所示。

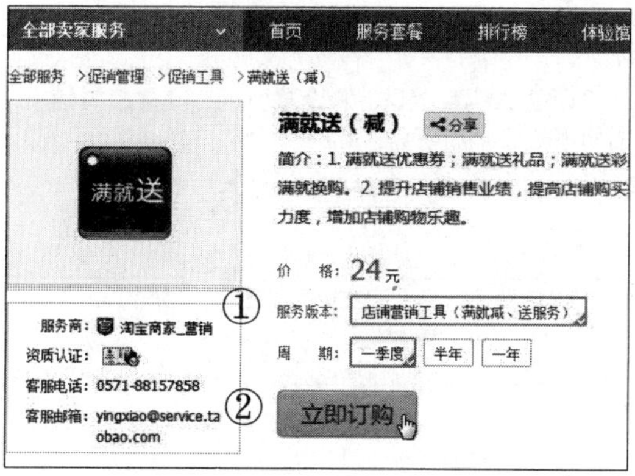

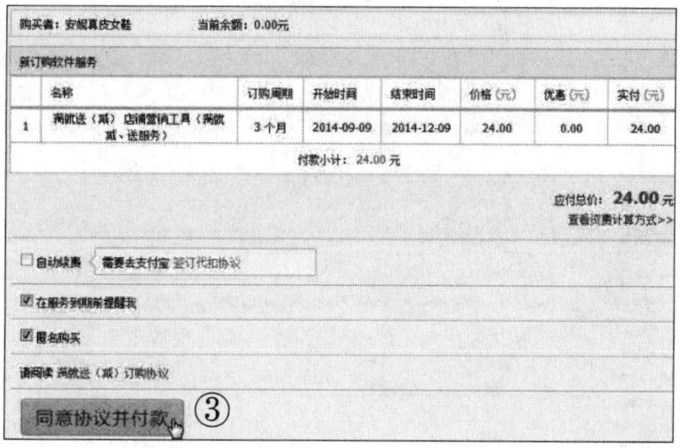

第 5 步：弹出确认提示框，①单击“去支付宝付款”按钮，如左下图所示。

第 6 步：进入支付宝收银台页面，②输入支付宝账户及支付密码；③单击“下一步”按钮，如右下图所示。

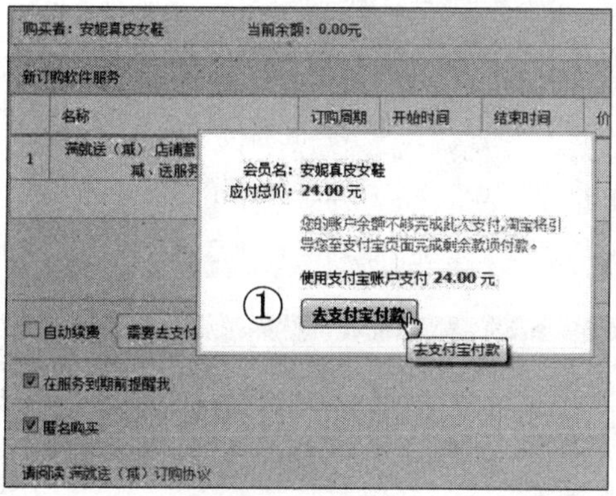

第 7 步：①再次输入支付宝支付密码；②单击“确认付款”按钮，如下页左上图所示。

第 8 步：弹出“信息校验”提示框，③输入校验码；④单击“确认付款”按钮，如下页右上图所示。

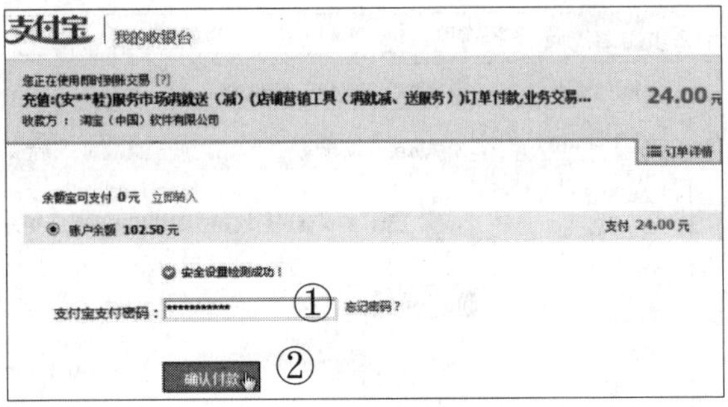

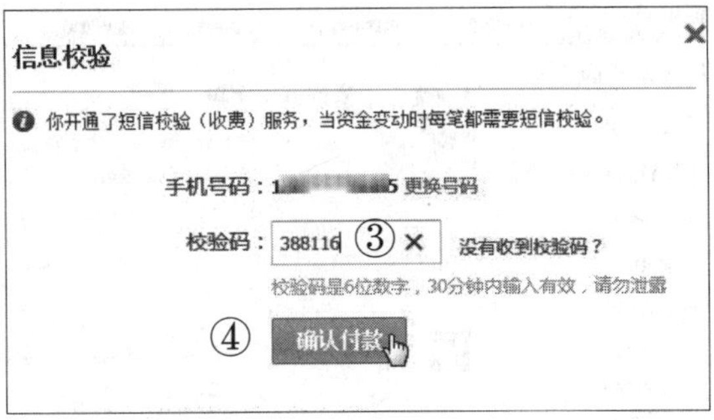

第 9 步：此时，满就送（减）服务订购成功，如下图所示。

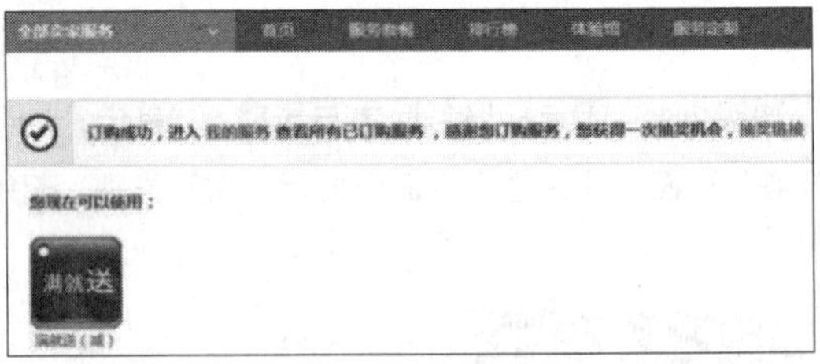

第 10 步：再次登录到促销管理首页，①单击“满就送”选项卡；②进入“满就送”的设置页面，设置相关信息；③单击“完成设置”按钮，“满就送”设置成功，如左下图所示。

第 11 步：④单击左侧“店铺装修”选项；⑤单击底部右侧的“拷贝代码”文字链接，如右下图所示。

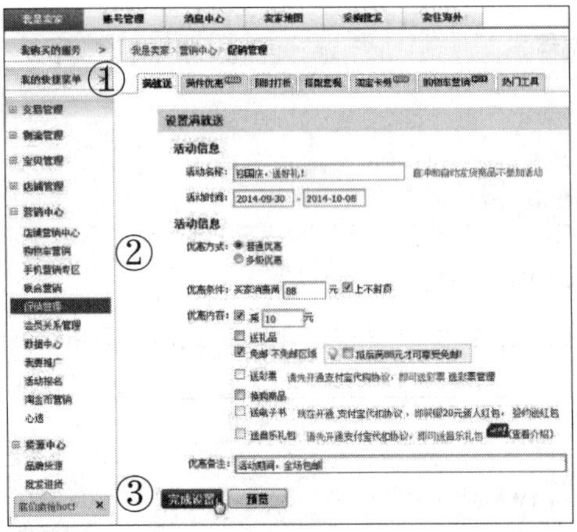

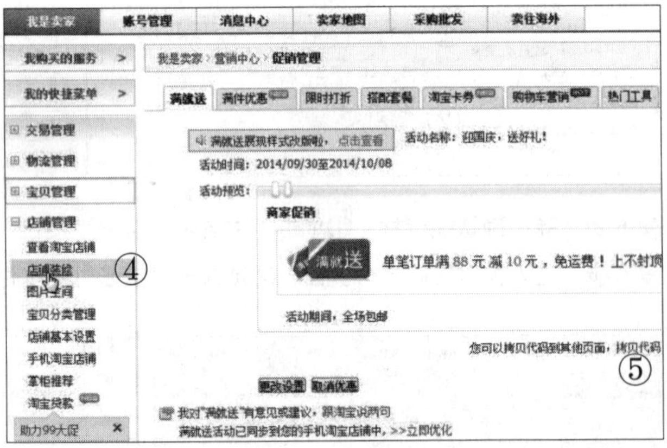

第 12 步：进入“店铺装修”页面，①单击“店铺公告”版块中的“添加模块”按钮，如左下图所示。

第 13 步：弹出“添加模块”对话框，②在选定模块的右侧单击“添加”按钮，如右下图所示。

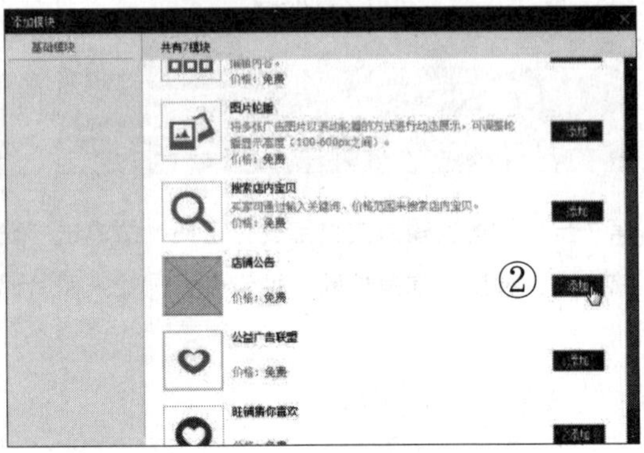

第 14 步：①单击“店铺公告”中的“编辑”按钮，如下图所示。

第 15 步：弹出“店铺公告”对话框；②单击勾选“编辑源代码”复选框；删除先前代码，按 Ctrl+V 快捷键粘贴代码；③单击“确定”按钮，将代码粘贴到店铺公告里，如下图所示。

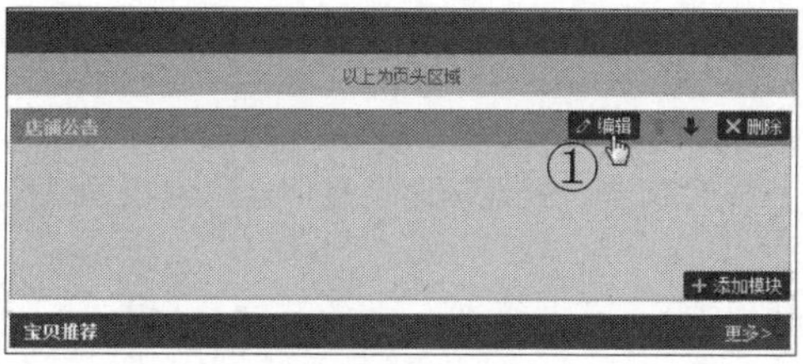

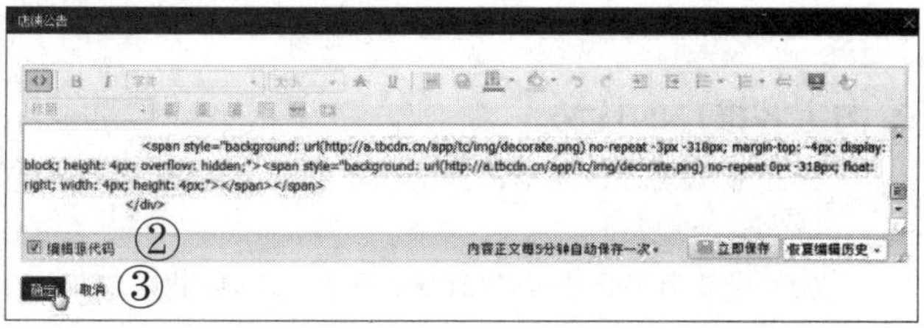

第 16 步：返回装修页面，①在右上角单击“发布”按钮，如左下图所示。

第 17 步：此时，买家打开店铺，即可在“店铺公告”中查看到“满就送”促销活动，如右下图所示。

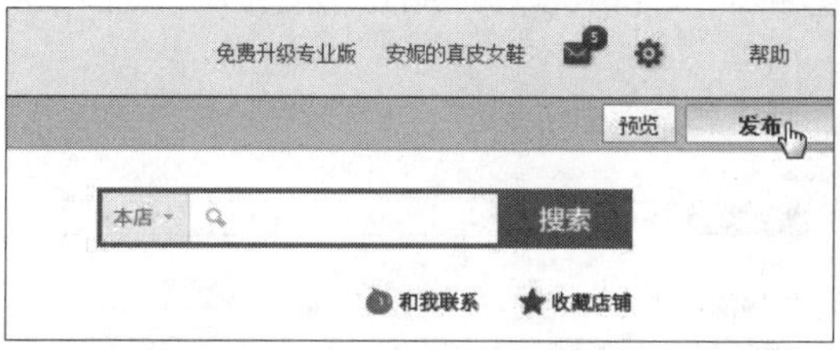

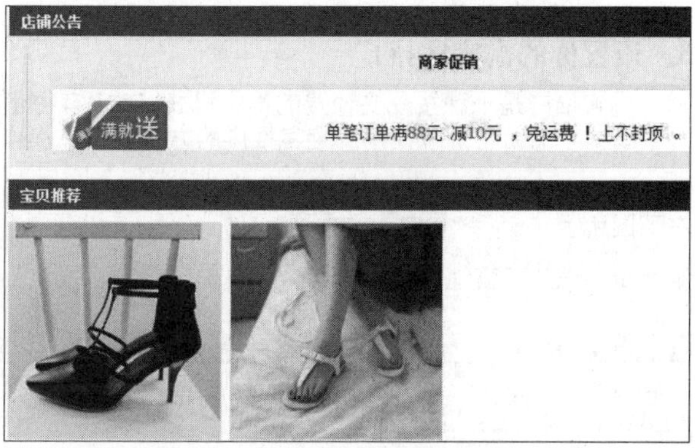

高手指引

巧设促销技巧

（1）选择促销金额很重要。假如你设置了满 108 元包邮，这个 108 元最好是两件以上商品的价格，如果一件商品就超过了 108 元，就失去了促销的意义。

（2）要量力而行。卖家如果一味追求促销效果，不顾成本，减现金、送礼品、包邮等全用上，结果发现不赚反赔就得不偿失。因此，设置促销之前一定要想好自己的底线是什么。

9.5 使用其他淘宝推广工具，打响店铺

当顾客浏览卖家店铺时，并不意味着一定会购买什么东西，更不意味着以后一定还会再次光临。简单地说，浏览量并不等于交易量，交易具有不确定性。这时就需要店主在店铺的角角落落挖掘商机，留住顾客了。

9.5.1 使用淘宝客

“淘宝客”推广已经成为继直通车、钻石展位、品牌广告之后，淘宝掌柜的又一营销利器。与其他广告形式相比，淘宝客推广具有很高的投入产出比，不成交不付费，真正实现了少花钱，多办事。

1. 什么是淘宝客推广

淘宝客推广是专为淘宝卖家提供淘宝网以外的流量和人力，帮助推广商品，成交后卖家才支付佣金报酬，是卖家推广的新模式，成交才需付佣金！如果你是淘宝卖家，轻松几步，就可以把自己需要推广的商品发布到淘宝客平台上，让淘宝客来推广。对于卖家来说，淘宝客推广就像聘请了一些不需要底薪的业务员，业务员越多，店铺就越有可能开拓更大的市场。

2. 淘宝客推广的优势

（1）最小成本：展示、单击、推广全都免费，只在成交后支付佣金，并能随时调整佣金比例，灵活控制支出成本。

（2）拥有互联网上更多流量、更多人群帮助推广售卖，让你的买家无处不在。

（3）推广精准到店铺和商品，直击用户需求。

（4）推广内容和推广途径完全自定义，灵活多样。

（5）推广流程简单，一键取推广代码，甚至不需要拥有自己的网站。

3. 设置你的淘宝客推广

淘客推广是一种按成交计费的推广模式，淘宝客提供单个商品和店铺的推广链接，可以指定推广某个商品或店铺。下面将讲解使用淘宝客推广的方法，具体操作方法如下．

第 1 步：登录到淘宝网卖家中心，在“我是卖家”下面，①单击“营销中心”栏中的“我要推广”链接，如左下图所示。

第 2 步：进入“营销入口”页面，②单击“淘宝客推广”图标，如右下图所示。

第 3 步：进入“淘宝客”页面，①“推广计划”栏中单击“新建自选淘宝客计划”链接，如左下图所示。

第 4 步：弹出“新建推广计划”页面，②在页面中设置计划名称、是否公开、详细说明、起始日期和结束日期；③单击“创建完成”按钮，如右下图所示。

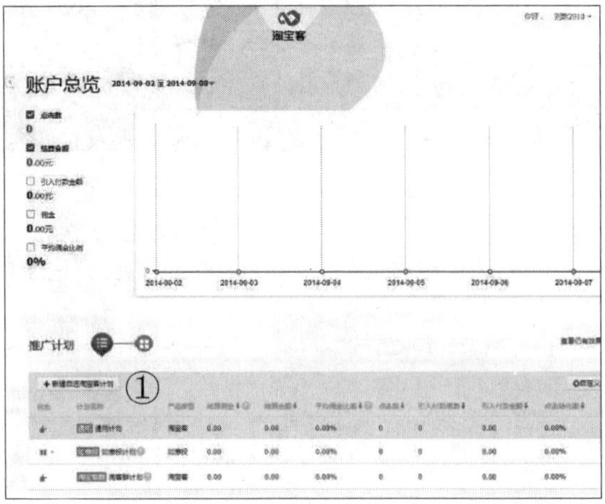

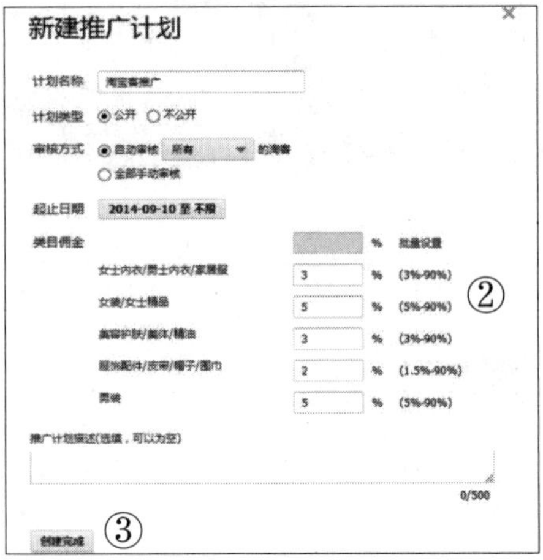

第 5 步：此时，即可在“推广计划”列表中查看到新建的计划，单击其右侧的“查看”选项，如下图所示。

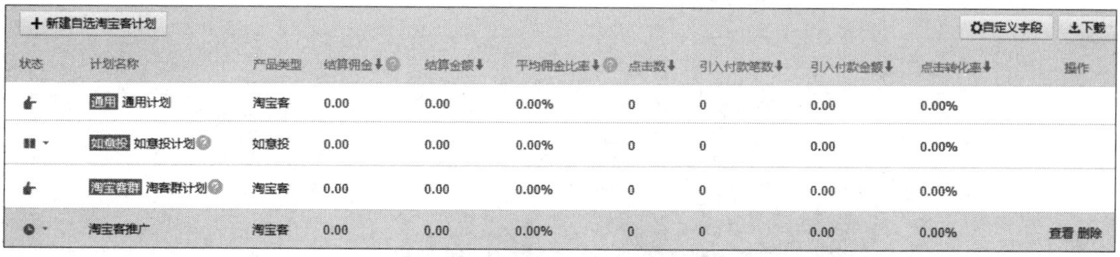

第 6 步：在弹出页面中，①单击“新增主推商品”按钮，如左下图所示。

第 7 步：②在弹出的“选择主推商品”对话框中单击选择商品；③单击“完成添加”按钮，如右下图所示。

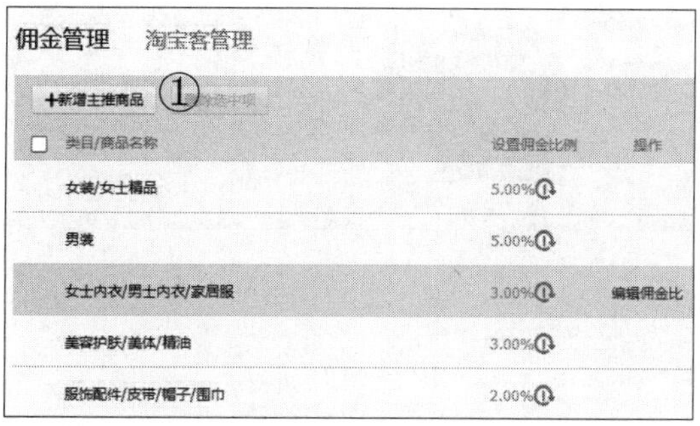

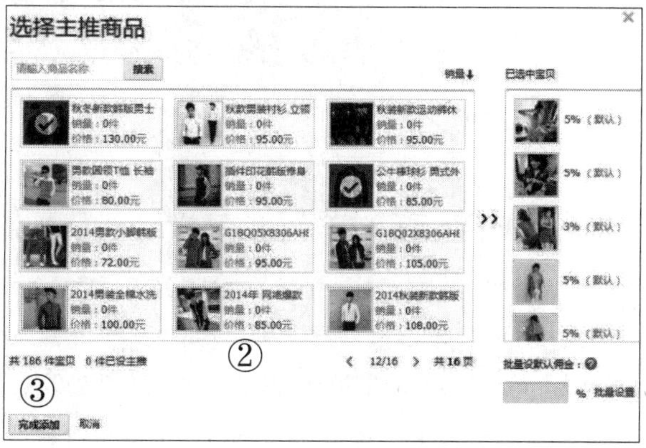

第 8 步：在返回的页面中，还可以重新设置佣金比例，如下图所示。

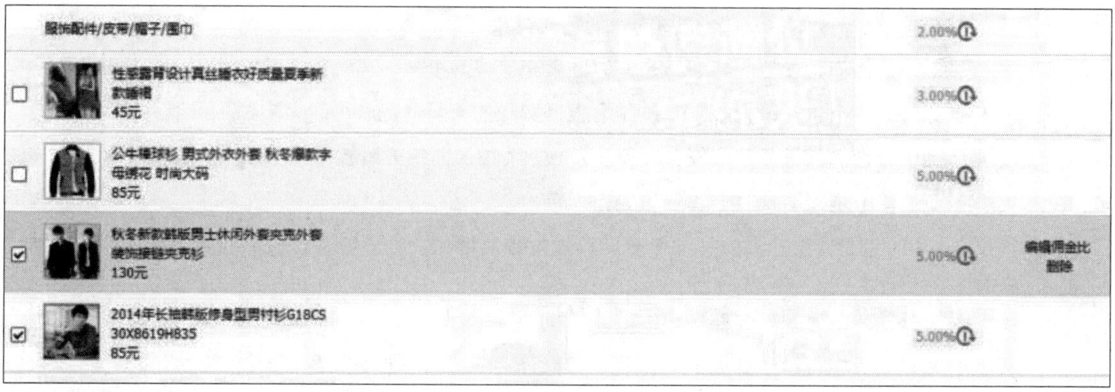

9.5.2 使用高效钻展位全面展示

“钻石展位”是淘宝图片类广告位自动竞价平台，是专为有更高信息发布需求的卖家量身定制的产品。它精选了淘宝最优质的展示位置，不仅适合发布商品信息，它更适合发布店铺促销、店铺活动、店铺品牌的推广。

钻石展位是按照流量竞价售卖广告位的，计费单位是“每千次浏览单价”（CPM），即广告所在的页面被打开 1000 次所需要收取的费用。

淘宝钻石展位产品特点如下：

超低门槛：即使花很少的钱也可以在淘宝最有价值的展示位上发布信息。

超炫展现：展现形式更炫丽，展现位置更大，展现效果更好。

超优产出：不展现不收费。自由组合信息发布的时间、位置、花费，轻松达到最优异的投产比。如下图所示为首页第一屏的广告就是钻石展位。

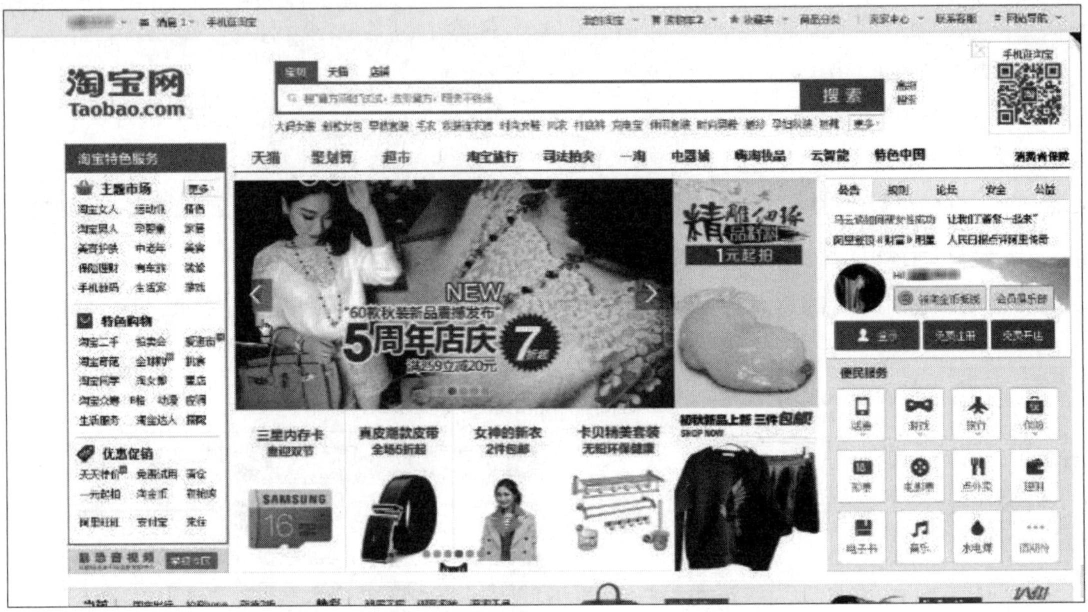

要加入钻石展位，还需要遵循活动的投放和结算规则。

- 系统每天 15 点后自动提交计划进行竞价投放。
- 系统会提供过去 7 天被竞价的数据给你查看。
- 如果没有足够的余额，自动停止第二天的计划投放，所以用户在计划投放前一天的 15 时之前，保证消费账户有一天预算金额，否则将会因为金额不足而停止投放。
- 在同一天同一个时段内 CPM 出价高的计划优先投放。
- 由于金额不足而停止投放的计划，允许你继续充值恢复投放。当然前提是该计划还在投放期内。
- 如果计划分为多个小时段投放，系统将会根据实际的流量情况以小时为单位平滑消耗。
- 如果计划的投放达到日预算限制自动停止投放，系统保证每天消耗不超出账户的日预算限制。
- 如果计划有多个展示图片将会被随机轮播显示。
- 允许在 15 时之前调整计划的基本信息。具体内容包括：CPM 出价、日预算、展示图片、开始结束日期、时段等信息。修改完成后需要等到次日才能生效。
- 允许暂停投放中的计划，并在次日生效。
- 不允许用户当天强行终止投放中的计划。如果有特殊情况需要提交客服人员。
- 用户可以随时充值消费账户，充值使用的支付宝为淘宝账户绑定的支付宝。
- 系统每天 15 时后从你的消费账户冻结计划第二天的预算。
- 系统每天凌晨自动结算消耗金额，并返回消费账户计划前一天的消耗余额。
- 如果计划被竞价成功投放，该计划的实际投放结算价格将按低于当前 CPM 价格的下一位有效出价加 0.1 元进行结算。
- 计划在投放中如果没有足够金额，系统自动停止竞价投放。

钻石展位只要展示了就要收费的，最好选择和自己的产品相匹配的垂直频道进行投放。如下页左上图的淘宝首页钻石展，如下页右上图所示的淘宝女装首页钻石展。

通过“钻石展位”进行引流，适合对一款最热销的单品做长期的流量“轰炸”，这种展位素材一般情况下不会轻易变化，即使主色调有变化，其广告核心也不会变化。

如左下图所示在淘宝首页上利用钻石展位打造的爆款产品广告。

单击广告进入店铺的首页，在该店铺首页可以看到该爆款产品的巨大广告展示在首页第一屏，如右下图所示。在“热销商品排行”栏中可以看到这款爆款产品的销售量会远远超过其他产品。

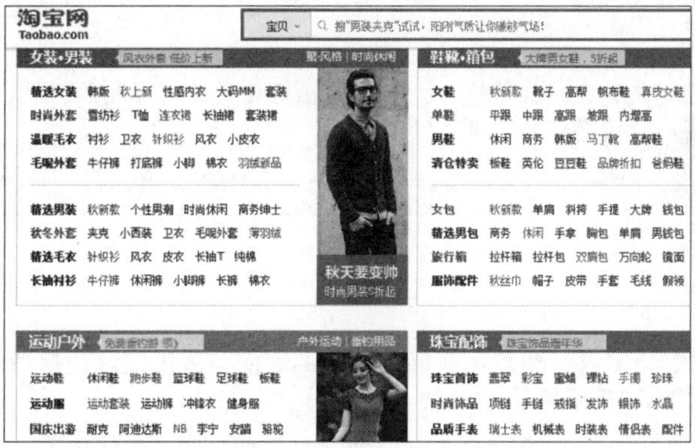

9.5.3 巧用搭配套餐，淘宝成交量翻几翻

搭配套餐是将两个或者两个以上的商品，以搭配的形式组合销售，这种营销方式很大程度上提高了卖家促销的自主性，同时也为买家提供了更多的便利和选择权。使店铺的促销活动更专业，节省人力成本，提升客单价和转化率。搭配套餐能使商品与商品之间环环相扣，增强了每个商品的曝光率，起到连带销售的作用。如下图所示的搭配套餐，商品销量大增。

你知道吗

如何才能更好的利用搭配套餐呢？

（1）从橱窗推荐的商品中选择，逐一使用套餐，因为这些是买家最容易看到的商品。

（2）先排序商品销量，从商品销量最好的开始设置搭配套餐。这个最关键，选择什么样的商品进行搭配，关系到店里所有商品的整体销售，要让销量好的商品带动其他滞销的商品销售，还要让销量好的商品搭配新品推广。

（3）要选择有关联性的产品来做搭配套餐的活动，这样才能达到事半功倍的效果，例如选择衣服+裤子、打印机+油墨等，相互搭配关联性强的产品。

（4）选择多少商品搭配也很重要，一般情况下搭配一个，也可多搭配一些。如选择一个热卖商品并搭配些不好卖的商品可以增加后者的流量。

（5）合理设置搭配套餐的价格，让买家产生购物冲动，关于这点大家可以根据自己的商品利润来看，原则是搭得多优惠得多。让买家感觉到实惠和实用，遵循这两个原则很重要。

（6）设置套餐的时候，一定要站在买家的立场上考虑问题，这样可以提高套餐的成交率。

9.5.4　设置秒杀吸引“全民疯抢”

秒杀是淘宝卖家的促销活动之一，由淘宝或者卖家自行组织。商品在特定的时间范围内以活动促销价进行出售，参与活动的购买者需以最快的速度方能成功拍下商品。

随着网购在人们生活中的普及，“秒杀”已从一个网游术语演变为一种网络促销方式，现在连不少实体大商场的黄金周促销也打出了秒杀的广告，这种限时、限量的方式越来越深入人心，成为一种现象。秒杀好处多多，最直接的就是带来顾客流量。此外，流量会带来连带销售效应，在秒杀的同时还能获得额外的利润。因为没秒到商品的淘友，很有可能收藏你的店铺或商品，秒杀其实就是广告，能积累潜在客户。进入到促销频道，如下页上图所示，可以看到很多秒杀活动。

秒杀是淘宝常见的一种促销方式，那作为一个卖家到底怎么才能做好秒杀活动呢？

（1）既然是秒杀，秒杀价格越低越好。一个没有价格优势的商品是无法吸引买家疯抢的。所以一定参考其他店铺的价格情况，不能做到行业最低，至少做到同类商品价格最低。

（2）选择的商品要适合季节。例如中秋节前拿月饼做秒杀，关注度会很高，而如果拿棉袄在夏季秒杀，估计没多少感兴趣的。

（3）秒杀的商品是比较受欢迎的一类，也就是购买人群基数大的商品，很难想象没什么人需要的商品能让大家去疯抢。因为即使你价格低，买家也会因为对其用处不大而没有兴趣参加秒杀。

（4）做好商品的库存准备，千万不要最后因为货源的原因导致店铺信用的损害。秒杀的商品最好是店铺货源充足商品，秒杀的数量不宜过多也不宜过少，如果你的商品在1秒钟内秒完下架，会有很多买家认为你在作弊。

（5）参与秒杀的商品描述要充分利用起来，因为进到这个页面的人会被你的描述分流到首页、分类页、其他商品页面去。

（6）在全店推出足够吸引人的促销活动，如全店免邮、全店几折、全店满就送、收藏有礼等促销活动。

（7）建立秒杀活动群，把进到秒杀商品页面的用户集中起来，这是粘住用户的重要方法。

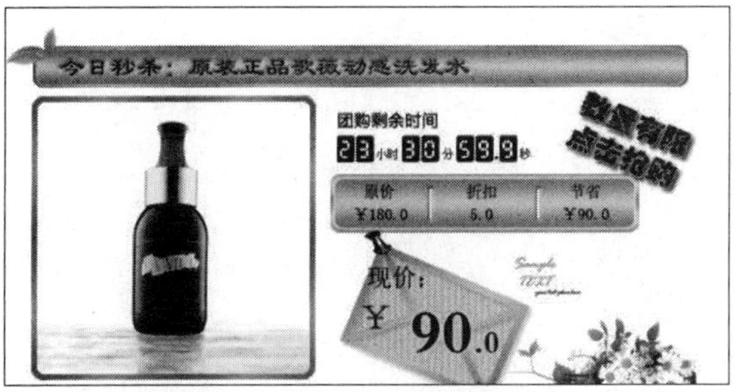

9.5.5 设置商品限时抢购、特惠

“限时打折”是淘宝提供给卖家的一种店铺促销工具，订购了此工具的卖家可以在自己店铺中选择一定数量的商品，在一定时间内以低于市场价进行促销活动。活动期间，买家可以在商品搜索页面根据“限时打折”这个筛选条件找到所有正在打折中的商品，如下图所示。

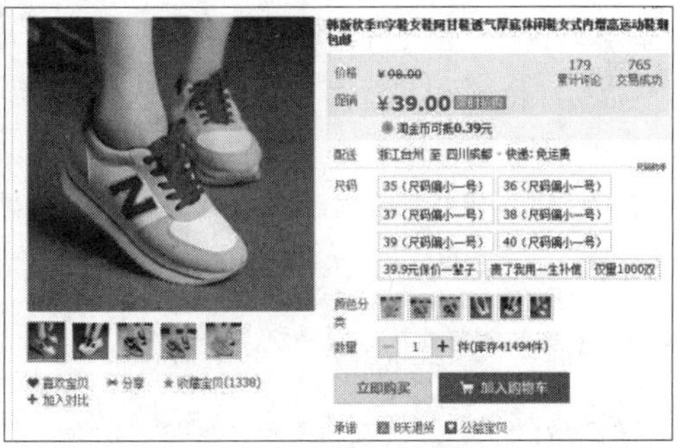

9.5.6 使用店铺优惠券

顾名思义，“店铺优惠券”是一种虚拟电子现金券，它是淘宝网在卖家开通营销套餐或会员关系管理后开通的一种促销工具，当有买家购买定制该功能的商品以后，会自动获得相应的优惠券，在以后进行购物时，可以享受一定额度的优惠。

1．开通优惠券

卖家如果需要使用优惠券，那么首先需要为自己店铺开通该功能，具体操作方法如下。

第 1 步：登录到淘宝网卖家中心，在“我是卖家”页面，①单击“营销中心”栏中的“我要推广”链接；②在“营销入口”选项卡中单击“店铺优惠券”图标，如左下图所示。

第 2 步：进入优惠券订购页面，③单击选择服务周期；④单击“立即订购”按钮，如右下图所示。

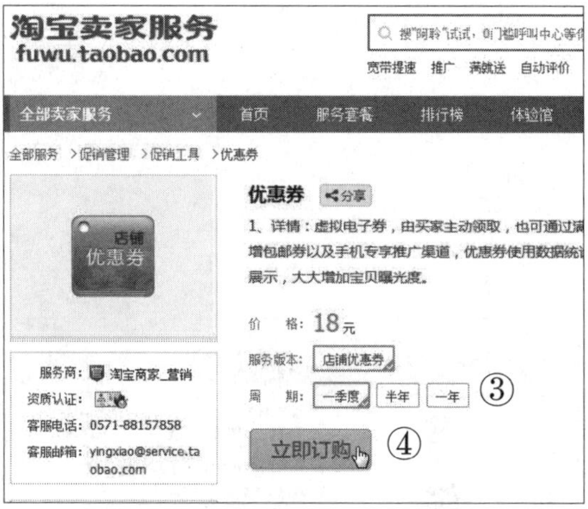

第 3 步：①在打开的页面中单击“同意协议并付款”按钮，如左下图所示。

第 4 步：弹出确认提示框，②单击“去支付宝付款”按钮，如右下图所示。

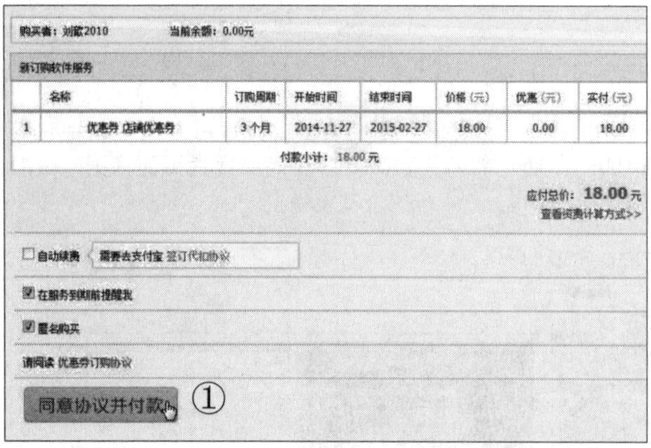

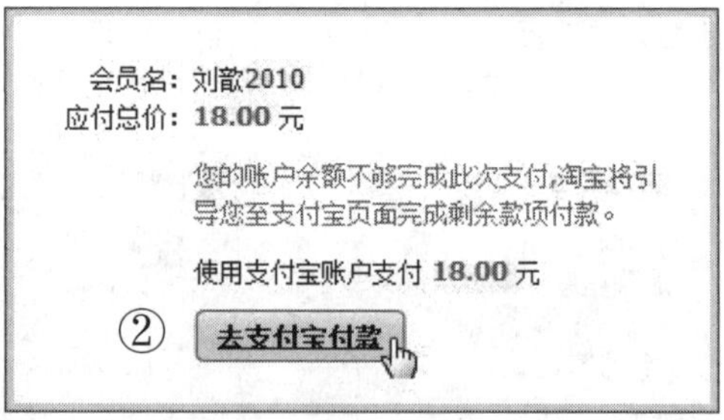

第 5 步：进入支付宝收银台页面，①输入支付宝账户及支付密码，②单击“下一步”按钮，如左下图所示。

第 6 步：③再次输入支付宝支付密码；④单击“确认付款”按钮，如右下图所示。

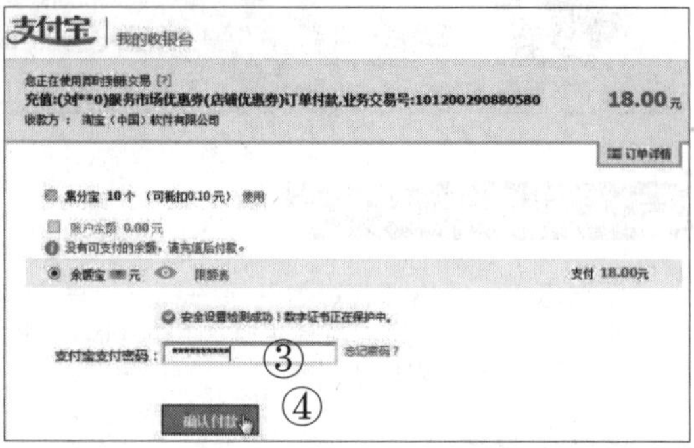

第 7 步：弹出“信息校验”提示框，①输入校验码；②单击“确认付款”按钮，如左下图所示。

第 8 步：此时，店铺优惠券服务即可订购成功，如右下图所示。

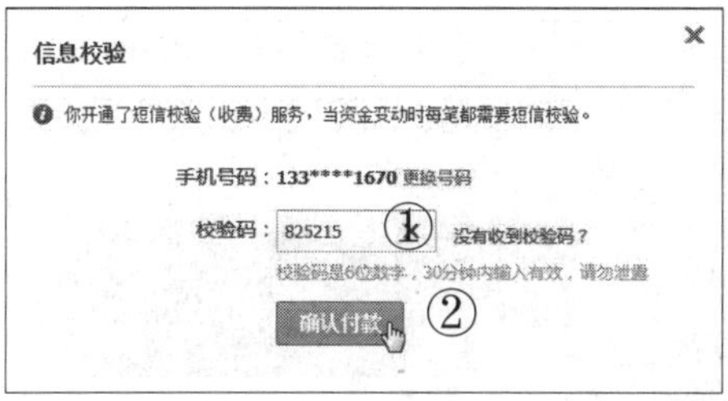

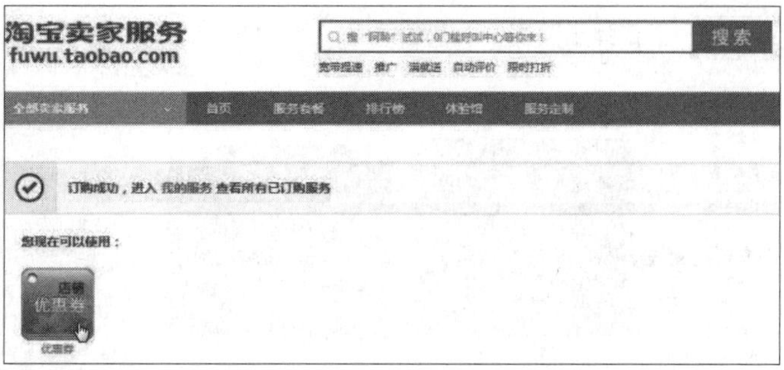

2．创建包邮券

店铺优惠券服务订购以后，卖家可以根据自己的需要来创建优惠券类别，如店铺优惠券、商品优惠券、包邮券。各类别的设置大致相同，如创建包邮券，具体操作方法如下。

第 1 步：再次登录到促销管理首页，①单击“淘宝卡券”选项卡；②单击“包邮券”下方的“立即创建”按钮，如左下图所示。

第 2 步：③输入包邮券的基本信息；④设置包邮券的推广信息；⑤单击“保存”按钮，如右下图所示。

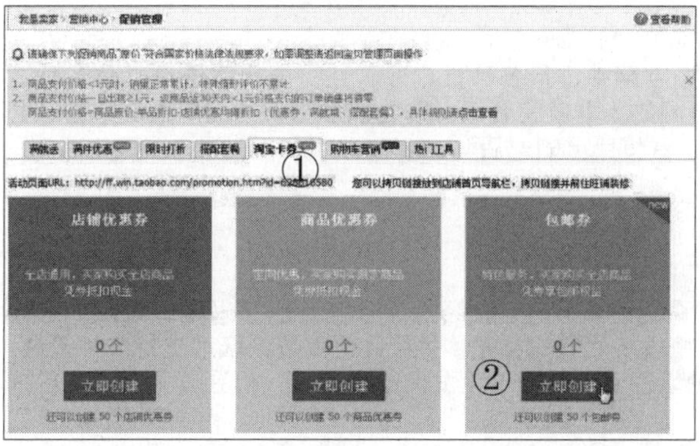

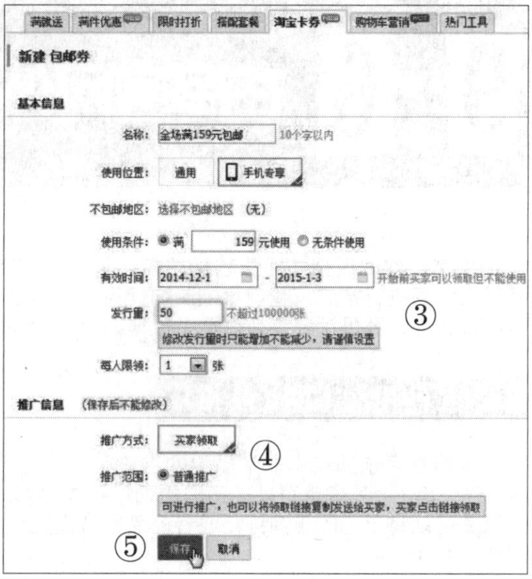

第 3 步：此时，即可查看到包邮优惠券的状态为“领取中”，如左下图所示。

第 4 步：当买家进入店铺后，就可以选择性领取包邮券，如右下图所示。

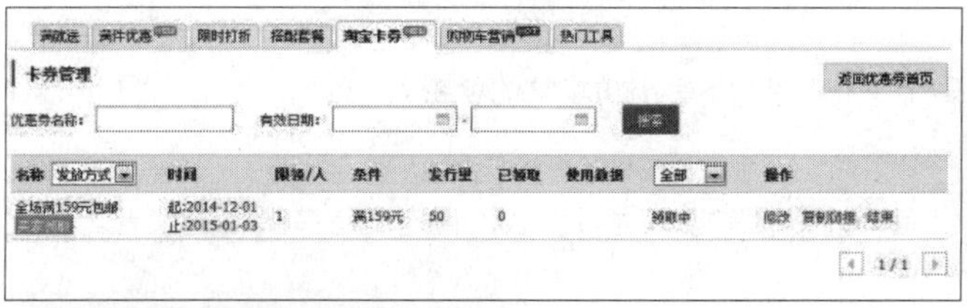

9.5.7 创建手机店铺活动

在淘宝手机设置里，还能够创建手机店铺活动，为自己店铺带来流量。具体操作方法如下。

第 1 步：①进入“卖家中心”，在店铺管理栏目下单击“手机营销专区”链接；②选择需要参加的活动，单击活动下方的“马上创建”，如左下图所示。

第 2 步：③在弹出网页中的“营销互动类”中拖动“活动”至手机虚拟页面，进行创建活动，如右下图所示。

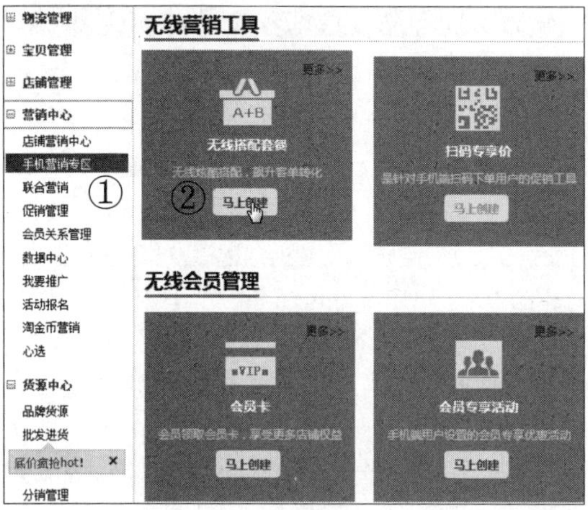

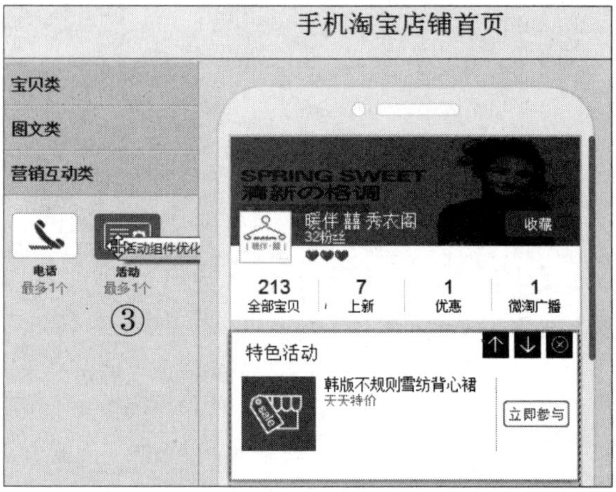

9.6 在淘宝网外部进行推广，宣传店铺

要想让你的店铺访问量越来越多，那么除了在淘宝网中进行各种推广外，还需要卖家通过其他各种途径针对上网进行推广，我们可以这样认为，只要是上网的人群就有着网上购物的潜力，因而广大卖家在经营网店过程中，还可以经常在百度、微博、QQ、MSN 中宣传自己的网店。

9.6.1 使用淘宝网论坛推广

论坛是目前网络中非常热门的交流平台，绝大多数上网用户都会经常逛一些自己感兴趣的论坛或者博客，作为卖家，我们就可以在不同的论坛中去发布一些宣传店铺的帖子；而且目前多数论坛都支持个性签名，卖家就可以将自己的店铺链接或者商品图片设置为论坛签名，这样不论发帖或者回帖，都会留下自己的店铺宣传内容。

在选择论坛时，可以选择一些人气较高的论坛、自己经常逛的论坛或者一些交易论坛，论坛人气越高，那么能看到帖子的人数也就越多，店铺宣传的效果也就越明显。这里详细介绍卖家在发贴时需要掌握的几个方面。

1．怎样写出精华帖

怎样才能写出万人瞩目的精华帖呢？下面将给你介绍一下写出精华帖的秘密。

（1）标题新颖

大家看帖都是从标题进来的，如果标题没有写好，没有吸引力，那么，肯定没有多少人进来看。在符合内容的情况下越新颖越好，但是切不可夸大事实。

（2）发帖质量要有保证

发帖的质量要有保证，不要只追求数量而忽视了质量。帖子内容本身不宜过长或过频。如果一篇帖子过长就很难让人从头看到尾。如果你在短时间内同时发表许多帖子，就算这些帖子再好，管理员也只会在其中选一加精，因此建议你最多一天一篇就行了。

（3）发帖的内容要精

精华帖的内容不一定要最多，内容要有主次，重点的详细写。有的帖子很长，讲了很多方面，这些大道理互联网上都有，会上网的人都知道，还能成为精华帖么？

（4）帖子内容排版合理，版面整洁

帖子文章的排版一定要让浏览者看的舒服。要尽量多分一些段落，每个段落尽量不要超过 10 行字。不然浏览者会看得很累，并且使用大一点的字体，不要让字显得很拥挤。

有的卖家发帖子总是喜欢用不同的字体、颜色、背景色，但是这样不会突出你的与众不同，反而会让看客产生视觉疲劳，不愿再看下去。所以我们发帖的时候就要排好版，段落清晰，字体合适，每一段有小标题可以放大字体。

（5）图文并茂

仔细观察网上的精华帖，不难发现，好的帖子往往是图片和文字组合在一起的，每段文字都配上相应的图片说明那是最好了，如果整篇很长的帖子全部是文字不免会让浏览者觉得枯燥无味，图文并茂的更容易加精。

（6）选择版块发帖

在发帖时有个选择版块的下拉菜单，一定要选择发表版面。有的掌柜认为发在不分版块会流量大一点，那就错啦。你写的帖子内容是哪一方面的就发在哪个版块，这样更加有机会被加精，曝光更高。

（7）必须原创

有的帖子立意新颖，非常具有可读性，但其实是在别处随手粘贴来的。你自己没有付出努力，当然不会获得人家的认可，这里鼓励大家写原创帖，当你付出努力后获得人家的认可，那不仅是得到流量，更是一种成就感。

一定要是原创的帖子，就算是要改别人的帖子，也需要有技巧的改，标题则是要完全的改，并且最好是改得比原帖更吸引人。

（8）植入式软广告

如果你的帖子写的很好，吸引了很多人浏览，但是却很少有人去你的店铺，带来实际的流量那也是徒劳的。而淘宝社区又严令禁止发广告帖，所以要对帖子进行一些植入式的软广告的操作。

> **高手指引**
>
> **植入式软广告**
>
> 所谓“植入式广告”的意思就是在帖子里以非常隐蔽的方式，暗示潜在客户，让他们自动点开你的店铺，但是他们却感觉不出来这是个广告。一般那些写自己的淘宝故事的帖子都属于植入式广告，他们会假装“无意中”在故事里透露自己店铺的一些经营情况。

（9）熟悉论坛规则

最后要熟悉论坛内部制度，以保证自己的帖子不会被违规删帖，甚至受到处罚。这就需要我们非常熟悉论坛内部制度以及规则。

2．快速写好帖子的标题

大家在论坛浏览的时候都是根据标题来选择是否阅读，所以帖子的标题是非常关键的因素，一个相当有诱惑力的标题，会使你的推广工作事半功倍。

第 1 步：①登录淘宝网论坛（http://bbs.taobao.com/），在淘宝的论坛首页中，先了解页面上主要是社区论坛内部的热帖，可以学习这些热帖的标题。如下页左上图所示。

第 2 步：为了方便找到最好的帖子做参考，也可以直接单击进入社区的单个版面，②单击社区版块上方的“精华帖”按钮；③可以接着看到所有的精华帖子的标题。如下页右上图所示。

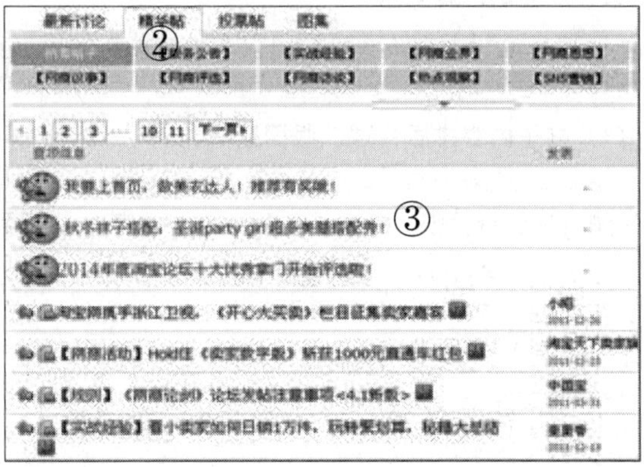

下面是精华帖标题的一些基本特征。

（1）在淘宝社区里一页有几十条帖子，要让潜在顾客把注意力集中在你的帖子上，就需要在帖子标题中加一些显眼的符号。

（2）当潜在顾客注意到你的帖子之后，还需要使用吸引顾客眼球的引爆点。如“最牛 ***”、“惊爆胖妞 3 个月减 30 斤……”。还需要多用一些吸引人的词语，例如：“秘密”、“竟然”、“惊爆”、“最牛”、“特别”、“绝对”、“100%”、“意外”等，套上这些词语的帖子标题都能够大幅提高点击率。

（3）揭密很多人都不知道的东西，人们对秘密的东西总是比较的感兴趣的。如“揭密 5 钻卖家月入 30 万”、“你不知道的直通车秘笈”、“店铺营销密码”等。

（4）题目可长可短，根据文章的需要。最好不要太长，不要超过人的视觉接受能力。

你知道吗

编写帖子标题需注意的一些误区？

（1）不要吹牛，标题说得吓人，纯属哗众取宠。

（2）内容不实在，如内容是淘宝感受，标题却写得是推广。

（3）不切合主题，在“经验居”里写感情，再好的标题也没效果。

（4）标题不够文明，显得很没素质！

3．通过发帖宣传店铺

每个论坛中，一般都提供了多个版本，每个版块中又提供了各种各样的帖子，广大卖家在逛论坛过程中，就可以先注册为论坛会员，然后发布能够对店铺起到宣传作用，同时又吸引网友浏览的帖子。

在论坛中发布店铺宣传帖子时，最好不要直接宣传，因为这类帖子在论坛中被认为是广告贴，一些论坛会很快就将帖子删除，而且多数网友在逛论坛过程中，也对广告贴比较反感，一般不会单击与浏览。但在部分论坛中除外，如跳蚤市场、二手交易论坛等，在这种论坛中，我们可以直接发布商品的宣传和销售信息。

那么，我们应当如何在论坛中发布宣传自己店铺的帖子呢？其实对于帖子标题与内容都可以找一些网友感兴趣的话题，然后在内容中间或末尾加上宣传店铺的文字或图片，这样网友在浏览帖子时，就会自然而然看到店铺宣传内容，如果正好对商品感兴趣的话，那么就会访问店铺了。

除了一些文字宣传外，适合在帖子中添加的店铺宣传内容还有以下几个方面。

（1）商品的图片：可以将自己店铺中的商品图片插入到帖子中，图片的宣传效果往往要强于文字，也更容易让买家产生兴趣或购买意向。

（2）店铺地址链接：目前多数论坛都支持帖子中存在超链接，我们将自己店铺的链接地址放置到帖子中，这样网友在浏览帖子时，只要单击链接就能直接访问店铺了。

（3）卖家联系方式：为了方便感兴趣网友的咨询，在帖子中添加了店铺或商品宣传内容后，往往需要添加卖家的联系方式，如QQ、手机等，这样如果有网友感兴趣，就可以方便地与卖家咨询了。

4. 通过个性签名宣传店铺

绝大多数论坛都支持用户设置自己的个性签名，所设置的个性签名会显示在自己发帖或回帖的下方，这样当我们在论坛发帖与回帖后，其他网友查看帖子内容时，就能顺便看到签名内容了。

一些论坛仅支持文字个性签名，这时我们只要将自己的店铺介绍、店铺地址以及联系方式等信息以文字方式描述出来；但也有很多论坛支持贴图签名，这时则可以将商品缩略图、店铺招牌等图片调整并设置为个性签名。

通过个性签名宣传店铺的好处在于，当设置了个性签名后，以后只要发帖、回帖就会随之显示，而不用重复设置；不足之处在于，由于个性签名位于帖子最下方，因而较容易被浏览网页的帖子所忽略，但总的来说，如果卖家经常在论坛中发帖、回帖，通过个性签名还是会起到一定宣传作用的。

9.6.2 运用百度贴吧宣传店铺

百度旗下的百度贴吧以及百度知道都是很强大的免费推广平台。只要应用得当，可以为店铺引来不少的流量。

百度贴吧的推荐方式很简单。只需进入相关贴吧然后发帖即可，注意内容不要太过于张扬，可以含蓄一点，先介绍一些相关知识或者经验，然后在末尾位置留下店铺或者产品名称，这样不但可以避免被贴吧主删除，还可增加其他用户浏览此贴的概率。如下图所示。

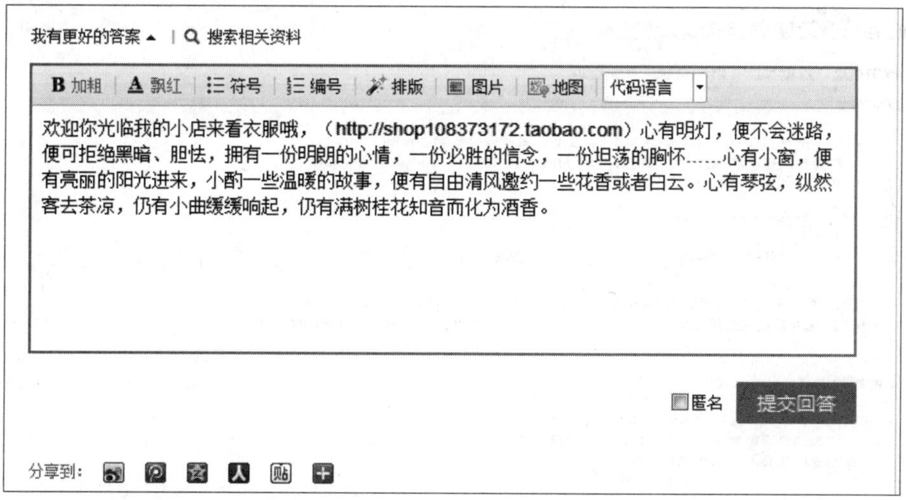

利用百度知道进行店铺产品推广，则属于一种很主动的营销方式，卖家需要注意的就是用比较多的时间在百度知道中查看相关求购信息，这里需要注意的就是搜索技巧，内容一定要是我们所出售的商品。

9.6.3 利用微博进行商品推广

新浪和腾讯微博这些都是老微博平台了，很多资源都被各大商户占有，对于中小卖家来说，新的资源，就是一块新的蛋糕，是广大中小卖家迫切希望的。

新浪微博是中国最大的微博平台，它拥有数千万的注册用户，包括了名人、企业等众多主流人群，是淘宝店进行网络营销的最佳平台。

9.6.4 在搜索引擎推广你的网店

利用搜索引擎来宣传推广网店也是一种非常好的办法，因为现在很多买家是用搜索引擎来查找自己所要的东西。所以卖家，就要学会利用搜索引擎来宣传自己的店铺。现在有很多搜索引擎可以免费登录，注册时要注意写好关键词，以便别人能通过关键词来找到店铺。

可以到新浪、搜狐、百度、谷歌、雅虎等一些大的搜索引擎网站登录，给你带来意想不到的效果。如下图所示百度搜索引擎登录页面。

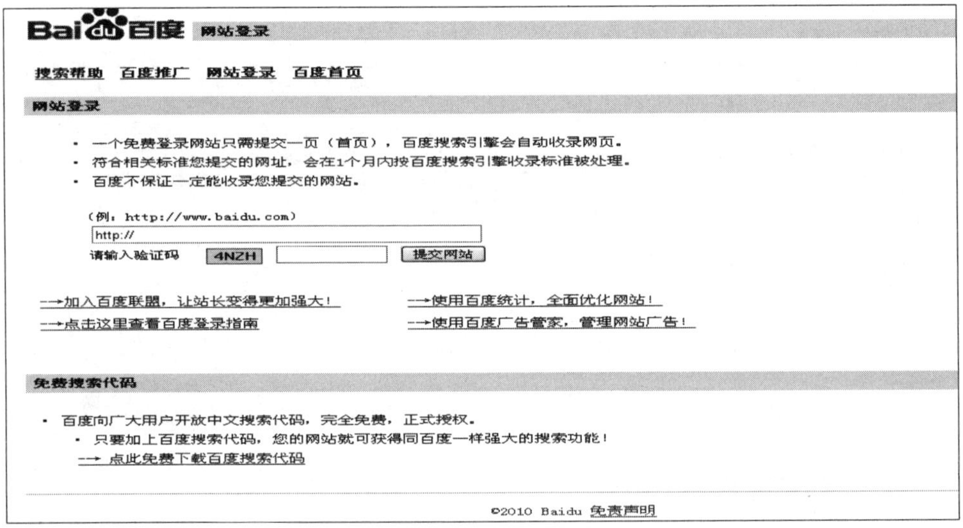

从目前的发展趋势来看，搜索引擎在网络营销中的地位非常重要，并且受到越来越多商家的认可，搜索引擎营销的方式也在不断发展演变，因此应根据环境的变化选择搜索引擎营销的合适方式。

9.6.5 使用 QQ、MSN 与电子邮件中推广

绝大多数上网用户，都会用到QQ、MSN或者电子邮件，当然卖家也不例外，我们在使用QQ、MSN过程中，可以通过以下几种方式来对店铺进行推广。

将店铺宣传信息发送给自己的 QQ 好友，如“这是我的网店，有空去看看”等，由于 QQ 中的好友大多为熟人，因为宣传内容不必太过华丽，简单直观即可，当然也可以让自己的朋友继续为自己宣传。

在 QQ 群中宣传，QQ 群也是宣传店铺非常好的途径，只要编辑一个宣传信息，就可以让群里面的所有成员都看到，如下页上图所示。至于采用哪种宣传方式，则需要根据 QQ 群的类型来决定，因为有些 QQ 群是不允许发广告的。

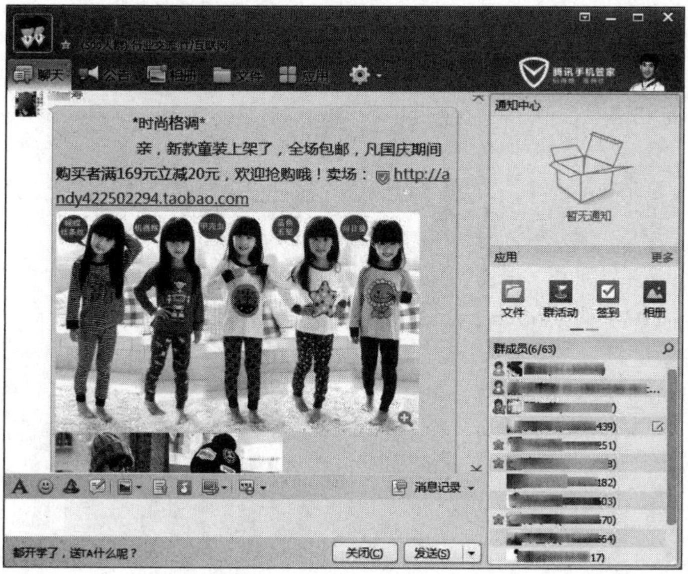

将店铺的地址设置为 QQ 签名，如“我的网店—http://shop108373172.taobao.com/?spm=0.0.0.0.7U9zf0”等，这样 QQ 或 MSN 好友通过好友列表或者聊天窗口，就能看到我们的店铺地址，如果有兴趣的话，就会进入到店铺中去看看了。

还有一种就是通过 QQ 邮箱进行电子邮件推广，如果要采用电子邮件宣传，一般可以通过群发邮件功能向多位联系人发送宣传邮件，或者通过贺卡的方式来附带宣传。

电子邮件的推广方式较为少用，如果要采用电子邮件宣传，一般可以通过群发邮件功能向多位联系人发送宣传邮件，或者通过贺卡的方式来附带宣传。

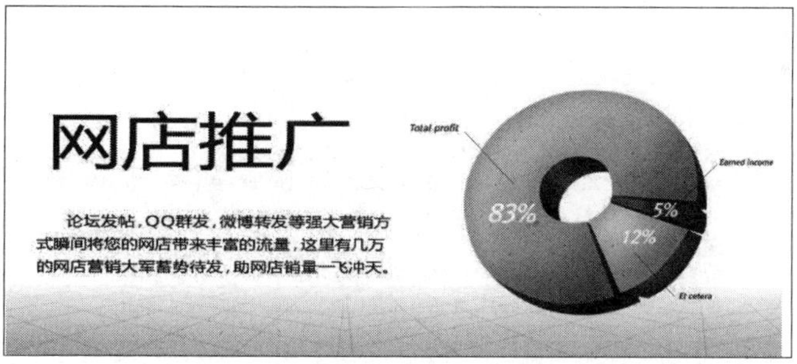

本章小结

店铺开张后，想要店铺生意兴隆，只有通过各种途径的宣传才能增加访问量以及曝光率，同时提高商品的销售机率，为店铺增加生意。本章详细介绍了在淘宝网中各种店铺宣传途径与推广方法、淘宝直通车的使用，以及通过淘宝网论坛和 QQ 等工具宣传店铺的方法，除此之外，广大卖家还可以根据自己的情况灵活选择更多的宣传方式来宣传自己的店铺。

10 吸引回头客——做好淘宝服务工作

开店的卖家都知道货源和商品图片的重要性。卖家注意到这两个重要点的同时，更要注意的是要做好淘宝服务工作。对于买家而言，有时或许服务才是他们真正的购买冲动。而不管是实体店还是淘宝网店，有信誉且周到的客户服务系统都将大大提升店铺的形象。本章就为读者解说顾客不是买产品，他更买做事认真的态度、服务态度和服务精神。

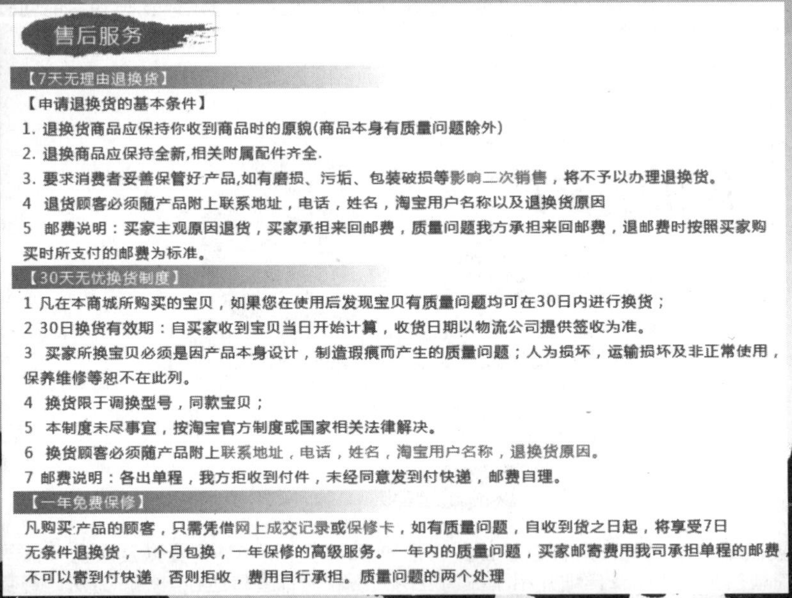
售后服务

【7天无理由退换货】

【申请退换货的基本条件】

1. 退换货商品应保持你收到商品时的原貌(商品本身有质量问题除外)
2. 退换商品应保持全新,相关附属配件齐全.
3. 要求消费者妥善保管好产品,如有磨损、污垢、包装破损等影响二次销售，将不予以办理退换货。
4 退货顾客必须随产品附上联系地址，电话，姓名，淘宝用户名称以及退换货原因
5 邮费说明：买家主观原因退货，买家承担来回邮费，质量问题我方承担来回邮费，退邮费时按照买家购买时所支付的邮费为标准。

【30天无忧换货制度】

1 凡在本商城所购买的宝贝，如果您在使用后发现宝贝有质量问题均可在30日内进行换货；
2 30日换货有效期：自买家收到宝贝当日开始计算，收货日期以物流公司提供签收为准。
3 买家所换宝贝必须是因产品本身设计，制造瑕疵而产生的质量问题；人为损坏，运输损坏及非正常使用，保养维修等恕不在此列。
4 换货限于调换型号，同款宝贝；
5 本制度未尽事宜，按淘宝官方制度或国家相关法律解决。
6 换货顾客必须随产品附上联系地址，电话，姓名，淘宝用户名称，退换货原因。
7 邮费说明：各出单程，我方拒收到付件，未经同意发到付快递，邮费自理。

【一年免费保修】

凡购买产品的顾客，只需凭借网上成交记录或保修卡，如有质量问题，自收到货之日起，将享受7日无条件退换货，一个月包换，一年保修的高级服务。一年内的质量问题，买家邮寄费用我司承担单程的邮费，不可以寄到付快递，否则拒收，费用自行承担。质量问题的两个处理

通过本章内容的学习，读者能够掌握如何做好售前服务以及如何提供有效的售后服务来维护客服关系。学完后需要掌握的相关技能知识如下：

※ 掌握与客户的售前沟通技巧
※ 掌握售后服务技巧
※ 正确面对顾客的各种评价

10.1 售前服务拴住进入网店的上帝

常常有卖家说：“为什么有些人来我店里，问了几句就没回应了呢？”其实，卖东西，不单有售后服务，还有一个大家忽视的“售前服务”，尤其是做网店的，买家看不到实物，只靠图片和文字介绍，有可能还会有很多疑问，所以卖出之前，买家的咨询很可能直接决定到他最终是否购买产品。

10.1.1 掌握与客户沟通的技巧

卖家在与买家谈话中，说话要有技巧，沟通要有艺术，良好的沟通可以使买家买完一次又一次。

1．换位思考

在与顾客的沟通过程中，卖家不要把自己摆在“我是卖家——销售者”的位置上，要把自己当作是一个买家，或者说把自己当作是买家的朋友，这时候你的思路才能真正贴近于买家，才知道怎样去讲解你的商品。只有站在一个买家的角度来考虑问题，才知道怎样来牵引买家，你的观点、你的讲解才能引起买家的认同。很多买家在转变成卖家时，应该都深有体会，多份宽容和理解，以和为贵，做好沟通才是双赢。

2．使用礼貌的沟通语言

“礼貌先行”是交朋结友的先锋，有句古话：要想得到别人的尊敬，首先要尊敬别人。与买家沟通时要给买家留下好的印象，让买家愿意同你沟通，所以，你必须表现的谦虚有礼，热情有度，建立和谐友好的气氛。

在买家咨询的过程中，礼貌用语一定要习惯用上“您好，欢迎光临小店！”、“您”（这个称呼一定习惯用上，假如用“你”的称呼，让买家感觉非常不舒服）、“亲，您好”、“您请稍等，我看下库存有没有货”、“不好意思”、“抱歉，请您谅解”等礼貌用语。

qjivbffao (16:38:13):
你好！
白小姐的私家鞋:小小 (16:38:47):
亲，请问有什么能帮您的吗？

zhuoa7144 (16:27:10):
在吗？
白小姐的私家鞋:小小 (16:29:57):
您好！很高兴为您服务！
zhuoa7194 (16:31:31):
这款鞋子有白色吗？
白小姐的私家鞋:小小 (16:31:57):
非常抱歉，亲！这款单鞋只有黑色！

礼貌、热情回答是首要的，而在此基础上巧用千牛表情，而且用到实处那是非常有用的。聊天工具里面的表情是我们与客户沟通的好帮手，它能很快的制造出轻松的气氛，拉近大家的距离。

3. 多检讨自己少责怪对方

遇到问题时，先想想自己有什么做的不好的地方，诚恳的向买家检讨自己的不足，不要上来就先指责买家。例如有些商品细节明明有介绍，可是买家没有看到，这时不要光指责买家不好好看商品说明，而是应该反省自己没有及时提醒买家。

当我们遇到不理解买家想法的时候，不妨多问问买家是怎么想的，然后把自己放在买家的角度去体会他的心境。

4. 坦诚相待，诚信第一

买卖交易中，首要的是诚信，对于销售中的商品不要隐瞒任何问题，否则这些失信的行为将使你失去眼前与更多潜在的顾客（一个中、差评都有可能是致命的）。最常见的是有的商品存在的小瑕疵，拿货时没发现问题，到拍摄或者检查时才发现，有的甚至买家要订货时才检查出问题，那么这些都要在商品描述中表述清楚，或在买家询问后才发现问题的，那么要在决定购买付款之前说清楚。

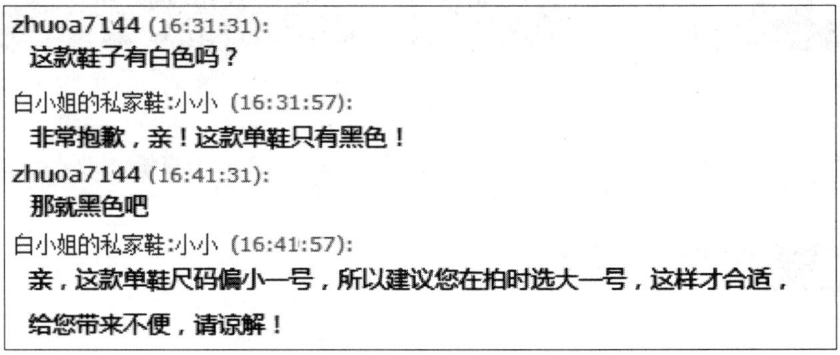

5. 尊重对方立场

多使用“您”或者“咱们”这样的字眼，少用“我”字，让买家感觉我们在全心的为他考虑问题。当买家表达不同的意见时，要力求体谅和理解买家，表现出“我理解你现在的心情，目前…”或者“我也是这么想的，不过..”来表达，这样买家能觉得你在体会他的想法，能够站在他的角度思考问题，同样，他也会试图站在你的角度来考虑。

6. 认真倾听，再做判断和推荐

要成为一位沟通高手，首先要学会成为善于聆听的卖家。当买家未问完时，不要去打断，对买家的发问，要及时准确地回答，这样对方才会认为你是在认真听他说话，善于理解与沟通，觉得被尊重，也才会对你及你的产品产生兴趣。同时倾听可以使对方更加愿意接纳你的意见，这样你再说话的时候，更容易说服对方。

有时候买家常常会用一个没头没尾的问题来开头，例如“我送朋友送哪个好”，或者“这个好不好”。不要着急去回复他的问题，而是先问问买家是什么情况，需要什么样的东西，如果他自己也不是很清楚，就要你来帮他分析他的情况，然后站在他的角度来帮他推荐。

10.1.2 积极回复买家的提问

众所周知，在现今竞争激烈的网络销售市场中，卖家们除了要提供优质的产品外，更应该提高服务的质量，争取更多的回头客才能让你走得更远。在回复买家提出的问题时，及时回复是至关重要的。

一般买家买东西都喜欢找在线的卖家，如果买家发过去的信息半天无人理睬，会让买家觉得这个卖家很没有礼貌，也有种被冷落的感觉。网上卖家成千上万有的是选择，这样就很容易流失客户。

所以要重视每位客户，每条千牛留言。一般如果离开计算机，都要改变千牛状态，并且设置千牛机器人自动回复向来客道歉。如果很忙，也要设置自动回复，请买家稍等会儿，并很快回复，请他谅解。一般客户都会谅解的，你尊重别人，别人才会尊重你。

还有就是把商品介绍写详细，也会减轻自己的工作量。如产品质量、规格、功能、产品用法、适用范围、保养、使用方法、注意事项、邮费及售后服务等。如果这些全部写详细了，买家就可以直接在介绍里得到答案。一般也不会有那么多的疑问需要你一个一个的解答。同时也会提高对你的信任度。至少会认为你是个比较专业、用心的卖家。

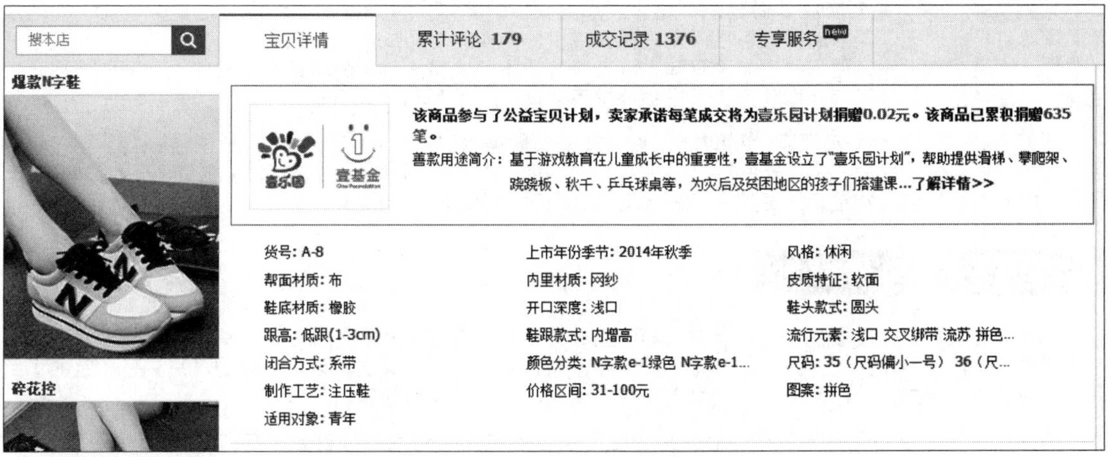

10.1.3 客观地向买家介绍商品

在介绍商品的时候，必须针对商品本身的特点及商品的缺点，客观地向买家解释并做推荐。所以，要让买家了解商品的缺点，并努力让他知道商品的优点，促使其下单。

卖家在不清楚产品特性时，怎样得知商品的优点与问题呢？以下是一些信息来源的渠道，要随时记得掌握。

- 向本店的资深人员询问。
- 向厂商、批发商的营业人员询问。
- 阅读报纸、专业杂志。
- 参观展示会、工厂。
- 利用电视、杂志等媒体收集资料信息。
- 亲自试穿、试吃、试用看一看。

我们在介绍商品的时候，虽然商品缺点本来是应该尽量避免触及的，但如果因此而造成事后买家抱怨，反而会失去信用，得到差评也就在所难免了。在淘宝里也有卖家因为商品质量问题得到差评，有些是特价商品造成的。所以，在卖这类商品时首先要坦诚的让买家了解到商品的缺点，努力让买家知道商品的其他优点，先说缺点再说优点，这样会更容易被买家接受。在介绍商品时切莫夸大其词的来介绍自己的商品，介绍与事实不符，最后失去信用也失去买家。介绍自己产品时，可以强调一下：“东西虽然是次了些，但是东西功能齐全，或者说，这件商品拥有其他产品没有的特色”等。这样介绍收到的效果是完全不同的。

10.1.4 耐心与买家沟通

用耐心、真心、诚心打动买家是卖家的服务宗旨，从每一位买家的角度出发，将经营中每一个细节加以放大，有针对性地提供最佳的服务。

卖家每天都要接触不同的顾客，只有用丰富的专业知识才能灵活应对，热情为他们介绍商品，只有用耐心、真心、诚心才能打动买家，成为买家的朋友。每次与买家交流的机会都应该珍惜，都应该把握住，一点点的失误就可能让我们与买家失之交臂，因此我们不能错过每一次机会，把自己掌握的商品信息传达给每一位买家，只有这样才能提高我们的营业额。

店铺一定要以“耐心、真心、诚心”为服务宗旨，这是搞好客户关系和维持良好客户关系的基础。

对于一些新手卖家来说，有人询问价格、颜色、款式、材料等，或把自己加为好友的时候，往往很开心，总想着有生意了。其实很多买家是有比较的，网购和实体店购物是一样的，他们都会作比较，在网上进行查找，到这家问问那家问问，最后才能决定买哪一家的商品，这种情况很普遍，也很正常。所以有人问只是表明他对这件商品或者这一类的商品感兴趣，千万不要以为他问问就一定会买。作为卖家心态要平和、沉着冷静。

帮助买家，这也是新卖家要做到的，尽量的满足买家的需求。注意，这里说的是尽量，不是一味的满足买家。对于提出无理要求的买家可以不予理睬，其实作为买家总想以最低价格得到最好的商品以及服务，当收到一些需求时，一定要记得心态要平和、沉着冷静，不要以另一种不耐烦的心态对待。一定要记得和气生财，做生意讲的就是和气，即使别人提出的要求不合理，也不要和客户争辩。

用耐心、真心、诚心打动买家，认真热情、细心周到的服务，可以让买家感到温暖、愉悦，使他们再次光顾。始终坚持顾客至上的原则，以百分百的细心、耐心做好每一笔交易，让每一位上门顾客都有宾至如归的感觉，开心愉快的购物，这样创造回头客的几率就会增加，同时会带来更多的效益。

10.1.5 与买家沟通要专业

沟通要专业是非常重要的一点。首先，要拿出专业精神及良好的职业道德出来。新买家尽量多用敬语。这样能很好的体现你作为专业人士的良好品德，买家也相对放心些。其次，要对店里的产品具备一定的了解程度及相关的专业知识，这可以帮助买家更清楚的认识产品，及认识店家。

有些卖家在买家付款后不管了，将买家置之不理。即使买家付款后，也要一定跟买家确认一下地址及联络方式。而且可以问问买家，快递是否能够到达的。确认清楚后，明确告知买家，配好货后发件大概是什么时间，并请买家放心，会提供单号及递送公司名称给他们。

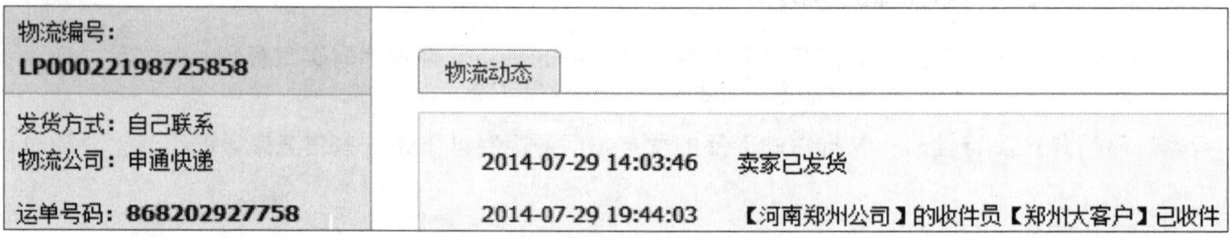

最常见的是买家买了好几件商品，最后决定买单时，卖家必须很快列出清单——商品名称、颜色、价格、优惠等，如果有的买家需求有些模糊不清的，则再强调问一遍，让买家再确认一次，最后再说句放心的话“在发出前我会认真再检查一遍的，请放心”。这些专业化的素质都是在交流中不可少的。

通常在与买家问答交流时，会遇到一些意想不到或者比较难回答的问题，此时要体现出专业化的职业素质，给出专业的意见，使买家感到信任、可靠。修炼好你的专业化素质，往往在生意中是事半功倍的效果。

10.1.6 应对各种类型的买家

对于网上开店的店主而言，每天都要面对不同类型的买家，那么，针对这些不同类型的买家，店主究竟应该如何应对呢？

1．针对直接询问的买家

这样的买家一般都是已经看中了你的产品，只是为了确定货源、价格及运费，针对他们的问题，一定要以最快的速度回答，并且要清楚，不能含糊不清，不可拖拉时间，如果是些性急的买家可能就会因此而流失了。当然也有一些问得特别细致的买家，他不急于一时，就是想在买之前把产品的颜色、特点等了解清楚一点，这时候就更需要耐心而详细的向他介绍他所看中产品的特点了，不能因为买家询问的问题太多而爱理不理，这样子的卖家让买家产生一种不敢信任的感觉。

2．针对正在考虑中的买家

不要看轻了这一类买家，他们一般都是潜在的客户。而且这类买家当中很可能有大客户，他们有可能是需要的多，现在更需要细致地了解产品。因为不是着急要货，所以他们一般把产品的每一个细节都问的很清楚详细，这时我们就不能只求效率，一定要慎重地回答他们的问题，如果一时答复不了的问题，可以请买家稍等，或跟他商量个明确的时间再一一进行详细的解答。

3．针对压价的买家

这类压价的买家还可分为两小类。

第 1 类：习惯性压价，这一类的买家在生活中买东西已经养成了还价的习惯，所以不管你店里是否注明了“已为最低价，恕不还价”，他都会一定程度地压价。针对他们的压价，卖家一定要耐心解释，如果在没有亏损的情况下尽量的稍微降低一些价位，这让他们心理上得到一种平衡。不然，他会觉得你是个很死板的卖家，不愿意再同你交易。

第 2 类：在网上搜到了比你价位更低的同款产品，他之所以选择到你店里购买，一方面可能是你的产品图片更好看。第二方面也可能是对你的信任。第三方面也可能是对方的运费设置的不合理。对于这种压价，我们就要更明智的对待了，如果他说的价位正好是恶意压价的卖家出的价，并且比你的成本价还低，那你就只能向买家耐心的解释并说明这款产品的市场价位是多高，我们的价位没办法再降低的原因。当然，如果你愿意用亏本换回一个信用值也不是不可以。

4. 针对第一次在网上购物的买家

第一次在网上购物的买家最怕的就是受骗，而且因为没有经验，所以很多购物支付货款的过程都不是很了解。在拍下东西之后往往在付款时会有很多不懂的地方，他一般都会向你询问怎么办，这时你一定要耐心的解答。如果你也不清楚，要帮他一起想办法解决，告诉他不用着急。这样会让他感觉你这个人很可靠，很愿意和他做朋友，不是一心只想着赚钱的卖家。

在付款之后，你一定要及时发货，告诉他几天之内会到货，在跟这种第一次购物的买家交易时，最好能适当的送些小礼物作为留念。这样买家会觉得很贴心，也很放心，以后再有需要的话也会直接找到你。

5. 针对找你闲聊的淘友

这一类淘友要么是来讨经验，要么是觉得你的人不错，想和你聊聊。如果你认为这是在耽误时间那可就错了，这一类的淘友很可能成为你以后的客户。他现在和你做了朋友，有需要店里同类产品的时候自然第一个想到的就是你。所以如果不是特别忙，一定要非常真诚的同他沟通，也许从他那里你也可以得到不错的经验。如果比较忙，你向他说明，一般都会得到他的谅解。所以在淘宝上有几个这样的朋友也是非常有帮助的。

6. 针对回贴及店铺留言的淘友

一般回贴及留言的淘友都是对你的帖子和店铺比较认同，回贴留言都代表了对你的支持和认可，在时间允许的情况下最好一一发千牛消息表示感谢。在这个过程当中一般都会得到他们的再次回复，而你也可以自然而然的和他交上了朋友，在以后有什么活动或是好消息及时告诉他们。一般都不会遭到他们的拒绝，甚至有些还会成了你的客户。

10.2 完善网店售后服务

为了让自己的网店生意更好，除了提供好的商品以外，还需要向买家提供良好的售后服务。售后服务和商品的质量、信誉同等重要。因为有时信誉不见得是真实的，但是适时的售后服务却是无法做假的。贴心周到售后服务会给买家带来愉悦的心情。以后会经常来购买你的商品。同时拉近了与买家之间的距离，增强了信任，买家也很可能会介绍其他更多的亲朋好友来光顾。

10.2.1 制定合理的退货和换货政策

退货和换货在交易中经常发生，而退换货服务的好坏直接影响着顾客能否再次购买。如下页上图所示，在商品页面中就制定了合理的退换货政策。

售后服务

【7天无理由退换货】

【申请退换货的基本条件】

1. 退换货商品应保持你收到商品时的原貌(商品本身有质量问题除外)

2. 退换商品应保持全新,相关附属配件齐全.

3. 要求消费者妥善保管好产品,如有磨损、污垢、包装破损等影响二次销售，将不予以办理退换货。

4 退货顾客必须随产品附上联系地址，电话，姓名，淘宝用户名称以及退换货原因

5 邮费说明：买家主观原因退货，买家承担来回邮费，质量问题我方承担来回邮费，退邮费时按照买家购买时所支付的邮费为标准。

【30天无忧换货制度】

1 凡在本商城所购买的宝贝，如果您在使用后发现宝贝有质量问题均可在30日内进行换货；

2 30日换货有效期：自买家收到宝贝当日开始计算，收货日期以物流公司提供签收为准。

3 买家所换宝贝必须是因产品本身设计，制造瑕疵而产生的质量问题；人为损坏，运输损坏及非正常使用，保养维修等恕不在此列。

4 换货限于调换型号，同款宝贝；

5 本制度未尽事宜，按淘宝官方制度或国家相关法律解决。

6 换货顾客必须随产品附上联系地址，电话，姓名，淘宝用户名称，退换货原因。

7 邮费说明：各出单程，我方拒收到付件，未经同意发到付快递，邮费自理。

【一年免费保修】

凡购买产品的顾客，只需凭借网上成交记录或保修卡，如有质量问题，自收到货之日起，将享受7日无条件退换货，一个月包换，一年保修的高级服务。一年内的质量问题，买家邮寄费用我司承担单程的邮费，不可以寄到付快递，否则拒收，费用自行承担。质量问题的两个处理

自动退换货的操作流程如下图所示。

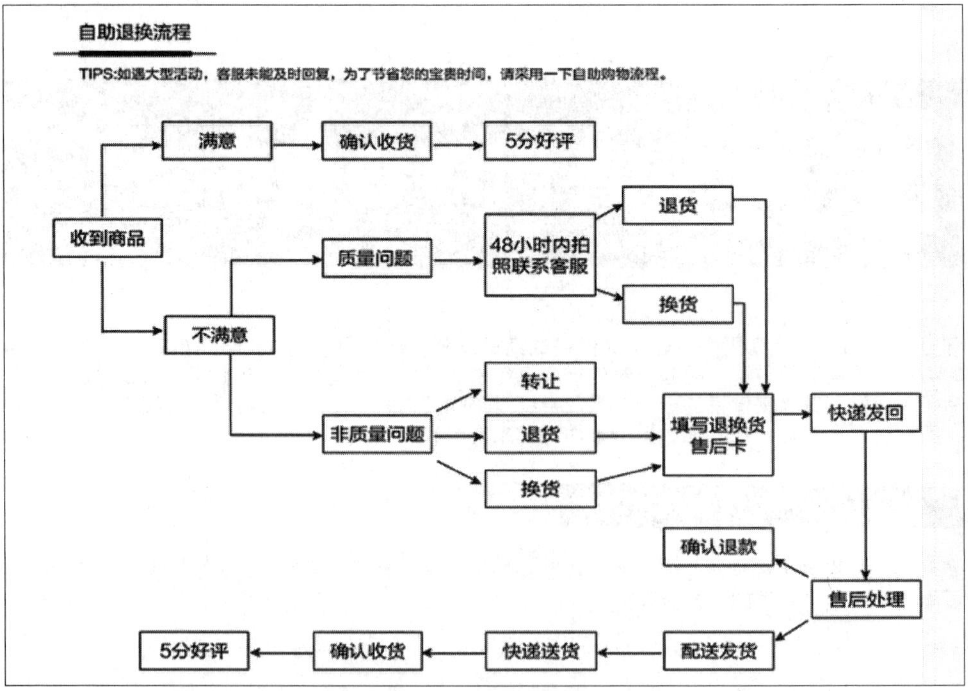

怎样才能制定出合理的退货与换货政策呢？

1．先对退换货进行说明

能否方便地退换货是影响顾客购买动机的很大因素，所以卖家应清楚、明白地告诉消费者：在什么样的条件下可以退货；对于款到发货的情况，退货后多久可以将款退还给用户；往返运费由谁来承担。这些问

题不说清楚，往往会让不少顾客犹豫不决。所以，在店铺中最好能有退换货情况的说明。

2. 当顾客提出退货时应先了解原因

当买家提出退换货要求的时候，作为卖家，首先要了解顾客为什么要退换货，确定是由谁的原因造成的，也就是责任归属问题。退换货的原因通常有以下几种。

（1）商品的质量问题。

（2）顾客所收到的商品与图片或描述不符。

（3）商品本身没问题，顾客只是想更换商品。

（4）商品运输过程中的磨损。

（5）顾客使用不当，引起商品损坏。

如果是卖家的责任，要勇于承担，同时要尽快同买家达成退换货协议，否则容易使买家感到失望而丧失再次购买的欲望；如果是买家的责任问题，一般是不予退换的，但也要向买家详细地说明原因，最好能为对方提供相应的弥补建议，切忌在沟通中冷言冷语。

3. 界定退换货运费归属问题

通常情况下，运费的归属问题是根据责任的划分来确定的，像由于商品的质量问题、运输磨损等引起的退换货要由卖家负责运费，而由于买家的原因，例如想换一种产品或买家使用不当造成的商品损坏引起的退换货，则应该由买家负责运费。

10.2.2 认真对待退换货

卖家在网上开店，所出售的商品都是经过自己精心挑选的，为了生存和发展当然不会在商品质量上马虎。不过实际经营过程中，也会时常碰到因为物流或其他问题带来的退换货问题。如何处理将直接关系到网店声誉。下面根据不同的退货现象加以说明。

1. 质量问题

质量出现问题，对于店主们来说就是“硬伤”，无话可说当然都是无条件退换货。不仅如此，由于质量问题还给买家制造了来回运输货物的麻烦，可能还会导致赔偿买家。

所以，在卖家在实际经营过程中，一定要严格把好商品质量的关，不能厚此薄彼。但是有时也可能是因为运输途中的损坏，那么在销售这类比较“脆弱”的商品时，一定要在商品资料里详细写清楚，注明有可能的情况，不至于遇到了问题才措手不及，如下图所示。

• 售后服务 •

1.因运输原因造成的货物损坏，我们负责重发或是退款(可能需要你提供破损图片，并且有快递公司或是货运公司作证）

2.确系货物的质量问题，我方负责退换，并承担相关的费用。

3.客户主观的觉得质量不好或是其他原因想退货的，来回的运费客户自行承担。

4.退货的客户要对退回来货品的运输安全负责（发过去时我们也是要负责的，是吧）

5.关于收货：收货时请尽量先检查才签收，不行的话可签字后请快递员稍等，您当面查下货有问题的话请马上联系我们。

2. 规格问题

所谓“规格”也就是俗称的大小和尺寸问题，尤其像出售衣服、鞋子等商品时，常常会遇到买家收到货物后抱怨尺寸有偏差，长短有出入等情况，如果买家因为此类问题要求退换货，也在情理之中。因此，为避免此类问题，一定要在商品介绍中详细标注出相关的尺寸大小，如下图所示。

注：衬衫领带为搭配拍摄 喜欢可到店里选购

面料	进口高档纯棉	里料	聚酯纤维

尺寸参考

基本号型（身高）	尺码	胸围	袖长	肩宽	衣长
170/88A	M	116	62	48.5	62
175/92A	L	121	63	51	65
180/96A	XL	126	64	53	67
185/100A	XXL	131	66	55	68

3. 喜好问题

喜好问题这一点存在很大的主观色彩，很难用一定的规则来界定。但是无论是什么原因，事先和买家朋友们积极沟通都是非常重要的，尽可能达到全面的互相理解，不至于出现误解而导致的退换货问题。

一般情况下在商品描述页面我们都需要进行注明，如果由于个人喜好问题，例如觉得这件衣服不好而不是质量等原因而要求退换货的，一概不予接受。否则这样做生意只有亏本，毕竟网店的商品价格利润并不是很大，而且店主也不可能放过多的精力来处理这些问题。

你知道吗

如果不退换货，买家给我差评怎么办？

如果自己在商品信息中已经注明了这种情况不予退换货，那么当卖家恶意给差评的时候，我们可以向“淘宝小二”提供证据，只要能够证明自己不是责任方，即可撤销当前差评。

4. 实物照片的分歧

一般商品都会通过一些后期处理软件进行效果处理，这的确能让自己的商品看上去清新、靓丽，比较起来更能吸引买家的眼球；但如果过度的使用后期处理方法，就必然会引起照片与实物相差较大。

这种情况下当买家拿到货物以后，会觉得受到欺骗而要求退换货，甚至会受到差评，往往得不偿失。因此卖家在处理商品效果时，要注意把握一个尺度，不能将商品处理失真。此外，要尽量避免使用网络上的照片，那样也很容易引发矛盾。

高手指引

商品需要如实描述

如果卖家签署了消费者保障协议的“如实描述”，那么就更加要注意不能使用与实物相差太大的图片，否则可能会被要求进行赔付。

10.2.3 如何避免买家退货

在淘宝网买东西，买家要求退货。通常有三种情况：第一是产品有缺陷，有质量问题。第二是产品本身质量完好，但是产品过时，技术落伍，顾客后来反悔了，特别是衣服类的产品，常常是买家收到之后，以“我不喜欢，款式不是图片上的”等理由要求退货。第三是在产品维修期内被退回，要求更换或者维修。

你是否正受到退货的困扰而心烦意乱呢，你可曾想过呢？退货已是每个商家必须面对的一个重要问题。那么，商家如何预防退货，使得退货损失最小化？

1．制定合理的退货政策

对于退货条件，退货手续，退货价格，退货比率，退货费用分摊，退货货款回收等方面，以及违约责任、制定标准。利用一系列的约束条件，平衡由此产生的成本和收益。一定要多多熟悉淘宝网规则。

2．加强验货

加强验货服务，可以在进货等各个环节的各个过程进行，以确保尽可能在产品未发给买家前发现产品上的诸多缺陷。

3．引入供应链信息化管理，建立 IT 预警系统

现在管理基本是手工 + 大脑，属于粗放化管理体制，无法准确、实时地把握商品管理的每个细节。沃尔玛建立世界最先进的供应链信息化管理系统，能精确、全面、适时把握全球任何地方，任一卖场销售业绩的细节，这使沃尔玛退货率全球最低，平均不足 0.5%。在淘宝网，专业化的或者说皇冠以上的卖家都引进了客户管理系统，只要买家报上他的名字或者会员名，就可以查看他具体的消费情况。

4．有效进行单品管理，减少商品退损率

商品管理是相对于传统的商品实行的柜组管理，大类管理而言。实行单品管理便于管理人员准确，全面实时地把握每一单品网店销售业绩的细节，及早组织货源，买家最喜欢，对其有价值的优良品。

10.3 坦然面对顾客评价，持乐观心态

开店总是避免不了形形色色的问题，其中纠纷的问题最多，一提到交易纠纷，很多人都会头大，淘宝客服处理周期过长，过于维护买家利益等，让中小卖家害怕这个词。坦然面对顾客评价，需要保持乐观的心态。

10.3.1 理性对待买家的中差评

网店经营中难免碰到一些急躁的顾客，在卖家还没有做出反映之前就产生抱怨，如果卖家不能冷静处理，那么将给店铺带来极大的负面影响。因为一个不满意的买家可能会把他的不满意告诉他身边的亲朋好友，并且给店铺一个差评，其破坏力是不可低估的。一定要积极地回应买家的抱怨，适当地对买家做出解释，消除买家的不满，让他们传播店铺的好名声，而不是负面的消息。

作为卖家，莫名其妙得到一个差评，不仅扣分还会觉得冤屈。在看到有差评时，要心平气和的看看是什么原因造成的。一般产生差评有如下几种情况。

- 心急的买家抱怨物流速度慢。
- 对客服人员的服务态度不满意。例如，有些客服人员总是一味地介绍自己的产品，根本不去了解买家的偏好和需求，同时对买家所提出的问题也不能给予满意的答复，或在销售的过程中，出现轻视顾客、不信任顾客的现象。
- 买家对产品的质量或性能不满意。出现这种抱怨的原因很可能是因为广告夸大了产品的价值功能，结果当买家见到实际产品时，发现与广告不符，由此产生了不满。

如果是卖家的过错，要想办法去弥补，即使是运输过程出了问题，也不要让买家去完全承担。但是往往就是有些人抓住卖家这种心理，利用差评要挟，特别是新手卖家，一定要注意。如果遇到以差评要挟的，一定要找到有力证据，与这样的买家斗争到底，坚决维护自己的利益。

（1）如果卖家在第一时间承担了错误，买家就会感觉到卖家是有责任心的，气就会消下去大半。如果卖家又在第一时间拿出处理问题的方案，大多数买家就都会用商量的口吻来讨论。

（2）买家中有没有贪小便宜的人呢？当然会有，但一定是极少数。聪明的卖家在遇到差评时，首先想到的是：第一，买家的意见里有没有值得自己改进的地方？如果有，早改比晚改好；第二，能不能用这样的

机会，向潜在的买家表明自己对待错误的责任和出色的售后服务管理制度。这样做，就会扩大自己的关注度。

一般情况下买家都是很好说话的。尽量和买家沟通好，如果认为买家提出的问题可以通过换货解决，那就尽量换货。如果买家提出的要求，换货也解决不了那就退货。

高手指引

善意的投诉在所难免

顾客投诉卖家，如果是善意的，那么也并非是一件坏事，卖家可以以此为方向，改进产品、加强管理、并进一步完善售后服务；因此卖家应以谦卑、宽容、求进的态度，欢迎顾客的一切善意投诉。

10.3.2 避免买家的中差评

卖家都很关注信誉评价，虽然评价不是最重要的，但小小的中差评对于店铺经营也会带来不小的影响，相信各位小卖家都能体会的到。买家小小的评价都会牵动着卖家敏感的神经。随着淘宝新规则的出台，好评率也成了搜索排名的一个因素。这使很多卖家开始重视好评的问题。那么怎么才能避免买家的中差评呢？

1. 商品质量是根本

作为卖家首先要保证的是商品无质量问题，确保交易诚实，服务良好。网上购物，买家只能通过图片和商品描述来了解商品，如下图所示商品采用实物拍摄。如果你的商品是实物拍摄，你的商品描述是全面、客观的。那么因商品质量问题而引起的中差评机会就会大大减少。即使买家收到货后由于个人原因不满意，那也不好意思说商品有质量问题而要求退换，他可能会找出其他的理由要求退换货。

2. 服务态度是决定好评的法宝

商品没有质量问题，顾客却要求退换货，怎么办？

遇到这种事情，首先要反省一下自己，在顾客购买前有没有给顾客做详细的解释，质量问题包退换，但前提是货物要完好，无质量问题退换货邮费自理。也许这样给顾客说会显得有些生硬，但在顾客购买之前，卖家必须把可能遇到的问题向顾客解释清楚，以免事后产生不必要的麻烦。

如果确实是卖家原因，力所能及的退换货，也是减少中差评的有效途径。从长远考虑，退货远比得到差评合算，很多朋友拒绝退货，得到中差后反而找对方修改，甚至给与退款，这样不如开始痛快退货了事，要知道钱是赚不完的，但精力和时间是有限的，不要做得不偿失的后悔事情。

其实买家给差评很多问题是因为快递的送货态度和送货时间导致的问题。多合作几家快递公司，可以先询问下客户希望发哪家快递。

3．买家的风格决定你是否能得到好评

用最通俗的话说就是买家来买东西，你要评估一下买家是属于哪类人，再决定要不要和他交易。卖家的百分百好评离不开买家，因此，在交易前查看一下买家的信用度，买家对别人的评价，以及别人对买家的评价。再综合各类买家的不同特点来区分对待。

（1）一直要求优惠的、反复讨价还价的顾客

这样的顾客比较多，没事就在那里磨价格。哪怕到最后是去个几毛零头也好。这类的买家很多都是想满足下成就感，感觉自己的一次杀价成功，心里很舒服。

应对技巧：遇到这类买家要先看一下他的信誉度，如果有中差评就要注意了，要看一下中差评里的评价内容。遇到这类买家要么给他优惠点，或最好能够给他赠送一些小礼品，买家收到商品的同时，必定对你心怀感激，给予大大的好评。当然另一方面也要综合考虑一下自己能否满足他的胃口，如果满足不了就不要勉强交易，因为这样的买家有可能因为没有达到自己的目标，就以中评或差评作为报复手段，到时候吃亏的是自己了。

（2）新手买家，随意评价

这类买家往往第一次来网上购物，买卖信用都为零。他看上了店铺的商品，但他们对网络交易还很陌生，对卖家缺乏信任，这类买家需要卖家有足购的耐心去引导他们。因此在购买前，不妨多与他沟通，能让他对你产生信任是很重要的。这类买家最大的缺点就是发货后不及时确认货款，不给评价，或者不联系卖家随便给中差评等。

怎样确认他是新手买家呢？一般我们看注册时间、星级，再就是通过聊天来了解他们的性格。对于这类买家，要多引导，通过言语沟通建立信任，事先解释清楚需要买家配合的环节，达成共识才能愉快交易。

（3）喜欢给中评的买家

这类买家，在他的信念当中，中评就等于好评。如果碰上这样的买家，如果你重视好评，以 100% 好评作为经营中的伟大目标，还是不要交易的好。

（4）上来就威胁你“不要有色差，不要有质量问题，否则直接差评”

一般这样的顾客都是大买家，常在网上买东西。他知道这样你会更加谨慎的选货、发货。这样告诉你是强调提醒下。建议认真核对货品，仔细检查货品。真要发错了那就是你自己要中差评了。

10.3.3 引导买家修改中评和差评

中差评是开网店不可避免出现的情况，其实很多中差评都是误会引起的。卖家跟买家沟通后都能得到修改。

一个卖家当你收到中差评时，千万不应盲目抱怨甚至投诉买家。这样只会激怒对方，使问题没有了解决的余地。先冷静客观的分析一下情况，如果自己确实有过错，应诚恳地向买家道歉，承认工作上的过失，达成一致意见后，卖家可以提出自己的要求，如“我有个小小的请求，你能否为我修改一下评价？真的很感谢你为我们提了很好的建议和意见，希望以后多多合作！”通常买家也不会因为一点小事伤了和气，一般都会同意修改评价。只要卖家够耐心，当然主要是商品质量好，再挑剔的买家也是通情达理的，也是好说话的，与买家沟通最忌讳的就是与买家恶言相向、互相攻击，这样就容易陷入一个恶性循环。如果买家不知道如何修改评价，卖家可以把修改评价的方法告诉买家，买家将差评修改为好评的具体操作方法如下。

第 1 步：进入我是卖家个人管理页面，①单击“评价管理”链接，如左下图所示。

第 2 步：②单击“给他人的评价”标签，显示出买家所做出的评价列表；③再单击“修改评价”按钮，如右下图所示。

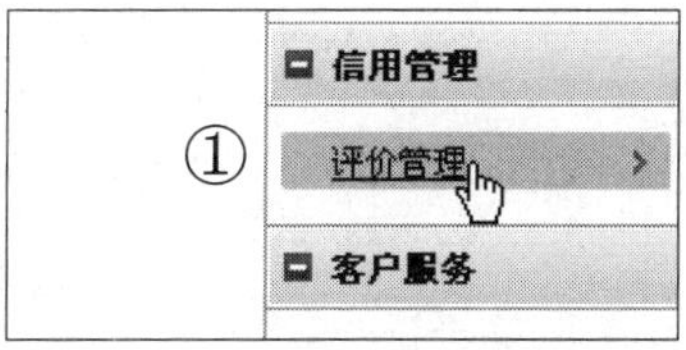

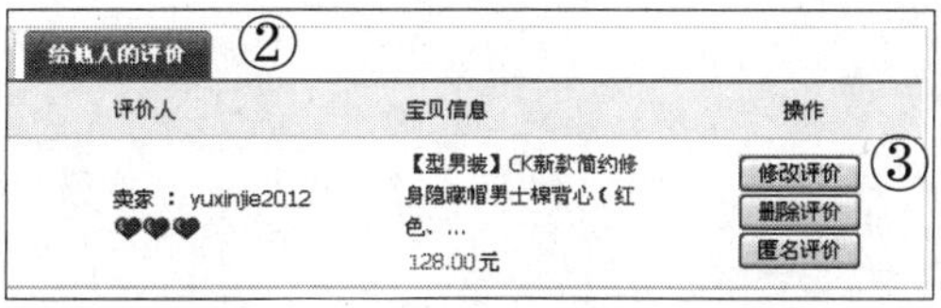

第 3 步：在打开的修改评价页面中默认选中“好评”，①可以在下方输入新的评价内容；②单击“修改”按钮，如左下图所示。

第 4 步：接着在打开的页面中提示评价修改成功，此时就将差评修改成了好评，如右下图所示。

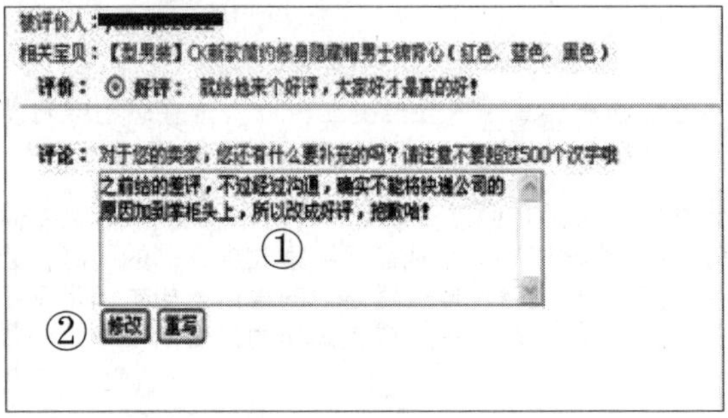

高手指引

平和心态对待评价

如果买家不愿意对评价进行修改，卖家也要保持理性的态度，有少数的几个中评和差评也是可以理解的；利用评价解释功能可以把问题表达清楚，争取后来者的认同。

10.3.4 妥善处理矛盾和冲突

在交易过程中，有时买卖双方发生矛盾和冲突也是不可避免的，如果不妥善解决矛盾和冲突，不但会影响这笔生意，而且会直接影响店铺的信誉度。加入消费者保障计划的卖家更加需要重视交易纠纷的处理，因为参加消费者保障计划的卖家有一定的资金被淘宝冻结，如果问题处理不当，淘宝网可能会使用冻结的保证金对买家进行先行赔付。

如果卖家在网上与买家吵架，可能卖家会占上风，但从长远来看，失败的总是卖家。因为有些买家会发起投诉，甚至在社区中发表不利于店铺的言论，这样的结果是得不偿失的，事实上好评率高的卖家遇到的麻烦未必会少，而是他们懂得如何巧妙的应对冲突，化解矛盾，而不是回避纠纷。可以从以下几个方面多加考虑。

有些买家在交易遇到问题时言语会比较激烈，面对此类买家，卖家则需要保持冷静，尝试站在买家的立场考虑问题，冷静地倾听买家的抱怨。双方的目的是解决问题，在任何情况下都要冷静，即使对方提出无理的要求，切忌不可发火，因为发火对解决问题无济于事，只能火上加油。

积极与买家沟通，找出问题所在，了解买家所抱怨的是商品品质问题，还是物流的原因，或者是卖家的服务问题等。

耐心解释情况，如果责任在卖家，要尽量争取对方的谅解。

找到问题所在之后就可以对症下药解决了，与买家协商并提供若干切实的解决方案，共同解决问题。如果问题实在无法沟通解决，卖家可以适当做些让步。在问题的解决上一定是越快越好，拖的时间越长往往会加重买家的不满情绪。有经验的卖家会提供几种解决方案，供买家选择，并询问买家对解决问题有什么建议，最终采用买卖双方都可以接受的方案。

问题解决后，需要对买家进行回访，了解问题产品的使用情况，增加客户的信任度，同时也可以争取好评，避免投诉。

本章小结

本章详细介绍了如何提供最好的淘宝网店服务。首先带领读者了解与买家沟通技巧，以及怎样应对不同种类型的买家；其次介绍了商品卖出后的售后服务，包括制定退换货政策和维护客服关系，以及如何避免买家退货，同时也制定了合理处理矛盾与冲突方法；最后介绍了作为卖家要坦然面对顾客投诉，以便更好的维护好客服关系。学习本章后可以全面系统地服务买家，赢得更多的顾客和好生意。

11 安全最重要——为网店备一份保险

网店在经营过程中不可避免地要进行资金的运转，其数目有大有小，卖家一定要注意财产安全。尤其对于销量较好的卖家，在网店中流动的资金数额会较大。因而卖家除了要掌握网店经营的种种知识，网络安全知识也必须学习。在本章中，将来讲解如何有效地保障网店与计算机安全，以及相应的安全防范设置。

通过本章内容的学习，读者能够学习如何通过各种有效手段来对淘宝网店进行安全防护，包括病毒、木马的了解、系统安全的防护、安全软件的使用、网银安全，以及账号安全的防护等。学完后需要掌握的相关技能知识如下：

※ 计算机的基础安全知识
※ 使用安全的防护软件
※ 亲自动手保护计算机的安全
※ 捍卫在线网银账户的安全
※ 给淘宝账户加上双保险
※ 网店防骗秘诀

11.1 有必要了解计算机的基础安全知识

计算机的基础安全知识，从认识病毒开始。计算机的病毒是通过某种途径传染并寄生在磁盘特殊扇区或程序中，在系统启动或运行带毒的程序时伺机进入内存，当达到某种条件时被激活，可以对其他程序或磁盘特殊扇区进行自我传播，并可能对计算机系统进行干扰和破坏活动的一种程序。

11.1.1 计算机病毒的危害与表现

计算机病毒是一段程序，它和生物病毒一样，具有复制和传播能力。计算机病毒不是独立存在的，而是寄生在其他可执行程序中，具有很强的隐蔽性和破坏性，一旦工作环境达到病毒发作的要求，就会影响计算机的正常工作，甚至使整个系统瘫痪。

计算机病毒会对操作系统造成直接的破坏作用，例如格式化硬盘、删除文件数据等；同时，计算机病毒也会干扰到用户的正常使用，例如系统运行速度变慢、计算机无故重新启动等。认识并了解计算机病毒的危害性，有利于我们更坚决地预防。一般情况下，病毒会造成以下两种损害。

1. 实施数据破坏

当卖家计算机感染了病毒后，就有可能直接危害到存储在计算机中的重要信息数据。例如，计算机病毒会利用格式化磁盘、改写文件分配表和目录区、破坏 CMOS 设置、强行运行相关程序等“手段”大搞破坏。

而干涉用户的正常操作也是计算机病毒的另一表现，例如强行关机的现象有时就是由计算机病毒引起的。

2. 消耗系统资源

大多数病毒在动态下都是常驻内存的，这就必然抢占一部分系统资源。病毒抢占内存，导致内存减少，一部分软件不能运行，不仅如此，病毒还中断、干扰系统的正常运行。最后的结果就是系统运行缓慢或频频出错，磁盘空间被严重占用，计算机基本处于瘫痪状态。

11.1.2 计算机病毒的传染方式

计算机不运行时不存在对磁盘的读写或数据共享；没有磁盘的读写，病毒不能传入磁盘存储介质、而只能驻留于内存之中或驻留于存储设备之中，不能驻入内存。那么计算机运行就含有很频繁的磁盘读写工作，所以就容易得到病毒传染的先决条件。

一般病毒将在内存中申请一空间，以便常驻内存或为常驻内存程序（TSR），病毒为使自己不被发现，一般不覆盖其他数据，通常病毒程序居于内存高端，其传染方式如下：

（1）驻入内存：病毒要达到传染的目的必须驻留于内存之中，所以病毒传染的第一步是驻留内存。

（2）寻找传染机会：病毒驻入内存之后，首先寻找可进行攻击的对象，并判定这一对象是否可被传染（有些病毒的传染是无条件的）。

（3）进行传染：当病毒寻找到传染的对象并判定可进行传染之后，通过 INT 13H 这一磁盘中断服务程序达到传染磁盘的目的，并将其写入磁盘系统。

总之为了防范病毒的入侵，卖家需要一个全面的、积极的安全威胁管理方法，它应该包括三方面要素：隔离——识别出正在进行的攻击；遏制——防止安全威胁范围扩大；消灭——用合适的补丁程序、杀毒工具等消除迫在眉睫的威胁，同时防火墙和其他反病毒类软件都是很好的安全产品。

11.1.3 木马程序的危害与表现

导致计算机存在安全隐患的还有各种各样的病毒木马，这些广泛流传在网络上的病毒木马稍不留意就会感染到自己的计算机。那么，病毒木马是如何形成并传播的呢？

相对计算机病毒来说，“木马程序”的危害性更大，因为它具有受控性与窃取性。木马程序多数有恶意企图，例如盗取 QQ 账号、游戏账号甚至银行账号等，将本机作为工具来攻击其他设备等恶意行为。

木马与一般的病毒不同，它不会自我繁殖，也不会“刻意”地去感染其他文件。黑客一般将木马伪装成一些普通的文件，然后通过邮件、网页挂马、QQ 发送等方式传播给用户，如果有用户不小心点开这些文件，则计算机就会成为黑客的乐土，它们可以任意毁坏、窃取被感染木马计算机中的所有文件，甚至远程操控这些计算机。

木马是一种自发性的可被用来进行恶意行为的程序，它一般不会直接对计算机产生危害，而是以控制为主。一个完整的“木马”程序包含了两部分，即“控制端”和“被控端”。控制端一般由黑客控制，而被控端通常指中了木马病毒的计算机。

11.2 教你如何使用安全防护软件

在网上开店，仅仅对操作系统实施安全防范设置还不够，最有效的防范计算机病毒木马的方法还是安装专门的安全防护软件。目前可以选择的这类工具软件较多，这里将以 360 安全卫士和 360 杀毒软件为例来进行介绍。

11.2.1 使用 360 安全卫士保障系统安全

360 安全卫士是国内较受欢迎的免费安全软件之一。它拥有查杀木马、清理垃圾及系统插件功能，并有管理应用软件、实时保护系统以及修复系统漏洞等数个安全功能。

1. 进行计算机体检

360 安全卫士是一款免费的防火墙工具，我们卖家可以通过网络下载其安装文件，然后在计算机中安装运行。而 360 安全卫士最为强大的功能，就是可以轻松检测当前计算机运行的好不好，是否安全，对计算机进行全面体检并修复，具体操作方法如下：

第 1 步：先下载安装 360 安全卫士并运行程序，打开“360 安全卫士”界面，单击“立即体检”按钮，如左下图所示。

第 2 步：此时软件会自动开始进行系统检测，如右下图所示。

第 3 步：检测完成后，下方将显示当前的检测项目，单击“一键修复”按钮，如左下图所示。

第 4 步：此时软件会自动开始进行系统的修复工作，如右下图所示。

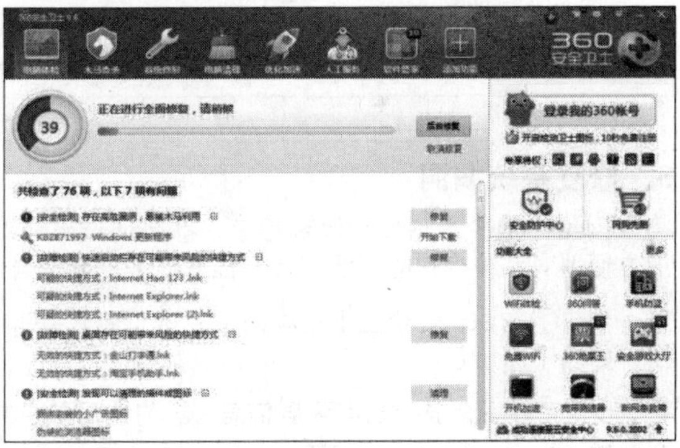

第 5 步：稍后，将弹出提示框，单击“是”按钮，重启计算机完成整个修复过程，如下图所示。

2. 查杀木马

如果计算机感染了木马，就可能出现系统或程序运行故障，甚至个人重要信息被盗，因而用户应当定期使用 360 安全卫士对木马进行扫描并查杀，其具体操作方法如下。

第 1 步：①在 360 安全卫士主界面中单击“木马查杀”图标；②单击“全盘扫描”按钮，如下页左上图所示。

第 2 步：此时，360 安全卫士开始扫描计算机所有文件是否存在木马，如下页右上图所示。

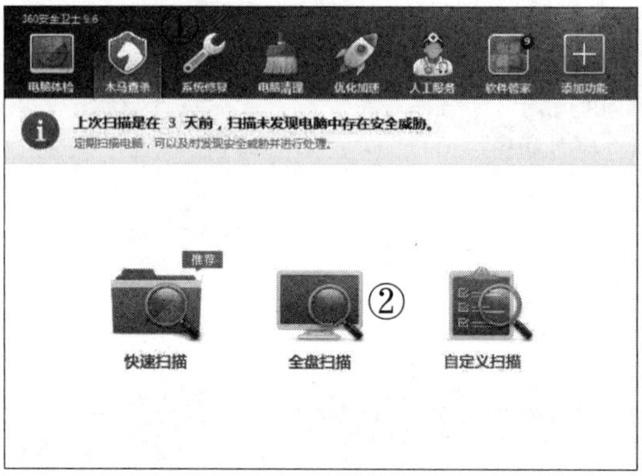

第 3 步：扫描完成后发现有安全威胁，①单击“立即处理”按钮，进行处理，如左下图所示。

第 4 步：弹出提示对话框，②单击“好的，立刻重启”按钮，完成处理，如右下图所示。

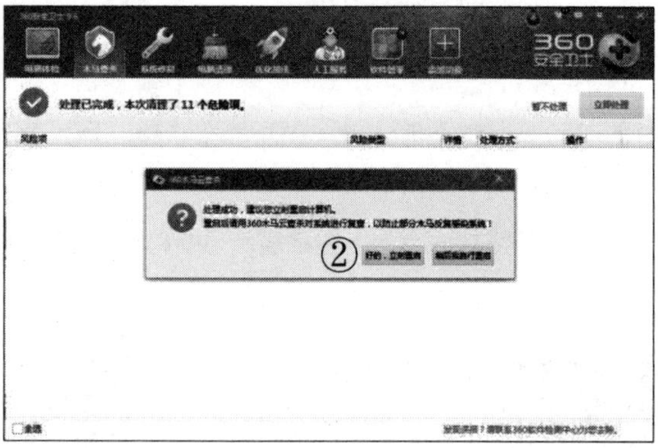

3. 修复系统漏洞

网络中很多木马或者黑客程序，都是通过系统漏洞对计算机进行攻击的，使用 360 安全卫士，可以更加方便地对系统存在的漏洞进行扫描并修复，其具体操作方法如下。

第 1 步：①在 360 安全卫士主界面中单击“修复漏洞”图标；②打开漏洞修复页面后，单击“漏洞修复”按钮，如左下图所示。

第 2 步：完成后会显示当前漏洞信息，③勾选后单击右侧的“立即修复”按钮进行修复；如无漏洞则单击“返回”链接即可，如右下图所示。

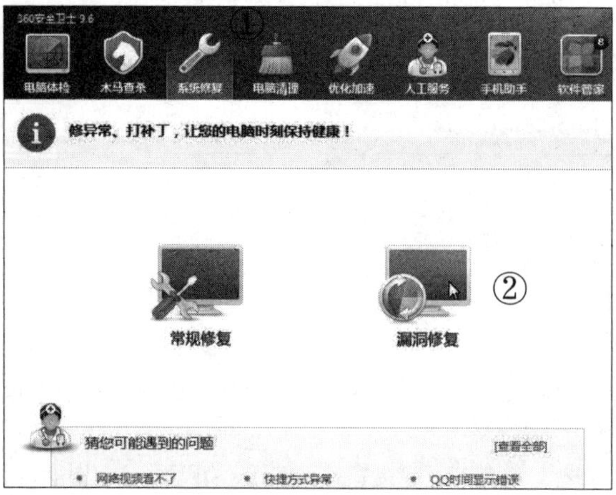

11.2.2　使用 360 杀毒软件查杀病毒

360 杀毒是 360 安全中心推出的一款免费的云安全杀毒软件。它具有查杀率高、资源占用少、升级迅速等特点。最重要的是永久免费供用户使用，使用 360 杀毒软件，查杀病毒，具体操作方法如下。

第 1 步：运行 360 杀毒软件，单击“全盘扫描”按钮，如左下图所示。

第 2 步：稍后，360 杀毒开始全盘扫描计算机，如右下图所示。

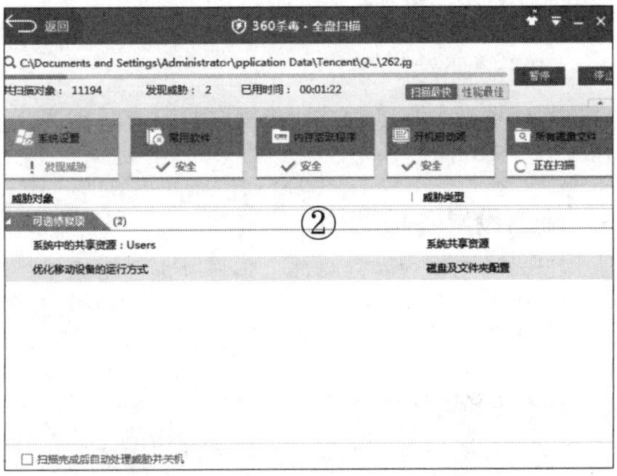

第 3 步：扫描完成后，①单击勾选下方的“全选”复选框，全部勾选需处理的威胁；②单击“立即处理”按钮，如左下图所示。

第 4 步：稍等片刻，即可成功处理所有发现的威胁，③单击“确认”按钮即可，如右下图所示。

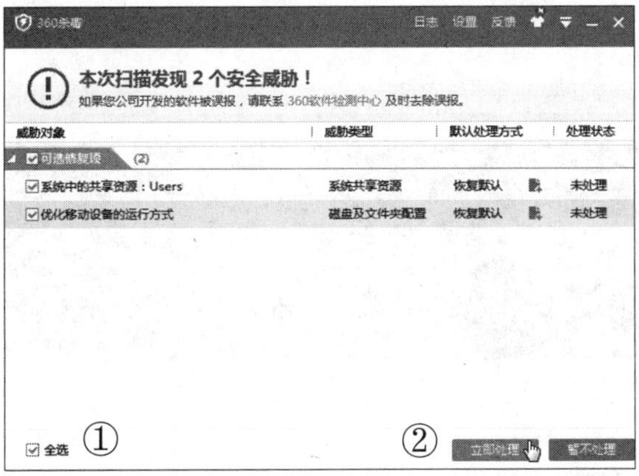

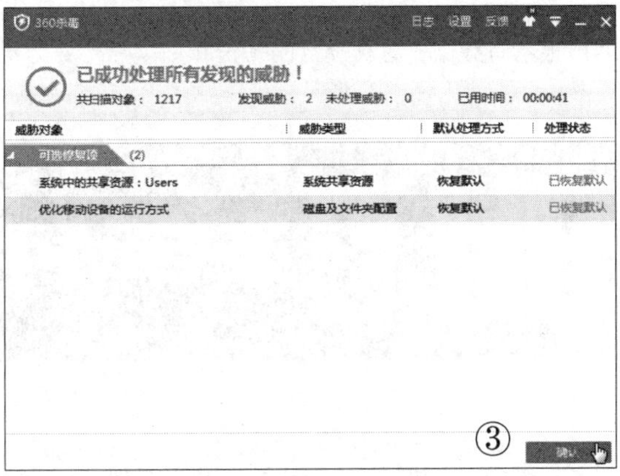

> **高手指引**
>
> **扫描指定磁盘或文件（夹）**
>
> 若只需要对计算机中某个指定的磁盘或文件（夹）进行病毒扫描时，在“360 杀毒”首页单击“自定义扫描”按钮，弹出“选择扫描目录”对话框，单击选择某个指定的对象后，单击“扫描”按钮，即可单独对其进行扫描。

11.2.3　使用杀毒软件注意事项

几乎每个用计算机的人都遇到过计算机病毒，也使用过杀毒软件。有些用户虽然安装了杀毒软件，但是由于使用不当，从而影响了查杀病毒的效果。下面介绍在使用“杀毒软件”保护计算机过程中应该注意的一些问题。

1．偷懒不升级

有些用户认为将杀毒软件安装在自己的计算机中，就万事大吉了，其实忽略了最为关键的一环，那就是升级。一旦有新的病毒发作，杀毒厂商会第一时间对病毒进行剖析，扩展自己的病毒库。所以，如果仅凭起初安装的杀毒软件来杀毒，肯定在成效上大打折扣。换句话说，杀毒软件中的病毒库是动态的，随时会添加新的病毒查杀程序，如果不及时升级，那就有问题了。

用户不升级大多是怕麻烦，其实，随着反病毒技术的不断提高，软件升级已经不再像以往那么繁琐了。以 360 杀毒软件 2014 V10.0 为例，只要在功能设置中把升级时间设置好，它就会自动从 360 主页上下载升级程序，根本不需要其他操作。

2．忽略对邮件的保护

病毒通过电子邮件进行传播，早已不是新闻。而邮件又是我们卖家必需的工具，对邮件良好的实时监控就显得格外重要了。

3．疏忽设置各项功能

目前的杀毒软件都有许多备选功能，忽略了杀毒软件的各种设置，就会使杀毒软件的功效大打折扣。例如：在 360 杀毒软件 2014 V10.0 版中就可以进行定时查杀病毒、查杀未知病毒、实时监控等多项功能，如果在使用软件前能够很好地设置好相关的功能，会大大提高对病毒的防范能力。

4．轻信网络的安全性

任何一个网络都不是绝对安全的，正确使用防火墙功能，可以加强网络的安全性。防火墙能有效地监控任何网络连接，如 ISDN 接入、普通 Modem 拨号上网、代理等。通过过滤不安全的服务，极大地提高网络安全和减少主机被攻击的风险，使系统具有抵抗外来非法入侵的能力，保护数据的安全。

5．轻视数据备份

硬盘上的程序和数据对于每一个计算机使用者来说都是十分重要的，硬盘数据的丢失无疑会造成损失。尤其在病毒日益猖獗的今天，许多病毒都选择硬盘作为破坏目标，如幽灵病毒和 CIH 病毒，在发作时会顷刻间毁掉所有数据，这样硬盘的备份和恢复显得更为重要。

11.3 亲自动手保护计算机的安全

如今越来越多的人在网上购物，但还有人持观望态度，其中一个重要的因素就是安全问题，很多人担心银行账号、密码被盗。使用防火墙、设置开机密码等都能保护计算机安全。

11.3.1 使用 Windows 自带的防火墙保障开店安全

Windows 防火墙是 Windows 7 中内置的防火墙程序，用于控制系统中的程序对网络的访问，有效防止恶意程序通过网络入侵系统，从而确保计算机数据与信息的安全。开启 Windows 防火墙，保护计算机系统，具体操作方法如下。

第 1 步：①打开“所有控制面板项”窗口，单击“Windows 防火墙”选项，如下页左上图所示。

第 2 步：②进入“Windows 防火墙”界面，单击左侧的“打开或关闭 Windows 防火墙”链接，如下页右上图所示。

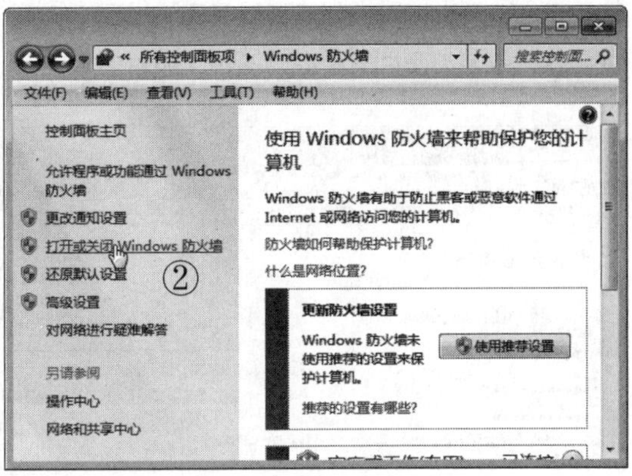

第 3 步：进入“自定义设置”界面，①分别在“家庭或工作”与“公用网络位置设置”区域中选中“启用 Windows 防火墙”单选按钮，②单击“确定”按钮，如左下图所示。

第 4 步：返回到“Windows 防火墙”界面后，可以看到针对“专用网络”与“公用网络”的防火墙已经全部开启，如右下图所示。

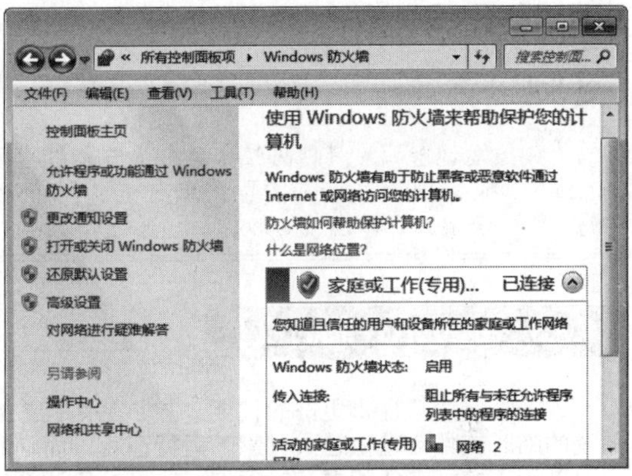

11.3.2 用开机密码为计算机上锁

一台上网的计算机如果不设开机密码，就等于敞开了大门，黑客用一些 IP 扫描工具，可以轻松地入侵，获得管理员权限，执行计算机上的任意操作，如果有足够复杂的开机密码，可以有效地阻止外来的入侵，设置账户开机密码，具体操作方法如下。

第 1 步：打开“所有控制面板项”窗口，①单击“用户账户”选项，如左下图所示。

第 2 步：进入“用户账户”界面，②单击“为您的账户创建密码”链接，如右下图所示。

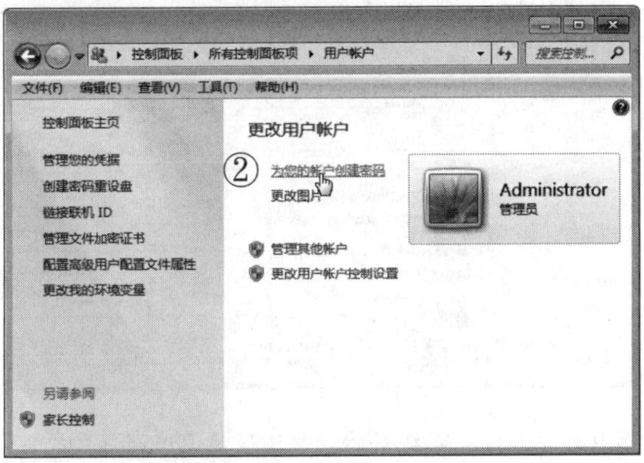

第 3 步：①为当前账户创建密码及密码提示；②单击“创建密码”按钮，如左下图所示。

第 4 步：即可为账户添加密码保护，如右下图所示。

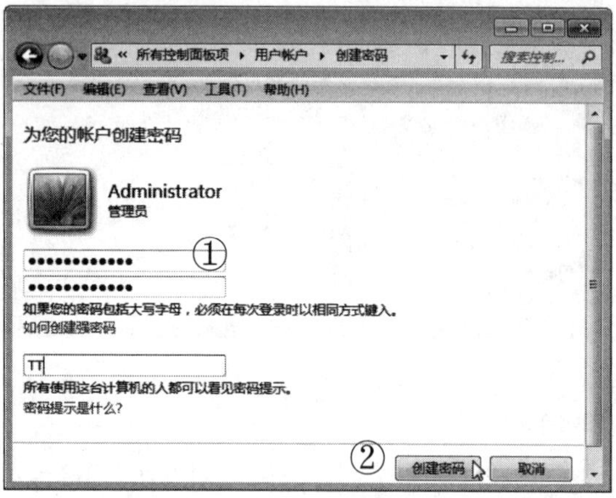

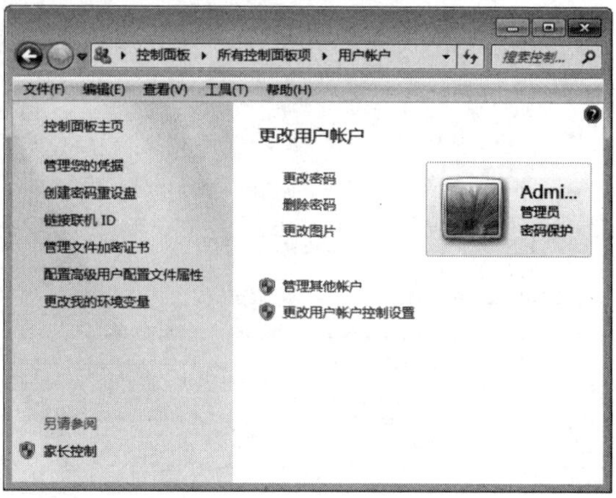

高手指引

更改账户密码

如果发现密码被其他人知道了或者先前的密码不方便记忆，这时可以更改密码。选择需要更改密码的账户，在其“更改账户”界面中单击左侧“更改密码”链接，输入新密码、确认密码，以及密码提示（密码提示可选填），单击“更改密码”按钮即可。

11.3.3 定期清理临时文件

Windows 为了提供更好的性能，往往会采用建立临时文件的方式加速数据的存取。随着使用时间的增长，系统的临时文件会越来越大，影响运行速度。而临时文件又是很多病毒隐藏的地方，定期清理临时文件，不仅可以清理垃圾文件和潜在的病毒，还可以使计算机运行速度保持在比较快的水平上。清理临时文件的具体操作步骤如下。

第 1 步：打开“计算机”窗口，①单击选中 C 盘；②单击“属性”选项，如左下图所示。

第 2 步：打开该磁盘属性对话框，③在“常规”选项卡中单击“磁盘清理”按钮，如右下图所示。

第 3 步：此时，系统开始计算该磁盘可以释放的空间，如下页左上图所示。

第 4 步：①在弹出的对话框中单击勾选“要删除的文件”类型前的复选框；②单击“确定”按钮，如右下图所示。

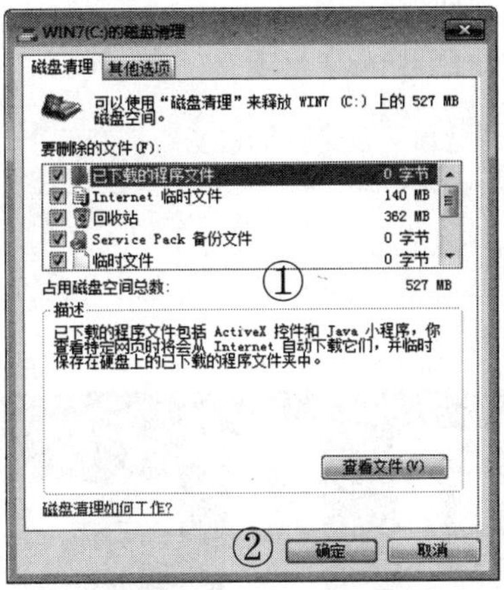

第 5 步：单击“删除文件”按钮，确定要永久删除这些文件，如左下图所示。

第 6 步：开始清理计算机上不需要的文件，如右下图所示。清理完成后对话框会自动关闭。

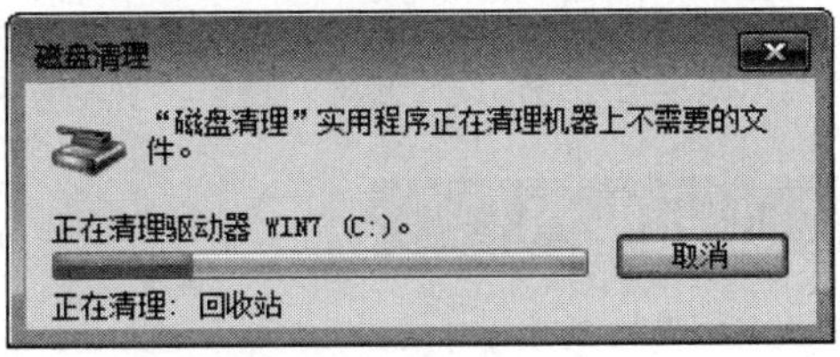

11.3.4 设置 IE 浏览器安全级别

IE 浏览器是上网常用到的工具，用户登录自己的网店也经常要用到 IE 浏览器。在使用浏览器时，我们一般采用的是其默认设置的安全级别，由于开网店对于安全要求比较高，因此，我们可以自己重新进行设置，将浏览器的安全级别调整得更高一些，具体操作方法如下。

第 1 步：打开浏览器，按 Alt 键，显示出菜单栏，①单击打开“工具”菜单，②执行“Internet 选项”命令，如左下图所示。

第 2 步：打开“Internet 选项”对话框，③单击“安全”选项卡；④单击“默认级别”按钮；⑤拖动“安全级别”滑块至“高”处；⑥单击“确定”按钮应用设置，如右下图所示。

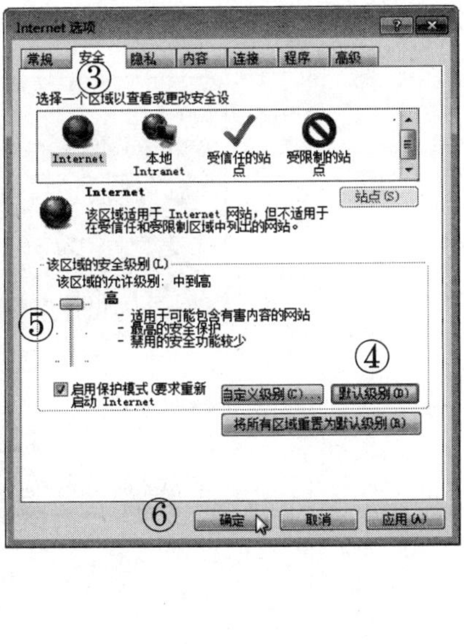

高手指引

设置安全级别的注意项

IE 浏览器可供选择的安全级别有四个：低、中低、中、高。默认情况下 Internet 的级别为“中”，如果设置为“高”之后，浏览的安全能够得到保障，但是有可能出现无法下载文件、网上银行不能正常使用等情况，此时可以通过单击右下方的“自定义级别”按钮，来单独调整一些选项，如下载等。这样就可以兼顾安全和使用正常了。

11.4 誓死捍卫在线网银账户的安全

在网上交易过程中，不论是付款、提现或者为支付宝充值，都必不可少地要使用到网上银行，因而对网银的安全防范也是非常重要的。目前各大银行的网银都推出了一系列安全措施，常用的主要有电子口令卡与 U 盾（不同银行名称不同）两种，我们在使用网银时，为了安全起见，最好采用任意一种支付安全方式。

11.4.1 使用电子口令卡

电子口令卡是银行针对网银用户提供的一项支付安全措施，在开通网银时可以免费申请电子口令卡。在电子口令卡中，包含行列交叉的密码组合，如下图所示为工商银行电子口令卡，分别提供了 10 列 8 行的密码表格。

当登录到网银并进行付款或转账操作时，除了需要输入支付密码外，还需要根据提示输入对应的电子口令卡密码才能继续操作。一般网银需要的电子口令密码为两个序列组合，也就是 6 位密码，如提示“D8G3”，则需要按顺序输入 D8 与 G3 序列中的各 3 位密码，如下图所示为使用网银支付时要求输入电子口令卡密码。

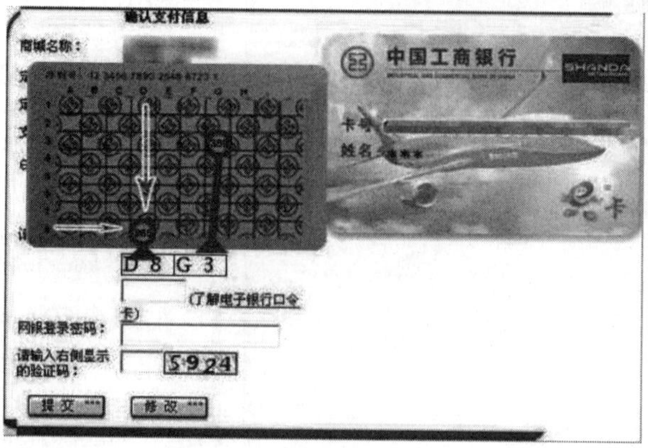

11.4.2 使用银行推出的 U 盘型加密卡

各银行依据各自技术实力的不同，对于各自的网银建设也不尽相同。有的直接以控件形式安装后，用户在 IE 浏览器登录后进行操作即可；也有需要用户下载专用网银客户端进行操作，U 盾（或 U 宝）是目前各大银行推出的一项硬件加密服务，其外观与我们常见的 U 盘相识，其中存储了账户关联的加密信息，当客户使用网银支付或交易时，必须将 U 盾插入到计算机中，并输入 U 盾密码才能继续交易。如下图所示为部分银行 U 盾的外观。

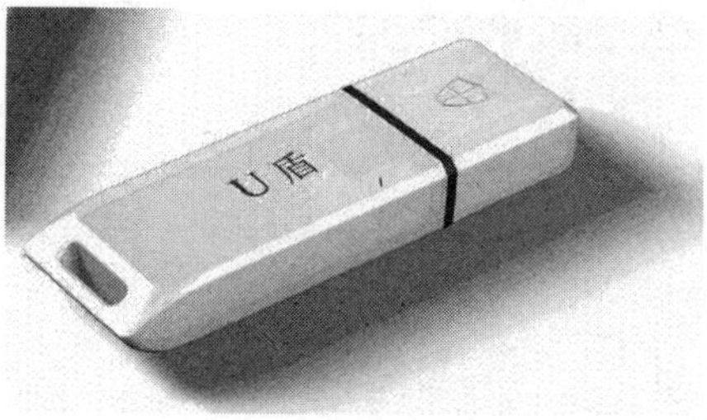

U 盾是目前最安全的加密方式，即使用户银行账户密码被盗，那么对方在没有 U 盾的情况下是只能对账户查询而无法对资金进行操作的。同样如果我们丢失了 U 盾，那么也无法动用自己账户的资金了。

除此之外，现在很多银行都提供了交易短信通知、邮件提醒、手机银行等便捷的网银服务，网银用户可以充分利用银行的这些服务来掌握自己的财务消费状态，起到跟踪防范的作用。

> **高手指引**
>
> **U 盾的定义**
>
> 由于 U 盘型加密卡都是通过加密后的 U 盘作为介质，所以很多用户也把银行的各种类型加密卡都统称为 U 盾。

在申请网上银行时即可向银行柜台提出申请U盘型加密卡，根据银行不同可能会收取不等的设备服务费；也有部分银行推出免费领取的活动。建议网上开店的卖家都申请这种硬件级的网银加密服务，以保证自己经营资金的安全。

11.5 给我们的账户加上双保险

在淘宝网开店，淘宝账户的安全当然不可忽视。为了进一步保障淘宝账户的安全性，可以登录到账号管理页面下，实施淘宝账户的一系列安全设置。

11.5.1 设置淘宝账户安全问题

安全问题是最常用的密码保护方式，淘宝允许用户设置三个密码保护问题，当忘记或遗失密码后通过安全问题即可找回密码。设置淘宝账户安全问题具体的操作方法如下。

第 1 步：打开我的淘宝，①在账号管理栏目下单击“安全保护问题”选项；②单击“立即设置”链接，如下页左上图所示。

第 2 步：③输入证件号码；④设置三个问题及答案；⑤单击“下一步”按钮。如下页右上图所示。稍等片刻，在打开的页面中即会告知用户设置成功。

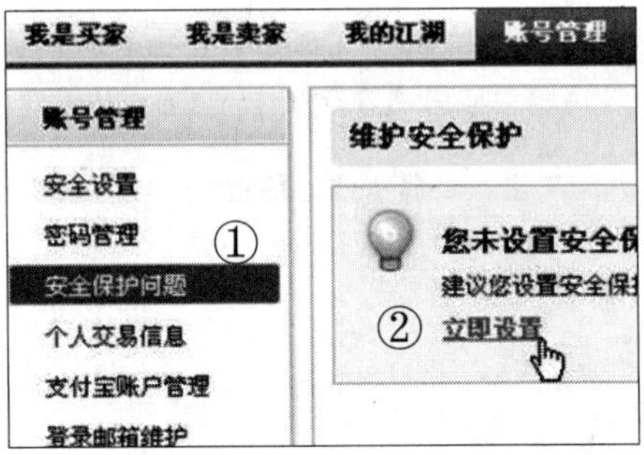

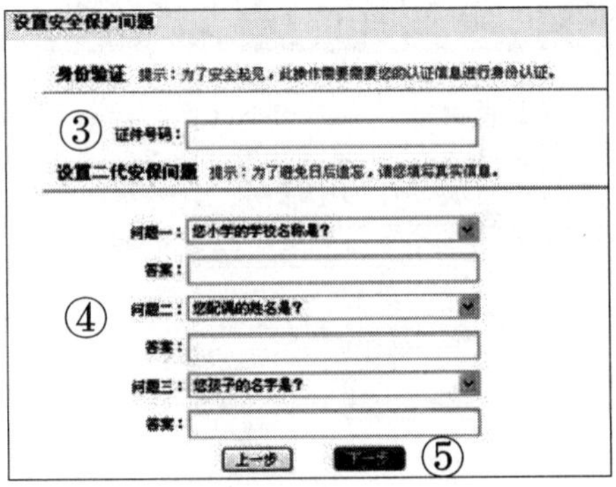

高手指引

安全问题设置注意项

当采用安全问题保护淘宝账户时，我们必须要牢记自己所选的问题，以及所设置的答案。

11.5.2 将淘宝账户与手机绑定

卖家们可以将自己的手机与淘宝账号绑定，绑定后即使密码遗失，也可以通过手机短信方便地找回密码，而且绑定手机后，还能够享受来自淘宝网的各种其他服务，如手机登录、手机动态密码等。绑定手机账号，具体操作方法如下。

第 1 步：①进入“账号管理”页面后，单击页面下方的“手机绑定”区域中的“绑定”链接，如左下图所示。

第 2 步：②在打开的页面中选择通过“手机效验码 + 支付密码”，单击“立即添加”按钮，如右下图所示。

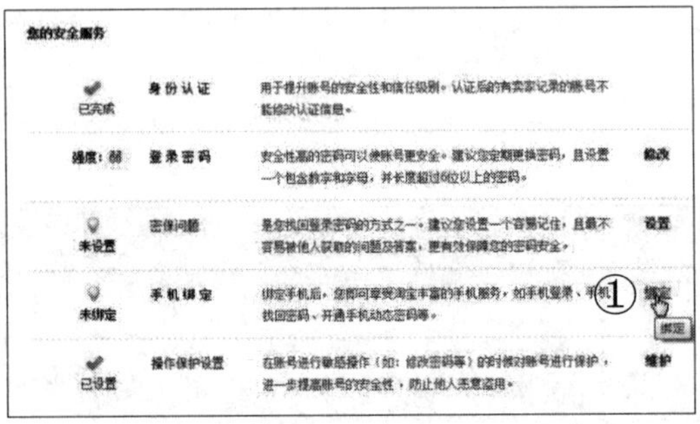

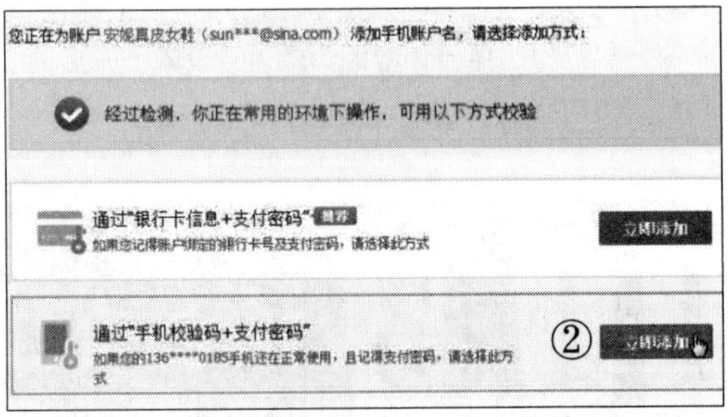

第 3 步：①接着在打开的页面中输入要绑定的手机号码与验证码及支付密码；②单击“下一步”按钮，如下图所示。

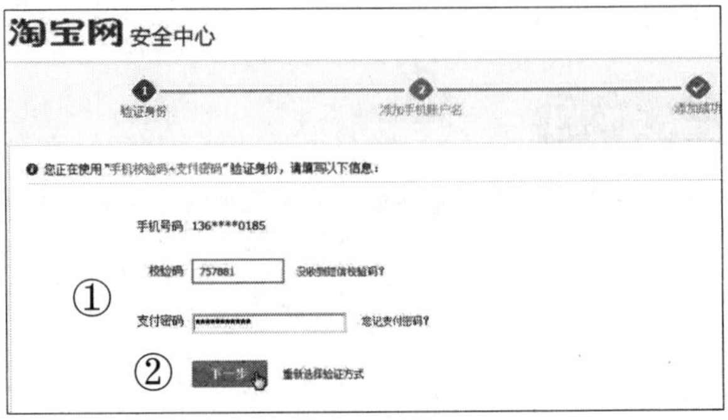

第 4 步：如果输入的验证码无误，接着将会返回到“安全信息”页面，在“账号登录信息”区域中即会显示绑定后的手机号码。

11.5.3 修改支付宝密码

我们知道，通过支付宝支付密码，就可以任意动用支付宝账户中的资金，因此为了支付宝中资金的安全，建议定期对支付宝密码进行修改。

第 1 步：①进入到“我的支付宝”界面，单击右上角的“安全中心”选项，如左下图所示。

第 2 步：②进入到账户管理页面，在页面中单击“支付密码”后的“修改”链接，如右下图所示。

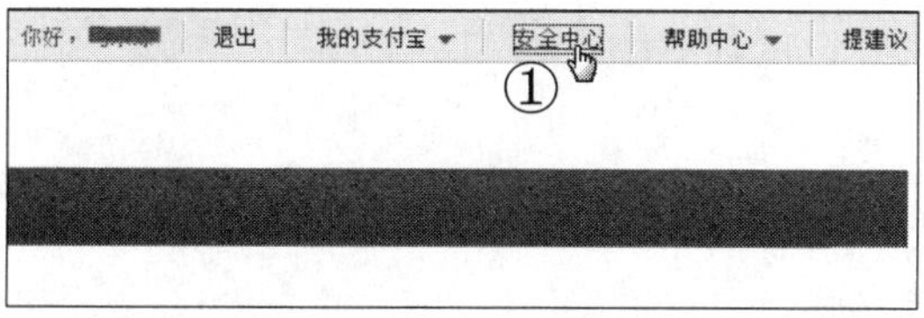

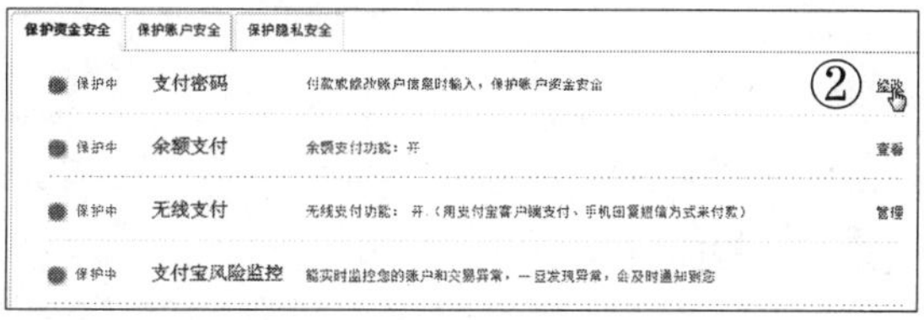

第 3 步：进入到相应的密码修改页面，分别输入修改前的旧密码，以及修改后的新密码，单击“确定”按钮。

第 4 步：在打开的页面中告知用户密码修改成功，下次登录或使用支付宝时，就需要使用修改后的密码了。

11.5.4 重置登录密码

忘记淘宝账号当前登录密码时，可以通过绑定的手机号码或设置的密码保护功能解决，但并不是找回之前的密码，而是设置新密码，具体操作方法如下。

第 1 步：①在淘宝网会员登录页面中单击“忘记登录密码”链接，如左下图所示。

第 2 步：②进入“找回密码”页面，在“会员名”框中输入要找回密码的淘宝账号和验证码；③单击“下一步”按钮，如右下图所示。

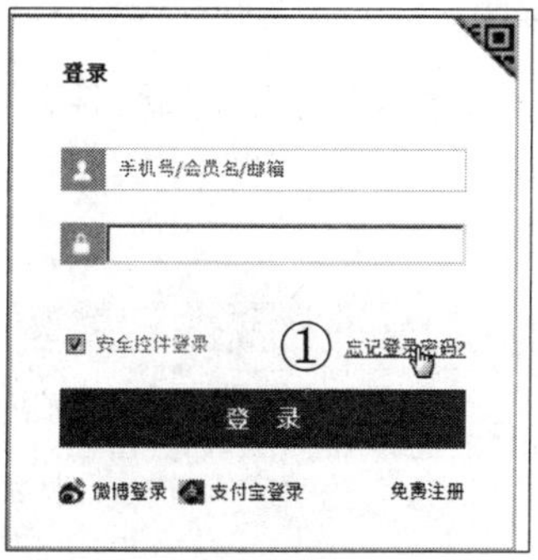

第 3 步：打开的页面中提供了两种找回密码方式，这里选择用手机校验码 + 证件号码找回，单击“立即找回”按钮，如下页上图所示。

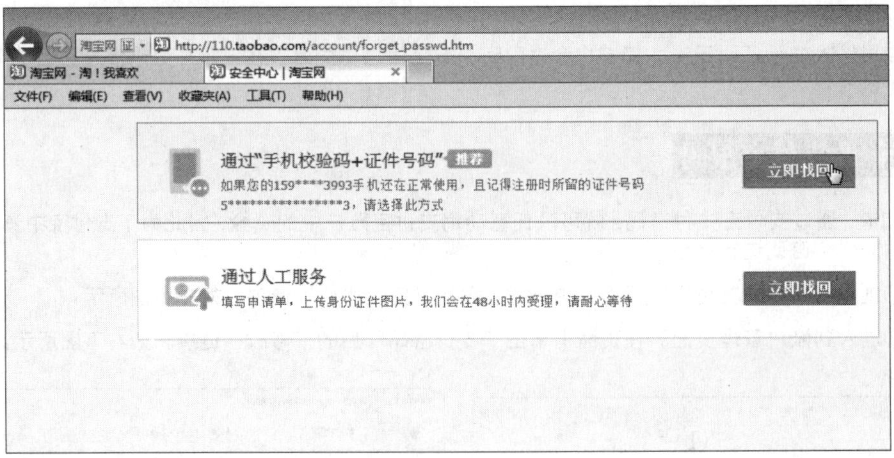

高手指引

如何正确选择找回密码的方式

忘记登录密码后，如果要找回，选择方式应按照申请账号时所选择的方式，如果选择的方式与原来设置的不同，则不能重新设置新密码。

第 4 步：①进入到验证的页面，单击“点此免费获取”按钮，如左下图所示。

第 5 步：②在验证页面中输入手机校验码和身份证号码；③单击“下一步”按钮，如右下图所示。

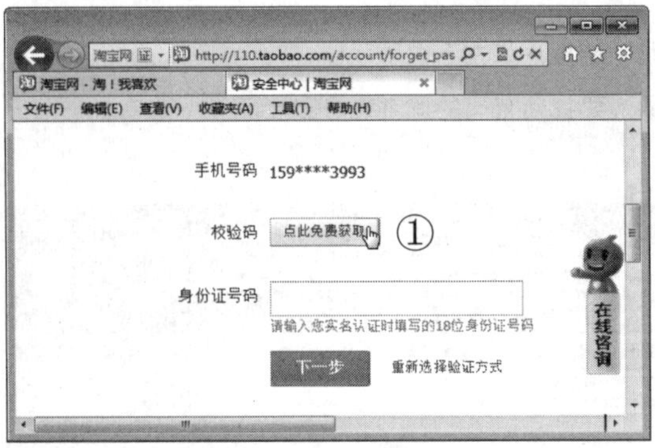

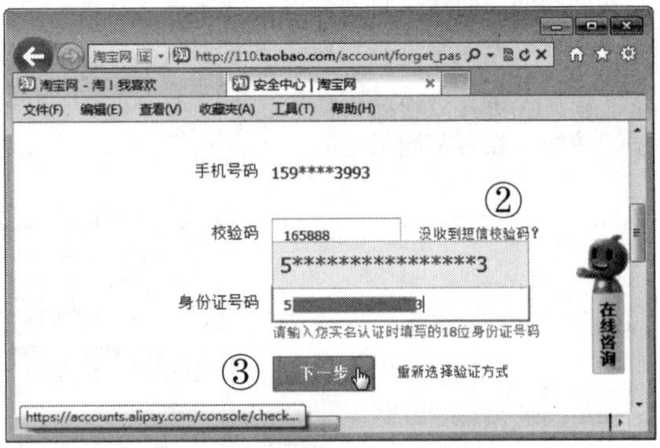

第 6 步：①进入到重新输入密码的页面，在新的登录密码和确认新的登录密码框中输入密码；②单击“确定”按钮，如左下图所示。

第 7 步：经过以上操作，即可重新设置好淘宝账号的登录密码，如右下图所示。

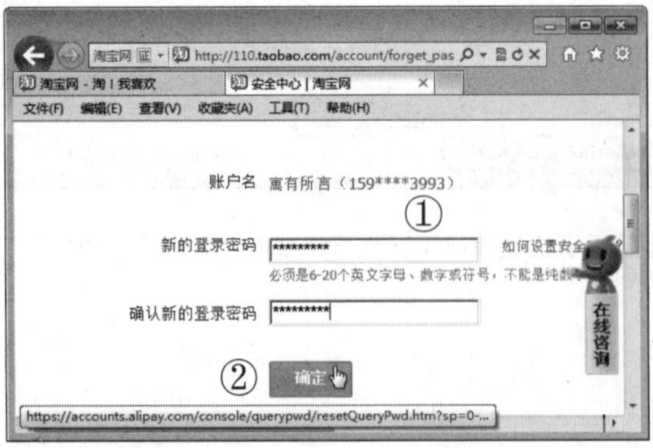

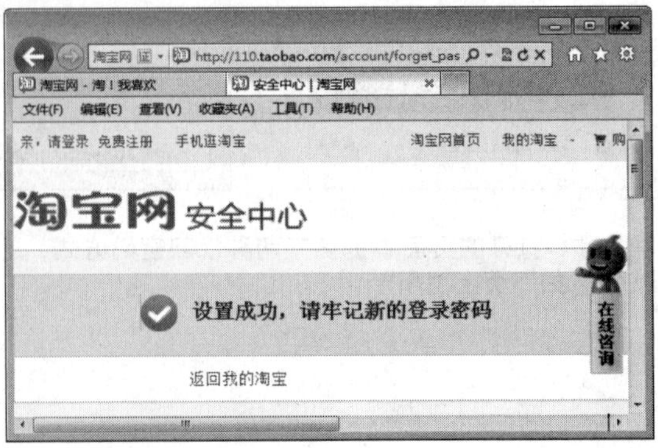

11.5.5 安全管理网上淘宝账号

安全管理网上淘宝账号的方法有很多种，只需要你稍加关注即可发现，本小节为大家简单介绍以下几种有效管理网上淘宝账号的方法。

1．开启登录保护

在淘宝账号管理页面的安全设置栏目中，有一个“操作保护设置”功能，当启用这个设置以后，可以为淘宝各项操作开启“登录保护”功能，如下图所示。这样万一自己的账号被盗，骗子要是在异地登录，就需要手机验证或者数字证书的验证。很显然他是不能通过验证的，这样对方也就不能登录自己的账号进行不友好的行动了。

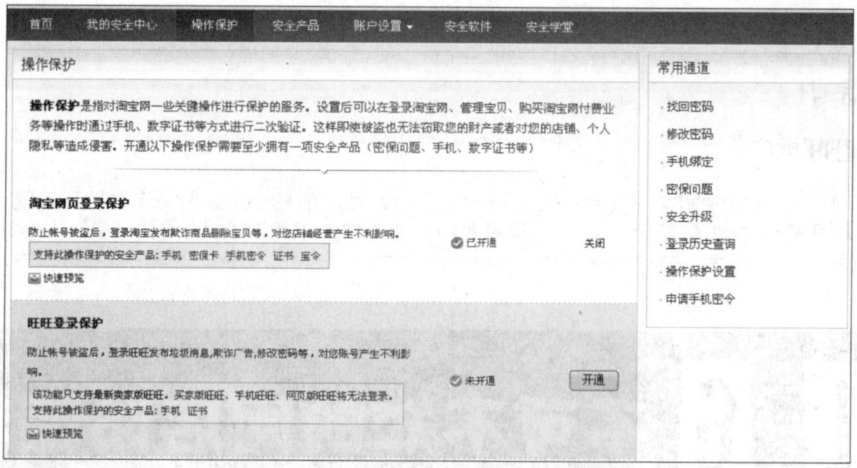

2．定时修改密码

为了以防万一，建议广大的淘宝卖家养成定时修改密码的习惯，如果觉得难以记忆，可以自己记下1～2个密码，然后按月或者半年的方式更换一次，这样就可以更大程度地让自己的淘宝账号更加安全，让黑客无从下手。

3．使用淘宝110报警中心

为了保护所有买家、卖家的信息安全，淘宝有独立的阿里安全中心 http://110.taobao.com/，所有用户都可以定期进入该频道了解相关的安全信息，特别是“安全学堂”，如下图所示。这里包含了很多买家卖家的被骗案例，以及防骗技巧、知识等，可以大大提高大家的防范意识。

4．不要轻信帮派信息

目前淘宝的帮派可以自由申请，这样为一些不法分子开通了特殊渠道，一些帮派打着招商、推广的旗号，收集广大卖家信息，让卖家们准备产品进行推广，而当卖家们加入活动并向帮派提供商品以后，该帮派可能解散或被淘宝查封，这样自己的商品就不能即时取回，如下图所示。

高手指引

不要轻信旺旺推广

与此类似，还有很多淘宝旺旺会不时发送一些促销、推广信息，卖家们一定要擦亮双眼，看清是否官方通知，不要轻信这类谣言避免上当。如果消息中有非淘宝链接的地址，更需要谨慎，以免中毒或被骗。

11.6 不可不知的网店防骗秘诀

随着网络信息技术的发展和电子商务的普及，网上购物与销售给我们带来了实实在在的方便。无论在家里、办公室，还是在旅途中，只要能够上网，我们就可以销售或购买商品，但是随之而来的诈骗、诚信问题已经成为了网上购物发展的一个毒瘤。如何保证网上交易的安全呢？这是越来越多的人关心的问题，其实只要知道一些基本技巧，有足够的安全防范意识，就不用再为安全问题担心。

11.6.1 常见骗术大揭露

随着网上店铺的迅猛发展，网络诈骗也随之普及，下面总结了网上常见的、具有代表性的诈骗形式，提醒卖家谨防上当受骗。

1．不安全的网址不要进入，防止账号被盗

防止账号被盗，特别提醒卖家：不安全的网址不要进入，更不要输入任何账号和密码。骗子惯用的手法："这件商品有货吗？"，"你的这个商品链接怎么打不开？"，然后发过来一个网址，和淘宝的商品链接很类似。这种情况下一定不要随意的进入。

高手指引

账号被盗的危害

骗子将删除店铺中的所有商品，即使账号被找回你也要重新的上架原来的商品。

骗子将利用你的账号发布欺诈商品，你的很多买家有可能被诈骗，认定你为骗子，导致流失大批的客户。

2. 发货在先陷阱多

卖家在交易时，切不可着急发货。有的买家谎称自己不会使用支付宝，收到货后用银行卡汇款，只要货一发出，买家就人间蒸发。一定要强烈要求支付宝付款或款到发货。

谎称付款：卖家切记在发货前要查看交易状态，买家是否付款。有些买家在旺旺上留言谎称已付款，有些粗心的卖家不看交易状态就轻易相信，造成损失。

传真假汇：有些买家把银行的汇款单传真过来，卖家要在查清汇款是否到帐后再发货，因为有些传真来的汇款单是假的。

3. 同城交易有猫腻

有的买家与卖家同城交易后，却申请支付宝退款，理由是"没有收到货"，卖家自然是无法提交发货凭证的，只好吃哑巴亏。

提醒卖家：为了杜绝任何受骗的可能，同城交易时最好让对方写下收据，并防止假钞。

4. 退货之后藏隐患

如果买家要求退货，一定要在收到货后再退款。如先退款，可能再也见不到你的货了。一定要严格按流程走，收到退货后再退款或换货，为了防止买家在货物上做手脚，一定要在快递员送到时当面拆开，确认货物没问题，再签字。

5. 木马钓鱼网站搞破坏

所谓"钓鱼网站"是一种网络欺诈行为，指不法分子利用各种手段，仿冒真实网站的 URL 地址以及页面内容，或者利用真实网站服务器程序上的漏洞在站点的某些网页中插入危险的 HTML 代码，以此来骗取用户银行或信用卡账号、密码等私人资料。在淘宝中用钓鱼网站的骗术有以下几种。

（1）在骗子卖家的店铺中购买了商品后，会说你需要在另外一个网站提交一份订单才会给你发货。一定要长个心眼，你去他的网站下了这样的订单就等于告诉骗子你的账号和密码。

（2）骗子拍下卖家的商品，借口说没有支付宝，不放心和卖家交易，需要卖家在另外一个担保网站下个担保，否则就不予交易。这是骗子盗取账号密码的伎俩。不要轻易在其他网站提交你的淘宝账户和银行账户的任何信息。

（3）邮件欺诈：骗子买下商品，申明已经付款，让卖家查收邮件看看是否已经付款。一旦店主单击了邮件中的链接，输入账号密码，账号立刻泄露。

（4）骗子声称已用网上银行转账付款成功，且信誓旦旦让卖家查询是否到款。注意提防骗子伪造银行页面进行盗号。一定要熟悉各类银行网址，谨防被骗。

（5）骗子伪装成卖家，给会员发送带有木马病毒的文件。如果单击了，很可能账号、密码就会被盗取。警惕接收一切可疑文件，避免计算机被木马、病毒侵袭。

6. 中奖信息诈骗

骗子通过 QQ、淘宝旺旺等网络聊天工具，以及网络在线游戏、电子邮件等途径，向网友群发虚假中奖信息，提示人们登录活动网站主页或拨打咨询热线及时领取奖金。而当你拨打领奖热线后，对方会告知须先交个人所得税或缴纳邮寄费用等款项，致使一些不明真相的网友受骗。

11.6.2 在线网银的防骗技巧

随着网络技术的普及，越来越多的人开始利用网上银行来处理个人资产，转账、支付或交易。但是，网络安全性又成了不少人的担忧。为尽可能地保障资金安全，避免不必要的损失，下面总结了 9 条防范招式，希望能对广大网银用户在进行风险防范时有所帮助。

1. 核对网址

要开通网上银行功能，通常事先要与银行签订协议。进行网上购物或进入网上银行交易时，应留意核对所登录的网址与协议书中的网址是否相符。不要从来历不明的网页链接访问银行网站。谨防假网站索要账号、密码、支付密码等敏感信息，银行在任何时候都不会通过电子邮件、短信、信函等方式要求客户提供账号、密码、支付密码等信息。

2．安装正版杀毒软件，定时更新

经常对计算机进行更新，把系统补丁补齐，装防火墙和杀毒软件。要注意升级查毒，发现了及时处理，保护好计算机的安全性。

3．避免在公用计算机登录网上银行

最好不要在公共场所，如网吧、公共图书馆等其他计算机上登录账号，万一计算机上有木马程序，时刻要提高警惕。上网之后最好清理一下上网记录，不建议使用记住密码，不要因为每次输入密码而感到麻烦，还是多动动手，账号安全最重要。

4．设置安全性高的密码

注意保护好自己的密码，密码设置建议用数字加字母，增强密码的安全性。千牛的登录密码、支付宝登录密码、支付密码在设置的时候一定要慎重，最好是三个密码不要一样。密码是绝对私人所有的，不要轻易告诉别人。尽量避免在不同的系统使用统一密码，否则密码一旦遗失，后果将不堪设想。

5．管好数字证书

不管是网上银行还是支付宝账号，都有推出安全性能极高的数字证书，这是目前保障账号安全最有力的方式之一。目前银行的数字证书一般需要花钱购买；支付宝的数字证书只要通过实名认证就可以免费申请的。

6．交易明细定期查

应对网上银行办理的转账和支付等业务做好记录，定期查看“历史交易明细”，定期打印网上银行业务对账单。这样能做到尽早发现问题，及时解决。

7．及时确认异常状况

如果在陌生的网址上不小心输入了银行卡号和密码，并遇到类似“系统维护”之类的提示，应当立即拨打相关银行的客户服务热线进行确认。万一资料被盗，应立即进行银行卡挂失和修改相关交易密码。

8．运用各项网上银行增值服务

如可以申请开通银行的短信服务，无论存取款、转账、刷卡消费，还是投资理财，只要账户资金发生变动，在第一时间就能收到手机短信提醒，以实现对个人账户资金的实时监控。如发现异常，应立即与银行联系，避免损失。

9．坚持“四不”原则，提高防范意识

（1）不轻信。一般银行或公共事业单位不会直接致电持卡人交谈涉及费用的问题，更不会直接“遥控指挥”持卡人去 ATM 等没有银行工作人员在场的地方进行转账。

（2）不回应。对可疑的电话或短信不要回应，应直接致电相关公共事业单位或发卡银行客服热线询问。

（3）不泄露。注意保护身份资料、账户信息，而且任何情况下，也不要泄露银行卡密码。

（4）不转账。为了确保银行卡资金安全，对陌生人“指导”进行 ATM 或网上银行转账要谨慎，谨防上当受骗。

本章小结

本章详细介绍了淘宝网店的相关安全设置，首先带领读者了解计算机的基础安全知识。其次介绍了如何进行系统安全的设置、以及杀毒软件的使用。最后介绍了如何进行网银和淘宝账户的安全设置，学习本章后可以全面系统地了解淘宝网店安全防护知识，为自己打造坚不可破的网店。